후쿠자와 유키치의 젠더론

후쿠자와 선생, 남녀의 풍속을 논하다

동국대학교 일본학연구소 번역총서

후쿠자와 선생, 남녀의 풍속을 논하다

후쿠자와 유키치의

젠더론

후쿠자와 유키치(福澤諭吉) 지음
표세만 외 옮김

보고사

서문

1

후쿠자와 유키치(福澤諭吉, 1835~1901)는 메이지 시대에 가장 활발하게 활동했던 문명번역가이자 사상가로, 서구의 사상, 제도, 지식을 일본에 소개하는 데 앞장섰던 인물이다. 그는 메이지유신 이후 『메이로쿠잡지(明六雜誌)』와 『시사신보(時事新報)』 등을 중심으로 한 언론 활동과 '게이오의숙(慶應義塾)'을 세우는 등의 교육활동을 통하여 자신의 정치, 사상적인 담론을 일본에 전파하여 일본 내에서 사상가이자 정치가로서 가장 중요한 영향력을 발휘하였다.

후쿠자와는 초기에 네덜란드 난학의 번역가로, 에도에 네덜란드어학교인 난학숙을 열고, 번역 및 교육에 몰두하다가 막부의 구미지역 사절단으로 미국과 구라파 등지를 여행한 뒤, 『서양사정(西洋事情)』(1866) 등을 쓰면서 서구 문물과 제도를 소개하고 도입하여 일본의 메이지유신의 이론적 기반을 구축하였다. 하지만 메이지 정부 수립 이후에는 끝까지 입각하지 않고, 실천적인 정치 영역보다는 학문 영역에서 언론과 교육을 통해 일본의 개화와 개혁을 도모하였다. 그는 『제실론(帝室論)』, 『국회론(国会論)』, 『통속민권론(通俗民權論)』, 『통속국권론(通俗国権論)』 등의 정치에 관한 논설을 통해 메이지 정부가 나아갈 바를 제시했을 뿐 아니라, 메이지 시대 최대의 베스트셀러였던

『학문을 권함(学問のすすめ)』과 『학문의 독립(学問の独立)』에서 학문과 교육에 관한 논설을 통해서 학문적 영역의 독자성을 옹호하였다. 나아가 한국에는 널리 알려져 있지 않지만, 그는 『일본남자론(日本男子論)』과 『일본부인론(日本婦人論)』, 『사인처세론(士人處世論)』 등의 저작을 통해 과거 사무라이 계급으로 활동하다가 새로운 시대를 맞아 지식인으로 자리매김하고 있던 일본의 사족들로 하여금 새로운 시대에 맞는 삶의 방식을 깨닫도록 하고, 특히 가족 내에서 남성과 여성의 새로운 성역할 확립이 필요함을 역설하였다. 말하자면 그는 정치권력과는 거리를 두면서도 인쇄매체가 당대 여론의 중심적인 역할을 하던 시기에 연설이나 신문을 매개로 활약해 나갔던 것이다.

또한, 후쿠자와 유키치가 당시 『시사신보(時事新報)』 지면을 통하여 중국이나 조선, 대만, 류큐 등에 대한 일본의 외교 정책을 메이지 정부에 제언하면서 일본과 주변국가와의 관계에 중요한 역할을 담당했었다는 사실은 이미 잘 알려져 있다. 특히 조선의 개화파 인사였던 유길준, 박영효, 윤치호 등은 일본과의 외교적 교섭 창구로서 후쿠자와 유키치를 만나 그에게 조선 개화의 나아갈 방향을 상의하였던 바 있으며, 이는 단지 개인적인 교제만으로 그친 것이 아니라 국가적인 차원으로 이어져 1895년 조선 정부가 관비유학생을 보낼 때 후쿠자와 유키치가 세웠던 게이오의숙을 통하도록 교섭하여 향후 조선의 개화 세력들이 자기 동력을 구성하는 데 큰 역할을 담당하였다.

2

지금까지 학계에서 한국의 근대화 과정을 이해하는 과정은 서구의 보편적인 근대화 과정을 기준으로 하여 조선 근대화의 기점이나 맹아를 찾아내고자 하는 강박적 노력에 의거해 온 측면이 있다. 즉 조선 근대화의 기점을 영정조시대로 간주하든, 갑오경장으로 간주하든, 그것은 서구적 표준에 근거한 근대성의 지표를 그대로 한국의 역사적 변천 과정에 무리하게 대입해 왔다는 한계가 내재해 있는 것이다. 그 서구적 근대성의 표준이란 물론 다름 아니라 일본의 역사학계를 통해 번역된 것이었다고 하여도 무리한 주장은 되지 않는다. 따라서 이와 같은 타율적인 근대성의 확인은 오히려 조선이 영위해왔던 역사적인 토대에 대한 이해를 결여한 것이 될 우려가 적지 않다.

따라서 한국과 일본 양 국가의 근대화 과정 속 공통성과 보편성을 해명하기 위해서는 바로 이러한 역사적인 토대에 대한 고려가 무엇보다도 필수적이라고 할 수 있다. 상이한 정치체제를 유지하였으나 근본적인 통치 이념은 대동소이하였던 한국과 일본이 급격하게 근대화하는 과정에서 이러한 유교중심의 문명을 어떻게 새로운 근대 문명으로 대체할 수 있었는가. 이 문제를 해명하는 것은 문명적 전환의 관점에서나 자구적 근대화의 가능성을 평가하는 관점에서나 중요한 것이 아닐 수 없다. 제도나 사상, 담론 등에 있어서 양 국가 사이에 놓여 있는 제국주의−식민지의 관점으로 대체되지 않는 공통성과 특수성의 국면들을, 보편적인 근대성의 흐름으로서나 국가 사이의 영향 관계에 대해서나 보다 엄격히 판단할 필요가 있다.

이처럼 한국과 일본 근대화 과정의 본질을 이해하기 위해서는 그 매개로서 후쿠자와 유키치에 대한 이해가 선결될 필요가 있다. 지금까지 일본에서는 후쿠자와에 대한 관심이 대단히 커서 특히 그에 대한두 가지의 극단적인 태도가 공존해왔다. 그 하나는 그를 제국주의 시대의 일본이 낳은 합리적인 지성으로 보고자 하는 견해이다. 이에 따르면, 그는 당시 사인(士人, 지식인) 계급의 관직 진출 열망을 자제시키고 상업 등의 근대적 경제활동을 하도록 유도하였을 뿐만 아니라, 남성에 비해 형편없었던 여성의 권익 신장에 관심을 갖고 있었으며, 민권과 통의라는 개념의 번역을 통해 역사적 진보에 기여한 긍정적 인물로 평가될 수 있다. 하지만 이와 같은 긍정론의 다른 한편에 그가 결국에는 일본의 메이지 정부가 주도했던 식민지 침략에 앞장섰거나 최소한 방관했던 인물이라는 견해가 존재한다. 최근 일본에서 양심적인 지식인들 사이에서 제기되고 있는 후쿠자와에 대한 비판론은 그가 오히려 메이지 정부하의 국가 구상에 주된 영향을 끼친 인물로서 식민지 정책에 있어서도 제국주의자에 가까운 행보를 보인 바 있다는 부정적 평가에서 비롯된다.

최근 한국과 일본을 둘러싼 정치적 상황은 어느 때보다 최악으로 치닫고 있다. 특히 아베 정부가 내건 '강한 일본' 아래 역사 문제 및 영토 분쟁 등을 벌이고 있는 일련의 행보는 단순히 대중을 영합하려는 정치적 포퓰리즘을 넘어 결국 실질적인 군사 대국을 지향하고자 했던 메이지유신 이후의 제국주의로 비화된 쇼비니즘(chauvinism)으로 회귀하려는 현상이 아닌가 의심될 정도이다. 지금 현시적으로 나타난 일본의 정치적 행보를 종합적으로 규명하기 위해선 무엇보다 메이지유신에서부터 현재까지 연속적으로 이어져온 일본인의 사상적 기반이 어디에서 비롯된 것인가 하는 정신적 기원을 해명할 필요가 있다. 그리고 이를 위해 당시 메이지 계몽가이자 사상가인 후쿠자와 유키치에 대한 연구 기반을 마련하고 비판적 평가에 입각한 대응의 논리를 만들어낼 필요가 있다.

3

　이처럼 메이지 시대 일본뿐만 아니라 주변 동아시아 근대화 과정에서 주변 국가들에 크나큰 영향을 끼친 후쿠자와의 활동에 비한다면, 적어도 한국에서 '후쿠자와 유키치'라는 존재는 아직까지 전혀 알려지지 않았다고 해도 과언은 아니다. 하지만 이러한 생소함이 단지 관심의 부재에서 비롯된 것이라고 생각되지는 않는다. 그의 주저라고 할 수 있을 『학문을 권함』이나 『문명론의 개략』 같은 저서들은 이미 다수의 번역자들에 의해서 여러 차례 번역되었으며, 매년 후쿠자와와 당시 조선 개화파와의 관련 양상에 관한 연구 논문들이 쏟아져 나오고 있을 정도로, 그의 사상은 좋은 의미로든 나쁜 의미로든 한국의 근대화를 해명하기 위한 중요한 단서로서 간주되고 있다.

　그러나 한국 학계에서 후쿠자와 유키치에 대한 학문적 접근은 이러한 인식에 값할 만큼 이루어지지 못하고 있는 것이 사실이다. 단지 그의 존재가 막연히 일본의 근대화를 넘어 동아시아의 근대화 과정에서 상당한 영향을 주었으리라는 막연한 추측만으로 희미한 존재적 외양을 드러낸 채 마치 유령처럼 떠돌고 있는 것이다. 후쿠자와가 김옥균 이후 유길준이나 박영효 등과 접촉하였을 뿐만 아니라, 이어 독립협회를 이끌었던 윤치호나 서재필과도 연관되어 있어 조선의 근대화 과정에 중요한 영향을 준 바 있다는 역사적 사실만큼은 동어반복적으로 인용되고 있으면서도 정작 그 구체적인 양상에 대한 확인에는 이르지 못하고 있다. 이 때문에 한국 학계에서는 과연 후쿠자와가 동아시아 근대화 과정에서 수반된 일본 제국의 식민지 정책에 긍정적인 영향을 끼쳤는가, 부정적인 영향을 끼쳤는가 하는 가치 평가는 전혀 불가능한 실정이다.

이러한 현 상황은 아직 후쿠자와 유키치의 사상적 전모가 알려질 만큼 한국 내에서 그의 저서에 대한 번역이 충분치 않다는 사실에서 비롯되었다고 조심스럽게 판단할 수 있다. 현재 후쿠자와의 저서에 대한 번역은 앞서 언급했던 몇몇 주저에 국한되어 있을 뿐, 그 다양한 면모에는 이르지 못하고 있기 때문이다. 이는 후쿠자와의 저서가 대단히 까다로운 메이지 시대 일본어로 쓰여, 일본 내에서도 현대어로 번역된 사례가 드문 실정과 관계되어 있다. 이러한 사정으로 인해, 한국에서 후쿠자와에 대한 연구는 일본에서 이루어진 기존 연구를 수용하는데 머물러 있을 뿐, 아직도 본격적인 연구를 시작조차 할 수 없었다고 말해도 과언은 아닐 것이다.

이러한 문제인식에 따라, 이 번역서에 참여한 일본문학 전공자들과 한국문학 전공자들은 후쿠자와 유키치가 제기했던 문명담론적 근대화의 프레임이 어떠한 것이었는가 하는 사실을 특히 '탈아론(脫亞論)'으로 대표되는 기존의 연구적 시각에서 벗어나 젠더, 정치, 학문(계몽) 등 다양한 국면으로 그 스펙트럼을 넓힐 필요가 있다는 사실에 공감하였다. 나아가 이러한 일련의 연구가 현재 일본 주류 사상 및 정치 논리에 대한 비판적 안목을 제공하는 것과 동시에, 한국에서의 조선 근대화 이해에 대한 연구를 한층 더 진척시키는 의미가 있다는 사실에 공감하고, 일단 후쿠자와의 다양한 저서들을 번역할 필요가 있다는 사실에 찬성하였다. 바로 그 첫 번째 기획으로, 여기에서는 후쿠자와가 메이지 시대 남성과 여성에 대해서 논의한 글들을 모아 '후쿠자와 유키치의 젠더론 : 후쿠자와 선생, 남녀의 풍속에 대해 논하다'라는 제목으로 번역하여 소개하는 것이다.

4

오랜 기간 동안 동아시아의 문화와 사상을 지배하고 있었던 것은 유교 담론이었다. 유교는 동아시아의 정치와 사상에 지극히 중요한 영향을 끼쳤다. 따라서 동아시아 근대화 담론의 한 축은 당연히 이러한 유교 담론으로부터 어떻게 벗어나는가 하는 것에 달려 있다고 보아도 과언은 아닐 것이다. 따라서 젠더라는 프레임은 남/녀의 성역할론만을 포함하는 것이 아니라 일본의 주류계급으로서 사인의 사회적 책무와 조선의 주류 계급이었던 사대부(선비)의 사회적 책무, 그리고 가족 담론의 변천과 남녀의 역할론을 포함한다.

메이지 시대 일본의 후쿠자와 유키치에게 동아시아 전통의 사상적 기반이었던 유교로부터 탈각하여 새로운 윤리성을 확보해야만 하는 것은 지상 과제였다. 그가 확보하고자 했던 윤리성의 핵심은 바로 그가 제기했던 남성론과 여성론, 즉 젠더에 대한 관점에서 집중적으로 드러나고 있다. 후쿠자와는 한편으로는 합리주의적인 태도로 동양 전통적인 유교에서 벗어나 서구의 젠더적인 관점을 수용하고자 하였을 뿐만 아니라, 당시 일본의 남성과 여성들에 대한 비판을 통해 젠더적인 계몽을 수행하고자 하였던 것이다.

따라서 그는 이 번역서에 실려 있는 『일본부인론』, 『신여대학』, 『여대학평론』, 『일본남자론』, 『사인처세론』, 『품행론』 등의 다양한 저서를 통하여 새로운 시대에 맞는 새로운 남성의 역할, 그리고 새로운 시대에 맞는 새로운 여성의 역할을 주장하고 있다. 그의 주장은 때로는 여성에게만 유산을 상속해야 한다거나 가족을 버리고 화류계를 떠도는 남성을 엄벌해야 한다는 등 당시의 인식으로만 본다면 대단히 급진적인 부분에 이르고 있는 것이 분명한 사실이다. 적어도 그는 합리주의자의 입장으로, 당시 일본이 유교적 전통에 얽매인 남성과 여성의 구습을 타파하기를 바랐던 것이다. 하지만, 과연 그가 모든 면에서 진정한 '남녀동권'을 지향했는가 하는 바는 확신하기 어렵다. 후쿠자와에게 유교적 전통이란 일면 타파해야 하는 것이면서도 전시대의 윤리로서 아직도 영향력을 발휘하는 것이었기 때문이다. 특히 그의 젠더론을 통해 이러한 후쿠자와의 성취와 한계를 동시에 파악하는 것이야말로 바로 우리가 후쿠자와 유키치를 읽어야 하는 이유가 아닐까, 자평해보는 것이다.

동아시아 근대화 과정에 대한 이해를 통해 궁극적으로 한국의 근대화 과정에 대한 이해를 도모해보자는 목적으로, 일본 문학 전공자들과 한국 문학 전공자들이 함께 모여 호기롭게 시작하기는 하였으나, 메이지 문장 중에서도 만연할 뿐만 아니라 변화무쌍하여 까다롭기로 이름난 후쿠자와 유키치의 문장을 공동으로 번역을 하고 검토하는 작업은 결코 쉬운 작업일 수 없었다. 특히 그의 급변하는 사유는 공부의 배경이 전혀 다른 각각의 연구자들로 하여금 여러 차례 윤독을 멈추고 장황한 토론에 빠지게 할 정도의 어려움이 있었다.

우리가 읽었던 텍스트 속에서 후쿠자와는 불필요할 정도로 조심스럽게 좌고우면하면서 자신의 논의를 전개하고 있었으며, 이는 그의 문장 속에 그대로 드러나 있었던 것이다. 이는 아마도 그가 일본의 유교적 전통의 마지막이자, 새로운 시대의 처음이라는 절충적 위치에 서 있었기 때문일 것이다. 적어도 후쿠자와의 문장 속에 드러나는 그의 사고는 논리학의 원칙과 지평처럼 시원시원하게 뻗어나가는 것이 될 수 없었으며, 당시의 시급한 문명개화의 이상을 세우되, 당대까지의 일본의 역사를 통해서 쌓아올려진 움직일 수 없는 현실을 최대한 수용하면서 조심스럽게 전개되고 있었다.

　비록 본 번역서에서 그러한 후쿠자와의 복잡다단한 논리적 흐름이라든가 세심한 뉘앙스들이 다 표현되었는가 하는 것은 의문이겠으나 이 번역서를 통해서야 비로소 겨우 후쿠자와 유키치가 메이지 시대의 젠더 윤리학과 주변국가와의 관계에 대해서 어떻게 생각하고 있었는가 하는 비판적인 접근을 가능하도록 하는 단초를 마련한 것은 무엇보다 중요한 성과로 판단하며, 향후 많은 연구자들의 질정을 기대한다.

2014년 12월 5일
이미지문화 연구회

차례

서문 / 5

◇ **제1부 여성론**

일본부인론 日本婦人論 ································· 19

여대학평론 女大学評論 / 신여대학 新女大学 ············· 103

◇ **제2부 남성론**

사인처세론 士人處世論 ···························· 197

품행론 品行論 ································· 247

일본남자론 日本男子論 ···························· 293

◇ **제3부 교제론**

남녀교제론 男女交際論 ···························· 339

남녀교제여론 男女交際餘論 ························ 373

제1부

여성론

일본부인론

日本婦人論

후쿠자와 유키치의 『일본부인론』 전편은 1885년 6월 4일부터 12일까지 8회에 걸쳐 『시사신보(時事新報)』에 연재되었고, 후편은 같은 해 7월 7일부터 17일까지 10회에 걸쳐 같은 『시사신보』 지면에 연재되었다. 당시 이 '일본부인론'은 신문에 실리고 난 뒤인 7월에 단행본으로도 출간되었다.

이『일본부인론』은 메이지유신 이후에도 일본 가정에서 나아지지 않았던 여성의 지위를 향상시키고, 남녀차별의 경향을 타개하기 위해 입론한 책으로, 무엇보다도 일본의 여성들에게 지식을 장려하고 사회에 대한 책임을 주어, 사회의 일원으로서 활동할 수 있도록 배려하여야 한다는 주장을 담고 있다. 이를 위하여 후쿠자와는 구체적으로 여성에게 가정 내의 경제권을 주고, 교육하여 사회 속의 일원으로 자리 잡을 수 있도록 하며, 여성의 감정을 속박하지 말고, 이를 긍정하여 발전시켜야 일본의 여성이 왜소함과 유약함에서 벗어날 수 있다고 주장하였다. 또한 후쿠자와는 일본 남성에게도 여성을 함부로 대하지 말고 사회의 일원으로 받아들일 것을 주장하였다.

위의 사진은 1885년 8월에 출판된『일본부인론』의 후편으로, 게이오 대학 후쿠자와센터에서 공개한 단행본의 표지와 판권지를 사용하였다.

일본부인론 전편
日本婦人論 前篇

1

나는 국내외 잡혼(雜婚)장려 방안 등 인종 개량은 늘 찬성했는데, 이에 관해서는 다른 여러 사람이 기고한 글도 많고, 내가 『시사신보』에 여러 번 게재한 바 있다. 원래 이 일은 쉽게 착수하여 쉽게 성과를 낼 수 있는 사항이 아니라 소위 한 나라의 백년지대계이기 때문에, 일의 늦고 빠름이 중요한 게 아니니, 만일 이를 도울 수 있는 방편이 있다면 이해득실을 깊게 살펴보아야만 한다. 생각해 보건대, 잡혼이란 국외에서 다른 종류의 남녀를 받아들이는 것으로 당연히 장려해야 할 것이지만, 다른 식의 개량법, 달리 말해 자력에 의한 방법 또한 등한시해서는 안 된다. 즉 내국인 남녀의 체질을 개선하여 완전한 자손을 구하는 방법이다. 지금 이를 설명할 방법은 지극히 많다. 음식과 의복의 결점을 보완하는 방법이 있고, 치료와 섭생(흔히 섭생이라 불리는 그것)에 주의하는 요령도 있으니, 이 모든 것은 인종 개량에 중요한 사항으로 실제적 이익이 있음을 의심할 바 없지만, 내 소견에 의하면 이들 의복, 의식, 치료, 섭생이란 사항에 구애받지 않으면서 범속한 세상 사람들이 늘 등한히 여길 뿐 아니라 상류층 학자 사회에서도 쉽게 간과한 것이 있으니, 본편에서는 평범한 치병론(治病論) 혹은 섭생론을 떠나 여성의 지식이나 쾌락의 작용을 설명해 이를 발달시킴으로써 그 체력적 부족함을 보완하는 방법을 말해 보고자 한다.

따라서 이 입론의 목적은 온전히 몸의 개량에 있는 것으로, 쾌락에 관해 말할 때 때로는 오직 육체의 동물적 부문만을 추구하여 마치 인생을 동물과 동일시하는 경우도 있기 때문에 글 속에서 어쩌면 도덕이나 세교(世教)¹로 인해 저속하게 보여 견식이 낮고 기량이 좁은 도덕론자들이 생각하는 바에 거스르는 부분도 있겠지만, 정신론과 신체론²은 전혀 별개의 것이니 독자들 또한 이 부분은 특히 주의하여 본론의 취지를 오해하는 일이 없기를 기자는 바라는 바이다.

본디 내가 자력으로 인종을 개량하고자 하는 것은 우선 일본 부인의 마음을 활발하게 만들고 그와 함께 신체를 튼튼하게 만듦으로써 좋은 자손을 얻는 방법을 찾기 위함이다. 최근 일본에도 부인론이 많지만, 그 논점은 대부분 모두 부인의 무학과 무식을 걱정하여 그 결점을 보완하고자 하는 것으로 혹자는 독서와 기예를 가르쳐 정신을 닦으라 하고, 혹자는 운동법을 가르쳐 몸을 보양하여 그 심신의 발달을 기한다는 것인데 이는 세상 일반의 이른바 문명론자류(類)가 말하는 여론과 같다. 하지만 내가 보기에는 이러한 교육법은 아직 부인의 발달을 촉진시키기에는 충분하지 않은 듯하다. 예의 유교주의의 잔재로 조직된 '여대학(女大学)식'으로, 가르치면 가르칠수록 오히려 위축되는 것 같은 교육은 애초부터 말이 안 되는 것으로 우선은 그 정신을 압박하고 결국에는 그 신체를 파괴할 뿐이어서, 내가 지금 여기서 한 발 더 양보해 이른바 문명론자류의 교육법을 따른다 하더라도 이 또한 충분히 만족할 수는 없다. 왜냐하면 지금 여자에게 독

---

1 세교(世教) : 세상의 가르침.
2 원문에서는 형체론(形体論)이란 용어를 사용했으나, 의미상 신체론으로 하였다.

서와 기예를 가르치고 신체 운동의 방법을 알려주더라도 그 교육은 오직 학교에서의 일일 뿐, 본인이 집으로 돌아오면 엄연히 한집안의 딸이 되고 다른 곳에 시집을 가면 한집안의 부인이 될 뿐이기 때문이다. 대개 인간의 생은 고락(苦樂)으로 이루어져 있으니 그 고락이 큰 만큼 그 생이 크다고 할 수 있다. 따라서 사람의 고락을 크게 만들고자 한다면 그에 따라 책임 또한 커질 수밖에 없다. 예를 들면 정치일이나 세상일에 관련하여 어떤 사람의 사소한 동작 하나하나가 전국의 행복과 불행에 영향을 끼치고, 또 다른 어떤 사람의 언행이 단지 한 마을이나 동네를 움직이기에 충분하다면, 전자의 책임은 후자보다 클 것이고 그 고락 또한 커야 할 것이다. 또는 백만 원의 주인과 십만 원의 주인, 두 사람의 책임을 비교해 본다면 10배의 차이가 있고, 고락의 크기 또한 10대 1이 될 것이다. 따라서 사람의 고락이란 오직 책임에 의해서만 생기는 것으로, 꼭 그 사람이 배우고 못 배우고 하는 것에 달린 것은 아니다. 배우지 못한 사람이라 해도 우연히 책임이 무거운 지위를 얻게 되면 스스로 그 인품을 향상시켜 언행이나 용모까지 과거와 달라지는 사람이 있는 것이다. 상인 중 크게 자산을 증식시키거나, 관원 중 크게 입신한 사람을 보면 그 재산이나 지위가 그 사람의 됨됨이에 어울리지 않는 경우가 많지만, 세월이 지남에 따라 스스로 품격을 도야하고 스스로 풍채를 갖추게 되어, 그 사람의 과거와 비교해 보면 천양지차(天壤之差)이어서, 일견 사람을 경악시키는 경우 등은 내가 종종 실제로 경험한 바다. 이들의 발달은 학교를 통해서 얻은 것이 아니라 그 사람의 책임이 그를 교육시킨 것이라고 해야 할 것이다. 이처럼 인생을 크게 하여 그 심신의 활동을 활발하게 하는 것은 결코 학교에서만 얻을 수 있는 것이 아니

고, 반드시 그에 상당한 책임이 있어야만 한다는 것이 학자들이 이론
적으로 인정하는 바이고, 또한 평범한 일반 세상에서도 비록 그 이치
는 언급되지 않으나 당연히 그러하다는 사실을 믿어 의심치 않는 것
이라 할 것이다. 세상에서 어리석고 무기력한 소년을 다루는 방법
중 그 젊은이에게 가정을 갖게 하는 것이 얼마간 도움이 된다곤 하는
데, 이는 집안에 대한 책임을 부담시킴으로써 그 심신의 활동을 촉진
시키겠다는 뜻일 것이다. 또한 빈(貧)하면 둔(鈍)하다는 속담은 책임
을 제거하면 심신이 지둔(遲鈍)함에 빠지기 쉽다는 사실을 평한 말이
다. 인생의 발달에 있어서 책임이 중요하다는 것이 이와 같은데, 돌
이켜 일본 여자를 보면 그들에게는 아무런 책임도 없다. 여자는 드넓
은 세상에 정착할 곳이 없다 하여, 태어나서는 부모가 기르니 그 집
은 아버지의 집이요, 성장하여 다른 사람의 집에 시집을 가니 그 집
은 남편의 집이요, 늙어 자식이 보양하니 그 집은 자식의 집이다.
집안의 재산은 집주인 것으로, 여자는 오직 그 부를 우러러보며 운이
좋으면 그 집주인과 즐거움을 함께할 수 있을 뿐이다. 혹 집안이 가
난하더라도 그 빈곤함은 집주인의 빈곤함으로 여자는 집주인을 따
라 함께 고통만 받을 뿐이다. 혹자는 부인의 책임이 집안을 다스리고
자식을 기르는 데 있다고 말하지만, 그 집안을 다스린다는 말이 가리
키는 대상이 무엇인가 하면, 크게는 의복이고 작게는 소금과 간장
정도여서, 출납의 권한은 늘 집주인의 손에 있으니 집주인의 명령을
따를 수밖에 없다. 자식을 기르는 것도 마찬가지다. 젖을 먹이고 따
뜻하게 키우는 노력은 본래 부인의 책임이긴 하지만, 이는 흡사 남편
의 자식을 키우는 것 같을 뿐 자기 자식 같지는 않다. 그 증거로 부인
이 임신 중일 때, 남편이 남자아이를 바라면 부인 또한 함께 바라는

것이 보통이지만, 단지 남편이 그것을 바라기 때문에 부인이 열심히 남자아이 낳기를 원하면서 고민하고 걱정하는 경우가 있거나, 아주 심하게는 분만할 때 불행하게도 여자아이를 낳게 되어 남편 얼굴이 좋지 않으면 부인이 죄스러워하고, 남자아이를 낳으면 크게 만족하여 부인을 칭찬하고, 심지어는 남자아이 낳은 공을 치하한다며 선물 따위를 주는 경우가 있는 것을 들 수 있다. 원래 태어난 아기가 남자건 여자건 하늘이 정한 일로, 부질없이 특정한 것을 바라는 것은 근본적으로 극히 어리석은 짓이건만, 그 어리석음은 짐짓 허용한다 할지라도 자기 배필인 부인이 남자아이를 낳았다며 상으로 물건을 주는 것은 분명 부인을 도구로 본 조처로, 지극히 무례하며, 지극히 추악한 행위라 할 것이다. 그렇기 때문에 그 아이가 성장하여 교육 방법 등을 정할 때에도 어머니는 거의 관여치 못하고 결정은 오직 아버지 마음 하나에 달렸으며 거기다 어머니는 남자 아이가 그 집안의 주인이 되면 그 자식을 따라야 할 뿐 아니라 유년 시절부터 이미 자식의 진퇴에 대해서는 어떤 의견도 낼 수 있는 권한이 없다. 그 권한이 없으니 그 책임 또한 있을 리 없다. 그렇기 때문에 일본의 부인은 본인 자식을 기르는 것이 아니고 남편의 아이를 맡았을 뿐이라 할 것이다.

2

또한 일본 여자 중에는 자산 있는 자가 없다. 앞에서 말한 것처럼 드넓은 세상에 정착할 곳 없다는 속담까지 있을 정도이니 당연히 사적으로 재산이 있는 자가 있을 리 없다. 가끔 가장이나 남편이 다소

간의 재산을 주는 경우도 있지만, 이는 겨우 주머니 속 쌈짓돈으로 세상사와 관련해 공공연히 쓸 수 있는 것이 아니다. 그 증거로 금전 출납과 관련한 소송 중에 여자가 원고이거나 피고인 사례가 지극히 드문 것에서도 알 수 있다. 메이지유신 이후 여자가 호주인 신법(新法)이 마련되어 여자 몸으로서 지주나 호주인 경우도 있고, 또 공채 증서(公債證書)의 명의상 주인이 되어 동산이나 부동산의 소유가 허용되기도 하지만, 그 호주란 것은 다만 당분간의 부재를 보충하기 위함일 뿐이어서 만일 이 여자가 혼인하거나 또는 양자를 들이면, 호주의 권한이 곧바로 그 데릴사위나 양자에게 귀속하는 것을 관례로 하고 있다. 단순히 동산, 부동산을 소유하는 것이 드물 뿐만 아니라 그 신변과 관련한 것이라 해도 소유의 전권을 가졌다고는 할 수 없다. 좋은 집안의 여자가 다른 집안에 시집가서 불행하게도 그 집안이 쇠락하고 나면 시집올 때 해갔던 의상이나 금이나 옥을 잃는 경우 또한 없지 않다. 더 심한 경우는 남편이란 자가 무뢰하고 방탕하여 부인의 장롱이나 옷장을 털어내고 마침내는 고의로 부인과 이혼을 해도 어디 하소연할 곳조차 없는 경우가 있다. 너무나도 참혹하고 무정한 짓임에도 이를 어찌할 도리가 없다. 물론 이는 극단적인 경우를 말한 것으로 모든 일본 가정 내 부인이 모두 다 이런 재난을 당했다는 것은 아니다. 가령 한 나라를 세워 문명이 있는 사회가 되었다면 그 국민들의 집안의 법도 또한 자연스럽게 정제되어 아름다운 풍속도 많이 있을 테지만, 남자들이 한쪽에서 정을 깨버렸을 때는 어떠한 참혹한 일을 당해도 막을 방편이 없다. 이를 금하지 않고 행할 수 있는 길이 이미 열려 있을 때는 설령 실제 발생하지 않았다 하더라도 여자 입장에서는 전혀 의지할 곳이 없으니 그 안전이란 것은 우연에 의한 안전이라 말할 수밖에 없다. 이를 요약하면 여자는 남자의 은혜에 의지하여 존재하며 그 안위나 운명은 남자 손 안에 있다 해야 할 것이다.

이상과 같기 때문에 여자가 사회 속에서 그 지위가 낮은 것도 자연스러운 이치로, 세상과 동떨어져 평생 남편의 숨소리를 엿보며 생활하되, 부인이 담당하는 것은 고작 소금, 된장, 의류 따위에 머물고 일찍이 대문 바깥일에 마음을 써본 적이 없으니, 안에 있으면서 몸을 굽실거릴 뿐만 아니라 어쩌다 문 밖에 나가 사람과 교제하더라도 남자와 친밀한 관계 속에서 대등하게 예우를 받는 경우가 없다. 예를 들어 일본식 연회 등에서 남녀가 동석할 때 신분의 높고 낮음을 묻지 않고 상석은 남자가 점유하고 여자는 마치 남자들의 연회에 끼어든 것 같은 경우가 그러하다. 더 심한 경우 부인이 자기 자식들과 함께 하는 자리여도 일부러 이들에게 상석에 앉으라고 명하면서 항상 그들이 들어오거나 나가는 것을 보조하는 모습 등은 이른바 인륜상의 질서가 전도된 것이라 할 수 있을 것이다. 공자가 말하길 "일이 있을 때는 아랫사람이 그 수고로움을 대신하고 술이나 음식이 있을 때는 윗사람이 먼저 드시게 하는 것"[有事, 弟子服其勞, 有酒食, 先生饌][3]이라 했다. 지금 내가 이 말을 차용하여 일본 남녀 관계를 평한다면, 일이 있을 때는 여자가 그 수고로움을 대신하고, 술이나 음식이 있을 때는

---

3 『논어(論語)』의 8장의 내용으로, 전문은 이러하다. "子夏問孝. 子曰 色難 有事 弟子服其勞, 有酒食, 先生饌, 曾是以爲孝乎"(자하가 효를 물었다. 공자가 말씀하셨다. 부모의 안색을 살피는 것은 어렵다. 일이 있을 때 젊은 사람이 그 노고를 대신하고, 술과 음식이 있을 때 어른께 먼저 드린다고 하여, 그것을 효라고 할 수 있겠는가?). 후쿠자와는 여기에서 의미를 배제한 채 문구만을 차용하고 있다.

남자가 먼저 드시게 한다고 할 수 있을 것이다.

　이처럼 일본의 여자들은 집 안팎으로 책임이 없고 지위가 심히 낮으니 그와 함께 고락 또한 지극히 적다. 수천백 년 동안의 습관으로 일종의 미약한 생(生)을 이루고 있으니 그 심신을 활발하고 강건하게 이끄는 것은 쉽지 않은 일이다. 세상에는 여자 교육에 관한 논의가 아주 많고 교육은 원래부터 유효한 것이라, 학예를 가르치면 학예를 알고, 신체를 운동시키면 당연히 체력이 증가되겠지만, 결국에는 그 폐쇄적이고 미약한 생과 관련해서는 국소적인 처방에 불과하니 그 발달의 정도를 알 수 있을 것이다. 나는 일찍이, 지금의 학교 교육법으로 현재 여자들의 심신을 발달시키고자 하는 것은 분재 소나무를 기르면서도 그것이 구름 위로 우뚝 솟아 성장하기를 바라는 것과 같다고 말했던 적이 있다. 수목을 배양하는 것은 지극히 중요하고 또한 그 효용도 있어, 정제된 좋은 비료를 뿌리고 습기와 온도를 잘 조절한다면 소나무 가지와 잎이 번성하여 감상할 만한 아름다운 녹색이 쉽게 나타나겠지만 그 아름다움이란 어디까지나 분재 속 아름다움일 뿐으로, 수많은 세월이 지난다고 하더라도 우뚝 솟은 백 척의 모습을 기대해서는 안 될 것이다. 현재 여자의 무학과 무식을 걱정하여 학교나 기타의 수단으로 이들을 가르치니 그 노력이 헛되지 않아 혹은 이학(理学)이나 문학을 잘하는 자도 있고 혹은 법학에 능한 자도 있고, 학교에서는 이들이 남자와 비교하여 우열을 가리기 힘들지라도 학교를 떠나 집에 돌아갔을 때 과연 어떠한 처지가 되는지 생각해 보자. 안에서는 자기의 자산이 없고 밖에 나오면 지위가 없다. 주거하는 집은 남자의 집이요, 양육하는 자식은 남편의 자식이다. 재산 없고, 권한 없고 또 자식조차 없어 마치 남자 집에 기생하는 자와 같은데 그 획득한 지식과 학예를 어디에 쓰겠는 가? 이학이나 문학이 쓸모가 없는데 하물며 법학이 무슨 소용이 있 을 것이며, 단순히 쓸모가 없는 것만이 아니라 오히려 세상 일반 풍 조 속에서 여자가 법을 말하고 경제를 논하는 경우에는 그 몸에 불 행이 초래될 수도 있을 뿐이다. 학식 또한 쓰지 않고 이를 등한히 하였을 때 그 부패하는 것이 바로 기계와 같아 결국 이를 쓰고자 하 더라도 제대로 쓸 수 없게 되는 것은 당연한 이치다. 그렇기 때문에 이른바 교육받은 여자들이 일단 다른 사람 집에 시집간 후의 모습을 보면, 순전히 평범한 부인네가 되어 더 이상 두각을 나타내지 못하 는데 이는 학교의 학식이 집안에 오래 있어서 함께 소멸되었기 때문 이다. 이를 평하여 한 번의 혼인 때문에 학문이 헛되게 되었다고 말 할 수도 있을 것이다. 사정이 이러하니 곧 힘들고 어렵게 학교 교육 을 받는 것은 분재를 배양하는 노력보다도 가치가 없는 것이다. 왜 냐하면 분재의 왜소한 소나무는 이를 배양하면 오랫동안 그 번성한 빛깔을 유지하건만 학교 교육의 빛깔은 학교 밖에서는 지속될 수 없 기 때문이다. 게다가 그 학교라는 것이 이른바 유교주의 방식을 따 르든가 또는 불교 분위기를 띠면서 여자와 어린아이와는 가까워지 기 어렵다거나, 재능 없는 여자가 덕이 있다고 하면서 오장삼종(五障 三從)[4]의 죄 많은 여자 몸이라고 끊임없이 여자를 압박하고 정숙과

---

4 오장삼종(五障三從): 오장삼종설(五障三從説)이란 불교에서 여자가 부처가 될 수 없 다는 주장으로 여자는 오장으로 말미암아 범천왕(梵天王), 제석천(帝釈天), 마왕(魔 王), 전륜성왕(転輪聖王), 불신(仏身) 등 다섯 가지가 될 수 없다고 말한다. 이때 오장 이란 수행에 방해가 되는 다섯 가지 장애 즉 번뇌장(煩悩障), 생장(生障), 법장(法障), 소지장(所知障), 업장(業障)을 의미하며, 여자는 이를 가지고 있기 때문에 세상에서건 출가해서건 지도자가 될 수 없다고 한다. 마찬가지로 삼종이란 『마누법전』(マヌ法典)

근신의 교육을 강제하여 그 폐해는 마침내 이목구비의 움직임을 방해하는 데까지 이르니 이러한 폐해를 깨닫지 못한 교육법에 있어서야 더 말할 나위가 있겠는가. 오직 여자 심신의 발달을 저해하기만할 뿐이다.

학교 교육이 그다지 크게 의지할 바가 아니라면, 과연 어떠한 방법으로 여성의 활발함을 얻어야 할 것인가? 나는 서양 여러 나라의 여자 교육법에 대해 전부 찬동하지 않으며 또 학교 이외의 남녀 관계에 대해서도 인정하지 않는 부분이 많지만, 그 집안 및 사회교제 등에 관해 대체적인 것을 살펴봤을 때, 서양의 부인들은 일반적으로 무거운 책임을 가진다고 할 수 있다. 여자 중에 지주나 집주인인 경우는 물론, 설사 부부가 한 집에 사는 경우에도 부인은 반드시 자기 사유재산을 지니고 있으며, 남편이 전부를 가지지는 않는다. 무릇 인간 사회에서 유력한 것은 재산으로, 권력은 재산에서 생기고 재산은 권력의 원천이니, 서양 여자들이 재산을 가진 자가 많으므로 그들에게 권력이 있는 것은 결코 우연이 아니다. 이미 권력이 있으니 그 재산을 처분하는 것 또한 자유롭고, 집안에 있거나 밖에 나가 교제를 하더라도 자립적인 태도를 보이니 다른 곳에서 온 기숙생과는 다르다. 이것이 몇 세대를 이어 내려와 일반적인 관습이 되니 부인이 집안에 있되 남편의 학대를 받지 않을 뿐 아니라, 부부가 정녕 배우자로서의 진실성을 잃지 않으니 일반적으로 남자가 행하는 것 중에 부인이 못하는 것이 없다. 학식 있는 자는 문(文)으로 이름을 날리고,

---

에 "여자는 어려서는 아버지를, 결혼해서는 남편을, 남편이 죽은 후에는 자식을 따라야 한다."는 것으로 여성의 독립과 지도는 불가능하다는 주장이다.

세상에 재주가 있는 자는 그 재주로 유명하니, 얼마 안 된 교육으로 평생의 수단을 갖추고, 더 나아가 최근에는 여성 참정(參政)의 권력을 다투는 자조차 세상에 나타나 그 주장하는 바가 날로 성해 간다고 한다. 책임 무거운 것이 이와 같다 한다면 그 고통과 즐거움 또한 클 것이요, 심신을 발달시키고 싶지 않아도 자연히 발달될 것이다. 내가 소망하는 바는 일본 여자들이 그 진보를 위한 첫걸음으로 우선 서양 여자들처럼 되는 것을 바라는 것이지, 쓸데없이 학교 교실의 가르침에만 의존하는 것을 바라는 것이 아니다.

3

또한 이곳 일본 여자들은 늘 우수에 차 있고, 그 감각이 과민하여 마침내 신체를 파괴하기에 이르렀는데 여기에 오늘날 일본 여자들이 허약하게 된 한 가지 큰 원인이 있다. 즉 사회적 압력으로 그 춘정(春情)을 만족시키지 못하게 하고 이를 속박하고 유폐(幽閉)시키는 나쁜 관습이 그것이다. 이 폐해는 특히 사회의 중등 이상에서 극명하게 찾아볼 수 있는데 자고로 세상의 학자들이 이를 일찌감치 논하는 자가 없었던 것은, 사실 이와 같은 논설이 자칫 잘못하면 이른바 세교(世敎)의 영역을 저촉하거나 이를 범할 혐의가 있기 때문으로 아마도 마음으로는 알고 있으나 말로는 꺼내지 않았던 까닭일 것이다. 나 또한 사회 안의 구성원으로 사회를 거스르고 싶지 않아 항상 세상의 풍조에 따르려는 사람이지만, 진리의 참됨을 그저 믿고 헛되이 간과하는 것은 학자의 일이 아니니 앞에서도 한마디 한 것처럼 이 글은 오직 사람 신체의 개량만을 목적으로 할 뿐 다른 내용은 다루지 않았으며 인생을 절반으로 나눠 그 정신은 빼고, 육체 한 부분만을 생물로 여겨 그 발달을 기획한 것이니 세상 사람들의 훼예(毀譽)[5]는 살펴볼 여유조차 없으며, 내 사후 수십, 백 년을 약속하여 만일 천하의 여성들이 장대해지고 인종 개량 일반에 이익되는 바 있다면, 더더욱 유감없는 일이라 하겠다.

마음속으로 생각건대 사람의 삶은 대체로 세 가지로 나눌 수 있다. 첫 번째는 신체의 삶[形体の生]이요, 두 번째는 지식의 삶[知識の生]이요, 세 번째는 정감의 삶[情感の生]이 그것이다. 이 세 가지를 갖췄을 때 완전한 인류라 할 수 있다. 이미 삶이 있으니 이를 길러야만 한다. 즉 신체를 키우기 위해 음식물을 먹고 지식을 기르기 위해 수행을 하며, 정감을 키우기 위해 쾌락을 경험한다. 음식물로 신체를 키우는 것은 실로 쉽게 알 수 있는 사실인데, 수행과 지식이나 쾌락과 정감의 관계 또한 음식물과 신체의 관계와 다르지 않다. 수행은 지식의 음식물이요, 쾌락은 정감의 음식물이라고 할 수도 있다. 이를 음식물이라고 본다면, 이를 과식하면 해가 되고, 또 적게 먹으면 굶주려 해가 되니, 이는 보통의 음식물과 마찬가지의 사실이다. 예를 들면 글을 읽고 이치를 따지거나, 좋은 스승이나 유익한 친구와 사귀면서 사회 전반의 양상에 주의하고 또 실제로 그 일을 맡는 등, 항상 정신 능력의 작용을 활용하되 게으르지 않을 때 지식은 날로 성장하여 강건하게 된다. 즉 수행으로 지식을 키우는 것인데, 그 힘을 쓰는 것이 과도할 때는 정신은 피로하고 수행 또한 효과가 없을 뿐 아니라 오히려 점점 더 해가 되어 마침내 전체 능력을 파괴하는 경우가 있으

---

5 훼예(毀譽) : 다른 사람을 비방하거나 칭찬함을 아울러 가리키는 말.

니, 그 모양이 보통 음식을 과식하여 위를 손상시킨 데다 더 먹어서 해를 더욱 키우고 마침내 신체 전체를 파괴하는 것과 같다. 학자가 밤낮으로 독서하고 추리하면서 공부를 하거나, 정치가가 끊임없이 마음을 써서, 결국에는 지력을 쓸데없이 다 낭비하여, 때때로 그 균형을 잃고 발광하는 사람이 있는 것을 보면 이를 증명할 수 있다. 지식의 음식물을 조절하지 못하면 수행이 도를 넘게 되는 것이다. 이에 반해 이미 수행에 익숙한 자가 지나치게 이를 행하지 않아 활동력이 없어질 때, 정신은 오히려 피곤해 지고 지둔(遲鈍)함에 빠지는 경우가 있다. 이를 지식이 굶주린 것이라 한다. 학자가 공부하는 것을 그만 두고, 정치가가 정치 현실에서 떠나고, 상공업에서 활발한 자가 갑자기 은퇴하는 경우가 이것이다. 일찍이 도시에 있으면서 도시의 인사들과 교제하며 그 재능을 날리던 인물이 수년 동안 지방 시골에 한거하다 이후 다시 옛 친구와 해후했을 때, 그 언행이 어눌하여 웃음거리가 되는 경우는 내가 실제 체험한 바로, 지식에 굶주려 지친 것으로 보아야 할 것이다.

정감 또한 이와 같다. 인생은 목석이 아니니 화조풍월(花鳥風月)[6]의 즐거움, 시가관현(詩歌管絃)[7]의 흥겨움, 끽연다화(喫煙茶話)[8]의 한가로움, 주색유연(酒色遊宴)[9]의 재미 등, 이 모든 것은 인생에서 빠질 수 없이 중요한 부분으로, 이러한 류의 쾌락을 가지고 정감을 키웠을 때 인정은 점차 부드러워지고 그 결과가 얼굴빛과 용모에까지 나타

6 화조풍월(花鳥風月) : 꽃과 새, 그리고 바람과 달, 자연의 아름다운 경치.
7 시가관현(詩歌管絃) : 시가(詩歌)와 음악.
8 끽연다화(喫煙茶話) : 담배를 피우거나 차를 마시며 나누는 대화.
9 주색유연(酒色遊宴) : 술을 마시거나 색(色)을 즐기며 연회를 즐김.

나니, 본인 자신의 즐거움은 물론이거니와 표면으로 보기에도 온화하고 수려한 모습임을 알 수 있게 된다. 즉 쾌락이 정을 키울 수 있는 좋은 방법이긴 하지만, 혹 그 쾌락을 지나치게 추구하여 이에 빠질 때 그 폐해는 보통 과식했을 때와 다르지 않으니, 쾌락이 깊어져 정신을 쉽게 놓아버리는 경우가 있다. 흔히 산수를 즐기는 사람이 산에 들어가 신선처럼 되고자 한다든가, 술을 즐기는 사람이 인간사를 돌보지 않는다든가, 색욕의 포만(飽滿)이 극도에 달하여 생을 비관하여 정사(情死)하는 사람 등은 쾌락을 과식한 폐해라 할 수 있다. 이에 반하여 인생의 무한한 사정 때문에 방해를 받아 이 쾌락을 충족시킬 수 없을 때, 그 우울함이 안에 쌓여 생기는 고통은 음식물이 부족하여 몸이 고통스러운 것보다 더욱더 심하다. 주색에 빠진 탕자가 감옥에 갇히거나, 묘령의 여성이 홀로 지내거나, 부귀한 인물이 유폐라는 기화(奇禍)를 당하여 풍월을 등지거나, 술고래에게 금주령이 내려져 항상 깨어 있는 경우 등은 모두 정에 굶주린 것으로 그 폐해는 당장 몸에 나타나 안색이 쇠하고 체력이 떨어지며 신경이 과민하지 않으면 정신을 놓고 방심한 상태가 되니 쾌락을 과도하게 추구하는 자와 다르지 않다.

또한 이 인생의 세 가지 삶의 작용은 모두 평균을 유지하므로, 한쪽을 충분히 보충한다면 다른 쪽에 부족함이 있더라도 폐해를 피할 수 있을 것이다. 예를 들면 씨름하는 사람이 오직 신체와 정감만을 키우고 지식의 함양을 등한히 해도 그리 고통을 느끼지 않는다거나, 혹은 학자 류가 지식에만 집중하여 육신을 잊어 그 보양이 부족해도 그리 근심이 없는 것과 같다. 이처럼 삶의 작용이 한 쪽이나 두 쪽으로 치우쳤다고 해도, 인생이 점차 발달함에 따라 이렇게 한쪽만 무겁

거나 가벼운 폐해는 조금씩 사라지겠지만, 개벽 이래 오늘날까지의
여러 모습을 보건대 육체로 기울어진 사람은 많으나 지식 쪽으로 기
울어진 사람은 적은 듯하다. 색욕을 근거로 하는 이슬람교가 오늘날
더욱 번성하고 또 아시아 여러 나라에서 다처법(多妻法)이 공공연히
행해지는 것을 보더라도 그 일반적인 면모를 살펴보기에 충분할 것
이다. 또한 정감의 작용에 있어서도 그 하나를 만족시키면 다른 쪽이
부족해도 지장 없는 경우가 있다. 예를 들면 도박은 원래 지식의 영
역이지만, 도박꾼의 목적은 승리하여 다른 쾌락을 사고자 하는 것이
기 때문에, 이를 잠시 정감과 관련된 영역으로 간주하여 지금 도박과
색욕을 서로 비교한다면, 거의 그 경중을 가르기 어려울 정도인 것이
그러하다. 구 막부 시절 씨름꾼들, 혹은 여러 번(藩)의 저택에 있던
하인들의 공동 숙소처럼 도박을 금하면 여자를 사는 사람이 많고 유
곽을 금하면 방안에서 도박이 성행했다. 그 때문에 그 관리자들은
유곽에서 나쁜 병을 옮아오는 것보다 도박이 낫다며 씨름꾼이나 하
인들 사이에서 도박을 공공연하게 해도 이를 금하지 않는 것이 관행
이었다.

　이상에 기재한 바가 만일 인생의 예삿일과 크게 다르지 않다면,
일본 여성은 자고로 이 세 가지 작용을 공평하게 발달시켜 신체, 지
식, 정감 모두 지당하게 양육하여, 과식하거나 굶주린 적은 없었는
지, 또 그 발달이 공평하지 않았을 때 세 가지 중 어느 것이 뒤처지고
어느 것이 가장 앞섰는지, 또 신체의 삶과 지식의 삶이 제일 뒤처지
고 정감의 삶 한 가지만이 앞섰다면 이 앞선 정감을 키우는데 어떠한
쾌락으로 해야 하는지, 그 쾌락이 과연 정감을 만족시키는 데 충분한
지, 부족한지 이를 논하는 것이 중요할 것이다.

4

신체와 지식, 정감 이 세 가지 작용과 관련해 일본 여성은 어느 것이 가장 발달했는지 살펴보면 그래도 정감의 발달이 가장 앞섰다고 할 수 있다. 여자 신체가 박약하여 남자와 다른 것은 천부적으로 그러하다는 설이 있으며, 혹은 하늘이 아니라 대대로 관습에 의해 진화한 것이라 주장하는 사람도 있다. 논의의 옳고 그름은 잠시 놔두더라도 일본 여자 신체의 박약함은 실제로 명백한 것이고, 또 지식에 있어서도 앞 절에서 말한 바와 같이 정신 수행의 방법이 부족하여 발달이 늦었다는 것은 두말할 여지도 없는 사실이다. 이처럼 신체와 지식 두 가지 모두 발달하지 못했을 때, 그 작동은 다른 한편으로 쏠릴 수밖에 없다. 즉 정감의 힘만이 작용할 수밖에 없다는 것이다. 그렇다면 이 정감을 위무함에 어떠한 방편으로 해야 하는가. 인생의 쾌락은 정감의 음식물임에 틀림이 없으니 여성의 정감에는 어떠한 음식물을 투여하는 풍습이 있었는지, 이를 투여하는 데 있어 과연 굶주림은 없었는지 묻는다면, 나는 이에 답하길 그 음식물이 부족했다고 호소할 수밖에 없다. 과거부터 지금까지, 그중에서도 특히 도쿠가와 이에야스(德川家康)[10]가 정교(政敎)로써 사회 질서를 정돈한 이래, 여성의 모습을 살펴보면 하류 사회는 논외로 치더라도 중류 이상의 사회에 쾌락이 너무 적다는 것은 실로 애석한 일이라 하지 않을 수 없다. 여자가 꽃과 함께 즐기며 달과 함께 풍류에 빠지는 일은

---

10 도쿠가와 이에야스(德川家康, 1543~1616) : 100년 이상 지속된 일본 전국시대가 통일된 뒤, 도요토미 히데요시(豊臣秀吉)의 세력을 물리치고 마침내 전국시대 최후의 승자가 되었다. 그가 설립한 에도 막부는 이후 250년간 지속되었으며 그의 자손들이 쇼군직을 역임하며 일본을 다스렸다.

거의 없고, 그 대신에 사죽관현(糸竹管絃)[11]의 재미 정도에 불과하다. 이도 깊은 규방 속의 일로 문 밖의 활발함이나 성회(盛會)의 유쾌함은 허락되지 않는다. 아주 가끔 연극을 보든가, 혹은 유행하는 의복이나 머리 장식물 따위를 가지고 노는 것이 최고의 즐거움으로 간주되었는데, 더 심한 경우에는 이러한 것조차 자유롭지 못할 뿐 아니라 어려서는 부모를 섬기고, 시집가서는 시부모와 남편을 섬기며 딸을 키우거나 소금, 된장을 감독하기에 바쁠 뿐이다. 각별하게 정감이 성한 여성이 정감을 키울 때, 특히 그 자양분이 부족하면 반드시 그 삶에 폐해가 있다. 그중에서도 내가 강조하고자 하는 바는 이른바 춘정(春情)을 위로하는 방법은 무엇인가 하는 문제로 이 점이 여자의 생을 가장 해롭게 하는 심각한 문제라고 해야 할 것이다. 자고로 일본은 다첩(多妾)을 허용하는 법이 있어, 부귀한 남자는 몇 명이나 되는 첩을 데리고 다니므로, 처나 첩 모두 규원(閨怨)을 품는다는 것은 널리 사람들이 아는 바인데, 예를 들면 봉건시대 여러 번주(藩主)가 에도에 거주하면서 격년마다 번에 돌아올 때 한두 명의 애첩을 함께 데리고 와 정부인은 물론 그 이하 여러 첩들이 에도의 번 저택에 남아 일 년 내내 공방을 지키게 되는 일 등이 그러하다.

비단 여러 제후들만이 아니라 당시의 여러 번사(藩士)가 번의 임무 때문에 에도나 오사카, 기타 주요 지역에 출장을 가 머물게 되더라도 대개는 가족과 함께 갈 수 없었으며, 더 넓게는 평민 사회에서도 상용(商用) 등으로 여행할 때 교통이 불편하여 처를 대동하는 일은 전혀 없었다. 이처럼 사족(士族)은 공용을 우선시하여 가족을 뒤로 하고,

---

11 사죽관현(糸竹管絃) : 현악기와 관악기를 함께 아울러 일컫는 것.

상인은 이익을 중하게 여겨 별리(別離)를 가볍게 여기니, 이로 인해 집에 남은 처첩은 부질없이 침방(針房) 창가에서 가을 밤 고월(孤月)을 원망할 뿐이지만, 남자가 여행하는 하늘에는 저절로 화류(花柳)의 봄이 찾아든다. 이런 소식 등은 때때로 바람에 실려 고향집에 전해지곤 하니 차가운 규방의 설움이 더해 갈 따름이다. 또한 옛말에 절부(節婦)는 두 명의 지아비를 보지 않는다는 말은 무슨 의미이겠는가? 내가 보는 바로는 다른 사람에게 시집가 한 명의 배필을 정한 부인이 부부의 약속을 어기고 다른 남자와 정을 통하는 것은 정절의 도가 아니라는 의미로, 예전부터 세상 관습상 과부의 재혼은 이 옛말의 가르침을 거스른다 하여 장려하는 자가 없었다. 게다가 늙은 여성이 혼자 산다면 그럴 만도 하겠지만, 스무 살 안팎의 정숙하고 아름다운 어린 부인이 혼인한 지 얼마 안 되어 남편과 이별하는 경우 춘색(春色)이 아직 반도 지나지 않았는데도 옆에서 그 재혼을 권하는 자 지극히 적고, 혹은 당사자가 단호하게 수절하겠다 말함에 친척이나 마을 사람 중 반대하는 자가 없다. 또한 유학자들의 글은 물론, 패사(稗史)[12]나 소설, 연극의 취향에서 이른바 절부의 사정을 그릴 때도 인정상 참을 수 없는 바를 참는 그 극단을 그리니, 참상이 심하면 심할수록 더욱더 영예로운 듯 꾸미기 때문에 마침내 세상의 일반적인 풍습이 되어 일본의 여자들도 인생은 실로 이와 같아야만 한다고 믿으면서 세상을 향해 불만을 토로하지 않고 그냥 홀로 속으로 우울하게 슬퍼할 뿐이다. 남자들은 다처법 속에서 유유자적 천하 여러 곳의 화류 나뭇가지를 꺾으면서도 뜻하지 않게 집에 있는 아내를 잃으면

---

12 패사(稗史) : 패관(稗官)이 역사의 이야기를 소설의 형식으로 꾸민 것을 가리킴.

곧바로 두 번째 아내를 맞이하는 일을 신속하게 행하는데, 더 심한 경우는 전처의 장례식에서 돌아오는 길에 친구가 서둘러 후처들을 주선하니, 남편의 나이가 60이건 70이건 간에 이제 막 결혼한 사람처럼 행하는 모습은 실로 여성과 비교할 수 없다. 여성의 운명은 불쌍하다 할 수밖에 없다. 혹자는 이러한 나의 비견(鄙見)에 반대하여, 일본의 공법이나 세상 관습상 과부의 재혼을 금하지 않으니 재혼을 하건 재재혼을 하건 자유자재임은 명백한 사실이라 여기는 사람도 있을 테지만, 나는 이런 사람이 지닌 의심을 푸는 데 많은 말이 필요 없이 단지 한마디 말로 지금 당장 가까운 지인이나 친구 등의 형제나 자매에게 의붓아버지와 의붓어머니 중 어디가 많은지 비교해 보라고 말하고 싶다. 세상에는 당연히 같은 부모 밑의 자식이 많지만, 그렇지 않은 자도 많아, 어떤 아이는 전처의 아들이고, 어떤 아이는 후처, 혹은 세 번째 부인 딸이거나, 누구는 갑 첩의 자식이고 누구는 을 첩의 자식이라는 등 여러 종류가 있다는 것은 늘 볼 수 있는 바이건만, 동복이부(同腹異父)의 형제자매는 극히 드물다. 통계표에 의거한 것은 아니기 때문에 확실한 것은 아니지만, 막연한 억측으로 의붓아버지와 의붓어머니의 비율은 1대 100 정도라 해도 틀린 것은 아닐 것이다. 반면 서양 여러 나라에서 그 수를 따져보면 양쪽이 대체로 같은 수이거나 혹은 어떤 지방에서는 어머니가 같으면서도 아버지가 다른 자식이 오히려 많은 경우도 있다고 한다. 후일 일본에서도 이러한 통계가 나타나 내 말이 맞다는 사실이 발견된다면 지금의 일본 여자가 남자들에 비해 혼인의 자유가 불과 100분의 1 정도 밖에 안 된다는 사실을 증명할 날이 올 것이다. 놀랄 만한 사태로 여자의 운명이란 참으로 불쌍하다 할 것이다.

5

음식물 부족으로 몸을 해치는 폐해는 과식으로 인한 폐해와 다르지 않다. 쾌락은 정(情)을 위한 음식물이다. 하지만 일본 여성은 이 음식물에 굶주려 만족하지 못하고, 그중에서도 사회 중등계층 이상은 춘정(春情)을 키우는 방법이 가장 자유롭지 못하여 지극히 참혹한 지경이며 이들의 우울함이 안으로 더해져서 심신 과민과 신체 위약의 화를 빚어내고 수대에 걸쳐 유전되니 여성의 자식에게 전달되고, 또 손자에게 이르러 오늘날 그 전반적 성질이 나타나게 되는 것을 보게 되는데, 사소한 사건에도 희로애락하고 공포에 떨며, 경미한 노고나 춥고 더움, 아프고 가려움을 참지 못하니 무사하고 건강하다고 하는 사람이라도 언뜻 보면 병든 것 같고, 근심하는 것 같고, 무서워하는 것 같고, 슬퍼하는 것 같으니 인생이 위축된 자들이 심히 많다. 발병하여 증상을 나타내는 사람, 실로 천차만별이어서 그 경우가 무한대에 가깝다 하지만, 한두 가지 예를 든다면, 속칭 부인들의 감증(疳症)[13]이나 울화, 두통이라 불리는 것은 즉 히스테리, 자궁병, 신경병 등의 여러 병으로 인해 우울함, 폐쇄감, 불안감, 불면, 월화불순(月華不順), 음식 소화불량 등의 증상을 나타내고, 때로는 어지럼증이나 격심한 통증에 고통받거나 전신이 점차 초췌해져 의약이 들지 않으니 반은 죽은 상태로 지극히 불쾌하게 세월을 보내다 끝내 쓰러지는 이들이 적지 않다. 병이라면 의사에게 치료를 부탁하겠건만 애당초 딱 맞는 대책이 있는 것도 아니어서 간혹 노련한 의사는 가만히 그 병의 원인을 알아 치료의 차원에서 관찰하여 병의 원인을

---

13 감증(疳症) : 신경질적이거나 흥분을 잘하는 증세.

쉽게 제거할 수 있지만, 사회적 압제는 병의 치료를 허락지 않으니, 제아무리 대범한 의사라 해도 그 병이 환자의 춘정이 준동하여 나타난 것이라 발언조차 못하는데, 이 때문인지 임시방편의 처방으로 일시적 발병을 막고, 한 발 더 나가 당사자의 심정을 크게 바꾸도록 꾀하여 주거를 옮기거나, 신기한 예능이나 재미 붙일 만한 일을 권하는 등 여러 가지 방법을 처방하지만 그 모든 것은 어쩔 수 없는 궁여지책이어서 신체상의 생리를 속일 수는 없으니 그 효용은 심히 적다. 다만 중도에 쓰러지지 않고 다행히 천수까지 노후하여 목석과 같은 몸이 되었을 때가 되면 비로소 감증도 낫고, 울화나 두통도 없어지게 된다. 이러한 부인이 때가 맞아 아이를 낳을 기회가 있다 하더라도 거기서 태어난 아이가 불완전할 것이란 점은 두말할 나위 없이 분명하다. 그 실질적 증거는 봉건 제후의 자손들을 보면 알 것이다. 당시 여러 제후가 많은 첩을 두었고 그 첩들이 천부적으로 허약하지는 않았지만, 이른바 내실에서 내조를 할 때 주공의 총애를 얻어도 걱정, 얻지 못하면 더 큰 걱정을 하니, 인간으로서 쾌활하고 즐거운 일도 끊어져 없고, 고운 비단이나 옥구슬로 천국처럼 외면을 장식한 지옥 속에 갇혀 사는데, 주공의 성은이 있을지 없을지 가늠키 어려운 와중에 태어난 아이가 심신이 불완전할 것임은 낳기 전에 이미 알 수 있을 것이다. 또한 오랫동안 혼자 살면서 이미 얼마간 심신이 파괴된 여인이 재혼하여 아이를 낳는 경우도 있는데 그 아이 역시 허약한 경우가 많다고 한다. 이 점에서 추측해 볼 때, 세상에 조혼의 폐해를 말하는 자도 있지만 만혼의 폐해도 그에 못지않아 그 경중을 가르기 힘들 것이다.

이상은 확연한 사실만을 인증한 것으로, 반드시 봉건 제후의 처첩만이 아니라, 또 과부나 늦게 결혼한 여성만이 아니라 일본 전국의 여성들은 대체로 이러한 종류의 우울함에 고통을 받으며 그 화(禍)가 자자손손에 미쳐 점차 인종적 발달까지를 방해함은 개탄을 금하기 어려운 일이다. 여기에 대해서는 자고로 의사가 위생의 관점에서 논해야만 함에도 불구하고, 예전 의술의 주류는 자연스럽게 유교식덕교(德教)를 기본으로 하니, 유교에서 말하는 것처럼 부(富)를 얻어 크게 쓰기보다는 부를 구하지 않고 안 쓰는 것이 낫다는 것처럼, 의술 또한 사람 몸에 영양을 주어 체력을 키우는 요령을 주장하지 않고, 오히려 그 해로움만을 적발해 오직 음식 줄이는 방법만 제시하면서 담백한 맛과 소식을 권하여 이를 따르지 않는 사람은 이를 '불양생(不養生)'이라 이름하였다. 마찬가지로 인간의 정감 또한 쾌락으로 양성해야 한다는 사실은 과거부터 입에 담지 않았을 뿐 아니라, 항상 이를 버리는 것이 인생의 의무인 양 말하면서, 특히 춘정을 위무할 필요성을 운운하는 주장에 대해서는 전혀 생각지도 않았고, 그저 음식을 절제하라는 주의 주장처럼 이를 절제하고 줄여서 완전히 없애버려도 문제없다고 믿으면서 그 과도함을 경계할 뿐이었다. 일본 남성에게 있어서는 때로 이 계율이 적당한 경우도 있을 테지만, 남자의 과도함을 주의할 뿐 여자의 부족함을 잊어버리는 것은 의학의 태만으로 위생의 본뜻을 심하게 위배한다고 할 것이다. 하지만 이러한 상황이 단지 옛 의술에만 해당하는 것이라면 그다지 이상하게 여길 필요도 없으며, 필경 이는 배우지 못한 것과 관련이 있어 굳이 책망할 필요도 없지만, 진리와 원칙을 근본으로 하는 학문이라고 불리는 서양 의학조차도 마치 이러한 여자의 부족함을 잊은 듯 보이는 것은 나의 마음에 들지 않는다. 사실은 잊은 것이 아니라 앞 절에서도 말한 것처럼 진리의 의학도 사회의 압제에 제압당해 더욱더 그렇게 된 것이다. 서양 의학서 중에 사람 몸 신체의 영양분과 관련하여 음식물의 부드럽고 거침, 과함과 부족함을 논한 것은 심히 세세하여 빠진 곳이 없지만, 정을 키우는 쾌락의 필요성을 주장한 것은 평범한 식품론(食品論)만큼 간절하지 않다. 특히 여성의 춘정에 관한 사항에 대해서는 병원(病原)이나 치병(治病), 위생(衛生)을 다룬 여러 책에서도 그 작용을 제시한 것이 극히 드물고, 가끔 있어도 단지 춘정을 위무하는 게 지나치다는 식으로 이를 경계하는 취지여서, 이는 일본이나 중국의 예전 의술 모두가 절감법(節減法)을 권했던 것과 마찬가지이다. 음식의 과함이나 부족함 모두 인체에 해가 있다는 것은 의학자들이 널리 아는 바로, 신체의 음식물이나 지식의 음식물에 대해서는 열심히 말하면서도 단지 정의 음식물에 한해서만 그 과함을 경계하되 그 부족함을 걱정하지 않는다는 것은 도대체 무슨 도리인 것인가? 이 문제에 대해 걱정하거나 말하지 않는 죄는 사회 전체의 억압에서 비롯된 것이다. 앞에서 말한 것처럼 나 또한 사회의 일원으로서 세상의 비난을 받으면 상당히 불쾌하겠지만, 만약 이를 말하지 않는다면 끝이 나지 않을 것이다. 다행히 이 몸은 의사가 아니기 때문에 방관자의 자격으로 의사를 대신해 의사가 감히 말할 수 없는 바를 발언하여 여성 발달에 만분의 일이라도 도움이 되고자 할 따름이다. 또한 내가 이 글에서 여성의 정감을 키우는 쾌락이란 처음부터 일체의 쾌락에 관한 모든 것을 포함한 것으로 특히 춘정의 쾌락에 제한을 둔 것이 아니라는 점은 독자들도 문면을 통해 이해할 것이겠지만, 다만 과거의 사회적 풍습상 사죽관현이나 가무 등의 놀이는 여성에게 적당한 것이라 해서 허락하는 경우가 많았지만 이러한 놀이에 비교해 더욱

더 지극히 중대한 다른 것 하나에 관해서는 특히나 말이 없었기 때문에 나 또한 각별하게 이에 대해 말하고자 하는 것이다. 거듭해서 기자의 미천한 뜻을 알아차려 주신다면 감사할 따름이겠다.

6

서양 제국에서 고금을 비교해 보면 사람의 체격이 점차 장대하고 건장하게 바뀌었는데, 예를 들면 옛날 사람에게는 적당했던 갑옷과 투구 등이 오늘날의 사람들 신체에는 맞지 않는다고 한다. 이와는 반대로 일본인들은 점차 왜소하고 약해졌는지, 옛사람들이 쓰던 무기들은 이제는 모두 지나치게 무겁고 크게 느껴지는 것 같다. 도쿠가와 치세(治世) 250여 년 동안 사회의 중등 이상의 가족들이 점차 유약하게 되고, 신체를 파괴하게 된 원인은 여러 가지여서 식자들마다 논의가 심히 분분하다. 나 또한 동의하지만, 그 논자들이 일찍이 주장한 바 없었던 여성 쾌락의 자유와 부자유의 문제를 그 원인 중에서도 가장 중요한 항목으로 꼽을 수 있을 것이다. 과거와 현재 사회의 생활양식을 보면, 시간이 지남에 따라 진보[上進]하여 현재의 사람들이 과거 사람들보다 아름다운 옷과 아름다운 음식을 먹으며 주거 또한 사람 몸에 알맞게 되었다. 즉 의식주는 지금 세상에 가까워지는 만큼 점차 자유로워졌지만, 돌이켜 보건대 여성의 쾌락은 어떠한가 하면 사회의 질서가 점차 정돈됨에 따라 점점 더 감소한 듯하다. 상대(上代) 미개한 시대에도 귀족, 무가(武家) 관계없이 그 부녀자가 글을 배우고 와카(和歌)를 즐기며 달과 놀면서 자유자재로 세상과 교제하는 것은 남자들과 거의 다르지 않았다. 교제가 자유로우니 남녀의 통정(通情) 또한 당연히 자유로웠던 것은 자연의 이치로, 왕왕 음탕하다는 비난을 피하기 어려웠다. 후세 학자들이 이 연가(恋歌) 등을 읽으며 '엄청난 세상이었군' 하며 놀라는 자도 있겠지만, 이는 분명 당시 시대상의 패악에 관해 반쪽만의 걱정을 할 뿐으로, 세세하게 속사정을 살펴보면 그 음탕함 속에는 저절로 활발한 기상이 존재하였으니, 후세의 가냘픈 부인들이 심창(深窓)에 갇힌 것에 비교하면 심신 모두 강건했다는 것은 의심할 여지없는 도리로, 당시의 가장 아름다웠던 일[美事]이라 해야 할 것이다. 게다가 그 음탕함이란 남자와 함께 저지른 것이니, 여성만을 비난할 일이 아니다. 후세의 남자들이 여자들을 멸시하며 홀로 음탕함을 즐기는 것과 동일시해서는 안 된다. 왕실의 시대를 지나 무가(武家)의 세상이 되어서도, 여성의 자유가 후세와 같이 구속받는 일은 없었다. 미개하고 살벌한 세상이기에 때로는 부인과 여자들이 학대받는 경우도 있었겠지만, 그 학대는 단지 완력에 의한 학대로 여성의 정신을 괴롭히는 경우는 적었기 때문에, 말하자면 이를 완전한 속박이라고 평할 수 없을 것이다. 당시에는 여성을 기계처럼 보아 과거의 여성이 사회의 영예를 얻지 못했던 것은 틀림없는 사실이지만, 기계는 기계 나름대로 스스로 자유로울 수 있었으니, 다른 사람과 사귈 수도 있었고 문밖에 나서도 비난받지 않았으며, 때로는 처첩으로서 남편과 함께 전장에 나가거나, 혹은 말을 타고 싸우는 사람도 있었을 뿐 아니라 성에 남아 지키는 사람도 있어, 이처럼 활발하니 학문이 없었다고 해도 평상시 쾌락이 적지 않았던 것이다. 특히 혼인에 있어서는 자유자재(自由自在)라, 후세에서 흔히 말하는 명교(名教)**14** 같은 것에 방해받는 일은 없었다. 재혼은 애초부터 비난당할 일이 아니었고, 적에게 시집을 간다고 해도 전혀 문제가 없었다. 기소 요시나카(木曾義仲)[15]의 애첩 도모에 고젠(巴御前)[16]은 와다 요시모리(和田義盛)[17]와 재혼해 아사히나(朝比奈)를 낳았다 하고, 오다 노부나가(織田信長)[18]의 여동생은 아사이 나가마사(浅井長政)[19]에게 시집가 세 명의 딸을 낳았고, 나가마사가 노부나가에게 져서 그 세 딸을 데리고 시바타 가쓰이에(柴田勝家)[20]의 부인이 되었는데 도요토미 히데요시(豊臣秀吉)[21]는 가쓰이에를 죽이고 그 세 자매 중 첫째를 데려다 첩으로 삼았다. 다케다 신겐(武田信玄)[22]은 스와 요리시게(諏訪頼重)[23]를 무너뜨리고 그의 여자를 취해 처로 삼아 가쓰요리(勝頼)를 낳았다. 즉 불구대천의 원수를 아군으로 삼아 부부가 된 것이다. 또 도요토미 히데요시가 도쿠가와 이에야스의 환심을 사기 위해 그 여동생이 사지(佐次) 아무개 씨한테 시집가 있는 것을 뺏어와 이에

---

14 명교(名教) : 인륜이나 명분, 혹은 그러한 가르침.

15 기소 요시나카(木曾義仲) : 헤이안(平安) 시대 말기 시나노국(信濃国) 미나모토씨(源氏)의 무장. 미나모토 요시가타(源義賢)의 차남이며, 미나모토 요리토모(源頼朝), 요시쓰네(義経) 형제와는 사촌간이다.

16 도모에 고젠(巴御前) : 헤이안 시대 말기 시나노국 무장. 기소 요시나카의 첩.

17 와다 요시모리(和田義盛) : 헤이안 시대 말기부터 가마쿠라(鎌倉) 시대 초기에 걸쳐 활약한 무장.

18 오다 노부나가(織田信長) : 전국(戦国) 시대부터 아즈치모모야마(安土桃山, 오다 노부나가와 도요토미 히데요시가 중앙집권한 시기) 시대에 걸쳐 활약한 무장. 오와리국(尾張国) 다이묘이며 후루와타리(古渡) 성주.

19 아사이 나가마사(浅井長政) : 전국시대부터 아즈치모모야마 시대에 걸쳐 활약한 무장. 기타오우미국(北近江国) 다이묘. 아사이 가문의 3대로 최후의 당주.

20 시바타 가쓰이에(柴田勝家) : 전국시대부터 아즈치모모야마 시대에 걸쳐 활약한 무장이자 다이묘.

21 도요토미 히데요시(豊臣秀吉) : 전국시대부터 아즈치모모야마 시대에 걸쳐 활약한 무장.

22 다케다 신겐(武田信玄) : 전국시대 무장, 가이국(甲斐国) 다이묘.

23 스와 요리시게(諏訪頼重) : 전국시대 무상. 시나노국 다이묘.

야스에게 부인으로 바치니 아무개 씨는 이를 부끄러이 여겨 자살하였지만, 부인은 득의양양하게 도쿠가와 집안의 안주인이 되었다. 후대 사람들 중에 이를 비난하는 자도 있지만, 본처를 일부러 내쫓고 두 번째 처를 들여 전처가 분하여 병을 앓고 자살한 예는 세상에 흔하다. 그렇게 본다면 도쿠가와의 부인도 사지를 내쫓고 두 번째 남편으로 이에야스에게 시집간 것이 된다. 덕의상 둘 다 본받을 만한 것은 아니지만, 어찌 꼭 수백 년 전 도쿠가와 부인만을 탓할 수 있겠는가? 만일 이를 탓한다고 하면 오늘날의 보통 남자들 중 고개를 들지 못할 자 상당히 많을 것이다. 가만히 생각건대 여성의 진퇴가 오늘날처럼 어렵고 부자유스러운 것은 도쿠가와 시대 이후의 일로, 겐나엔부(元和偃武)[24] 이후 사물이 점차 질서를 찾기 시작함에 따라 유학이 서서히 세상에 두각을 나타내고 오직 명교(名教)란 것만을 강조하여 상하귀천의 분수가 분명해지면서 여성의 권한 또한 제한되었는데, 사람으로서의 사덕(私德)과 내행(內行)[25]을 수양하라는 가르침의 방향은 오직 여성 쪽으로만 향하여 완력으로 부녀자를 학대하는 것처럼 포악한 풍조는 점차 사라지고 의식주의 자유를 얻기는 했지만, 쾌락이란 측면에 있어서만큼은 추호도 이를 유의하지 않아, 외면상은 자유롭다 해도 그 내부의 정을 막아, 속되게 말하여 풀솜으로 목을 조르는 듯하니 그 고통이 오히려 완력으로 학대하는 것보다 심하여, 마침내 이로 인해 그 신체를 해하게 되어 오늘날과 같은 섬약함에

---

24 겐나엔부(元和偃武) : 1615년(元和元年) 5월 에도막부가 오사카 성의 성주였던 도요토미 가문을 멸망시킴으로써, 오닌의 난(応仁の乱) 이후 150년 가까이 계속해서 이어진 대규모 군사충돌이 종료된 것을 지칭한다.
25 내행(內行) : 집안에서의 행실.

빠지게 된 것이다. 명분의 허식이 수십, 수백 년의 시간을 지나면서, 허(虛)가 쌓여 실제로 작용을 하게 되어, 부녀자의 품행을 보고 조금이라도 글자 그대로의 가르침에 어긋난 사람이 있으면 당장에 이에 반목하고 염오(厭惡)의 뜻을 내비치는 바, 이는 과거 고대시대 여성들은 자유로웠다는 사실을 잊어버린, 세상의 실제 물정에 어두운 것이라 해야 할 것이다. 세상 사람들이 걸핏하면 도키와 고젠(常磐御前)[26]을 평하길, 그 정절을 버리고 다이라 기요모리(平清盛)[27]를 모시게 된 것이 마음 아픈 일이었을 것이라면서 그 심정을 크게 불쌍히 여기는 자가 많지만, 내 입장에서 보면 의외로 당시의 도키와는 그다지 기이한 행위를 한 것이 아닌데도 불구하고, 도쿠가와 시대 유학자의 눈에 기이해서 은근히 그 심정의 고통을 미루어 짐작하곤 했지만, 정작 도키와 본인은 아무렇지 않게 재혼을 받아들여 사랑하는 자식의 목숨을 구한 것이 다행이라며 쉽게 이를 따른 것일 뿐이다.

이처럼 여성 쾌락의 자유가 고대에 풍부하고 근세에 부족했다는 점은 명백하다. 다만 그 쾌락을 획득하는 방법을 다시 예전처럼 하자는 것이 아니고, 지금의 부녀자가 마치 수백 년 전 조야(粗野)한 풍습을 배워야 한다는 것도 아니지만, 조악한 시대에 그 조악함에 어울리는 쾌락을 얻어 저절로 심신의 발달을 꾀함으로써 그 효능이 곧바로 태어난 자손에 미치게 되니, 당시 사람들 모두가 쾌활하고 강건했다는 사실은 부러울 따름이다. 식자들이 보기에 현재 사회의 인문(人文)이 예전보다 뛰어나다고 여긴다면 그 만큼 여성의 자유를 허하는 장

---

26 도키와 고젠(常磐御前) : 헤이안 시대 말기 여성으로, 미나모토 요시토모의 첩.
27 다이라 기요모리(平清盛) : 헤이안 시대 말기 무장.

치가 있어야 한다. 고대에는 남녀 모두 자유로웠던 상황이 인문이
개화하였다 하여 남자만 자유를 독점하고 여자만 고통받을 이유는
없다. 필시 도쿠가와 시대 이래의 유교적 허식의 죄라 할 것이다.

<h1 style="text-align:center">7</h1>

'부인론'이라는 제목으로 이미 몇 편에 걸쳐 연재하면서 일본 여성
에게는 책임감이 없고, 쾌락이 없어 도저히 그 심신의 발달에 강건함
을 기대하기 어려우며, 모체가 튼튼하지 않으니 그 자식 또한 강건하
지 못하고, 수백 년 폐습이 마침내 현재의 인체적 왜소함과 미약함을
초래하여, 오히려 고대시대 의식주상 자유롭지 못했던 선조들의 체
격보다도 열악하니 앞으로의 변천은 점점 더 가공할 상태가 될 것을
개진하였다. 그렇다면 이제 이 무시무시한 폐해의 근원을 막고 여성
의 몸과 마음을 활발하고 굳건하게 만들기 위해서는 어떠한 수단으
로 해야 하는지 살펴본다면, 본래 오늘날 이 같은 참상에 빠진 것은
자연스럽게 그리된 것이 아니라 인위적으로 이뤄진 것이니 이를 해
결하는 방법도 오직 인위적 조처에 의해야만 하는 것은 물론이거니
와 게다가 화근이 깊숙이 사람들 마음의 밑바닥까지 다다랐기 때문
에 크게 개혁하여 그 뿌리부터 일신하는 것이 절실히 요구된다 할
것이다. 그리고 사람에 대한 대개혁은 마음으로 생각하거나 혹은 입
으로 말하는 것 같이 실제로 이뤄지기 어려운 경우가 많지만, 지금
세상에 이뤄지기 어려운 줄 알면서도 결연히 이를 말해 우선 천하의
인심을 열지 않으면 끝내 이를 실현하는 날은 없을 것이다. 말하자면
스님이 대가람(大伽藍)[28]을 건립하면서 우선은 밑그림을 그리는 것과

같다. 대가람을 건립하는 일은 도저히 승려 한 사람의 힘으로는 불가능하고, 그 당시 사회에 호소하더라도 손쉽게 성공할 가능성이 없는 것은 너무나 잘 알 수 있지만, 불법(佛法)을 위해 반드시 필요하다고 스스로 믿는 한 실제 눈앞의 성공 여부를 고려치 않고, 먼저 도면만이라도 제작하여 후세에 마침내 이를 완성한 예는 대단히 많다. 하지만 내가 일본 여성의 참상을 구하고자 하면서 단지 설계도 제작에 머무른다면, 고루한 자들의 미움을 불러들일 뿐 아니라 현실주의자라 칭하는 자들에게는 공상이라며 비웃음을 사기도 하겠지만, 미천한 마음을 스스로 금하기 어려워, 공상인 줄 알면서도 이를 기록하여 천하 후세를 기다리고자 하는 것이다.

예전부터의 일본 습관에는 집안의 계통이란 것을 중히 여겨, 그 중대함이란 비교할 만한 것이 없을 정도이니, 이 오래된 폐해가 마침내 양자의 유행을 낳아 자식이 없는 사람이 실질적인 혈통이 끊겼음에도 양자나 양녀의 법에 따라 집안의 헛된 이름만을 유지하는 경우가 많다. 더 심한 경우는 그 가족이 모두 죽어 없어져 단 하나의 혈육도 없고, 집도 가난해 재산도 없을 뿐 아니라 가옥조차 없으며 집안의 헛된 이름 이외에 무엇 하나 없음에도 집이라고 해서 호적상 이를 일호(一戶)라 한다. 자손이 아니면서 자손이라 하고 일호가 아닌데도 일호라고 부른다. 인간 세계에 희귀한 습관으로 식자들이 늘 이상하게 여기는 바이며, 나 또한 원래 그 부조리함을 알아 지금 이 풍습을 일신함과 동시에, 한 발 더 나아가 내가 마음속으로 소망하는 바를 말한다면, 바로 다음과 같다. 즉 인생에서 가족의 근본은 부부에 있

---

28 대가람(大伽藍) : 커다란 절의 전체.

고 그 뒤에 부모, 자식이 있으니, 부부와 부모, 자식을 합하여 한 가족을 이루고 있다가 그 자식이 자라 혼인을 하면 새롭게 한 가족이 만들어지는 것이다. 따라서 새로운 가족은 부모의 가족과는 다르다. 왜냐하면 새로운 부부의 한쪽은 이쪽 부모의 자식이요, 다른 하나는 저쪽 부부의 자식이기 때문이다. 즉 두 가족에서 나온 이들이 하나로 합하여 새롭게 하나의 가족을 만든 것이다. 이 점에서 생각하면, 사람의 혈통을 따져 어느 자손이라 칭할 때 남자 쪽만을 들고 여자 쪽을 말하지 않는 것은 이치에 어긋나는 것이다. 또한 결혼하여 새로운 가족을 만드는 것은 이치상 당연한 것으로 다툴 여지가 없지만, 새로운 가족의 족명(族名), 즉 성(姓)은 남자의 성만을 따라서는 안 되고 여자의 성만을 따라서도 안 되니 그 중간에서 일종의 새로운 성을 창조하는 것이 지당하다 할 것이다. 예를 들면 하타야마(畠山)라는 성을 가진 여자와 가지와라(梶原)라는 성을 가진 남자가 혼인한다면 야마와라(山原)라는 새로운 가족을 만들고, 그 야마와라란 남자가 이토(伊東)란 여자와 결혼한다면 야마토(山東)로 하는 등 비록 즉흥적인 생각이긴 하지만, 가족의 실질적인 부분을 표시하는 하나의 방법이라 하겠다. 이처럼 한다면 여자가 남자에게 시집가는 것이 아니며 남자가 여자 집에 데릴사위로 들어가는 것도 아니니, 진실하게 만난 부부로 양쪽 모두의 혼인에 관한 권리는 평등하다 할 것이다. 혹 부부가 불행하게 이별 또는 사망 등으로 재혼이나 삼혼할 때는 그때에 맞춰 씨명을 고쳐야 하는 번잡함이 있다는 주장도 있겠지만, 만일 그럴 때는 부부가 각자 자기 부모의 씨명을 가지고 둘이 합쳐서 만들어지는 새로운 씨명을 사용해도 될 것이다. 즉 부모의 성은 그 자식에게 평생 붙어 다니되 자기가 만든 씨명은 혼인할 때마다 변하는

것으로 해도 전혀 문제가 되지 않을 것이다. 또한 혼인의 권리가 평
등하면 자산에 대한 권리 또한 평등한 법을 마련해야 한다. 인문이
점차 진보하면 사회의 모든 권리가 재산에서 생기는 것이 당연한 이
치로, 재원(財源)이 곧 권리의 근원(權源)이란 것은 틀림없는 사실인
데, 과거부터 오늘날까지 일본 여자에게는 사유재산이 없으니 마치
남자 집에 기생하는 것과 같다. 사적인 재산이 없으면 책임도 없다.
자신에게 책임이 없다는 것은 즉 지식 수행의 방편이 없다는 것으로,
여성의 발달을 기대해도 무익한 희망이라 할 것이다. 분명 수천, 백
년 동안 인위적 관행에 의해 그리된 것이니, 지금 이를 인위적으로
교정하고자 한다면 정 반대 방향으로 나가는 것이 중요하다. 예를
들면 지금 여성은 심신 모두 박약하여 당장에 자력으로 식산에 종사
하고자 해도 할 수 없는 일이므로, 부모의 유산을 자식에게 남겨줄
때 부동산은 반드시 여자에게 주도록 정하여 여자 명의가 아니면 토
지나 가옥 등의 소유를 허락하지 않고, 또 공채증서의 명의 등도 반
드시 여자에 한하도록 하는 것도 하나의 방법이 될 것이다. 물론 이
렇게 하더라도 지금은 남자가 발호하는 세상이기에 여자를 협박해
서 위임을 얻어 그 사유재산을 자기 멋대로 좌우할 수 있다는 점도
우려해야 한다. 실제로 그러한 일도 많겠지만, 그렇지 않은 경우도
적지 않을 것이다. 메이지유신 이후 농민이나 조닌(町人)이 사민평등
의 기풍 속에 있으면서 아직 구시대의 분위기를 벗어나지 못해, 저절
로 비굴한 본색을 나타내는 사람이 많기도 했지만, 현재의 평민 사회
지위가 어떠한가 하면, 갈수록 더욱 중요해지고 있다고 할 수 있다.
따라서 지금 여자들에게 부동산 소유의 권한을 갖게 하더라도 혹자
는 스스로 뒤로 물러나 이를 가지려 하지 않는 자도 있겠지만, 여성

전체 지위가 이로 인해 구정대려(九鼎大呂)[29]와 같이 중요하게 될 것은 의심할 여지가 없다.

이상은 나의 상상론으로, 오늘날 실제로 해야 한다고 생각지도 않으며 단지 세상의 눈과 귀를 놀라게 하는 것만을 의도하였지만, 설령 상상론이라 해도 그 입론의 도리는 쉽게 무너뜨리지 못하겠지만, 지금은 세속적 습관에 맞지 않으므로 배척될 것이다. 이 또한 내가 이미 예상한 바이다. 하지만 인간 사회에서 이러한 도리를 행할지 말지는 오직 시간의 문제로, 만일 도리에 어긋나지 않고 인간에게 이익이 되는 일이라면 머지않아 실시하는 날이 틀림없이 올 것이다. 내가 원하는 것은 세상의 식자들이 실행의 어려움을 논하지 말고 우선은 내 의견에 동의를 표하여 실제로 행할 수 있는 부분만을 실행해 보는 것인데, 예를 들면 남자가 처를 얻거나 여자가 다른 사람에게 시집갈 때 지극히 타당한 약속을 정하고, 혹 자식을 낳거나 집의 재산을 분배할 때 세심하게 신경을 써서 스스로 약속대로 행하고, 또한 다른 사람에게도 권하고, 정부에서도 민법 편제 등을 통해 집에 대한 유산 분배, 부부가 함께 사는 집의 사유(私有) 권한, 결혼이나 이혼에 관한 모든 규칙 등 오늘날의 실제에 있어 커다란 방해가 없는 한도 내에서 백 년의 목적을 세워, 한 발자국이라도 큰 성공에 다가갈 방향으로 나아가기를 간절히 희망하는 것이다. 서양 여러 나라에서 이혼법 등은 가장 엄중하여 민법이 쉽게 이를 용인하지 않으며 이유 없이 처를 내쫓는 것을 금할 뿐 아니라 설령 어쩔 수 없는 사정이 있는 사람이라

---

29 구정대려(九鼎大呂) : '구정(九鼎)'은 중국 하(夏)나라의 우왕이 만들어 후대의 주(周)나라까지 전한 솥이었고, '대려(大呂)'는 주나라의 대묘에 바친 큰 종이다. 사회에서의 지위나 명예를 비유적으로 드러내는 것이다.

도 이혼을 출원하면 우선 부부의 별거를 명하여 2년 동안 시행해 보고 도저히 조화의 전망이 없다는 사실을 증명하게 되면 그때 비로소 이혼의 상태가 되는 것을 일반적인 예로 삼는다. 또한 이혼의 권리는 부부 모두 같아 남편 된 사람이 몸가짐이 나쁘고 품행이 글러서 다른 부인과 정을 통하여 두 부인을 집안에서 동거시키거나 또는 밖에 다른 살림을 차리는 등의 일이 있거나, 혹 남편이 인정이 없어 처를 집에 두되 마치 버린 것 같을 때, 그 처에게는 공공연하게 이혼을 청구할 수 있는 권리가 있다. 원래 이러한 법은 각국이 모두 같지 않지만 대동소이하여 그 상세함은 서양 여러 나라의 법률서를 보면 알 수 있는데, 결국에는 부부의 권리가 정확히 평등한 위치라는 점만은 명백한 사실로, 이러한 여러 나라 부인들이 만약 일본에서는 관행적으로 이혼의 권리가 남편 한쪽에만 있고 세 줄 반짜리 이혼장[三行半][30]으로 백년해로의 약속을 순식간에 단절시킨다는 것을 안다면, 얼마나 놀랄 것인지, 설령 동양 다른 나라의 사정이라 해도 쉽게 믿기 어려울 정도일 것이다. 물론 이들 나라에서는 법률이 이처럼 엄하긴 하지만 남녀 심정에 관한 일은 인생 극비의 내부에 속한 것이라 모두 법으로 제재할 수 없다. 지극히 엄중한 법률 하에서 지극히 관대한 자유가 존재하니 때로는 의외의 사태가 일어나기도 한다. 학자들이 만일 서양 법률서를 참고로 할 때는 이 부분에 특히 마음을 써서 읽는 것이 중요할 것이다. 결국 품행의 좋고 나쁨은 잠시 놔두고, 옳건 그르건 남녀는 동등해서 둘 다 한 발자국도 양보할 수 없으며, 또

---

30 이혼장(三行半, みくだりはん) : 본디 석 줄 반으로 쓴 데서 유래한 것으로. 남편이 아내에게 주는 이혼장.

동등한 권한의 근본은 관습에서 유래하는 것이니 법률의 성문(成文)은 오직 그 관습에 힘을 부여한 것에 불과한 것이다.

8

여성의 혼인에 대한 권리를 만회하여 남자의 그것과 평등하게 만들고, 주거와 사적 소유의 권한도 분명히 하여, 이를 다른 사람에게 의뢰해야만 하는 경우가 없어지게 되면, 여성이 가진 책임의 무거움은 지금보다 몇 배나 될 것이고 걱정 또한 커질 것이지만, 그 큰 걱정은 곧 커다란 쾌락의 근원으로, 고통과 즐거움이 함께 커질 때 몸과 마음은 활발해질 수 있다. 예를 들면 집안의 주부가 자기 자신의 재산을 경영하면서 그 빈부와 성쇠의 영욕에 임하는 것은 극히 힘든 일이긴 하지만, 남편의 집에 기숙하면서 특별한 부침이 없이 오늘은 가마를 타다가 내일은 길거리를 헤매는 이들과 비교하면 그 얼마나 유쾌한 일이겠는가. 또한 여성의 권리가 만회되기만 한다면 부부 교감의 기운은 더 한층 두터워질 수밖에 없다. 흔히 세상 남자가 묘령의 아가씨를 사랑하여 부부로 행복하게 지내다가도, 점차 그 모습이 퇴색하여 버린 뒤에는 뒤돌아보지 않는데, 이를 가을바람이 일었다고 한다. 하지만 가을바람이 부는 것이 어찌 여자에게만 한정된 것일까, 남자 역시 가을이 없을 수 없다. 남자가 여자에게 불어온 가을바람을 싫어하여 규방의 친구를 버린다면, 여자 또한 남자에게 가을바람이 불어오기를 기다려 그를 버릴 수 있다. 이렇게 말하면 한평생 함께할 사이가 너무 살풍경한 것 같기도 하지만 본래 남녀가 나누는 정은 단지 친애(親愛)만으로 유지할 수 없으니, 그 친애 중에 자연스럽게 한 조각의 경의(敬意)를 포함해야 비로소 온전한 정(情)을 이룰 수 있는 것이다. 세상에는 종종 돈으로 첩을 사서 나중에 이를 정실로 들인 남자가 과거 그 여자를 장난감 취급하던 것을 잊지 못하고 경의를 표하지 않아 끝내는 서로의 정을 깨뜨리게 되는 사례가 매우 많다. 부부가 함께 살면서 실제로 아내가 남편을 버릴 일은 없겠지만, 남편을 버릴 권리를 갖는다면 남편에게는 원래부터 이혼의 권리가 있으므로, 양쪽이 그 권리와는 무관하게 서로 경외함으로써 친애의 정을 굳건히 하리라는 것을 알아야 한다.

원래 부인을 경멸하는 것은 동양 여러 나라 전반에 나타나는 폐습으로 유독 일본에 국한된 것은 아니다. 특히 이웃 중국이나 조선 등의 중등 이상 가족 중에는 부인을 집안에 유폐한 채 거의 문밖에 나가는 것을 허락하지 않아 그 참혹함이 일본 부인을 취급하는 것보다도 더 심하다는데, 또 한편으로 그 이면으로 돌아가 지극히 비밀스런 내부를 살펴보면 상상외의 일이 일어난다. 예를 들면 조선의 사대부나 기타 양가집에서 한 번 허혼한 여자는 설령 혼례식을 치루지 않았더라도 남편이 죽게 되면 과부라 하여 재혼을 허락하지 않는 것이 관행이어서, 그 과부 많은 것이 일본과는 비교가 되지 않는다. 심한 경우 10살 전후 소녀 때부터 홀로 지내다 평생을 마치는 자도 있다고 한다. 이런 말을 들으면 진실로 무정하고 애처로울 것 같지만, 그 내실은 그렇게까지 무정하지 않다. 깊숙한 방 안의 어린 과부라도 언덕 위 수양버들과 함께 봄바람에 휘날리니, 다 식은 재 가루가 저절로 온기를 띄울 때, 옆에서 몰래 그 온도를 살피고 통정(通情)의 길을 주선하는 사람이 있는 것이다. 이를 은근자(慇懃者)[31]라 한다. 조선에서는 이러한 은근자가 성행히여 마치 일종의 직업처럼 모양을 갖추고 있으니, 그 손에 의뢰했을 때 남녀 모두 뜻대로 안 되는 일이 없다. 비단 어린 과부만이 아니라 가을바람이 일어 사랑이 식은 늙은 부인과 처첩 중 규방의 권력을 다투다가 패배한 여인, 그리고 주공이 오랫동안 바깥에 머물러 쓸쓸한 잠자리와 긴 밤을 홀로 지내기에 지친 여인 등이 모두 은근자의 단골손님으로, 그 밀회와 왕래가 심히 빈번하다. 다만 이러한 회합의 방편이 있다 해도 그 방편을 사는 돈은 오직 은근자에게 들어갈 뿐으로 당사자인 남자와 여자에게는 아무런 이득도 없고, 또한 처음부터 상대방을 누구라고 지명하는 것도 아니기 때문에 은근자가 주의를 기울이지 않으면 망측한 사태를 당하게 되어 두 쪽이 서로 얼굴을 붉히며 도망가는 등의 기이한 이야기도 있다고 한다. 이는 조선에서 일어난 한 가지 기사(紀事)에 불과하지만, 이를 통해 그 실질적인 내정을 알기에 충분하다. 무릇 어느 나라건 명교가 바르다는 것은 대개 모두 외면상 그렇다는 것이고, 인생의 내부를 규제하는 것은 심히 어려운 일인 것이다. 도덕적 가르침의 문면(文面)은 물건의 호가(呼價)와 같아서, 그 교지가 진실로 엄하더라도 가르침을 받는 자는 그 내용의 절반만 받아서 듣고 또 그 4분의 1을 행하니, 이렇게 사회적인 사정에 맞춰 인생의 쾌락을 구하는 취향은 구매자가 결국 물건의 호가를 절반이나 4분의 1로 깎아 사게 되는 모습과 다르지 않다. 조선 등은 유교주의의 호가가 가장 심한 나라로, 가르침을 받는 사람은 이를 듣고 사실상의 가격을 부를 때는 아주 낮게 부르니, 앞에서 기술한 사건 등도 실제로 일어나는 것이다. 한편 일본은 도쿠가와 시대 동안에 명교가 점차 자리 잡고

---

31 한국에서는 은근짜라고 하며, 원래 몸을 파는 여자를 속되게 이르는 말.

질서가 점점 정제되어 여성과 관련된 가르침 등이 이웃나라의 허교
(虛教)처럼 가혹하지는 않았지만, 오히려 중등 이상의 가정에서는 가
르치는 문자 그대로 이를 받아들여 전혀 여유가 없는 모습이라, 덕교
의 호가를 말 그대로 사들이는 것과 같다. 따라서 중국이나 조선 등
의 부인들이 깊은 방 안에 갇혀 산다는 말을 들으면, 일본 부인은
월등히 자유롭게 쾌락을 향유하는 것 같지만, 기실은 높은 호가를
깎아 사는 것과 그냥 부르는 싼 가격을 그대로 사는 것의 차이로,
호가를 크게 깎는 쪽이 오히려 몇 배나 더 자유를 맘껏 누린다 할
것이다.

　이처럼 말한다고 해서, 내가 일본 부인이 중국이나 조선 부인의
음탕함을 배우라고 말하는 것이 아니며, 또한 내가 서양 부인의 활발
함과 구속받지 않음을 대단히 흠모하긴 하지만, 활발함과 자유로움
에 동반된 방종과 전횡은 때로는 피할 수 없는 병이니, 이런 극단적
인 병까지 흠모하는 것은 아니다. 서양 여러 나라에서 여덕(女德)을
닦지 못해 종종 남자를 경멸하여 몸과 마음이 예민하기만 하고, 게다
가 내행이 심히 바르지 못해 가사는 신경도 쓰지 않고 덧없이 세상을
보내는 것은 결코 일본 여성의 모범이 아니다. 남자들이 날뛰는 것이
싫다고 하여 여자들을 날뛰게 하는 것은 폭력으로 폭력을 상대하는
것으로, 나아가 여자가 승리하게 된다면 폭력으로 폭력을 바꾸는 것
과 같게 된다. 이 부분은 특별히 설명할 필요도 없을 터이니, 독자들
도 이미 내 의견의 요지를 통찰하고 있을 것이다. 내가 바라는 바는
결단코 남자들에게 많은 것을 요구하는 것이 아니고, 여자들에게만
특별하게 이익이 되는 것도 아니라, 쌍방이 오직 평등하기를 바랄
뿐이다. 인간 세계의 자유와 쾌락은 남녀가 공유하는 것이라는 한

가지 뜻은 다툴 여지도 없는 도리인 것이다. 또 총량이 정해진 것을 양쪽이 공유할 때, 이를 한쪽이 전유(專有)하면 다른 한쪽이 감소한다는 사실 또한 다툴 여지가 없다. 하지만 현재의 세계에 자유와 쾌락이 어디에 있는지 살펴보면, 남자 쪽에 편중되어 있다고 할 수 있다. 한 번 세상의 풍조와 관습을 보라. 대개 여자가 할 수 있는 일 중에 남자가 할 수 없는 일은 거의 없고, 남자에게는 허락되어 있지만 여자에게는 금지된 것이 헤아릴 수도 없다. 앞 절에서 말한 것처럼 재산을 사유할 권리를 허락받지 못한 것은 물론, 사소한 일상의 일거일동까지도 여자가 하면 버릇없다 책망하는 것을 남자가 하면 대범하다며 칭찬하고, 여자가 하면 추한 것도 남자가 하면 추하지 않다고 하며, 일거일동까지 여자가 하면 추하다 하지만 남자가 하면 괜찮다 하는데, 무엇보다도 정감을 키우는 것이 쾌락 중에서도 지대지중한 항목임을 망각한 채, 남자가 여기저기서 화류의 가지를 꺾고 주점이나 청루에서 득의양양할 때 여자는 깊숙한 규방 속에서 봄날을 덧없이 보내고, 재혼의 권리조차 암암리에 빼앗겨 버리는 등, 인사상 평등하다고 말할 수 없다. 따라서 나는 여성에게 특별하게 이익을 주고자 함이 아니라, 다만 인생 공유의 쾌락을 한쪽만 독점하지 말고 함께 향유하고 함께 나누길 원하는 것뿐이다. 예를 들어, 재혼의 자유 같은 경우도 남자가 99를 갖고 여자가 1을 갖고 있다면, 남자가 49를 돌려주어 동등하게 나누길 원할 뿐이다. 또한 내 주장의 본뜻은 지금 여성을 변호하여 남성과 권리를 경쟁하도록 하는 데 있는 것이 아니라, 그 목적은 인종 개량으로, 지금 상태의 부인에게 의지하여 좋은 자손을 얻는 것은 결국 부질없는 희망이기 때문에 우선 부인의 마음과 몸을 활발하게 만들어야 하므로, 이를 위해서는 그 책임을 무겁게 하고 그 쾌락을 크게 해야만 한다는 대의를 주장하는 것이다. 정신을 별도로 한다면 사람의 몸 또한 동물의 일종일 뿐이다. 암수 두 마리의 개를 키우면서 시험 삼아 수컷은 항상 풀어놓고 자유자재로 돌아다니며 놀게 하는 한편, 암컷은 쇠사슬로 묶어 개집 안에 가둬두고, 음식물은 주되 쉽게 다른 개들과 무리를 짓지 못하게 만들며 푸른 초원과 흰 눈 속에서 뛰놀지 못하게 하고, 거기다 교미의 시기까지 단속하여 구속한다면, 결국 암컷 개는 성격이 나빠지고 신체가 쇠약해질 것이고, 그 후에 우연한 기회에 인연을 만나 새끼를 배더라도 어떤 성질의 새끼가 태어날지, 개 키우는 기술을 모르는 나조차도 그 강아지가 불완전할 것이란 것을 알겠다. 과연 개조차 이러할진대, 인간이라 해도 무슨 차이가 있겠는가. 경세(経世)의 식자들은 이 개 키우는 이야기가 틀리지 않다면, 속히 일본 여성의 쇠사슬을 푸는 데 진력해야만 할 것이다.

일본부인론 후편
서언

「일본부인론」후편 총 10장을 지난날『시사신보』의 사설로 세상에 공개하여, 세상 사람들에게 크게 칭찬받았는데 뒤이어 동감의 논설을 기고하는 신사숙녀 또한 많았다. 불과 일주일 전의 일인데, 어떤 신사가 일부러 시사신보사에 찾아와 말하길 "소생은 오늘 시사신보 기자에게 불만을 말하고자 왔습니다. 그것은 다름이 아니라 예의「일본부인론」에 관한 것입니다. 며칠 동안 계속 연재되었던 긴 이야기, 참으로 신묘한 명문이라 감탄하며 읽던 중 큰 재난을 당했는데, 그것은 올해 여름의 삼베옷은 감색이 유행한다며 아내가 종종 여름옷 준비를 상담하는데, 소생의 지론은 여름은 흰색이 좋고 감색 삼베 옷 같은 것은 논할 바가 아니라며 끝까지 반대하고 방어하던 차, 유감스럽게도『시사신보』의「일본부인론」이 세상에 나온 이후 공방의 형세가 갑자기 변하여 어젯밤 마침내 처의 주장이 승리하여 오늘 아침 소생이 집을 나올 때 문 앞에 이미 에치고야(越後屋)³²의 점원이 주문한 물품을 가지고 오는 걸 봤습니다. 실로 유감천만한 일입니다."라는 이야기를 듣고 기자들 모두 한바탕 웃었다.『일본부인론』이라는 책 한 권을 읽고 사람마다 좋다고도 하고 나쁘다고도 하는데, 어찌 되었건 널리 세상 사람들이 한 번 읽어 주기를 부탁하며,

---

32 에치고야(越後屋) : 현재의 미쓰코시의 창업 때의 가게 이름으로 포목점이었음.

여론이 어떠한지도 살피고 싶어 이에 다시 전체 10장을 한 책자로
정리하여 신사숙녀 여러분들 곁에 보내 드린다.

1885년 7월 24일 시사신보사 누상에서
나카미가와 히코지로(中上川彦次郎)[33] 씀.

---

[33] 나카미가와 히코지로(中上川彦次郎, 1854.10.4~1901.10.7) : 후쿠자와 유키치의 조
카. 게이오 의숙 졸업 후, 영국에 유학하여 이노우에 가오루(井上馨)와 친분을 쌓았
다. 귀국 후 관직에 나가나 1881년 정변으로 외무성을 관둔 후 후쿠자와의 권유로
시사신보사 사장에 취임한다. 특히 미쓰이(三井) 재벌과 관련이 깊어 "미쓰이 중흥의
아버지"란 평가를 받았다.

일본부인론 후편
日本婦人論 後篇

지난날 '일본부인론'이란 제목으로 『시사신보』에 사설을 실은 적이 있어, 여러 사람이 이미 이를 읽은 적이 있으리라 생각되지만, 이 사설의 문자와 문장이 모두 조금 딱딱하니, 『시사신보』를 읽는 독자들이라면 잘 이해가 되겠으나, 널리 다른 사람에게 말할 때는 불편함도 있을 듯하여, 이번에 히라가나를 섞은 평이한 문장으로 엮어 앞의 부인론의 후편으로 세상에 공개하고자 한다. 다만 같은 사항의 겉과 속을 바꿔서 이야기하는 것이기 때문에, 전편의 문장과 겹치는 부분도 있겠지만, 그것은 기자의 재능이 부족하고 필력이 떨어지기 때문이라 이해해 주시면 좋겠다. 전편에서는 부인이 남자와 같은 신분으로 동일한 권리를 지니며 재산이나 지위 또한 당연히 남자와 동등하게 소유해야 한다고 말했는데, 그 취지는 너무나도 이해하기 쉬운 도리로 의심할 여지가 없음에도, 어찌 되었건 수백 년 동안 남자들은 자유로웠지만 부인들은 있어도 없는 듯 여기는 것이 이 나라의 풍속이었기에, 지금 내가 글로 이 지극히 당연한 도리를 적더라도, 남자들이 이에 동의하지 않을 뿐 아니라 직접 이익이 있는 부인들까지 도리어 이 새로운 생각을 좋아하지 않는다 해도 충분히 이해할 만하다. 새끼 때부터 키워 온 꾀꼬리가 새장 밖을 모르고, 고삐 풀린 말이 마구간에 되돌아오는 것처럼, 한 척(尺) 새장이 좁고 또한 열두 척 마구간이 답답하여도, 오랜 세월 사료로 키워지고 여물 맛에

익숙해져 꽃을 즐기고 들판에서 뛰노는 본성을 이미 망각하여 오늘
날의 참된 고통은 모르니 참으로 한심스럽다고 해야 할 것이다. 서양
에 '너 스스로를 알라'는 오래된 말이 있다. 즉 사람으로서 이 세상에
태어났다면 우선은 자기 처지를 아는 것이 중요하다는 의미로, 예를
들어 여자로 이 세상에 태어났다면 남자에 비해 자신이 어떤 신분인
지를 알아야만 한다는 것이다. 남녀가 각별하게 다른 곳은 오직 생식
기관뿐이다. 그렇다고 해도 양쪽은 단지 구조만을 달리할 뿐, 둘 중
어느 것이 중요하고, 중요하지 않다고 할 수 없다. 그 외에 귀, 눈,
코, 입, 수족의 움직임, 내장의 조화, 뼈의 개수, 피의 흐름 등에 이
르기까지 남녀는 모두 체질상 아무런 차이도 없을 뿐 아니라, 그 마
음의 작용 또한 모두 같으니, 남자가 하는 일 중 여자가 하지 못할
것은 없다. 문명개화가 점차 진척됨에 따라 여자가 직업을 갖는 것이
드문 예가 아니어서, 이미 미국 등지에서는 부인이 전신(電信) 기술이
나 그 외 여러 가지 직공 일을 할 뿐 아니라, 혹은 의사가 되고, 혹은
기업의 서기(書記)가 되고, 혹은 정부의 관료가 되는 자도 많아, 그
일에 따라서는 남자보다 더 쓸모가 있다고 한다. 단지 일본에서만
아직 이를 시도하지 않고 있을 뿐이다. 설령 시도해서 부인이 결국
도움이 되지 않는다면, 그것은 부인의 특성이 그러하기 때문이 아니
라 부인이 이토록 도움이 안 되게 하는 원인이 있으므로 그 원인을
제거하는 것이야말로 중요하다. 아무리 억지 주장을 하더라도 결국
온 세계가 같은 인간일진대, 서양 부인은 도움이 되고 일본 부인은
그렇지 않을 리가 없다. 서양과 일본의 풍습이 서로 달라 부인의 역
할도 다른 것이라면, 하루라도 빨리 일본의 풍습을 서양식으로 바꿔
부인도 한 사람의 몫을 할 수 있도록 고안하는 것이 일본의 모든 남

녀가 반드시 명심해야 할 사항일 것이다.

남녀는 그 체질이나 마음의 작용이 전혀 다르지 않고, 오히려 평등하고 동일하다는 것은 당연한 사실이다. 인간이 만물의 영장이라면, 남녀 모두가 만물의 영장일 것이고, 남자 없이 집안이나 국가가 바로 서지 않는다면 당연히 여자 없이도 국가가 없을 테니, 남녀 둘 중 어느 쪽이 중하고 어느 쪽이 중하지 않다고 해야 할지, 내 눈으로는 아무리 보아도 그 둘 사이에 경중과 귀천의 차별이 있다고 생각되지 않는다. 혹은 중국의 유학자처럼 남녀를 음양에 비교하여, 남자는 양(陽)으로 하늘이고 해이며 여자는 음(陰)으로 땅이고 달이라면서 한쪽은 귀하고 한쪽은 천하다는 식으로 논리를 세워 이것을 자연의 도리라며 의심치 않는 자가 많은데, 본래 음양이란 유학자의 헛소리로 무엇 하나 분명한 것이 없으니, 수천 년 전 무학하고 문맹이던 시절에 천지간의 만물을 대충 바라보면서 뭔가 비슷한 것 두 개가 있어 그 하나가 강하고 성하게 보이고 다른 하나는 약하고 조용하게 보이기에 전자를 '양'이라 하고 후자를 '음'이라고 멋대로 이름 붙인 것이다. 예를 들어 천지가 천장과 다다미와 같아, 한쪽은 낮아 발로 밟고 한쪽은 높아 손에 닿지 않으니, 하늘은 양이요, 땅은 음이라고 말하고, 해와 달 모두 둥글게 빛나되 한쪽은 뜨겁고 크게 빛나지만 다른 한쪽은 역시 빛나나 작고 어두우니, 해는 양이고 달은 음이라 말하는 정도로, 오늘날 생각해 보면 어린애들 말장난에 불과해, 음양에 대해서는 반드시 정해진 징표가 없음에도 우선 마음속에 두 가지 생각을 정해 놓고 본인 생각에 조금 뛰어나다 싶으면 양의 부분에 넣고, 조금 뒤떨어진다 싶으면 음의 부분에 넣으니 거기서부터 여러 가지 설을 만들어 말장난을 화려하게 꾸며낸 정도의 공론(空論)이다. 따라

서 남녀를 보더라도 원래 음양의 구별이 없을 뿐 아니라 그 음양이라
는 것조차 본래 공상물이라, 남녀에 아무런 징표가 없음에도 어찌된
영문인지 유학자의 흐름을 이은 학자들이 부인을 보고, 이유 없이
이들을 멸시하고, 또 이유 없이 남자보다 열등하다며 혼자 골똘히
생각한 끝에, 이른바 음(陰)의 속성을 가졌다고 하여 공상 속에 있는
음에 관한 장부에 기록한 것이다. 이는 부인들에게는 너무나도 엄청
난 폐해로, 아무런 연고도 없는 천지일월(天地日月)을 끄집어내어, 음
의 속성으로 부르는 것은 무학하고 문맹인 유학자이기에 어쩔 수 없
다. 내가 지금 장난으로 한 가지 주장을 만들어, '부녀자들은 아름답
고 화려해서 금옥광명(金玉光明)이 일월성신같이 빛나는 것처럼 안색
이 수려하여 봄 하늘에 꽃이 활짝 핀 것과 같고, 남자는 비록 추하지
는 않지만 부녀자들에 비해 왠지 소극적이고 조용하여 그 무뚝뚝함
이 고목과도 같고 움직이지 못하는 대지와도 같다. 따라서 부인은
양으로 하늘과 태양과 닮았고, 남자는 음으로 땅과 달에 닮았다'고
한다면, 이 또한 하나의 주장으로 통용될 것이다. 음양론의 부조리
함이 이와 같다. 오늘날 제아무리 이러한 헛소리를 통용시키려 해도
문명세계에서는 허용될 수 있는 것이 아니다. 위 주장의 마지막 부분
은 조금 장난 같았지만, 지금 원래 취지로 돌아가 왜 일본의 남자가
여자를 함부로 다루는지 그 전체적인 주장을 들어보고, 그것이 무리
한 까닭을 말하고자 한다. 『여대학(女大学)』에는 다음과 같이 말하고
있다.

　　무릇 부인들 나쁜 마음의 병은 화순치 못한 것, 분노하고 원망하는
　　것, 다른 사람을 비방하는 것, 질투하는 것, 지혜가 부족한 것이다.

이 다섯 가지 병은 열 명 중 일곱, 여덟 명에게 반드시 있다. 이것이 여자들이 남자에게 못 미치는 부분이다. 스스로 뒤돌아보고 경계하며 고쳐가야 할 부분이다. 특히 지혜가 없기 때문에 다섯 가지 질환이 발생하는 것이다. 여자는 음성으로 음은 밤이고 어둡기 때문에 남자에 비해 어리석고 눈앞에 있는 일조차 깨닫지 못하고 또 타인한테 욕먹을 짓도 분별 못하니 내 남편, 내 아이에게 재앙이 되는 일이란 것도 모른 채 죄 없는 사람을 원망하거나 분노하며 저주하고 혹은 다른 사람을 질투하고 미워하는데, 내 한 몸이라도 세우고자 하나 다른 사람들이 싫어하고 멀리하며 모두가 본인의 적이라는 사실도 모르니 너무나도 부질없고 어리석다. 자식을 키우더라도 사랑 속에 빠져 잘 가르치지도 못한다. 이처럼 어리석은 까닭에 어떤 일이든 내 몸을 낮추고 남편을 따라야 한다. 옛날 법도에 여자를 낳으면 삼일동안 바닥에 엎드려 놓으라 했다. 이도 남자는 하늘에 비유하고 여자는 땅에 비유했기 때문으로 만사에 남편을 먼저 세우고 내 몸은 그 뒤를 따른다, 운운.

이 문장이 주장하는 바는 부인들만 갖고 있는 다섯 가지 병을 들어, 이것 때문에 부인들은 남자에 비해 열등하고, 열등하기 때문에 남자가 말하는 대로 따라야만 한다는 것이다. 분명 남자가 부인 마음을 진찰해 본다면 틀림없는 병이라 여길 것이고, 남자 마음에 없는 병도 일어날 수 있겠거니 하겠지만, 그 병의 원인이 원래 어디에 있는지 살펴본다면 나는 이 역시 유학자들의 가르침 속에 있다고 생각한다. 지금 그 가르침을 그대로 베껴 쓴『여대학』전체의 큰 뜻을 들어보면 대개 다음과 같다. 여기에서 말하길, 여자는 아침 일찍 일어나 밤늦게 자며 낮잠은 필요 없고, 술이나 차도 많이 마시지 말고, 가부키(歌舞伎)[34], 고우타(小唄)[35], 조루리(浄瑠璃)[36] 같은 것은 절대 보거

나 들어서는 안 될 뿐 아니라 나이 사십이 될 때까지 사람들이 모이
는 신사나 절에도 가서는 안 되며, 또 남편 친구나 기타 젊은 남자와
쉽게 말을 섞어서도 안 되고, 자주 친정에 가는 것도 좋지 않으니
하물며 다른 사람 집은 말할 나위도 없고, 남편의 허락이 없으면 어
디도 외출할 필요가 없으며 편지도 안 되고 선물도 안 되며, 또한
여자의 옷은 더럽지 않고 깨끗하다면 그걸로 충분하니 색깔이나 무
늬처럼 마음을 어지럽히고 사람들 눈에 띄는 것은 심히 좋지 않고,
또 부인은 따로 주군이 없으므로 남편을 주인으로 삼아 모든 것을
그 지시에 따라 조금도 거스르지 않아야 하며 여자는 남편을 최고의
하늘로 떠받들고 존경해야 하는데, 여자의 칠거지악은 시부모를 따
르지 않는 것, 아들을 낳지 못하는 것, 음란한 것, 질투심이 깊은
것, 나쁜 병에 걸리는 것, 말이 많은 것, 도심(盜心)이 있는 것으로
남편이 자유롭게 부인을 내쫓을 수 있으며, 또 부인의 음란함은 이처
럼 엄하게 금하지만 남자는 대단히 용이하고 쉬우니 첩을 몇 명 두어
도 상관없어 이를 음란함의 부류에 넣지 않기 때문에 남자의 음란이
란 본처는 물론 첩을 충분히 둔 다음에 그 위에 언어도단의 폭거가
있어야 비로소 이를 음란이라며 조금은 불편해 하지만, 이 또한 그
칠거지악의 권력을 오직 남자만이 장악하여 부인에게는 어떠한 권

---

34 가부키(歌舞伎) : 음악과 무용, 기예가 어우러진 일본의 전통연극으로 16~17세기 에
　도 시대에 서민 예술로 시작되어 오늘날까지 이어지고 있다. 1965년 일본의 중요무형
　문화재로 지정되었으며, 2008년에는 유네스코 세계무형유산으로 지정되었다.

35 고우타(小唄) : 옛날 민간에서 부른 이마요(今樣) 등의 속요(俗謠)를 상류 사회에서
　불렀던 노래로, 무로마치(室町) 시대 이후 민간에서 부른 유행가요.

36 조루리(浄瑠璃) : 일본의 가면 음악극의 대사를 영창(咏唱)하는 음곡에서 발생한 것으
　로, 음곡에 맞추어서 낭창(朗唱)하는 옛 이야기.

한도 없으므로 설령 남편이 음란하더라도 이를 내쫓을 수 없을 뿐 아니라 심지어 화를 내거나 원망하는 일조차 금지하고 있으니 꿈에 서도 질투심을 발할 수 없으며 오직 안색을 부드럽게 하고 목소리를 차분히 하여 이를 간언하는 것이 유일한 방법이다.

이상과 같은 가르침에 따르면 부인은 자고 일어나는 것이나 먹고 마시는 것도 자유롭지 못하고, 가부키나 음악 같은 즐거움도 금지될 뿐만 아니라, 옷을 꾸미는 일과 집밖에 나가는 것, 그리고 사람들과 만나는 것도 할 수 없으며, 게다가 남편 기분에 따라 언제 이별을 당하더라도 어쩔 수 없으니, 부인이 한 가정을 갖는다고 하더라도 그 신상의 불안정함은 깊은 연못의 얇은 빙판 위를 걷는 것과 같다. 머리를 들어 남자들 세계를 바라보면 마치 주군의 지위에서 으스대 고 안팎으로 자기 뜻대로 안 되는 일이 없다. 진정으로 부러울 따름 이다. 지금 남자들이 말하는 것처럼 부인들이 남자보다 훨씬 열등한 존재라 하더라도 인간임에는 차이가 없으니 인간으로서 평범한 정 신이 있다면 고통을 당했는데도 편안하다고 느낄 수는 없을 것이다. 남자든 여자든 그 입에 고추는 맵고 설탕은 단 것은 같다. 따라서 부인들이 더 많이 참으면서 힘든 세상을 견뎌내어야 함은 분명하므 로 자연한 이치상 그 마음이 늘 삐딱하게 뒤틀리는 것도 이상하게 여길 수 없다. 때때로 순순히 따르지 않는 일도 있을 것이고 화를 내며 원망하는 경우도 있을 것이며 또한 비방하며 질투하는 경우도 있을 테지만 그 근본을 물으면 남자 쪽이 무리하게 요구하였고, 바로 그 결과로 생겨난 것이니 이상한 일도 아니다. 일의 근본을 음미하지 않고 오직 그 사람만을 꾸짖으니 이 얼마나 무법천지한 일인가. 말을 키우면서 그를 험하게 대하여 자연스럽게 성질이 나빠진 것을 보고,

이 말은 나쁜 말이라고 말하는 것과 같다. 성격이 나쁜 것은 말의 성질 때문이 아니라 기르는 사람의 무정함 때문에 생긴 재앙이다. 또한 세상에는 계모와 자식 간에 불화가 많은데 어미의 무정함 때문이라거나 자식의 불손함 때문이라고 각각 말이 많지만, 계모의 자식이기 때문에 그 천성이 불손하다고 정해진 것은 아니다. 모자가 서로 대할 때 어느 쪽이 먼저 영향을 끼치는가 하는 것을 살펴본다면, 어린 자식은 본디 무심하니 선과 악 모두 어머니 쪽에서 만든다 해야 할 것이다. 세상 사람들도 자식을 나쁘다 하지 않는 대신에 계모를 꾸짖는 경우가 많은 것은 그러한 까닭이다. 따라서 지금 남녀가 서로를 대할 때, 선과 악의 영향을 주는 쪽은 남자들이므로, 결국 여자의 마음에 지금처럼 죄를 주입시키고, 그 죄가 여자에게 있다는 것은 받아들이기 힘든 이야기가 아니겠는가? 세상 남자들이 말을 키우는 법과 계모와 그 자식의 이야기를 안다면, 널리 부인에 대해서도 생각하는 바가 있을 것이다.

세상 보통의 가르침에서 부인의 음란함을 꾸짖고 그 질투를 경계하는 것은 극히 당연한 일이다. 인간으로서 음란한 것은 결코 좋은 것이 아니며 질투심 깊은 것 또한 당연히 보기 싫은 일이라 남녀가 모두 조심해야 함은 우리들이 당연히 이의가 없을 텐데, 이와 관련하여 유독 부인에게만 세세하게 주의를 주고 남자에게는 이를 잊은 듯 대하는 것은 무슨 일인가? 본디 여기에는 오래된 이유가 있지만 예전부터 세상 사람들이 말하지 않는 내막이 있으니, 지금 남자에게는 조금 유감스러운 일이지만, 나는 이를 분명히 말하고자 한다. 예전부터 유학자의 가르침이라 하고 또 이 가르침을 번역한 일본의 여대학(女大学) 등의 작자나 번역자를 살펴보면 모두 남자들로, 이들은 같은 시대, 같은 나라의 남자들에게 유리한 조처만을 마련하고 여자에게 불리한 것은 전혀 개의치 않은 채 멋대로 가르침을 정한 것이니, 이를 비유하면 술 안 마시는 사람이 상담할 때 술 가게 주인은 배척하고 떡 가게 주인만을 부르고, 술 좋아하는 사람들이 모임에서 주연을 열자는 발의가 많은 것과 같다. 각각의 사람이 자기 멋대로 부족한 법도를 세우는 것은 당연한 일이겠지만, 잠시 마음을 진정시켜 생각해보면, 사람의 정욕은 남녀 모두 조금도 다를 바가 없고 질투의 마음 또한 차이가 없지만, 남자는 수천 년 동안 부적절한 행실에 익숙하여 거의 천성처럼 굳었기 때문에 지금 조금 이를 금지하여 자유스럽지 못하게 한다면, 그 질투심은 얼마만한 것이 될지, 마치 굶주린 호랑이가 날뛰듯 할 테니, 그 난폭함은 상상만으로도 무섭다. 어지간해서는 히다카가와(日高川)의 기요히메(清姫)[37]도 비교가 안 될 정도이다. 오늘날 여러 신문지상에서 볼 수 있는 것처럼 유곽이 번창한다 해서 일반 가정의 부인들이 크게 난폭해졌다는 이야기는 별로 없지만, 어떤 집안에 남자가 뛰어 들어가 부인을 칼로 해친 경우 대부분 남자가 그 부인에 대해 이러저러한 억측을 한 나머지 눈이 뒤집혀서 이와 같은 사단이 났다는 등의 이야기는 매번 듣는 바가 아닌가. 남자들은 성급하고 질투가 많으니 이를 평하여 집착사자(執着獅子)[38]

---

37 히다카가와(日高川)의 기요히메(清姫) : 일본 와카야마 현의 도조사(道成寺)에 얽힌 전설이다. 기요히메는 안친이라는 이름의 승려를 보고 사랑에 빠져 쫓아간다. 기요히메를 피해 도망치던 안친은 히다카가와(日高川) 강에 이르러 배를 얻어 타고 도망치고 분노에 불타는 기요히메는 복수의 마음을 품고 강에 뛰어들어 뱀으로 변한다. 안친은 기요히메를 피해 도조지에 있는 종 안에 몸을 숨기지만, 기요히메는 종 밖으로 나온 안친의 짚신 끈을 보고서 종을 감고 불을 뿜어 안친을 불태워 죽인다. 이 전설은 여인의 질투와 분노를 담고 있는 이야기로, 주로 가부키로 공연되었다.

38 집착사자(執着獅子) : 여자의 질투를 나타내는 일본 전통 노래. 나가우타.

가 쉽게 발광하는 것과 같다고 할 수 있다. 지금 한 번 『여대학』의 문장을 그대로 차용하여 그 문장에 있는 남자와 여자라는 문자를 바꾸어 아래와 같이 기술해본다면 남자들이 감사히 이 가르침을 따를 수 있겠는가. 그럴 리가 있을까 의심스럽다는 것은, 내가 따로 이야기하지 않더라도, 일본에 사는 남녀라면 모두 마음속으로 이해할 수 있는 바일 것이다.

> 남자는 꿈에도 질투심을 내서는 안 된다. 여자가 음란하면 간언하되, 화내거나 원망해서는 안 된다. 질투가 심하면 그 안색이나 말도 무섭고 차가워서 오히려 부인이 싫어하여 정을 끊게 될 것이다. 만약 부인이 간통의 잘못을 저지르면 안색을 부드럽게 하고 목소리를 조용히 하여 간언해야 한다. 간언을 듣지 않고 화를 내면 우선은 잠시 멈추고 나중에 부인 마음이 편할 때 다시 한 번 간언해야 한다. 반드시 안색을 험하게 하고 목소리를 크게 하여 부인에게 대항하여 반항하는 일은 없어야 한다.

일본 남자에게 명하여 이 가르침을 지키라고 한다면, 분명 크게 불평하면서 '이렇게 답답한 경우를 당한다면 이 세상에 태어난 보람이 없다'고 분노할 것이다. 남자에게 태어난 보람이 없는 것이라면, 여자 또한 마찬가지이다. 세상에 태어난 보람이 없는 사람은 죽은 것과 같다. 자기 몸으로도 감당하기 어려운 가르침을 정하여, 타인에게 견디라고 명령하고, 결국에는 죽은 사람처럼 취급하려는 무정함은 지나치게 심하다 해야 할 것이다. 음란 질투가 원래 나쁘다는 것은 누구나 아는 바이지만, 이에 대해 경계하는 일을 오직 부인들에게만 엄하게 적용하고 남자는 무죄 방면하는 것은 참으로 기괴하다.

남자의 마음은 거침이 없어 질투심이 깊지 않다고 말하는 사람도 있지만, 이는 큰 잘못으로, 그 실제를 보면 남자는 홀로 그 음란함을 맘껏 즐기고자 하여, 부인이 질투할 때는 부인이 음란하다고 경계하면서도 나의 음란함에 대해서는 부인이 질투하면 귀찮기 때문에 그 질투심을 경계함과 동시에 남자들이 만든 가르침으로 자기들의 자유만을 만끽하려는 생각이 참으로 교묘하다 할 것이다. 혹은 조금 봐줘서 무리하게 어떤 사람의 주장처럼 한다면, 지금 남자들이 질투심이 적은 듯 보이기도 하지만, 실은 그 마음이 없는 것이 아니고 남자야말로 질투심의 본가(本家)임에도, 여러 가지 종류의 방법으로 부인을 규제하여 지금은 아주 안정된 상태에 이르렀기 때문에 질투할 거리조차 없어 조용히 보일 뿐이다. 개도 풀어 놓고 키우면 달려들 위험이 있지만, 묶어 놓은 개를 누가 조심하겠는가. 지금의 부인들은 이미 묶여 있기 때문에 남자 쪽에 질투하는 마음이 적은 것도 당연한 것이다. 즉 질투가 필요 없게 되었다는 것은 남자의 무정함이 극에 달했다는 증거로 보아야 할 것이다. 나는 지금 이 무정함과 무리함을 논파하는 데 있어, 꼭 새로운 서양의 주장을 이용하지 않더라도 유학자들의 가르침만으로 그것을 자연스럽게 논파하고자 한다. 이른바 성인의 가르침에 '서(恕)'라는 것이 있다. '서'란 '마음[心]'과 '같다[如]'란 두 글자를 하나로 만든 문자로, 내 마음[心]과 같이[如] 다른 사람의 마음을 생각해서 내 몸이 참기 힘든 일은 다른 사람 또한 참기 어려울 것이라 예측하여 스스로 조심하는 것이다. 정말 더할 나위 없는 성인의 가르침이라 나 또한 감복하는 바이지만, 이러한 성인의 가르침을 조금씩 온 세상으로 넓혀서 부인들의 마음가짐에 대해 살펴보았을 때, 남자로서도 도저히 할 수 없는 어렵고도 힘든 일을 여자에게 요구하는 것은 어찌된 영문인가. 남자와 여자 사이에서는 '서'의 도리라는 것이 조금도 이뤄지지 않는 것 같다. 분명 예전의 성인도 남자였을 것이고 그 도리를 전한 후세의 사람들도 남자였기 때문에 대다수의 남자가 정하되, 부인들에 관한 것은 잊은 채 '서'의 도리란 오직 남자와 남자 사이에 통용되는데, 부인들이 미약하고 절대적으로 유순한 것이 본인에게 지극히 편리하므로 다른 남자들 또한 본인처럼 이를 편하게 여길 것이라며 내 마음으로 다른 사람 마음을 추측하여 지극히 자기 편한 대로 그 가르침을 퍼트렸을 것이다. 부인들에게는 너무나도 큰 폐해로, 귀하신 성인의 가르침인 '서'란 글자의 공덕은 오직 남자만이 차지할 수 있었을 뿐, 오히려 부인들은 그 재앙을 차지했다고 할 것이다. 남자가 부인에 대해 이미 '서'의 참뜻을 깨버렸거늘, 어떠한 일이든 못할 것이 있겠는가. 꼭 남녀의 정분만이 아니라, 재산의 권한도 남자가 장악하여 부인은 고용인에 불과하고, 교제의 권한조차 남자가 독점하여 스스로 '주인'이라 칭하며 거실과 안방, 부엌의 구석구석까지 한집안의 유아독존(唯我独尊)으로, 조금이라도 그 권한을 범하는 자가 있으면 작게는 아내가 부족하다 하고, 크게는 세상이 방해한다고 말한다. 내가 지난날에 펴낸 『일본부인론』에 대해서도 혹 불편하다고 하면서 방해라고 불평하는 사람이 있었는데, 그 사람들은 대부분 남자들로, 그 불편함과 방해의 요소 하나하나에 대해 그 세부를 꼼꼼히 살펴보고 음미해 보면, 대단히 유감스럽게도 남자 몸에만 불편한 것으로, 남자가 자기 멋대로 사는 것에 방해라며 불평하는 것에 불과하다. 하지만 가정이란 남자만을 위한 가정이 아니요, 국가 또한 남녀가 공유하며 모인 국가인데, 이를 어찌하겠는가. 나는 지금의 일본 남자들에게 무리를 요구하는 것이 아니고, 옛날부터 자기 멋대로 살아 왔던 남자들에게 지금 갑자기 이를 금하라는 것도 아니다. 처를 잃으면 곧바로 재혼하는 것도 좋고, 본처 한 사람으로 만족치 못하면, 대단히 말하기 어려운 일이지만, 극히 내밀히 첩을 두는 것도 어쩔 수 없고, 혹은 신묘한 천지간의 봄기운에 들떠 꽃 속에서 노니는 것 또한 하나의 취흥이 될 수 있을 것이다. 실제로 남녀에 관한 사정은 쉽게 논할 것이 아니고, 미국의 어떤 지방에는 모르몬교 같은 종교가 한편으로 번창하는 세상이니, 나 또한 인정을 도외시하면서 돌이나 쇠처럼 되라고 억지 주장을 하는 것이 아니라, 남자가 자유롭지 못한 것은 부인에게도 자유롭지 못한 것이고 남자에게 비밀이 있다면 부인에게도 비밀이 있는 것이 당연하다는 것이다. 남자가 봄꽃에 취한다면 여자 또한 가을 달을 즐기는 감흥이 있을 법하다. 견고한 것이 금석과 같고 거침없는 것이 흐르는 물과 같아도 그것은 남자의 기분에 따른 것일 뿐, (여기에 대한 논의는 다른 날에 하겠다) 금석이건 유수(流水)건 남녀가 모두 같다면 그것으로 충분하다. 즉 이는 내가 어려운 것을 말하는 것이 아니라, 예전부터 일본 사람들 귀에 익숙한 '서'란 글자에 해석을 달아, 그 가르침이 남녀 모두에게 통용되어 남자가 스스로 원하지 않는 바를 부인에게 원하지 않는다면, 그것이 바로 내가 이루고자 하는 바이다.

　지금까지 열심히 『여대학』 문구와 관련하여 이리저리 논했지만, 이는 소위 덕교(德敎)의 가르침으로, 세상 일반 사람들이 이 문구 그대로 행해야 하는 것은 아니다. 전편에서도 말한 것처럼, 성인의 가르침은 매물의 호가와 같아서 이를 실제로 살 때는 반값이나 1/3값으로 깎아야 하는 것처럼, 지금 세상에서 『여대학』 가르침 그대로를 지키는 사람도 없을 것이다. 이는 단지 하나의 커다란 법칙으로, 우리들이 대법칙의 글자 하나하나로 근거를 들어 시끄럽게 논쟁하는 것은 오늘날에는 지엽적인 것으로 오히려 부끄럽기 때문에, 『여대학』 문구에 관한 논쟁은 여기서 멈추고, 『여대학』을 포함하여 모든 성인이 가르치신 정신을 가지고 사람들의 마음을 움직여 세상 풍속을 이루어, 흔히 입소문에서 시작해서 실제 상황으로 벌어지는 것을 중심으로 부인들의 실제 상황을 대체적으로 살펴보고 부인들의 불행을 구해냄으로써 일본 각 가정의 번창함과 국력 증강에 기여하고자 한다.

　세상 상식 중 부인들을 경시하는 가장 극심한 말이, 아내는 자손 상속을 위해 들인다는 말인데, 이 말인즉 솥을 사는 것은 밥을 짓기 위해서란 말과 같다. 그렇다면 밥을 지을 수 없다면 솥을 살 필요가 없다는 말이고, 자손을 원하지 않는다면 처 또한 필요 없다는 말이 된다. 원래 부부가 가족으로 살면서 함께 상부상조하고 서로 친밀하게 사랑하며 인간의 쾌락과 행복을 향유해야 한다는 자연의 약속은 무시하고, 단지 한마디로 자손 상속을 위해서라 내뱉는 것은 곧 거짓의 시작으로 여기서 모든 나쁜 일들이 유래하는 것이다. 자식을 낳는 아내가 밥을 짓는 솥과 같다면 이는 일종의 도구로, 밥을 지을 수 없는 솥은 버려야 하듯 자식 낳지 못하는 아내는 내쫓는 것이 당연하고, 그도 아니면 솥 대신 냄비로 밥을 짓듯이 처 대신에 첩을 써도 가한 것이다. 또한 부엌에 솥이 하나 있더라도 냄비는 많은 것이 나쁘지 않으니, 집안에 본처 한 명을 두고 여러 명의 첩을 두는 것 또한 별 문제 없는 것이다. 이는 분명 사람을 도구로 보는 것이다. 이러한 생각에서 비롯되어 오늘날 세상에서 통용되는 말 중에, '뱃속'은 빌려 쓰는 물건이란 것이 있다. 그 이유를 물은 즉, 이 세상에 태어나는 자식은 원래 아버지의 자식이지 어머니의 자식이 아니란 말로, 올해 나온 쌀은 작년의 볍씨에서 생긴 것이지 땅이 만들지 않은 것처럼 토지란 단순히 빌린 물건이란 의미일 것이다. 무학과 문맹이 정녕 놀랄 만하다. 인체의 궁리를 음미하고 생식의 도리를 깊이 살펴보면, 자식의 씨앗은 남녀 어느 한쪽이라고 정할 수 없는데, 알은 여자 몸이 품고 있지만 정액은 남자 몸에 있으니, 정액 하나로 자식을 만들 수 없고 알 또한 혼자서 부화할 수 없어 양쪽이 서로 접하여 자식을 만들고 이때부터 어머니 체내에 머무는데, 그 태아를 키우는 것은 모체의 혈액으로 그 장치는 신기하고 불가사의하여 사람의 지식으로는 알 수 없지만, 작동의 원리를 비유컨대 구리에 아연을 섞어 놋쇠를 만드는 것과 같다 하겠다. 구리와 아연 중 어느 것을 어머니라 하고 어느 것을 아버지라 해도 상관이 없는데 어찌 되었건 이 두 가지 물질을 녹여 하나로 합치면 놋쇠가 만들어지는 것이다. 그렇다면 이 놋쇠는 구리를 토대로 하여 아연을 섞은 것이라 해야 할지, 아연을 기본으로 하여 구리를 섞은 것이라 해야 할지 어떤 식이든 딱 하나로 정하기 어렵다. 아무리 무리한 주장을 하는 사람이라도 놋쇠를 만드는 근본은 구리이고 아연은 빌려 쓰는 물건이라 주장하든지, 아연이 근본이고 구리가 빌려 쓰는 물건이라 말하는 사람은 없다. 만일 이렇게 무리한 주장이 통용되어 자식을 낳을 때 어머니의 몸은 빌려 쓰는 물건이라 한다면, 이를 역으로 아버지의 몸 또한 빌려 쓰는 물건이라 말해도 반박할 수 없을 것이다. 이 놋쇠의 비유가 아니더라도 세상 사람이 생각하는 것처럼 남자의 몸이 쌀의 씨앗이고 여자의 몸이 땅과 같다 하더라도, 씨가 땅을 빌려 쓴 것인지, 땅이 씨를 빌린 것인지 판단할 수는 없다. 논리에 앞서 증거를 들어 규명한다면, 태어난 자식의 골격, 성질 등 세세한 부분에 이르기까지 아버지를 닮기도 하고 어머니를 닮기도 해서 유전병을 어머니한테 물려받듯이 아버지한테도 물려받으니 틀림없이 부모의 뼈와 살 일부가 아주 균등하게 나뉜 것임은 의심할 여지없는 사실로 이를 모른 척하며 뱃속은 빌려 쓰는 물건입네 말하는 것은 단지 부인을 죽은 사람 취급하려는 구실에 불과하다. 야만 무학의 세상이라면 모르겠지만 지금과 같은 문명 세계에서는 무익한 공론으로, 이를 인정할 사람은 없을 것이다.

이상과 같이 뱃속을 빌린 물건이라 말하거나 아내를 들이는 것은 자손 상속을 위한 것이라면서 자식 없는 여자는 쫓아내야 한다며 소리 높여 세상에 떠들어도 이상히 여기는 자 없으니 남자들은 그 반대 없음을 기화로 하여 대놓고 나쁜 짓을 하면서, 타인의 눈을 꺼리지 않고, 첩을 들이거나 이를 교체하고, 쉽게 아내를 들이거나 또 쉽게 이혼하는 등, 자기 멋대로이지만 전혀 세상의 평판거리가 되지 않는 것은 앞에서 말한 것처럼 부인의 몸을 도구시하는 악습 때문에 생긴 것인데, 그렇다 하더라도 부인 또한 인간으로 만물의 영장인 남자와 같아 무정하고 무심한 도구가 아니니, 이러한 경우를 당한 아내의 처지가 어떠한 마음일지, 결코 쫓겨나는 것을 슬퍼하지도 않고 첩 많은 것을 시기하지 않으며, 가령 남편이 첩과 놀아나든 내가 쫓겨나거나 죽임을 당하든 간에 그것은 남편이 음란무법하기 때문일 뿐 본인은 청정하고 결백하여 목숨을 버리더라도 천지에 부끄러움이 없으니, 이는 만물의 영장으로서 사람이 사람다운 증거이지만, 부인의 타고난 신분과 비교하여 추호의 차이도 없는 남자가 그러그러한 생각으로 그러그러한 행동을 하는 까닭의 근본을 생각해 보면 참으로 유감천만으로, 귀한 인간의 신체를 도구처럼 보는 것이 한없이 치욕적이어서 인간다운 영예와 면목은 이제 없으니, 영예를 빼앗긴 사람은 죽은 것이나 같아서 이러한 경우에는 설령 목숨을 잃는다 하더라도 마음을 금석처럼 단단히 하여 남자의 방종을 막아야 할 것이다.

어머니의 뱃속은 빌려 쓰는 것이 아니란 사실은 이미 앞에서 논한 것처럼 명백히 알 수 있을 것이다. 즉 부모 사이에 태어난 자식의 절반은 어머니에게서 받았고, 또 다른 절반은 아버지에게서 받아 온전히 아버지와 같지 않으면서 또한 어머니와도 같지 않은, 일종의 중간적 존재라는 것은 앞의 비유에서도 말한 것처럼 구리와 아연을 섞어 놋쇠를 만들고 납과 안티몬(Antimony)[39]을 합쳐 활판(活版)의 지금(地金)[40]이 되는 것과 같다. 이미 놋쇠며 활판지금(活版地金)이 그러하듯, 이는 구리도 아니고 아연도 아니며 또한 납이나 안티몬도 아닌 그 중간적인 어떤 것이다. 또한 이 놋쇠에 활판지금을 합치면 또 다른 금속이 되니, 혼합물의 숫자는 점점 많아지고 특정 물질의 비율은 점점 더 적어질 것이다. 인간의 자손상속 도리도 이와 같아서, 만약 구리와 안티몬을 남자라 하고, 아연과 납을 여자라 하여 계보를 만들면 다음과 같다.

남자 : 안티몬 씨
여자 : 납 씨 $\Big\}$ 딸 활자 양 $\Big\}$ 아들 신물질 군
여자 : 아연 씨
남자 : 구리 씨 $\Big\}$ 아들 놋쇠 군

---

39 안티몬(antimony) : 합금을 만드는 데 쓰는 금속 원소.
40 지금(地金) : 도금이나 가공의 바탕이 되는 바탕쇠.

　뱃속이 빌려 쓰는 것이 아님은 진실이라 세상 사람들 중 반대하는 사람이 없고, 이로써 더 할 말이 없다면, 과연 이 신물질 군은 누구의 자식이라 할 것인가. 어머니인 활자 씨에게는 안티몬과 납이 절반씩 들어 있고, 아버지 놋쇠 씨도 아연과 구리를 절반씩 가지고 태어났으니, 이들의 절반으로 태어난 신물질 군은 할아버지, 할머니 네 사람의 손자이자 어머니와 아버지 두 사람의 자식이라는 말 이외에 달리 할 말이 없다. 그 뼈와 살의 출처를 구하여 비율을 계산하면 안티몬, 납, 아연, 구리를 각각 1/4씩 가지고, 활판지금과 놋쇠의 절반씩을 받은 인간이다. 이는 지극히 명백한 사실로 의심이나 논의의 여지조차 없을 터인데, 이상하게도 과거부터 세상의 관습상 '집안'이라는 이름을 만들어 그 집안을 남자한테서 남자에게로 이어지도록 정하여 여자는 상속자 속에 넣지 않으니, 집안에 남자가 없으면 다른 집 자식을 양자로 삼아 자기 집 딸과 결혼시키고, 딸도 없으면 남자와 여자 모두 다른 사람을 받아, 진짜 혈통은 단절되었음에도 집안의 이름만이라도 지속된다면 그걸로 안심하는 형태가 되었으니, 예를 들어 위의 가계에 있는 신물질 군도 그 집안의 이름이 안티몬 씨라면 몇 대를 거치더라도 안티몬 집안이라 칭하되 여자는 그 혈통의 상속 속에 포함시키지 않으니, 수대를 거치는 동안에 조상의 혈연은 점차 엷어질 뿐 아니라 완전히 단절되어 흔적조차 없어지더라도 오직 남자를 구하여 집안의 이름을 잇는 것과 같은 것이다. 여자의 입장에서는 큰 손실로 그 불행은 비교할 바가 없다. 대가의 외동딸로 부모가 죽은 후에 집안이며 곳간이며 돈이며 모두 외동딸의 것이어야 함에도 애써 데릴사위를 구해 그에게 모든 것을 건네주고 그 자신은 여기서 한층 더 몸을 낮춰 남편을 모시면서 그를 주군처럼 따르니, 이는

곧 내 재산을 다른 사람에게 진상하면서 이를 수락 받은 대가로 오히
려 그의 머슴이 되는 것과 같다. 심히 불행한 일이다. 대단한 계산착
오라 할 것이다. 원래 이 대실패의 근본을 따져보면 옛날 봉건시대
무사가 어떤 공명이나 치적 때문에 봉록을 받고, 또 무슨 무슨 작위
나 격식 있는 이름을 받아 그 이름과 봉록을 자손에게 전하니, 그
자손이 제아무리 바보라거나 병든 몸이라고 해도 오직 남자이기만
하면 아버지의 가독을 상속받아 아버지처럼 봉록을 받고, 아버지처
럼 위세 부리는 풍속을 만들고, 한집안에서 오직 주인의 공무만이
중요하다고 떠들면서 이를 귀하게 떠받드니 주인 또한 크게 득의양
양하여, 자신이 공무에 임하기 때문에 집안 모두 안락하게 생활하지
않느냐며, 아내가 되었든 자식이 되었든 사실은 지긋지긋한 골칫덩
어리로 오직 상속할 장남 한 명과 혹시 몰라 차남, 삼남만 있으면
더 바랄 바 없으니, 처나 딸은 애당초 없어도 될 존재로 이들을 부양
하는 것은, 구체적으로 말은 안 해도 집주인의 연민 때문이라는 식의
태도로, 그 실제는 배덕한 행위임에도 냉수를 마시고도 이를 쑤시는
무사의 허세가 마침내 온 나라에 퍼져 사족(士族)의 일반적인 가풍(家
風)이 되고 그 풍속이 널리 평민 사이에도 퍼져 쓸데없이 그냥 부인을
함부로 대하는 것이 남자의 영예인 양 생각하고, 내심 그렇게까지
생각하지 않더라도 거칠게 대하고 모욕하고 경멸하며, 심할 때는 다
른 사람에게 호의를 얻고자 자기 아내를 야단쳐 보이는 등, 실로 미
치광이 같은데도, 거짓 세상에는 거짓을 귀하게 여기니 이러한 미치
광이를 보고 저 집안은 가법(家法)이 엄중하다며 미치광이의 행동에
감복하는 미치광이들 또한 심히 적지 않다. 이로써 대실패의 세상이
만들어진 것이다. 수백 년 동안의 관습으로 진정 언어도단(言語道斷)

이라 손도 못 댈 정도지만 지금은 봉건의 세상이 아니고 창끝의 공명으로 백년의 영예를 얻을 수 없어, 한 세대의 부부가 당대만의 집안을 일으키니, 족보 또한 부부만 있는 족보이고, 재산 또한 부부만의 재산인 만큼 부부가 힘을 합쳐 삶을 살아야 할 것이다. 이를 백년해로하는 평등한 권한[偕老同權]의 부부라 할 것이다. 때때로 남자가 정부의 공무를 맡으면 왠지 과거의 무사와도 같아 부인이 보기에도 귀한 듯 여겨지지만, 관료라 하더라도 결국 일을 하여 월급을 받는 자이니 평범한 영업 행위와 같을진대, 하물며 기타 농가나 상가 등에 있어서는 말해 무엇을 하겠는가. 남자가 돈을 번다하여 어찌 그 처나 자식에게 위세를 떠는가. 한집안의 일은 남자 혼자서 다 할 수 없는 것으로 지금의 일본 부인에게는 기예나 능력이 부족하여 세상일에 맞지 않는 경우가 많다 하더라도 기예나 능력이 없기는 남자 또한 마찬가지인데, 어쨌건 현재 상태로 부인을 놔두고 남자 혼자서 집안을 경영해도 진정 지장이 없는지, 부인이 과연 애물단지로, 없어도 괜찮은 존재인지, 만일 부인이 없어 지장이 있고, 문제가 된다면 남자의 일이란 것은 부인과 함께 하는 것으로 혼자만의 일이 아니라 한집안의 일인 즉, 그 집안은 남녀가 모여 이뤄지니 어떻게 남자 혼자서 권력을 독점하며 부인을 하인처럼 취급하는 것이 도리라 하겠는가. 만일 남자가 함부로 으스대며 무식하게 자기 처를 심부름하는 하녀처럼 대한다면 부인도 또한 어쩔 수 없이 남편을 머슴이라 칭하고 심부름을 시키거나 일시키는 사람이라 해야겠지만, 그리 해서는 인간 교제의 예의가 아니고 부부가 집안에서 지켜야 할 도리가 아니며 남녀가 서로 친하고 서로 사랑하는 정이 아니니, 만약 예를 알고 도리를 분별하며 인정이 있는 사람이라면 가사에 대한 권력은 부부가 평등하게 분배하고 존비의 구별 없이 재산 또한 공유하든가, 혹은 그 사유의 범위를 약속하여 그 형태는 사정에 맞추되, 어찌 되었건 한집안이란 그때 당시의 부부들의 집안으로 서로 친애하고 서로 존경하는 것이야말로 인간의 본분이라 할 것이다. 그 옛날 봉건시대에 조상 대대로 가계를 중요하게 여겨 무리하게 남자만의 상속을 만들고, 이 때문에 부인을 없는 사람 취급하는 풍습은 앞으로 없애야만 할 것이다.

　내가 일본 부인에 관해 이것저것 논의했지만 원래 부인의 대변자가 되어 무리하게 남자와 다투고자 함이 아니다. 실은 남자를 위해서라도 부인이 당당한 한 사람으로 서는 것은 대단히 이익이 되는 일로, 집에 있어서는 한집안을 위하고 나라에 있어서는 한 나라를 위하니 어디까지나 한 배 더 힘을 증강시키고자 하는 취지에서 말하는 것이다. 한집안에 부부 둘이 살아도 그 부인이 있어도 없는 것과 같다면 집안을 위하는 자는 단지 한 사람의 힘이 있을 뿐이다. 일본 인구를 삼천칠백만 명으로 본다면 도움되지 않는 여자의 수는 천팔백오십만 명으로, 전체에서 이를 뺀다면 인구는 절반으로 줄고 국가를 지탱하는 힘 또한 절반에 머물 것이다. 이처럼 부인이 약하여 지혜나 신체가 남자보다 열등하다면 집안이나 국가를 위해 도움이 안 될 뿐 아니라, 그 신체가 약하기 때문에 자식을 낳더라도 그 자식 또한 튼튼한 자가 적다. 자연히 일본 인종 전체가 악화되어 마침내 세계에서 일본만큼 사람의 골격이 미약한 나라는 없다는 소리를 듣는다면 참으로 개탄스러운 일이 아니겠는가. 이 모든 것은 옛날부터 부인을 괴롭혀온 업보이지만 집안과 국가를 생각하여 후세 자손의 상태를 걱정하는 사람이라면 충분히 감안해야 할 것이다.

전편에서도 말한 것처럼 지금의 부인에게는 자기 재산도 없고 집도 없으니, 말하자면 남자 집에 기숙하는 것과 같아 이렇다 할 걱정거리도 없기 때문에 지혜를 증대시킬 필요 또한 없다. 널리 세상 사람과 교제하거나 혹은 금전에 관한 것을 고민하면 바로 그러한 이유 때문에 지혜를 내는 일도 의미 있게 되겠지만, 태어나서 죽을 때까지 교제도 없고 돈도 다루지 않는 사람이 무엇 때문에 세상을 건널 지혜가 필요하겠는가. 그에게 무지함을 꾸짖는 것은 산골 사람에게 바다에서 헤엄치라고 말하는 것과 같으니, 만일 이 사람을 헤엄치게 만들고 싶다면 먼저 바다를 보여주고 여기에 익숙하게 만드는 일이야말로 중요하다. (이와 관련해서는 전편에서 논했기 때문에 여기에서는 모두 생략한다.) 또 도쿠가와 정부의 태평함이 오랫동안 계속되어 세상만사 모든 것이 잘 정돈되고 사람의 행실, 예절, 태도 등에 이르기까지 깐깐하게 되었는데, 그 끝은 오직 부인들에게만 향하여 집안에 틀어박히게 되니, 무엇 하나 즐거운 일이 없을 뿐만 아니라, 여성에게 중요한 결혼 문제조차 자유롭지 못하여 앞에서 말한 『여대학』 그대로를 베끼지는 않았다 하더라도 지금 현재 중등 이상의 가풍을 보면 여자가 태어나 적령기가 되면 좋은 인연이라며 부모가 시키는 대로 다른 사람 집에 시집을 가지만 만약 그 남편이 무정하고 무분별한 남자라면 어떻게 할 방법이 전혀 없다. 고향에 돌아가 이리저리 한탄도 해보지만 부모는 좀처럼 이를 받아들일 생각이 없으니 울면서 자기 집으로 되돌아가 서글픈 세월을 보내는데 마침내는 반은 죽은 병자가 되어 무엇을 보고 듣더라도 재미가 없고 무엇을 먹고 마시더라도 맛있지 않아 우울하게 한평생을 보내야 하니 너무나 불쌍하다. 원래 남녀 사이는 가장 비밀스러운 것으로 설령 목숨을 잃더라도 타인에게는

말할 수 없는 부분에 좋고 싫음이라는 실제적인 사실이 있는데, 부모
가 생각이 없어서인지 비열한 마음 때문인지 혹은 또 다시 중연(重緣)
의 인연을 만들고 싶다며 나이가 맞지 않아도 딸의 혼담을 친척들에
게 구하는데 가끔 부귀한 집에서 혼담이 들어오면 상대 남자가 바보
든 불구든 좋은 집안이라며 무리하게 딸을 설득해 권하지만, 싫다고
대답해 보아도 자기 멋대로라며 야단치는 일 등은 내 자식의 혼담을
먹이 삼아 부모의 이득을 취하려는 사람이라 할 것이다. 세상에는
딸을 창기로 내보내거나 첩살이 시키는 것을 가장 부끄럽게 여기니,
의리(義理)를 아는 부모라면 가능한 한 이를 피하고자 하겠지만, 정상
적인 혼담이라며 본인이 싫어하는 것을 강제하는 것은 딸을 창기로
파는 것과 그 내실이 다르지 않다. 지극히 잔인한 일이라 하겠다.
여자 마음 가득한 수심을 친부모에게 말할 수 없는데 하물며 시부모
에게 어찌 말하겠는가. 혼자 마음속으로 고민할 뿐이니 그 안색 또한
왠지 밝지 못하여 남편도 이를 보고 점점 싫어하니 마침내 집안을
도외시하고 집밖 봄꽃과 노닐거나 혹은 그 꽃가지에 얽혀 몸에 상처
를 내거나 집안을 부수는 예(例)는 과거부터 지금 세상에까지도 흔하
다. 그 과정을 보건데 여자의 불행은 말할 것도 없고 남자에게도 아
무런 이익이 없어 오직 불필요하게 이 세상의 불쾌함만을 늘릴 뿐이
다. 또 혹은 이렇게까지 엉망진창이 아니라 부부 사이도 얼마간 좋고
세상의 평범한 남편이라 불릴 남자라도 그 처와의 관계는 군신이나
주종과 같아, 남편이 들고 날 때 아내는 공손한 예로 배웅하거나 마
중하지만, 아내가 외출할 때 남편은 단지 행선지를 물을 뿐 쳐다보지
도 않는데(남자가 존귀하고 부부유별의 가르침을 따르기 때문인지, 희한할 징도
로 철저하게 이를 방관한다.), 남편은 외출할 때 그 행선지를 밝히지 않고

돌아올 때 또한 예상 못할 경우가 많아, 집을 지키고 있는 부인은 식사시간을 늦춰 이를 기다리지만, 너무 늦어지면 어쩔 수 없다 하며 준비한 밥상에 홀로 앉아 말없이 저녁 식사를 대충 해치우니 온 방 안에 겨울밤이 깊어가고 야경꾼 소리와 함께 문을 두들기며 돌아온 남편을 보면 거나하게 취한 얼굴로, 오늘 아침부터 어디에 있었는지 또 무슨 일이 있었는지 물어도 보지만 그냥 일이 있었다고 한마디 하던지, 혹은 술자리 모임이라 답할 뿐이다. 속으로 생각해 보건대 남편이 세상일을 잘할 때도 있겠고 혹은 크게 손해를 보아 여러 가지로 마음이 심란할 때도 있겠지만, 그런 일은 부인에게 밝힐 수 없다는 생각에 좋다 나쁘다 말하지 않고, 어떠한 일이 닥치더라도 너희가 알 바 아니라며 모든 것을 별도로 취급하며 다가오지 못하게 함은 옛 선인의 가르침에 부인의 말을 듣지 말고, 또 부인과 일을 도모하지 않는다는 취지라도 있는 것인지. 분명 지극히 엄중한 모습으로 남자는 훌륭하겠지만 부인 입장에서 불평 없이 있어야만 하는가. 서양 여러 나라에서는 집 안팎의 일에 관해 남편이 부인에게 상담할 뿐 아니라 단 한 번의 식사라도 남편이 말없이 약속을 어겨 함께 식사하지 않으면 부인이 크게 불평한다고 한다. 지금은 서양인이 아직 일본 사정을 모르기에 다행이지만, 혹 이것이 널리 알려져 다른 나라 부인들 눈으로 이러한 내실을 본다면 일본은 부인의 지옥이라 평할 것이다. 일본 부인들은 과거부터 이 지옥에 익숙하다 해도 동일하게 천지간에 태어난 자로서 인정(人情)상은 동양과 서양의 구별이 없으니 마음속 근심과 불평을 드러내지는 않지만 속으로 우울해 하는 부인이 일본 전체에 가득 찼다는 사실은 분명하다. 옛말에 왕자(王者)가 일어나고자 할 때는 그 지역 하늘에 자운(紫雲)이 낀다고 한다. 영웅의 덕의(德義)가 안으로 성하면 밖으로 드러나게 되고 마침내 하늘에도 나타난다는 의미이다. 만일 이 영웅의 덕의가 자운으로 나타난다면 부인의 근심과 불평은 흑운(黑雲)이 되어 일본 하늘 전체에 낄 것이고 특히 그 구름 색이 가장 짙은 곳은 중등 이상의 집 근처일 것이다.

　남자 혼자서 폭력적으로 부인들을 괴롭힌다면 부인만의 불행이 아니라, 결국에는 남자 또한 한쪽 팔의 힘을 잃는 것이기에 나라를 위해서도 좋지 않고, 그 집안을 위해서도 좋지 않으니, 쓸데없이 온 나라에 우울함과 불평만을 늘리고, 저절로 약화시킬 뿐이란 점은 전편에서도 그 대의를 설명한 바 있지만, 지금 또 비근한 사례를 들어 그 의미를 더욱 분명히 하겠다. 한집안의 주인이 위세를 부릴 때의 첫 모습은 대단히 좋아 보인다. 바깥주인의 위세를 볼 수 없다면 결코 남자의 존귀함을 모를 것이란 듯한 광경인데 그 위광이 빛나는 만큼 귀하게 보이긴 하지만 남자가 제아무리 위세가 있다 하더라도 어찌할 수 없는 것은 수명으로, 특히 부부의 나이는 대개 대여섯 살 내지 열 살 정도의 차이가 있는 것이 보통인데 유감스러운 점은 남편이 아내나 자식을 남겨두고 먼저 저 세상에 가야 한다는 것이다. 그것도 아주 늙어버린 후의 일이라면 우선 아쉬운 것도 없겠지만, 불행하게도 남자가 중년쯤 사망한다면 그때야말로 평생 죄업에 대한 응보의 날로 그 인과를 벗어나기 어렵다. 나중에 남은 자들은 젊은 과부와 어린 자녀들로 그 집안은 대단히 어둡다 할 것이다. 집에 남은 재산이 있는지 빌린 빚이 있는지 재산 목록조차 불분명하니, 빌려준 것 같으면서도 빌린 것 같기도 하고, 생각지도 못했던 곳에서 이야기가 들어오니 상대방 이야기를 들으면 내가 사는 토지며 가옥은 이미 저당에 잡힌 상태로 곧 다른 사람에게 양도해야 할 시점이라

하고, 또 이쪽 장부를 보면 누구누구한테 빌려 준 돈이 얼마가 있다하며 이를 재촉하면, 그것은 장부상의 잘못으로 이 차용증서에 대해서 바깥주인 생존 중에 받아둔 반납 영수증이 있으니 이러이러하다는 식으로 말하는데, 도저히 여자나 어린아이가 처리할 수 없는 일인지라 우선은 친척이나 지인, 혹은 선대의 친구에게 의뢰하여 사후 처리를 위한 모임을 여는데, 미망인은 온 집안을 다 뒤져 금전출납부는 물론, 빌려주거나 빌려 온 신, 구의 증서나 땅 문서, 공채증서, 분할 변제 통장을 비롯해 다른 사람과 주고받은 편지나 메모 등 대개 주인이 생전에 극히 내밀하게 다뤄 집안사람들조차 보지 못했던 서류를 이중 열쇠 서랍장에서 꺼내 뒤처리 자리에 펼쳐놓으며, "저는 전혀 모르는 일이오니 모쪼록 여러분이 논의하셔서 잘 처리해 주시옵소서" 부탁하는 것 이외에 달리 할 일이 없다. 너무나도 허술한 조처가 아니겠는가. 남편의 사후를 맡은 미망인은 어찌 되었건 한집안의 주인으로서 아이들도 홀로 보살펴야 하는 입장인데도, 집안의 주인으로서 자기 재산 상태를 모르고 가난한지 부유한지를 모르니 뭐가 좋고 나쁜지를 모른 채 오직 타인이 알려주길 풍요롭고 좋다하면 감사하다 기뻐하고, 없고 나쁘다 겁주면 두려워 슬퍼할 뿐이다. 그 모습을 비유하여 말한다면, 지금 자기 몸은 탕 속에 있지만 본인은 그 온도를 모른 채 옆에서 뜨겁다 하면 뜨겁게 느끼고 미지근하다하면 미지근하게 여기는 것이니, 다른 사람 지시에 따라 울기도 하고 웃기도 하는 사람과 같아 고인이 만일 하늘에서 이 몹쓸 상황을 본다면 좋게 생각할지 어떨지, 분명 저 세상에서 유쾌하게 생각하지는 못할 것이다. 더더욱 불쾌한 것은 친척이나 친구 등이 집안일 정리 중에 불필요한 일까지 간섭하여 아내나 아이들에게 지시를 내리거나, 혹은 생전의 비밀 서류 등을 재미삼아 펼쳐보고는 그 당시 사정은 모른 채 표면상의 문장만을 읽고 '이 집 주인도 생존 중에 이러저러 했었군' 하며, 이것으로 겨우 이해가 간다면서 속으로 비웃을 수도 있다. 비록 사후라 하더라도 너무 유감스러운 일이 아니겠는가. 대개 현재 인간 세계의 지혜와 도덕 정도의 한도 내에서 과연 그 누가 비밀이 없을 수 있겠는가. 다만 밖으로 드러나지 않아 깨끗하게 보일 뿐이다. 그리고 그 비밀을 말할 수 있는 사람은 부부와 부모 자식뿐으로 양을 훔친 나쁜 짓[41]이 아니더라도 자식은 아비를 위해 감추고 아비는 자식을 위해 숨기며 오직 부부 사이에서 이야기하고 보여야지, 다른 사람이 말하거나 보아서는 안 되는 것이 대단히 많다. 하지만 지금 이 집 주인은 죽자마자 일체의 비밀이 다른 사람에게 드러나고 게다가 생전의 자기 깊은 뜻을 곡해하여 조롱 비슷하게 당하는 한탄스러운 상황에 이르니 생전에 무분별했다는 말 이외에 달리 표현할 말이 없다. 또 금전의 손득 차원에서 보면 집 주인의 불행을 듣고 어제까지의 친구가 오늘의 적이 되고, 친분 있던 친척은 말할 것도 없이 때로는 친형제까지도 타인이 되니, 가독상속이니 본가와 별가니 하는 논쟁, 이복동생이 제 몫 챙기려고 하니까 일찍이 의절했던 숙부가 생떼를 부리는 등 쉽지 않은 혼잡함 때문에 결국 소송사건까지 가서 한집안의 재산이 연기처럼 사라지고 세상 사람

---

41 이 '양을 훔친 나쁜 짓'은 『논어』의 자로(子路) 편에 있는 고사다. 섭공(葉公)이라는 사람이, 자기 마을에 궁(躬)이라는 정직한 자가 자기 아버지가 양을 훔친 것을 고하여 증언하였다고 자랑하였다. 이를 듣고 공자는 다음과 같이 대답한다. "우리들이 말하는 정직은 그러한 것이 아니다. 아버지는 자식을 위해 숨겨주고, 자식은 어버이를 위해 숨겨준다. 정직은 그 사이에 있다." 공자는 이 이야기를 가족 사이의 인륜이 법 위에 있다는 사실을 말하고자 한 것이다.

들의 웃음거리가 되는 경우는 그 옛날부터 흔한 일로 혹은 이번 달, 바로 오늘 한창 혼잡스러운 집 또한 많을 것이다. 이러한 종류의 인연은 여러 가지 있겠지만, 불행 후의 뒷일을 떠맡은 미망인이 평소 남편에게 멸시를 당하여 집안일을 모르고 안주인임에도 가사 일을 몰라 내 집을 타인에게 맡겨야 하는 황당한 상황 또한 적지 않다. 이것도 고인이 명토(冥土)에 가서 후회할 일이다. 저 세상에서 후회하는 것은 무익한 일이다. 만일 그 사람이 평소에 내 주장에 귀를 기울여 부인에 대한 존중을 알고 아내를 귀하게 여기며 부부가 진정한 상호 평등의 지위에서 유형의 재산 처리 등을 두 사람이 함께할 뿐아니라 무형의 마음 문제에 이르기까지도 그것이 공적이든 사적이든 관계없이 부부가 서로 터놓고 긴밀하게 논의하던 습관을 가졌다면 바깥주인이 일찍 죽는 불행을 당하더라도 집안의 불빛은 더욱 빛나서 꺼지지 않는다. 그동안 어린 자녀도 성장하여 제2의 광명을 펼치게 된다. 즉 이것이 독립된 집안의 상속 법칙이다. 과거부터 세상에 이와 반대되는 사례가 많은 것은 전부 남자들이 잘못 알고 부인을 당당한 한 사람으로 인정하지 않은 인과응보라 하겠다. 그렇기 때문에 부인들을 귀하게 여기는 것은 부인들만을 위해서가 아니라 크게는 남자들에게도 이익이 되는 것이다.

이처럼 부부가 한집에 있으면서 두 사람의 힘으로 지탱하며 그 사이에 어떠한 존비나 경중의 차별이 없음은 새삼 말할 필요도 없는 것으로, 부인들이라 해서 반드시 집안에만 있는 게 아니라 자유자재로 밖에 나가 남녀 구별 없이 잘 교제해야 하는 것은 물론이고, 그마음 또한 집 안팎의 일에 신경을 써서 좋은 일은 기뻐하고 나쁜 일은 걱정하며 몸과 마음 모두 당당하게 집에 괸힌 책임 절반을 짊어질 뿐 아니라, 나아가 일본의 절반이 부인들 것이란 사실을 명심하여 결코 남자에게 뒤처지지 않도록 마음 깊이 되새겨야 함은 오늘날 가장 중요한 일인데, 수천 년 남자들의 방종 때문에 고통에 고통을 더하여 이제는 벌써 그 신체까지 쇠약해지고 마음 또한 다 위축되어 갑작스런 분발은 심히 힘든 일이니, 이를 어찌할 것인가. 여기에 대해 내가 남자들을 향해 크게 바라는 바가 있으니, 조상들이 문명개화되지 못해 당연히 그 죄를 몰랐다고는 하나, 수백 년 동안 무리하여 결국 오늘날과 같은 사태에 빠뜨린 것이니 그 자손의 본분으로서 조상의 죄업을 소멸시키기 위해서는 지금부터 크게 명심하여 부인들을 끌어올려 마침내 나와 평등한 지위에 이르도록 하는 데 고민을 집중해야 할 것이다. 정부 또한 민법 편제 등이 있을 때 이에 관해 특히 주의하여 부인들에게 이익 되는 부분을 많게 해야겠지만, 정부가 어떠한 문명적인 법을 마련한다 해도 인민이 문명화되지 못하면 그 법은 쓸모가 없다. 그렇기 때문에 일본 남자, 그중에서도 문명 지식을 갖춘 자는 이 큰 임무를 본인이 떠맡는다는 각오로 우선 스스로 행하고 또 다른 사람에게도 권하는 일을 게을리하지 말아야 한다. 그 구체적 내용을 말하자면 결코 어려운 일이 아니니, 여자가 태어나면 남자와 구별 말고 사랑하고 귀하게 여겨 어렸을 때부터 여자라 해서 결코 함부로 다뤄서는 안 되며 점차 성장함에 따라 우선 신체 발달에 주의하고 학문과 기예 가르치는 것을 남자와 같게 한다. 세상과의 관계나 친구 간의 교제도 자유롭게 하여 집안일이나 세상사 모두를 대강은 알게 하고, 또 집안에 재산이 있으면 남자에게 나눠주는 만큼 여자에게도 몫을 주어 그 처리를 맡기되 거기에 한 가지 더 기예를 가르쳐 향후에는 그 기예로써 평생의 생업을 가지게 하는 것이 무엇보다 중요한 일로 자신에게 재산이 있고 더불어서 취미로 예능이 있으면 평생 남자에게 의지하지 않을 것이고, 독립적인 정신 또한 자연스럽게 여기에서 생길 것이다. 즉 이는 여성 교육을 학교에만 맡기는 것이 아니라 집안일이나 세상사로 가르치는 방법이 된다.

지금 세상에 이러한 여자가 많다면 이와 결혼한 남자 또한 행복할 것인데, 딸의 피로연에서 부모가 상투적으로 쓰는 말처럼 "실로 미숙하고, 못나고, 부족한 자" 밖에 없어서 남편 된 사람은 늘 이를 도와 여성들의 기상을 이끌어 내야 한다. 이는 오늘날 서양 여러 나라에서 이미 불필요한 일이지만, 일본의 아내를 다룰 때는 심히 중요한 부분이다. 부부가 한 집안에서 존비의 구별이 없음은 몇 번이나 말한 것처럼 당연한 일이지만, 지금 그 위에 부인들로 하여금 집안일에 참여하도록 하고 세상 일반의 사정이나 시세(時勢)를 열심히 알도록 해야 한다. 어떤 학자의 주장에 의하면, 아이들을 키울 때는 늘 놀이처럼 하며 결코 괴로운 표정을 지어서는 안 되는 것은 물론이지만, 그 자식의 무지함을 놀리면서 터무니없는 소리를 하기보다는 놀이 중에도 역시 한 사람의 인간으로서 도리의 원리를 어지럽혀서는 안 되는데, 예를 들면 세상에 있는 번개 그림을 보이고 대체적으로 그림을 해석하면서 말하기를, 이 그림은 예쁘기도 하지만 사실은 거짓으로 번개라는 것은 하늘의 큰 북도 아니고 호랑이 가죽 훈도시도 아니니, 실은 전기 현상으로 소위 전신(電信)의 힘과 같은 것인데 너희들도 성장하여 번개 님[雷さま]에 관한 학문을 해야만 한다는 식으로 사소한 일이라도 의미 있는 것을 재밌게 말하는 것이 부모에게 중요한 마음가짐이라 할 것이다. 아이들을 다룰 때도 이와 같을진대 하물며 이미 나이 든 한집안의 안주인을 결코 우롱해서는 안 된다.

만사에 겸손하게 자세를 낮추는 것은 어렸을 때부터 몸에 익숙한 습관이지만, 간혹 복잡한 사항을 말하면서 그 도리를 풀어내는 데 영민한 사람이 있다. 그 증거를 보자면, 부부가 같이 살 때는 소리 소문 없이 지극히 온순하고 내성적이던 부인이 불행하게도 남편과 헤어진 후 자식을 양육하고 집안일을 돌보며 친척이나 세상과의 교제는 물론, 가업 또한 완전히 장악하여 집안의 번창함이 오히려 선대보다 뛰어나니, 흔히 말하는 것처럼 여장부라 불리는 사람이 세상에 적지 않다. 이는 원래 그 부인에게 재능이 있었으나, 남편이 생존 중에는 늘 억눌러서 타고난 능력을 펼칠 수 없었고, 남편의 사후에 세상사에 부대끼면서 비로소 능력을 발휘한 것이다. 남편 생전에 일찍감치 이 능력을 발휘하지 못한 것은 누구 잘못이겠는가. 이처럼 부인들의 언어와 행동이 조용하다 하여 이를 업신여겨서는 안 된다. 설령 둔하게 보이는 사람이라도 그와 대화하고, 그에게 알려주는 것은 즉 그 사람을 가르치는 방편으로 집 안팎의 어떠한 일이건 진지하게 알려서 이해하도록 하여 이해득실이나 좋고 나쁨을 판단케 하고, 때로는 부부가 상호 토론하고 논쟁하는 것도 괘념치 않아, 점차 이에 익숙해진다면 우둔한 아내가 변하여 현명한 부인이 되는 것은 아주 쉬운 일로 남편에게는 둘도 없는 상담 상대가 될 것이다. 즉 이것이 내가 말하는 남편이 아내를 공경하는 방법이다.

　아내를 사랑해야 함은 알면서도 그를 존경해야 함을 모르는 것이 세상 일반의 나쁜 풍습으로, 좋은 집안이라 불리는 곳도 이 풍습에서 벗어나기 어렵다. 혹은 서양 문명 학자라 자부하면서도 이 일에 관해서만큼은 고전적인 옛 풍속을 편하게 여기면서 남녀 동권 같은 말을 듣고 화내는 자도 있다. 이는 갓 쓴 원숭이까지는 아니겠지만, 본바탕은 유학자인 주제에 문명의 도금을 한 것으로, 상황에 따라 속을 내보이기도 하고 겉을 내보이기도 하는 사람일 것이다. 부부가 한집에 있을 때, 남편의 권위는 원래 강하게 마련이라 아내의 언어나 행동이 얌전한 것을 보고 마음속 몰래 이를 우습게 여겨 부인과 상담하는 것은 무익한 일이고 귀찮은 일이라는 저의(底意)에서 일상적인 음식이나 의복 등에 관한 일 이외에는 일체 대화를 하지 않는데, 가끔 이건 중요한 듯하여 아내가 궁금해 하지만, 부인이 알 바 아니라며 한마디 말로 꾸짖든가, 아니면 웃으며 대답하지 않는다. 아내 입장에서는 실로 의지할 곳 없는 신세로, 남편에게조차 물을 수 없는데 다른 누구라고 이를 친절하게 알려줄 리 없으니, 아무 생각 없이 이 세상을 건널 수밖에 없는 것이다. 그렇다고 남편이 매몰차고 박정한 것이 아니라 부부 사이 또한 대단히 좋아서 아내를 깊이 사랑하고, 옷이나 음식 모두 충분하여 안락한 나날을 보낼 뿐 아니라 남편에게 말만 하면 대체적인 것은 허락해 주어 외출을 하니 무엇 하나 자유스럽지 못한 것이 없고, 세상 일반인들이 보기에 팔자 좋은 안주인이라 말하겠지만, 원래 이는 범속한 차원의 잘못된 생각으로 나는 인정하기 어렵다. 원래 의복이나 음식은 신체에 관한 것으로 정신에 관한 것이 아니니 아무리 육체 보양을 잘한다고 해도 정신을 가벼이 여긴다면, 그 보양은 개나 고양이를 총애하는 것과 다르지 않다. 애완견에게 진수성찬 요리를 먹이고 고양이에게 비단옷을 입히더라도 이는 단지 사랑하는 것일 뿐, 존경하는 것이 아니다. 남편이 아내의 의식(衣食)을 충족시켜 속되게 말해 제아무리 온 몸에 비단 치장을 하고 있다 하더라도, 단 한 점의 경의도 표하지 않으며 정신적으로 아내를 존중하지 않는다면 아내 보기를 개나 고양이 보는 것과 똑같

다고 할 것이다. 즉 이 경의란 무엇인가 하면 아내를 당당한 한 사람
으로 여겨 부부가 동등한 지위를 가지고 매사에 서로 이야기하고,
매사에 서로 상담하는 것이다. 이미 정신적으로 공경할 뜻이 있으면
집안의 부유함은 부부의 부유함이 되고, 그 가난함 또한 부부의 가난
함이 된다. 부유함과 가난함을 함께 하며 항상 서로 친애하되 때때로
집 안팎의 사정에 관해 서로 말이 맞지 않을 때는 논쟁하는 것 또한
가능하다. 부부의 논쟁 또한 바람직한 것은 아니지만 상호 존중하는
정신에서 나온 것이라면, 이는 앞에서 말한 것처럼 오직 총애해서
좋은 옷과 좋은 음식을 주고, 개나 고양이처럼 여기는 것에 비해 분
명 큰 차이가 있다고 할 것이다.

　이야기가 조금 달라지지만 최근 일본 국회에 관한 말이 많다. 원
래 국회란 일본 인민 모두가 국정에 참여하여 정부의 법률 및 세출입
등을 심의, 의결하는 곳으로 그 취지를 살펴보면 '일본'이란 일본 국
민의 총체(総体)가 소유하는 나라로 정부 관리만이 정사(政事)를 담당
해야 할 이유가 없고, 인민 또한 거기에 참가하는 것이 당연한데 일
본 인민은 수백 년 동안의 관습상 정부 밑에 있으면서 언론이나 행동
이 자유롭지 못해 무지한 듯 보이므로 세상의 선배 지도자들이 관심
있게 정당한 길로 이끌어 준다면 훌륭하고 당당한 한 사람으로서 국
정의 상담 역할을 할 것이기에, 인정(仁政)을 펼쳐 국민을 사랑하는
것이 옛날식 정치라면 지금의 문명 세계에서는 인정만으로는 충분
하지 못하여 백성을 사랑하는 것과 더불어 인민을 존중하여 국사에
참여하는 지위를 부여하여 말하자면, 정부와 인민이 함께 힘을 합쳐
나라를 지탱한다는 큰 뜻에는 일본 관민 모두가 아무런 반대도 없으
니, 국회 개설은 수년 내에 있을 것이다. 이는 무엇보다도 지극히

당연한 일로, 나 또한 감복하는 바이지만 대개 인간 세상사란 것은 균형을 갖춰야 하는 것으로 지금 일본에서 국회를 개설하여 국사를 공평하게 만든다고 하지만 국민의 집안일이 과연 공평한지 어떤지 꼭 물어보고 싶다. 집안의 남자를 정부로, 여자를 인민이라 비유하여 그 관계를 살펴보니 과연 어떠한 정부인지, 압제라 해야 할지 전제(專制)라 해야 할지 이름 붙일 방법조차 없다. 남자가 집안의 재산을 자기 멋대로 하면서 그 금전의 출납조차 부인에게 알리지 않는 것은 정부가 인민에게서 사유의 권리를 강탈하는 것이다. 부인들 말을 들어서는 안 된다며 집 안팎일에 참여시키지 않는 것은 정부가 인민의 입을 막고 토론을 금하는 것과 같다. 더 심한 경우는 남자가 홀로 부적절한 행동을 저지르며 쾌락을 추구하면서도 부인들은 깊숙한 곳에 가둬두고 자유를 빼앗으니 그 우울한 마음에 마침내 몸까지 상하게 되고, 그 폭정으로 백성을 학대하여 스스로 혜택을 얻으니 백성을 도탄에 빠뜨린 것과 같다. 다행히 여기까지 이르지 않고 부인을 친애한다는 사람이라도 단지 부인을 개나 고양이처럼 가지고 놀면서 총애할 뿐으로 간웅이 일반 백성을 바보처럼 여기는 것과 같을 뿐이다. 향후 국회가 개설되어 그곳에 출석한 자는 일본의 조야(朝野)에서 공평함을 가장 중히 여기는 인물들로 국사를 논함에 지극히 공평하리라 여겨지지만, 그 인물들이 어디서 온 자들인가 살펴본다면, 말하기도 창피한 꼴로 압제와 전제의 집안에서 출두한 자들로 그 집안 내에서 유아독존, 폭정의 집권자라 해야 할 것이다. 집에 있을 때는 무법하고 무리한 정사에 익숙하면서도, 국가에서는 공평한 정사를 논한다고 주장한다. 국가와 집안이 당연히 서로 다르기 때문에 이처럼 이상한 일도 일어날 법하지만, 아무리 표면적으로만 보더라도, 몇몇 작은 지옥에서 등장한 사람들이 한바탕 대극락에 모여 중생제도(衆生済度)의 공덕을 설법하는 것과 같아 심히 부자연스러우니 모쪼록 국회 개설의 취지에 따라 가회(家会)도 개설하여 부인들과 여자들에게도 가사에 관한 정치에 참여할 권한을 부여해 주길 바란다.

'일본부인론'은 전편과 후편으로 이미 너무 길게 논하여 신문 읽는 독자들이 지겨워할 우려가 있을 정도이지만, 세상에 그렇게까지 반대 주장이 없는 것은 도리상 문제 삼을 곳이 없기 때문일 것이다. 하지만 사람 마음은 도리만으로 지배할 수 있는 것이 아니어서, 도리상 납득한 듯하고 당장에는 다른 말이 없지만 드넓은 인간 세상에 거기까지는 하기 어렵다고 여러 가지 문제를 제기하거나 혹은 그 사이에 세상 식자들이나 학자들이 설득력 있는 반대 주장을 한창 고민 중에 있을지도 모른다. 이러한 반대 주장이 나왔을 때 이에 대해 내가 반론을 제기하는 것이 정당하겠지만, 그 반대 주장 또한 내가 이미 마음속으로 짐작하고 있는 취지의 반대설일 것이기에, 이를 기다리는 것 또한 무익한 일이므로, 한번 내가 스스로 반대의 주장을 피력하여 자문자답함으로써 고학문 식자들의 판단을 구하고자 한다. 내가 생각하는 반대 주장은 쓸데없이 낡은 『여대학』 등을 방패로 삼는 것이 아니라, 별도의 주장을 내세우는 것이니 이는 다음과 같다. 말해보자면, '일본부인론'의 취지는 심히 감탄할 만해서 남녀는 원래 평등하니 동등하게 다뤄서 자연히 부인들의 기를 살려주고, 그 정신과 신체를 당당하게 만들어 최소한 지금 서양 여러 나라의 부인들만큼 되게 하려는 대단히 좋은 묘안이지만, 이를 세상에 권하여 실제 시행하기 시작했을 때 걱정스러운 부분은 없을지, 부인론의 기자 또한 지금 일본 여성이 지혜가 부족하고 분별력이 적다는 것은 충분히 숙지하는 바로, 무지하고 무분별한 자들이 새로운 말을 듣고 기묘한 물건을 봤을 때 그 진정한 이익을 충분히 알아듣지 못한 채 그저 이를 재미있게 여기고 마냥 신기해하며 들떠있으면 본래의 큰 취지를 그르칠 뿐 아니라 종국에는 완전히 그 취지와 반대로 이해하고 행동하는 사람이 없다고 보증하기도 어렵고, 이미 오늘날 여자들이 학교 등에서 얼마간 읽고 쓰는 능력을 배우고 어설픈 서양말을 섞어 말하면서 자기 혼자만이 뭔가를 안다는 얼굴을 하고 있지만, 사실은 바늘 쥐는 법도 모르고 부모나 연장자를 눈 아래로 내려다보면서 심한 경우 여러 사람이 모인 곳에서 논쟁거리를 만들거나 더욱 심한 경우는 여자 몸으로 연설하는 등 실로 놀라운 상태인데, 이제부터라도 조금 더 조심하여 이러한 나쁜 풍습을 고치고자 한창 고민 중인 바로 이때에 이들 여자 등이 과거의 고전 중에서는 본 적이 없는 부인론을 본다면 어떠한 마음일지, "옳거니, 바로 그렇지" 하며 신기해 할 뿐 충분히 이해를 못한 상태가 점점 조장되면서 그 끝이 없을 터인데, '일본부인론'의 깊은 뜻은 진정 훌륭하지만 지금 이 시점에 이 '일본부인론'이 유행하는 것은 부인들을 구하는 것이 아니라 오히려 그 도덕을 파괴시키는 행위로, 과연 기자는 이 부분에 대해 충분히 보고 있는가 하는 것에 대해 물어보겠지만, 나로서는 이 정도의 난문(難問)은 원래 각오한 바이므로 대답도 쉽다. 난문의 첫 번째로 부인론의 취지는 좋지만 이를 읽는 독자가 오해할 우려가 있다는 것은 결국 그 취지를 써내려가는 방식이 좋지 않다는 의미에 불과하다. 이는 필자의 필력이 부족한 죄이기에 그 문장 방법에 관해서는 널리 가르침을 구할 바이지만, 지금 여자들이 독서를 익히고 서양말을 쓰는 등의 꾸짖음은 여자에게만 국한된 것이 아니라 남자 또한 어설프게 서양말을 쓰는 사람이 심히 많다. 여자가 바늘 쥐는 법을 모르는 것은 심히 걱정스럽지만 남자가 말만 할 뿐, 붓 쥐는 법을 모르고 깊이 있는 논설문은 물론이거니와 편지조차 대필을 부탁하는 경우는 상당히 보기 흉한 모습이다. 또 여자가 박식한 척하며 손위 사람을 내려다본다는 것은 받아들이기 어려운 이야기로 이와 관련해서는 특히 남자를 꾸짖지 않을 수 없다. 지금의 남자들은 무슨 인연이 있어 손 위 여성들을 경멸하는지, 간단한 친척모임이나 술자리 등에서도 남자라면 나이의 많고 적음을 불문하고 부인들의 상석에 앉고, 그 음식을 먹는 동안에도 남자들이 부인들을 도와 가져올 생각은 않으면서 오히려 부인들에게 도움을 받으며, 부인들이 출입할 때 남자가 안내하기는커녕 부인들이 먼저 알아차리고 남자들의 상의나 외투 따위를 챙기면 아무렇지도 않게 이를 맡기니, 이 얼마나 무례한가. 더 심한 예는 도덕의 가르침에서도 부모를 섬겨라, 연장자를 공경하라 하지만 자식은 어머니를 무시하고 그 위에 앉으며 조카는 숙모를 아래로 여기고 남동생은 누이를 자기 뒤로 미루는 등 위아래 없이 난폭하고 거친 태도임에도 이를 욕하는 사람이 없다. 이런 상태를 보면 부모를 섬기라는 가르침도 어머니에 대해서는 단지 부양만 할 뿐 공경하고 존중하라는 취지까지는 아니라는 말과 같다. 내가 보기에는 중요한 인륜의 도에서 이러한 행위가 정말 타당한지를 생각해야 할 일임에도 세상 사람들이 이를 간과하여 무관심한 것이 어쩔 수 없는 문제라면, 지금 여자들이 불손하고 난폭하다고 하지만 남자들의 태도에 비교하면 무엇을 하든 덜한 편으로, 이를 보고 비난하는 사람은 단지 옛 관습과 조금 다르다는 점 때문에 놀란 것일 뿐이다. 만일 이에 대해 의심이 있다면, 한 번 남자 중에서 지극히 부드럽고 온순한 사람을 선택해 여장을 시켜 부인들 좌석에 넣어 말과 행동을 평소와 같이 하게 해본다면 과연 어찌 되겠는가. 이 여장남자가 동석한 부인들을 눈 아래로 낮춰 보며 혼자 잘난 체할 뿐 아니라 남자와 만나더라도 조심성 없이 말이 거칠고 행동거지가 방정치 않아 술을 마시고 담배를 피면서 담뱃대로 재떨이 두드리는 소리조차 시끄러우며 좌중이 유쾌한 흥에 취하면 몸가짐이 무너져 손님들 앞에서도 다리를 내밀지 모를 일인데, '실로 놀라운 여자다'라며 좌중에 있는 사람들이 서로 바라보고 몰래 따돌리면서 싫어하고 미워할 것이다. 이처럼 사람들은 이 세상에 거의 없는 여자를 불손하다 비판하며 속칭 '왈가닥'이라고 싫어하겠지만 그 왈패질이란 남자 중에 지극히 유순하여 이른바 '둔한 자'라 불리는 사람과 비교해도 훨씬 온순한 편이라 하겠다. 같은 언어나 행동거지로 똑같은 예의범절을 취해도 여자이기 때문에 비난받고 남자이기 때문에 허용될 뿐이다. 너무나도 불공평한 처사라 할 만하다.

이상과 같은 도리 중 틀린 것은 없겠지만, 지금 여기서 한 발 더 양보하여 '일본부인론'의 발행 때문에 세상 부인들이 이를 오해하여, 언어도단이며, 손도 못 댈 난폭한 인간이 나타났다고 할지라도, 여기서 이 주장을 그만 둘 수는 없다. 애초부터 일본 부인들의 지위를 높여 남자들과 동등하게 만드는 것이 한집안은 물론 국가를 위해서도 지극히 필요한 사항이기 때문에 이미 그 일에 착수한 상태에서 약간의 문제가 생기더라도 이를 걱정할 여유는 없는 것이다. 무식한 사람이 생기면 유식한 사람도 생길 것이고 시간이 지나면 자연스럽게 본래의 도리를 알아 세상도 평온해질 것이다. 예를 들면 30년 전 일본이 개국하여 외국과 무역을 시작한 것과 마찬가지이다. 개국 당시에는 여러 가지 문제점도 많고 무역업에 관계하는 상인 또한 좋은 집안 출신이 아닌, 말하자면 무식한 자들뿐으로 이런 식이라면 문호를 개방하지 않는 편이 이익이라 여겨질 정도의 상태였지만, 세월이 흐르는 동안 일본인도 점차 외국과의 교제에 익숙해지고 교제의 도리를 알게 되니 그 무식했던 사람들도 점차 사라지고 지금은 조금씩 원래 필요했던 사람들이 외국인과 교제하게 되었다. 이처럼 개국 당시 약간의 불편함을 걱정해 쇄국하는 것이 불이익이었다면, 부인론의 신기함 때문에 유행 초기에는 얼마간 불안한 마음도 들겠지만 이를 두려워하여, 이 주장의 본래 취지를 짓밟는 것은 이치에 맞지 않는 것이다.

여대학평론 / 신여대학
女大学評論 / 新女大学

후쿠자와 유키치의 『여대학평론(女大学評論)』과 『신여대학(新女大学)』은 하나의 기획 하에 쓰인 글로, 기존 일본 여성의 도리를 다룬 여훈서인 『여대학(女大学)』의 내용을 비판하고, 그에 대해 새로운 시대의 윤리에 맞는 '여대학'을 제시하겠다는 의도로 쓰인 것이다. 이 글은 1899년 4월 1일부터 7월 23일까지 34회에 걸쳐 『시사신보』에 연재되었고, 같은 해 11월 단행본으로 출판되었다. 이 책은 다이쇼(大正, 1912~1926) 후기 무렵까지 50판 정도가 인쇄되었다.

일본에서 『여대학』은 에도 시대 중기 이후부터 여성 교훈서로 쓰여
왔다. 이 책은 가이바라 에키겐(貝原益軒, 1630~1714)이 저술했던 『화속
동자훈(和俗童子訓)』을 기반으로 하여 편집되어 출판된 것으로 알려져
있다. 이 『여대학』에 대해 후쿠자와는 대단히 비판적이었고, 그것에
담긴 교훈이 여성의 근대적인 교육에 도움이 되지 않는다고 평가하였
다. 이에 후쿠자와는 『여대학』의 각 조항을 철저하게 비판하여 평론한
『여대학평론』을 썼다. 후쿠자와 자신이 책에서 밝히고 있는 바를 보
면, 이 글의 논지는 이미 그가 나카쓰(中津)를 떠나 도쿄로 오기 전에
써둔 수많은 노트를 통하여 완성되기에 이른 것으로, 지금 후쿠자와
유키치가 보고 메모해둔 『여대학』 책이 존재하지 않기 때문에 그 전모
를 알 수는 없으나 이러한 비판적 입장이 이 글에 모두 반영되어 있음
을 짐작할 수 있다.

또한 『신여대학』에서 후쿠자와는 여성들을 배려하여 다소 쉬운 언어
를 사용하고 있으며, 23조에 걸친 내용을 통해 근대에 있어서 여성은
식견을 넓혀 결혼 등에 있어서 부모나 남성에 휘둘릴 것이 아니라 충
분한 자기 결정권을 가져야 한다는 사실을 역설하고 있으나, 또한 한
편으로는 이전 세대의 유교에서 제시된 전통적인 여성의 역할에 대해
서도 폭넓게 긍정하는 모습을 보여주고 있기도 하다. 또한 이 『신여대
학』의 뒷부분에서 후쿠자와는 자신이 당시 근대적 여성 담론에 대해
서 어떠한 관심을 갖고 있었는가 하는 내력을 서술해두고 있어 후쿠자
와 유키치의 여성론의 내력을 이해하는 데 귀중한 자료가 되고 있다.

위의 표지는 사진은 1899년 11월에 출판된 『여대학평론/신여대학』으
로, 게이오 대학 후쿠자와센터에서 공개한 단행본의 표지와 판권지를
사용하였다.

여대학평론

서문

아버님[家嚴]이 저술한 『여대학평론』 20편과 『신여대학』 23장은 짧은 시간에 즉흥적으로 생각한 것이 아니다. 그 연원은 아버님의 선친, 즉 나의 조부인 햐쿠스케(百助) 옹의 기풍이 가정에 스며들어 만들어낸 가풍에서 출발한 것이라서 그 유래가 깊다고 할 수 있다. 여자 교육과 도덕[女教女道] 관련 논의는 아버님이 이미 수십 년 전부터 구상한 것이지만 당시에는 아직 세상에 써서 내어놓을 때가 아니어서 지연되다보니 결국 오늘에 이르렀다.

그런데 내지잡거가 펼쳐질 날이 다가오고 있다. 조금도 유예할 때가 아니다. 그야말로 이때에 맞추어 궐기해 남존여비라는 나쁜 관습[陋習]을 퇴치하지 않으면 우리 일본국의 영예에 일대 오점을 남길 우려가 있다. 아버님이 지금 이 글을 공개하는 것은 우연이 아니다.

『여대학평론』과 『신여대학』은 원래 우리 가정을 위해 쓴 것은 아니다. 예부터 전해져 온 가풍을 날실로 하고 아버님 본인의 언행을 씨실로 삼아 만들어낸 교훈으로, 후쿠자와 가문에서는 부모 자식이 단란하게 모였을 때 예를 들어 첩이나 유녀 등과 같은 말은 입에 올리는 것조차 삼갈 정도라서 이 책에서 논하는 내용은 너무나 잘 알아 일찍이 부모가 설명해 들려준 적도 없고 자식들도 일부러 물으려고 한 적도 없다. 따라서 이 책은 오로지 세상의 풍습[風儀]에 도움을 주려는 목적으로 쓴 것이다.

서문이지만 한마디 덧붙이고 싶은 것이 있다. 일신상의 사적인 것을 여기에 적는 것이 적절하지 않을 수도 있지만 관계가 전혀 없는 내용도 아니다. 1898년 9월 26일은 아버님이 뇌질환이라는 큰 병에 걸린 날로 그 이후 어머님을 비롯해 일가 형제자매의 걱정은 말로 표현할 수 없었다. 밤낮으로 교대해 가며 베갯머리에서 간호를 게을리하지 않는 것 이외에 달리 방법도 없는 가운데 마침내 의사가 10월 5일 밤에 더 이상 회복할 가능성이 없다고 선고한 상황은 지금 생각해도 몸이 오싹해진다. 그런데 그 날을 고비로 증세가 점차 나아져 지금은 일어나 앉고 눕는 것이 모두 자유로울 뿐만 아니라 신발을 신고 지팡이를 짚어가며 집 밖을 보행할 수 있기에 이르렀다. 그리고 그 쾌유는 겉모습에만 머무르지 않고 이시카와 미키아키(石河幹明)가 말하는 것처럼 "이 책은 발병 전에 쓴 것이지만 요즘에 다른 사람에게 원고를 읽혀서 직접 오탈자를 지적해 바로잡은 부분이 적지 않을" 정도에 이르렀다. 즉 시력이 약해지고 실어증과 같은 병의 흔적은 아직 완전히 없어지지 않았지만 정신과 기력은 거의 예전과 다름없다. 아버님은 나에게 이르기를 "안타까운 일이지만 내가 살아 있는 동안에는 세상의 품행 나쁜 자들을 추격하는 것을 멈출 수 없다"고 했다. 아버님이 병을 치른 후에 이러한 정신과 기력을 보여준 것은 자식들이 전혀 예상하지 못한 일이어서 흔희작약(欣喜雀躍)하는 마음을 금할 수 없었다.

아버님이 큰 병의 고비를 넘기고 여전히 정신이 혼미한 상태에 있을 때 빈번하게 혼잣말하는 것을 들어보니 말이 오락가락해서 자세히 알아들 수 없었지만 무언가를 논의하는 말이었고 이따금 들리는 조각조각의 말을 합쳐보니 그 논의는 여도론(女道論)인 것 같았다.

아버님이 이 책의 원고를 마무리한 것은 발병하기 6, 7일 전이지만 주장의 내용은 거의 선천적인 사상에서 출발한 것이어서 글자와 문구 하나하나를 소홀히 하지 않은 것은 물론이고 남녀 간 덕행에 대한 주요 사상은 이 책 안에 있다. 아무쪼록 제군들이 숙독하고 음미하시길 희망하는 바이다.

1899년 2월

아들 이치타로(一太郎) 삼가 적음(謹記).

여대학평론

서문

　『여대학평론』 20편과 『신여대학』 23장은 후쿠자와 선생이 작년 8월 중순부터 집필을 시작해 하루에 한 편 내지는 두세 편을 썼고 9월 26일에 뇌질환이라는 큰 병에 걸리기 6, 7일 전에 원고를 마무리했다. 그 기간은 불과 30일에 지나지 않는다. 마치 한여름에 접객하고 담화하는 중간의 부업이나 순간적인 착상으로 총총히 써내려간 것 같지만 원래 이 문제는 후쿠자와 선생이 오랫동안 생각해 온 주장으로서 거의 선천적인 사상에서 출발한 것이기 때문에 그 유래는 우연이 아니다. 후쿠자와 선생의 선친인 햐쿠스케 옹은 나카쓰 번사(中津藩士)로서 유학자였다. 일본의 한학자나 유학자들은 항상 입으로는 도덕과 윤리를 논하면서도 일신과 일가의 일은 대수롭지 않게 여기며 작은 것에 신경을 쓰지 않아 이른바 사소한 잘못에 개의치 않는 자들이 즐비한 가운데, 햐쿠스케 옹은 기품이 고상하고 몸가짐이 매우 엄격했으며 가풍이 지극히 바르고 실로 언행이 일치하는 군자로서 사람들의 존경을 받았다고 한다. 후쿠자와 선생은 3살 때 부친과 사별해 선친의 목소리와 모습조차 기억하지 못하니 그 언행과 같은 것은 애초에 알 수 없었겠지만 한 명의 형과 세 명의 누이와 함께 자비로운 어머니 슬하에서 단란하게 자라는 가운데 굳이 묻지 않더라도 엄부의 언행은 어느새 어머니의 입을 통해 어린 자녀들에게 전해졌고 부지불식간에 고상하고 엄정한 성격과 품행을 지니게 되었

을 것이다. 후쿠자와 선생은 자신은 도덕과 품행에 관해 누구한테
가르침을 받은 일도 없고 스스로 공부하고 수련한 일도 없다고 말했
다. 자신의 행동과 모습은 태어날 때 그대로와 같아서 오늘날까지
일찍이 자신의 마음에 부끄러운 일이 없는 것은 필경 전래의 가풍
때문일 것이라고 말했다. 즉 일본의 여자 교육과 도덕에 관한 후쿠자
와 선생의 주장은 선대의 사상에서 출발해 혼자서 스스로 거가처세
(居家處世)의 실제로 행하면서도 지금까지 세상에 발표할 기회를 얻지
못한 것이다. 후쿠자와 선생이 21세 때에 고향을 떠나 나가사키로
유학하고 이어서 오사카의 오가타 숙(緒方塾)에서 배우는 동안에는
고학을 하는 처지에서 오로지 학문에만 힘쓰던 때라서 다른 일을 할
여가가 없었다. 25세에 에도로 나와 처음으로 집을 마련했지만 사숙
(私塾) 경영과 저서 번역 및 해외여행 등으로 몸과 마음이 모두 다망
해 여유가 조금도 없는 가운데 가끔씩 가이바라 에키켄(貝原益軒)의
『여대학』을 읽으면서 후일의 기억을 위해 간단한 평을 항상 기입했
는데 그 책을 잃어버리면 다시 샀기 때문에 자신이 평을 적은 책이
두세 권은 될 것이라고 했다. 후쿠자와 선생이 이 문제에 정성을 기
울인 것이 하루아침의 일이 아니라는 것을 알 수 있다. 작년 여름에
『후쿠자와 옹 자전(福翁自伝)』의 속기를 하고 선생이 직접 교정을 마
친 후에 잠시 시간을 내어 『여대학』에 대한 개략적인 평을 속기했는
데, 말로 가르치자니 만족스럽지 않은 부분이 있다며 직접 붓을 들어
쓴 것이 바로 『여대학평론』 20편으로 고래로 일본에서 행해진 여자
교육이 이치에 어긋나고 부당하다[非理不法]는 것을 논파하고 별도로
오늘날 사회에 맞는 신일본의 여사 도덕을 제시한 것이 바로 『신여
대학』 23장이다. 후쿠자와 선생의 평소 모습을 모르는 혹자는 이 책

을 읽고 신기하다는 느낌을 받을 수도 있지만 그 한마디 한마디는 단지 입으로만 논한 것이 아니라 일상에서 몸소 실천한 것들로 평소의 언행을 붓으로 옮긴 것과 같은 것이므로 실제로 행한 것의 일부라고도 할 수 있다. 이 책은 후쿠자와 선생이 병을 앓기 전에 썼지만 요사이 다른 사람에게 원고를 읽혀서 직접 자구 수정을 지시해 바로잡은 부분이 적지 않다. 이번에 이 책을 출판하면서 그 유래를 한마디 적는 것이 좋다는 말도 있지만 의사가 병환 이후에 집필은 여전히 조심하라고 하는 터라 후쿠자와 선생이 직접 쓸 수 없었다. 나는 거의 20년 동안 후쿠자와 선생을 가까이 접해오면서 항상 그 가정에 출입했기 때문에 선생의 언행을 숙지하고 있는 한 사람이다. 즉 가까이에서 견문한 바를 적어 이 저서가 우연히 집필된 것이 아님을 독자에게 소개하는 바이다.

1899년 2월
이시카와 미키아키 삼가 적음

여대학평론
女大学評論

하나. 여자는 자라서 다른 집에 시집가 시부모를 모시는 사람이기에 그 부모는 아들보다도 가르침을 소홀히 해서는 안 된다. 부모가 총애해서 방자하게 키우면 남편 집에 가서 분명 자기 마음대로 행동해 남편이 멀리하게 되거나 시아버지가 바르게 가르치는 것을 참지 못해 시아버지를 원망하며 욕하게 되어 사이가 나빠지고 결국에는 쫓겨나는 창피를 당할 것이다. 여자의 부모가 본인들이 가르치지 않은 것은 거론하지 않고 사돈과 사위만 나쁘다고 생각하는 것은 잘못이다. 이것은 모두 여자의 부모가 가르치지 않았기 때문이다.

자라서 다른 집으로 가는 사람은 비단 여자만 있는 것이 아니고 남자도 마찬가지로 장남 이하 둘째나 셋째는 다른 집에 양자로 가는 예가 있다. 인간 세계에서 남녀는 그 숫자가 같기 때문에 이처럼 자라서 다른 집으로 가는 사람의 숫자도 같다고 할 수 있다. 혹자는 남자는 분가해서 호주가 되는 경우가 있어서 여자와 다르다고 말할지 모르겠지만 여자만 많이 태어난 집에서는 그중 한 명에게 데릴사위를 들여서 집안을 상속하게 하고 나머지 자매들도 마찬가지로 데릴사위를 들여 분가하는 경우는 세간에 그 예가 아주 많다. 그러므로 '부모가 자식에 대한 가르침을 소홀히 해서는 안 된다'는 것은 지극히 당연한 일로 마땅히 그렇게 해야겠지만 여자에 대해서만 '남자보다도' 운운하는 것은 받아들이기 어렵다. 남자는 총애하며 방자하게 키워도 상관없다는 것인가. 양갓집에 가서 자기 마음대로 행동하고 몸가짐을 그르쳐 아내가 멀리하게 되거나 이유 없이 장인을 원망하고 욕해 집안에 풍파를 일으키거나 해서 마침내 이혼당해도 치욕으로 여길 만하지 않다는 것인가. 그런 억지는 있을 수 없다. 여자가 부끄럽게 여겨야 하는 일이라면 남자 또한 부끄럽게 여겨야 한다. 따라서 부모가 자식을 훈육하는 것은 지극히 바람직한 일이다. 이는 부모의 의무로서 벗어날 수 없는 책임인데, 유독 여자에 한해서만 그 훈육을 중시하는 것은 애초부터 입론의 근거가 잘못된 것이다. 세간에는 "부모의 훈육은 자식에게 좋은 약과 같고 만일 그 취지가 바람직하다면 훈육에서 여자를 보다 중시하고 남자를 그 다음 순서에 두는 것을 문제 삼을 필요가 없다"고 주장하는 사람이 있는데 이것은 잘못이다. 모름지기 자식을 가르쳐 완전하게 양육한다는 것은 환자에게 적당한 분량의 약을 복용시키는 것과 같다. 분량을 그르치면 좋은 약도 오히려 해가 될 수 있다. 따라서 부모가 자식을 양육할 때 설령 훈육의 취지가 좋다고 하더라도 여자라는 이유로 특별히 엄하게 하는 것은 같은 증상의 남녀 환자에 대해 복용할 약의 분량에 차이를 두는 것과 같다. 여자에게 적당하면 남자가 약 분량이 부족하다고 느낄 것이고, 남자에게 적당하면 여자에게는 과다해서 분명 현기증을 일으킬 것이다. '부모는 남자보다도 여자를 가르치는 데에 더 신경을 써서 방자하게 두어서는 안 된다'는 것은 부모가 여식의 언행을 단속하는 데 각별히 마음을 써서 온량공겸(溫良恭謙)하게 가르치라는 의미일 것이다. 물론 온량공겸은 인간의 미덕이지만 여자에 한해서만 그 교훈을 소홀히 하지 말라는 것은 여자에 한해서 그 취지를 더 많이 가르친다는 의미일 것이다. 즉 약제로 말하자면 여자에게

만 더 많은 양을 복용시킨다는 의미가 될 텐데 이 점에 있어서 여자의 힘이 과연 이 다량의 교훈을 잘 견뎌 현기증을 일으키지 않을지 매우 의심스럽다. 일단 온량공검, 유화인욕(柔和忍辱)의 가르침에 현기증을 일으키면 만사에 소극적이 되고 인생 활동의 계기를 잃어버려서 해야 할 말을 하지 않고, 해야 할 것을 하지 않고, 들어야 할 것을 듣지 않고, 알아야 할 것을 모른 채 결국 남자에게 모욕을 받고 남자의 노리갯감이 되는 피해를 입지 않으리라는 보장이 없다. 그러므로 위 글에 담긴 뜻은 좋아 보일 수 있지만 특히 남자보다도 운운하면서 남녀를 구별한 것은 여성에게 크게 유감스러운 일이라고 할 수 있다.

> 하나. 여자는 용모보다도 마음이 뛰어난 것이 좋다. 마음가짐이 신통치 않은 미녀는 마음이 소란스럽고 눈을 무섭게 뜨며, 사람에게 화를 내고 말이 거칠어 말투가 심술궂으며, 아첨을 하여 다른 사람들을 앞지르고, 다른 사람을 미워하고 질투하며 자신을 뽐내고, 다른 사람을 비방하고 비웃으며 다른 사람보다 잘난 척하는 것은 모두 여자의 도에서 벗어나는 것이다. 여자는 오로지 온순하게 따르고 정신(貞信)하며 정이 깊고 차분한 것이 좋다.

제일 첫 부분에서 '여자는 용모보다도 마음이 뛰어난 것이 좋다'라고 말한다. 여자는 태어나면서 용모를 중시하기에 그렇게 유일하게 중시하는 용모보다도 마음이 뛰어난 것이야말로 바람직하다고 써서 문장에 힘을 얹은 것은 솜씨가 좋지만 이는 단지 문장 솜씨가 좋은 것에 지나지 않는다. 이어서 부인의 악덕을 열거한 부분을 읽었을 때는 글자 그대로 악덕하지 않은 것이 없다. '마음이 소란스럽고 눈을 무섭게'라고 운운한 것은 절대 상류 사람이 해서는 안 되는 일로 비단 여자의 도에 어긋나는 것일 뿐만 아니라 남자의 도를 거스르는 것이기도 하다. 마음이 거칠고 난폭하며, 눈빛이 무섭고, 걸핏하면 다른 사람에게 화를 내고, 말이 거칠고 욕을 잘하며, 다른 사람 위에 서기 위해 원망하고 질투하며, 자신을 뽐내고 다른 사람을 비난하며, 다른 사람들의 웃음거리가 되면서도 스스로 깨닫지 못한 채 득의양양 하는 것은 실로 업신여길 거동으로 남녀를 불문하고 그 부덕을 용서해서는 안 된다. 인간은 화순(和順)하고 정신(貞信)하며, 인정이 깊고 마음이 차분해야 한다고 말한다. 이는 그야말로 더할 나위 없는 교훈으로 분명 그러고 싶지만 그것을 부인에게만 일방적으로 적용해 '그렇게 하지 않는 것은 여자의 도를 어기는 것이며 여자의 도는 이러해야 한다'라는 식으로 여자만 훈계하고 여자에게만 요구하는 것은 이해할 수 없다. 예를 들어 여자는 태어나면서 임신을 하도록 되어 있기 때문에 임신 중에는 이렇게 섭생해야 한다고 여자에 한정해서 가르치는 것은 지극히 당연하지만, 남녀 모두가 해서는 안 되는 부덕을 열거하고 남녀 모두가 지켜야 할 덕의를 제시하면서 여자만 질책하는 것은 이상하다. 사람에게만 달려들어 물면서 밤에는 집을 지키지 않는 개는 성질이 나쁜 개고 무능한 개다. 그런데 이 못되고 무능함을 암캐에게만 일방적으로 적용해 암캐가 사람을 물면서 밤에 집을 지키지 않는 것은 좋지 않다고 말하는 것은 도리에 맞지 않을 것이다. 수캐라면 성질이 나쁘고 무능해도 상관이 없다는 것인가. 이는 한쪽만 편드는 논의라고 해야 할 것이다. 『여대학』의 저자는 유명한 대학자이지만 모두 중국 방식에 근거해 입론한 것이기 때

문에 남존여비의 폐해를 벗어나지 못했다. 실제의 진면목을 말하자
면 밤에 늘 바깥출입만 하고 걸핏하면 다른 사람을 혼내고 학대하는
등의 악습은 남자 쪽에 많은 데도 불구하고 그것은 너그럽게 봐주면
서 여자의 부덕만 질책하는 것은 이른바 유교주의 편파론이라고 해
야 할 것이다.

> 하나. 여자는 어릴 때부터 남녀의 분별을 바르게 하여 조금이라도
> 문란한 것을 보고 들어서는 안 된다. 옛 예절에 남녀는 자리를 함께하
> 지 말고, 옷도 같은 곳에 두지 말 것이며, 같은 곳에서 목욕을 하지
> 말고, 물건을 주고받을 때도 손에서 손으로 직접 건네지 않으며, 밤
> 길에는 반드시 등불을 켜고 다녀야 하고, 타인 사이는 말할 것도 없고
> 부부와 형제 사이라도 남녀의 분별을 바르게 해야 한다고 되어 있다.
> 요즘 백성들 가운데에는 이러한 법도를 몰라 행동을 문란하게 해서
> 이름을 더럽히고 부모 형제를 욕보이게 하면서 평생 몸을 함부로 굴
> 리는 사람이 있다. 유감스러운 일이 아닌가. 여자는 부모의 분부와
> 중매인 없이는 교제하지 않는다고 『소학』에도 적혀 있다. 설령 목숨
> 을 잃더라도 마음을 금석과 같이 굳게 가져 도리를 지켜야 한다.

어릴 때부터 '남녀의 분별을 바르게 하여 조금이라도 문란한 것을
보고 들어서는 안 된다'라고 말한다. 즉 음란하고 불결한 것은 눈으
로도 보지 말고 귀로도 듣지 않도록 해야 한다는 의미일 것이다. 지
당한 교훈이다. 이는 모두 가풍과 관련되는 것으로 어린아이의 아버
지이자 집안의 주인이 패덕해서 집안에는 첩을 두고 밖으로는 화류
계에서 문란하게 지내는 행동을 하면 아무리 아이를 가르치려고 해
도 음란과 불결의 본보기를 자기 집안에서 가깝게 보고 듣기 때문에

아무리 수많은 교훈도 수포로 돌아갈 뿐이다. 그리고 남녀는 자리를 함께하지 않는다는 옛 예절을 제시하는 것은 좋지만 일이 많고 바쁜 오늘날 문명세계에서 과연 이 옛 예절을 실행할 수 있는지 여부는 생각해 보아야 할 대목이다. 이것도 말하자면 과장된 말로 지휘하는 것 또는 물건 값을 더 부르는 것과 같은 것으로 그렇게 엄하게 가르치면 주의하는 사람이 조금은 있을 것이라는 식의 어리석은 훈계라면 그만이지만 진실로 진지하게 옛 예절을 지키게 하려는 것이라면 단지 표면적인 형식에 그쳐 오히려 이면에서 큰 지장을 초래할 것이다. 무릇 남녀 교제의 맑고 탁함은 그 기품 여하에 달린 것이어서 예를 들어 중국식 관점에서 보면 서양 여러 나라의 귀부인과 신사가 함께 이야기하고 함께 웃으며, 목욕까지 같이하지는 않지만 함께 앉아 함께 식사하고, 물건을 손으로 주고받을 뿐만 아니라 오히려 손잡는 것을 예의로 삼는 것은 남녀의 구별이 없고 예가 없는 야만인이라고 해야겠지만 정작 그 내실을 들여다보면 이 야만인들이 결코 야만스럽지 않고 품행이 청결하고 견고한 것이 마치 금석과 같은 사람이 많은 것은 어째서인가. 필경 그 기품이 고상해서 성욕보다 위에 있기 때문이라고 밖에 할 말이 없다. 예전에 도쿄의 어느 사인이 서양문명을 매우 기뻐하고 모든 면에서 개진과 진보인 체하면서도 실제는 중국식 위에 서양 도금을 한 격으로, 특히 도덕에 있어서는 항상 주공과 공자를 운운하고 자녀를 가르칠 때는 『소학』이나 『여대학』의 주의를 외치며 집안 법도를 매우 엄중히 해 부모자식이 서로 접촉할 때도 빈객처럼 예절을 흐트리는 일이 없어서 일견 매우 아름다워 보였지만, 정작 본인의 품행은 패덕해 음행을 제멋대로 일삼아 집안에는 첩을 두고 집 밖에서는 매춘부를 농락할 뿐 아니라 모 지방 출신인 이 남자는 본처를 고향에 남겨두고 도쿄에 와서는 두 번째 부인과 결혼해 이른바 일처일첩(一妻一妾)은 차치하고 '이처다첩'의 엉망진창인 모습을 보이니, 자녀들이 엄부를 대할 때 단지 그 엄한 명령이 무서워 모든 일에 복종만 할 뿐 심복하는 사람이 없었다. 세월 속에서 그 자식들은 『소학』을 공부해서 불효자가 되었고 『여대학』을 암송해서 음탕한 여자가 되었으니 유교 가정에서 금수가 나온 것이야말로 우스운 일이다. 그러므로 남녀교제는 외면의 형식보다도 실제 기품이 중요하다. 여자의 기품을 고상하게 하고 이름을 더럽히지 않게 하려면 무엇보다 먼저 부모가 품행을 바르게 해서 자식에게 아침저녁으로 좋은 모범을 보이는 것이 가장 긴요하다. 위 글은 또 부모의 명령과 중매인이 없이 결혼해서는 안 된다고 말한다. 이 말도 한편으로 지극히 지당하다. 민법 친족 편 제771조에는 "자식이 결혼을 할 때는 집안 부모의 동의를 얻어야 한다. 단 남자는 만 30세, 여자는 만 25세가 된 이후에는 이러한 제한을 받지 않는다."라고 되어 있다. 이는 결혼은 인생에서 중요한 일이기 때문에 부모의 동의 즉 허락이 없으면 안 된다는 말이겠지만 부모의 의견을 자식에게 강요하는 것은 더더욱 안 된다. 부모가 어떤 목적으로 무리하게 딸을 한 남자에게 시집보내려다가 큰 잘못을 범한 이야기는 자주 듣는다. 따라서 남녀가 30세나 25세가 안되어도 부모의 명령으로 결혼을 강요해서는 안 된다. 그리고 자식은 가령 30세나 25세를 넘었더라도 부모가 생존해 있을 때는 숨김없이 밝히고 상담해서 동의를 얻는 것이 온당하다. 법률은 극단적인 경우를 대비하는 것일 뿐이다. 부모 자식의 정은 그렇게 매정한 것이 아니다. 반드시 알고 있어야 한다. 그리고 결혼을 한 이상 설령 목숨을 잃는 한이 있어도 마음을 금석과 같이 굳게 가지고 부도덕(不義)한 관계를 맺지 말라는 것은 가장 좋은 교훈으로 남녀가 모두 지켜야 하는데, 일본의 오랜 습속을 보면 일부다처의 폐습이 많고 일처다부의 경우는 드물기 때문에 '금석과 같은 마음'은 특히 남자에게 필요하다. 그럼에도 불구하고 남자는 제쳐두고 오로지 여자만 훈계하는 것은 공을 들인 가르침이기는 하지만 그 방향이 잘못되었다고 말하는 것이다.

　　하나. 부인은 남편의 집을 자신의 집으로 삼기 때문에 중국에서는 시집가는 것을 '돌아간다'고 말한다. 설령 남편의 집이 가난해도 그것을 원망해서는 안 된다. 하늘에서 나에게 내린 집안의 가난은 내 운수가 나쁘기 때문이라 생각하고 한 번 시집을 가면 그 집을 버리지 않는 것이 여자의 도라는 것은 옛 성인의 가르침이다. 만일 여자의 도를 어겨서 시집에서 쫓겨난다면 일생의 치욕이다. 이에 부인에게는 칠거(七去)라 하여 일곱 가지 해서는 안 되는 것이 있다. 첫째, 시부모를 따르지 않는 여자는 시집을 떠나야 한다. 둘째, 자식을 못 낳는 여자는 시집을 떠나야 한다. 처를 얻는 것은 자손을 낳기 위함이기 때문이다. 그러나 부인의 마음이 바르고 예의가 발라서 질투심이 없으면 시집을 떠나지 않아도 되지만 집안의 다른 아이를 키워야 한다. 혹시 첩에게 자식이 있으면 처에게 자식이 없더라도 시집을 떠나지 않아도 된다. 셋째, 음란한 여자는 시집을 떠나야 한다. 넷째, 질투가 심하면 시집을 떠나야 한다. 다섯째, 나병과 같은 나쁜 질병이 있으면 시집을 떠나야 한다. 여섯째, 말이 많고 조심성이 없어 과도한 언쟁을 하는 것은 친척 사이를 나쁘게 해 집안을 어지럽히기 때문에 시집을 떠나야 한다. 일곱째, 도벽이 있는 여자는 시집을 떠나야 한다. 이 칠거는 모두 성인의 가르침이다. 여자는 한 번 시집을 갔다가 쫓겨나면 설령 부귀한 남편에게 다시 시집을 가더라도 여자의 도를 어겼기 때문에 큰 치욕이다.

남자가 양자로 가는 것이나 여자가 시집을 가는 것이나 두 사실에는 조금의 차이도 없다. 양자는 양가(養家)를 자신의 집으로 삼고 며느리는 남편의 집을 자신의 집으로 삼는다. 따라서 당연히 결혼을 약속하기 전에 그 집의 빈부귀천, 상대방의 재덕(才德) 여하, 신체의 건강, 용모를 모두 신중히 살펴본다. 그리고 쌍방 모두가 온갖 수단을 다해서 가늠에 가늠을 거듭해 이만하면 좋다고 판단해 결혼한 이상 상대방 집의 가난 등을 이혼의 구실로 삼을 수 없다는 것은 단지 여자의 도에 그치지 않고 남자도 지켜야 하는 도이다. 요즘 남자들 가운데 왕왕 이 도를 몰라서 어릴 때부터 남의 집에서 자라면서 의식주는 물론이고 학교 교육에 이르기까지 모든 것을 양가에 신세를 지며 성장한 후 그 집의 딸과 결혼한 이상 이제 양부모를 안심시켜야 함에도 불구하고 날개를 달고 사회에서 두각을 나타내면서 차차 양가의 빈궁함을 싫어하고 이혼이나 복적(復籍)을 요구하거나 심한 경우에는 이미 결혼한 처를 버리고 생가로 돌아가거나 혹은 독립해서 마음대로 제2의 처를 얻은 것을 의기양양해 하면서 태연한 얼굴을 한 채 부끄러워하지 않는 사람이 있다. 의리와 인정이 없고 은혜를 모르는 사람은 사람이 아님에도 불구하고 이를 꾸짖는 사람이 세상에 없는 것이야말로 기괴하다. 넓은 세상에는 꽤 나쁜 부인도 적지 않아 그 거동을 보고 들으면 싫어지는 사람이 있지만 남성과 여성을 비교했을 때 비인간적인 사람은 남자 쪽에 많을 것이다. 이렇게 보았을 때 나는 '여대학'보다 오히려 '남대학'의 필요성을 느낀다.

부인에 대해 '칠거'라는 이혼 사유를 들면서 첫 번째로 시부모를 따르지 않으면 시집을 떠나야 한다고 적었다. 만일 부인의 성질이 거칠어 근성이 나쁘고, 남편의 부모에 대해 예의가 없고 인정이 없다면 이혼하는 것은 당연하다. 두 번째로는 자식을 못 낳는 여자는 시집을 떠나야 한다고 한다. 실로 샌트집과 같은 구실이다. 부부 사이에 자식이 없는 원인이 남자에게 있는지 여자에게 있는지 여부는 생리, 해부, 정신, 병리 상의 문제로 오늘날 진보한 의학도 아직 그 진실을 판단할 방법이 없다. 부부가 동거할 때 아이가 생기지 않았던 부인이 우연히 재혼해서 아이를 낳는 일이 있다. 방탕한 남자가 첩을 비롯해 여자를 몇 명씩 옆에 두고도 결국 한 명의 아이도 갖지 못한 예도 있다. 이러한 사실도 분별하지 않고 여자가 아이를 못 낳는다고 단정하는 것은 필경 무학의 억측이라고 해야 할 것이다. 아이를 낳지 못해서 이혼해야 한다면 데릴사위를 들인 집에서 딸이 아이를 낳지 못한 경우 자식을 못 낳은 남자는 떠나야 한다는 말이 되어 데릴사위를 내쫓아야 한다는 결론에 이른다. 이에 대해서는 『여대학』의 저자도 상당히 너그러운 태도를 보여 부인의 마음이 바르면 아이가 없더라도 집을 떠나지 않아도 된다고 마지막에 덧붙였는데, 이것은 스스로도 이 이혼법이 무리라는 것을 자각했기 때문일 것이다. 또한 첩에게 자식이 있으면 처에게 자식이 없어도 떠나지 않아도 된다고 한 것은 애초에 불필요한 문구로 어떤 이유에서 적었는지 알 수 없다. 글 첫머리에서 아이를 못 낳은 여자는 떠나야 한다고 선언한 후 글 마지막에서는 첩에게 아이가 있으면 떠나지 않아도 된다고 한 것을 앞뒤로 맞추어 생각해 보면 남자에게 축첩(蓄妾)의 여지를 주면서 암암리에 자신의 지위를 굳히기 위해 처로 하여금 축첩이 나쁘다고 말하지 않고 오히려 남편에게 이를 권하게 만들려는 깊은 뜻이 담겨 있다고 의심하지 않을 수 없다. 실제로 다이묘(大名)들은 예부터 첩을 두면서 부인이 권한다는 명분을 내세웠다. 남자가 추악을 저지르면서 그 죄를 처와 나누는 것은 음험하기 짝이 없다. 『여대학』의 독필(毒筆)을 빌어 힘을 얻었다고 할 수 있다. 세 번째로 음란한 여자는 시집을 떠나야 한다고 적었다. 예부터 지금까지 일본의 남자와 여자 가운데 어느 쪽이 음란한가. 그 음란한 마음의 정도는 제쳐두더라도 실제로 음란한 경우가 남자 쪽에 많은지 여자 쪽에 많은지는 캐묻지 않아도 명백하다. 남녀가 똑같이 음란하다는 이유로 이혼을 당한다고 한다면 이혼선고를 받는 남자가 여자에 비해 훨씬 많을 것이다. 그런데 『여대학』은 여자의 음란만 이혼 사유로 삼고 있다. 이 또한 방향이 잘못된 것이라고 할 수밖에 없다. 네 번째로 질투가 심하면 시집을 떠나야 한다고 되어 있다. 이 또한 이해할 수 없다. 부부가 같은 집에 살면서 남편이 품행을 바르게 하지 않는 것은 바꾸어 말하면 처를 학대하는 격이다. 백년해로를 약속한 처가 이를 다투는 것은 정당방위이다. 간혹 다투어서 안 되는 일을 다투는 잘못도 있을 것이다. 그런데 이것을 들어 질투심이 많다고 해야 할 것인가. 설령 그렇다고 하더라도 그것을 곧 이혼 사유로 삼기에는 부족하다. 다섯 번째로 나병과 같은 나쁜 병에 걸리면 시집을 떠나야 한다고 한다. 너무나 어처구니가 없다. 나병은 전염성이 있어서 경우에 따라서는 신이 아닌 인간의 몸을 범하는 일도 있다. 이는 본인의 죄가 아니다. 그런데도 부인이 불행하게 그런 나쁜 병에 걸렸다는 이유로 이혼한다는 것은 무슨 말인가. 남편으로서 조금이라도 인정이 있다면 이혼은 제쳐두고 정성스럽게 간호해 완치하지는 못하더라도 병이 조금이라도 낫는 것을 비는 것이야말로 인간의 도리일 것이다. 만일 처의 불행과 반대로 남편이 나병에 걸린다면 어찌해야 하는가. 처는 남편을 저버리고 지체 없이 시집을 떠나야 하는가. 나는 이에 좀처럼 동의할 수 없다. 아니『여대학』의 저자도 동의하지 않을 것이다. 효부전 등을 보면 어느 여인은 정조가 비할 데가 없어 남편의 나쁜 병을 간호하며 몇십 년을 하루처럼 지냈다는 식으로 칭찬한 경우가 많다.『여대학』의 저자 선생도 틀림없이 칭찬했을 것이다. 그렇다면 나쁜 병에 걸린 처와는 거리낌 없이 이혼하게 하면서 남편이 나쁜 병에 걸리면 처에게 명령해 간호하게 하겠다는 것인가. 더욱더 이해할 수 없다. 나는 반드시 그 이유를 듣고 싶다. 여섯 번째로, 말이 많고 조심성이 없으면 시집을 떠나야 한다고 한다. 이 항목은 막연해서 명확하지 않다. 요컨대 부인이 말이 많으면 자연히 친척 관계도 원만하지 않게 되어 집안에 풍파가 일어나기 때문에 이혼하라는 뜻일 텐데 다언과 과언 사이에 일정한 표준을 정하기 어렵다. 이 사람에게는 다언으로 들려도 저 사람에게는 과언으로 여겨지고, 갑의 귀에는 과언인데 을의 귀에는 다언인 경우가 있다. 설령 말이 많아 다언이라고 하더라도 겨우 이 하나를 근거로 쉽게 이혼한다는 것은 받아들이기 어렵다. 일곱 번째로, 도벽이 있으면 시집을 떠나야 한다고 한다. 물건을 훔치는 것에도 경중이 있다. 단지 이 말만 가지고 이혼 여부를 판단해서는 안 된다. 민법의 친족 편 등을 참고해서 주장을 정해야 한다.

위와 같이 제1조부터 제7조에 이르기까지 여러 문구가 있지만 결국 부인의 권력을 줄여서 행동을 부자유롭게 하고 남자에게 마음대로 처를 저버릴 수 있는 여지를 주는 것이라고 밖에 할 수 없다. 그럼에도 예부터『여대학』을 여자 사회의 보물과 같은 책으로 받들며 일반 교육에 사용해 여자를 훈계할 뿐만 아니라 여자가 이 가르침에 복종해 위축되면 될수록 남자에게 편리하기 때문에 남자 쪽에서 오히려『여대학』의 취지를 주장함으로써 자신이 하고 싶은 것을 제 멋대로 하려는 자가 많다. 어느 지방의 호색남은 항상 품행이 나빠 아내의 불만을 견딜 수 없게 되자 계책 하나를 생각해 내어 아내를 기독교에 입회시켰다. 그 계략의 목적은 오로지 여자의 질투심을 진정시켜 자신의 짐승 같은 행동을 왕성하게 하려는 것이었지만 아내의 불만이 끝끝내 가라앉지 않아 실망했다는 기이한 이야기가 있다. 천하의 남자 가운데『여대학』의 주의를 운운하는 사람은 많은 경우 이 호색남과 같은 부류로 아전인수 격인 사람들이다. 여자들은 절대 방심해서는 안 된다.

『여대학』의 이혼법은 위의 칠거인데, 민법 친족 편 제812조에는 다음과 같은 경우에 한해 부부의 일방이 이혼 소송을 제기할 수 있다고 적혀 있다.

1. 배우자가 중혼을 했을 때
2. 처가 간통을 했을 때
3. 남편이 간음죄로 형을 받았을 때
4. 배우자가 위조, 뇌물, 외설, 절도, 강도, 사기 취재(取財), 기탁물 탕진(受寄物費消), 장물에 관한 죄 혹은 형법 제175조 및 제260조에 해당하는 죄로 인해 경죄(輕罪) 이상의 형을 받거나 그 밖의 죄로 중금고(重禁錮) 3년 이상의 형을 받았을 때
5. 배우자가 동거를 계속할 수 없는 학대 혹은 중대한 모욕을 주었을 때
6. 배우자가 악의를 가지고 유기했을 때
7. 배우자의 직계존속이 학대 혹은 중대한 모욕을 주었을 때
8. 배우자가 자신의 직계존속을 학대하거나 중대한 모욕을 주었을 때

9. 배우자의 생사가 3년 이상 분명하지 않을 때

10. 데릴사위 결연의 경우 이혼이 있었을 때 또는 양자가 그 집안의 여자와 혼인한 후 이혼 혹은 결연을 취소했을 때

일반적인 일본 국민이 지켜야 하는 법률에서 이혼을 허락하는 것은 위의 10개조에 한하며 이 밖에는 어떠한 경우라도 쌍방의 합의가 아니면 이혼할 수 없다. 남편이 석줄 반만 써서 아내에게 건네는 이혼장(三行半) 따위는 옛날이야기로 오늘날은 완전히 다른 세계가 되었음을 알아야 한다. 『여대학』의 칠거 조목 가운데 첫 번째에 있는 '시부모를 따르지 않는다'는 것을 존속학대나 모욕의 의미로 해석한다면 그럴 수도 있다. 그런데 그 밖에는 민법과 대응하는 것이 하나도 없다. 법률과 대응하지 않는 이혼법을 세상에 공표하는 것은 남을 그르치게 할 우려가 있다. 국민의 사적인 제재와 복수는 법률이 허락하지 않는 부분이다. 그런데 새롭게 책을 써서 "도적 혹은 난폭자가 있으면 이를 붙잡은 뒤에 때리거나 베거나 마음대로 징계하게 하라. 하물며 부모의 적은 불구대천의 원수이다. 정부의 손을 번거롭게 할 필요 없이 효자의 의무로서 이를 죽여야 한다. 소가 씨의 고로(五郎)와 주로(十郎)야말로 천년 동안의 자랑거리이며 후세의 모범"이라는 식으로 적어서 출판하면 아마도 발매 금지될 것이다. 현행 법률의 취지에 배치되기 때문이다. 이것이 게사쿠(戯作)와 같은 소설이나 모노가타리(物語)라면 상관이 없겠지만 가정의 교육서나 학교의 독본이라면 분명 이론이 있을 것이다. 『여대학』은 소설도 아니고 게사쿠도 아니며 도시와 시골의 어떤 곳에서는 여자교육의 보물과 같은 책으로 여전히 숭배를 받는데 이렇게 보물과 같은 책 내용 가운데에는

현행 법률에 명백히 반하는 것이 많다. 그것이 민심에 침윤하면 사람들을 오도해 죄인을 만드는 결과에 이를 것이다. 교육가는 물론 정부에서도 주의해야 할 대목이다.

> 하나. 여자는 출가 전에는 오로지 자기 부모에게 효를 행하는 것이 도리이다. 그러나 시집을 가서는 모름지기 시부모를 친부모보다도 소중히 여겨 깊이 사랑하고 공경하며 효행을 다해야 한다. 친가 쪽을 중시하며 시댁 쪽을 경시해서는 안 된다. 시부모에게 빼먹지 말고 아침저녁으로 문안 인사를 드려야 한다. 시부모 모시는 것을 게을리 해서는 안 된다. 만일 시부모의 분부가 있으면 공손히 행하고 거슬러서는 안 된다. 모든 일을 시부모에게 묻고 그 가르침을 따라야 한다. 시부모가 혹시 자신을 미워하고 비방하더라도 화내고 원망해서는 안 된다. 효를 다하고 성심껏 받들면 이후에 반드시 사이가 좋아지는 법이다.

여자는 친가에서 자라는 동안에는 그야말로 친부모에게 효행을 다해야 하지만 다른 집에 시집을 가서는 자신의 부모보다도 남편의 부모인 시부모를 친애하고 존경하며 효를 다해야 하고, 절대로 친부모를 중시하면서 시부모를 경시해서는 안 되며 모든 것을 시부모가 말하는 대로 따라야 한다고 말한다. 이렇게 아무렇지 않게 열거해서 가르치면 당연한 듯 보이지만 이것이 인간의 천성에 비추어 가능한지 여부, 인간의 일반 상식과 상정(常情)에 비추어 할 수 있는지 여부를 신중히 생각해 보아야 한다. 실제로 가능하지 않은 것을 권하고 할 수 없는 일을 강요하는 것은 애초에 무리한 주문이며, 이러한 주문은 결국 인간에게 거짓을 행하게 만들 것이다. 여자는 결혼 후에는 친부모보다도 시부모를 친애해야 한다고 하지만 시부모는 자신의 부모가 아니라 남편의 부모인데 친부모가 아닌 사람을 친부모처럼 여기라고 하고 이에 더해 친부모보다도 더 정을 쏟고 친애하라는 것은 천성에 반하는 것이 아닌가. 예를 들어 젊은 부인이 출산했을 때 그 머리맡의 만사를 지시하고 주선하며 간호하는 상황에서 친어머니와 시어머니 중 어느 쪽이 산부(産婦)에게 안심이 되겠는가. 시어머니가 모두 박정한 것도 아니고 안산(安産)을 기원하는 것은 친어머니와 같지만 미묘한 혈육관계의 자연스러운 정 때문에 아무래도 친어머니가 아니면 산부의 마음이 충분히 편안하지 않을 것이다. 또한 오랫동안 노인을 간병할 때에 친자식과 양자나 며느리 중 어느 쪽이 나은가 하면 혈육인 친자식보다 나은 사람은 없을 것이다. 이는 부모와 자식 간의 진면목이 드러나는 대목으로 둘 사이에 격의가 없고 스스럼이 없기 때문이다. 스스럼이 없는 것은 친애의 정이 깊기 때문이다. 이 애정은 불언 중에 존재하는 것으로 세상에 이렇지 않은 부모 자식은 없다. 비단 출산이나 간병 때뿐만 아니라 자식으로서 부모와 친숙하고 부모를 그리워하며, 부모로서 자식을 사랑하고 자식과 친숙한 것은 천성의 약속이므로 여자가 시집을 갔다고 해서 친부모를 두 번째로 돌리고 오로지 시부모를 친애하고 존경하며 효행을 하라는 것은 필경 불가능한 것을 강요하는 것이라고 할 수 있다. 혹은 존경하고 공경하라고 가르칠 경우 시부모는 본디 존속의 어른이므로 며느리가 윗사람의 가르침을 따라야 하는 것은 당연하지만 친숙하고 사랑하는 단계에 이르러서는 시부모를 우선하고 친부모를 그 다음으로 여기려고 해도 이는 자식 된 자의 정에 반하는 것이 아니겠는가. 이론보다 실제라고 동서고금에 위와 같은 예가 없는 것을 어찌

하겠는가. 만에 하나라도 예외적인 사실이 있다고 한다면 예외의 원인이 반드시 있을 것이다. 사람을 교육할 때 상정을 벗어나는 어려운 일을 가르치는 것은 교육가가 할 일이 아니다. 본디 존경은 외면에 드러나고 친애는 내면에 있다. 내면에 친애하는 정이 없어도 외면에 존경하는 예를 표하는 일은 쉽기 때문에 시부모에게 아침저녁 문안을 빼먹지 말고 드리라고 가르친다면 그 가르침대로 문안을 드리는 것은 쉽다. 시부모 모시기를 게을리하지 말라고 한다면 그렇게 하는 것도 쉽다. 며느리의 역할이라고 생각하면 열심히 해야겠지만 그 교훈이 점점 엄중해져서 그것을 지키는 것이 거북해지면 질수록 기실 친애의 정은 점점 식어서 내한외온(内寒外温)한 상태가 되고 마침내 서먹서먹한 사이가 되는 것은 자연스러운 흐름으로 필경 친부모와 친자식이 아닌 시부모와 며느리를 친부모와 친자식처럼 만들려다가 실패하는 것이라고 밖에 할 수 없다. 세상에는 이러한 예가 매우 많다. 이렇게 보면 『여대학』은 사람들에게 무리를 촉구해 오히려 거짓을 행하게 하고 허례허식으로 가족의 단란함을 파괴한다고 해도 과언이 아니다. 내 소견으로 집안의 관계는 일체의 인위적인 허식을 버리고 자연스러운 진실을 따르는 것이다. 며느리 입장에서 보면 시부모는 남편의 부모이지 자신의 부모가 아니기 때문에 있는 그대로의 상태에 따라 집안의 장로 존속으로서 정중히 모시는 것은 당연하지만 친부모와 같은 친애의 정이 있을 수 없는 것 또한 당연하므로 처음부터 서로 필요 이상의 것을 요구하지 말고 자연스러운 흐름에 따라 원활함을 꾀하는 것이야말로 일가의 행복이 될 것이다. 세상에는 남녀가 결혼한 후 부모들과 분가하여 별거하는 사람들이 있다. 이것은 매우 인정에 맞는 조치라고 할 것이다. 부모와 떨어지는 것이야말로 관계가 벌어지지 않는 방법으로 나는 전적으로 찬성하는 바이지만 집의 빈부나 그 밖의 사정으로 별거할 수 없는 경우도 있기 때문에 가령 동거하더라도 늙은 부부와 젊은 부부는 서로 간섭하는 일 없이 자유에 맡기고 천연(天然)에 따르면서 양쪽 모두의 고생을 없애는 것이 인간거가(人間居家)의 비법일 것이다.

> 하나. 부인은 따로 주군이 없다. 남편을 주인으로 여겨 공경하고 삼가 모셔야 한다. 경멸하고 깔보아서는 안 된다. 대개 부인의 도는 다른 사람에게 순종하는 데에 있다. 남편을 대할 때 표정과 말이 은근하고 겸손하고 화순(和順)해야 한다. 인내하지 않고 거슬러서는 안 된다. 오만하고 무례해서는 안 된다. 이것은 여자가 최우선으로 지켜야 할 일이다. 남편의 가르침이 있으면 그 분부를 거슬러서는 안 된다. 의심스러운 것은 남편에게 물어보고 그 지시를 따라야 한다. 남편이 묻는 것이 있으면 바르게 답해야 한다. 그 대답을 소홀히 하는 것은 무례이다. 남편이 만일 화를 내고 노여워할 때는 경외하며 순종해야 한다. 화를 내고 언쟁을 해서 남편의 마음을 거슬러서는 안 된다. 여자는 남편을 하늘로 섬겨야 한다. 거듭 말하지만 남편을 거스르다가 천벌을 받아서는 안 된다.

부인에게는 주군이 없다고 말한다. 이 주군이란 도대체 무엇인가. 『여대학』의 저자는 봉건시대 사람이라서 모든 것을 봉건시대 상황을 보고 입론했기 때문에 군신과 주종은 바로 번주(藩主)와 사족의 관계를 의미하는데, 사족 남자에게는 번의 공무가 있지만 부녀자는 오로지 집안에 있기 때문에 그들에게는 주군이 없다고 함부로 말한 것인가. 만일 그렇다고 한다면 백성과 조닌은 남자이지만 번의 업무와 관계가 없기 때문에 이들 남녀는 모두 주군이 없다고 해야 할 것이다. 이렇게 된다면 곤란할 것이다. 혹은 백성이 연공을 납부하고 조닌이 세금을 내는 것은 곧 나라의 군주를 위해 하는 일이므로 자연히 주군이 있다고 할 것인가. 그렇다고 한다면 그 연공인 쌀과 세금은 모두 백성과 조닌 넘녀가 함께 일한 것이므로 이러한 공무를 다한 부인이 가신도 아니고 영주의 백성도 아니라고 말하는 것은 도리에 맞지 않다. 요컨대 부인에게 주군이 없다는 주장은 봉건시대 방식으로 따져보아도 터무니없다고 밖에 할 수 없다. 이러한 지엽적인 논의는 잠시 제쳐두고 부인이 남편을 대할 때 경멸하거나 깔보아서는 안된다는 것은 지극히 당연한 일로 부인이 지켜야 하는 바이지만 오늘날의 남녀 관계에 비추어 폐해가 심한 것을 교정하려고 할 경우 나는 위의 교훈을 차용해서 오히려 남편 쪽을 훈계하고 싶다. 표정과 말을 은근하고 겸손하게 하며 화순하라는 말은 특히 남자에게 건네는 것이 바람직할 것이다. 부인들의 성격은 원래 예민해서 사물에서 느끼는 바가 남자보다 풍부한 것이 보통이고, 남편들은 무례와 거친 폭언으로 걸핏하면 사람을 놀라게 하고 가정의 조화를 깨뜨리는 일이 많다. 이것은 남자가 가장 삼가야 할 일이다. 위 글은 이어서 '남편의 가르침이 있으면 그 분부를 거슬러서는 안 된다, 의심스러운 것은 남편에게 물어보고 그 지시를 따라야 한다, 남편이 만일 화를 낼 때는 어려워하며 이를 따르고 언쟁으로 남편의 마음을 거슬러서는 안된다'고 말한다. 지덕이 원만한 남편이 가르치는 것이라면 물론 이에 따르고 의심스러운 것은 물어보아야 하겠지만 이는 인물 여하에 달러 있다. 단지 남편이라는 이유로 영문도 알 수 없는 무법(無法)한 지시를 받고 지시에 맹종하는 것은 처의 도리가 아니다. 하물며 그 남편이 역정과 짜증을 내며 난폭하게 굴 때는 어찌해야 하겠는가. 부인도 함께 화를 내며 다투는 것은 바람직하지 않고 일시적인 발작 증세로 여기고 잠시 달랜 후 크게 훈계하는 것은 어쩔 수 없는 조치 인데, 역정의 잘잘못도 묻지 말고 단지 경외하며 순종하라는 것은 부인을 단지 남자의 노예로 여기는 것에 지나지 않는 것이라 도저히 승복할 수 없을 뿐 아니라 마지막 부분에 있는 '부인은 남편을 하늘 로 섬겨야 한다'고 운운한 부분에 대해서는 달리 평론할 말조차 없 다. 부인이 남편을 하늘로 섬겨야 한다면 남편은 부인을 신으로 섬겨 야 할 것이다. 남편을 거슬러서 천벌을 받는 일이 없도록 해야 한다 면 나는 아내를 학대해서 신벌(神罰)을 받지 말라고 말해주고 싶다.

　　하나. 남편의 형제자매는 남편의 형제이므로 공경해야 한다. 남편의 친척에게 비방을 받고 미움을 사면 시부모의 마음을 거스르는 것이 되어 자신을 위해 바람직하지 않다. 정답게 한다면 시부모의 마음에 도 부합하는 것이다. 또한 동서와 친하고 사이좋게 지내야 한다. 특 히 남편의 형과 형수는 깊이 공경해야 한다. 자신의 친언니[昆姉]와 마찬가지로 대해야 한다.

　남편의 형제자매에게 공경의 예를 다해서 시부모의 감정을 상하 지 않게 하고 동서와 사이좋게 지내며 큰동서를 깍듯이 대하는 것은 가족과 친척이 교제하는 의무로서 그렇게 해야 하지만 시아주버니 와 큰동서는 본래 혈육을 나눈 인연이 아니므로 친언니와 마찬가지 로 대하라는 것은 받아들이기 어렵다. 두루 사이좋게 지내고 정답고 깔끔하게 만나는 것은 좋다. 나 또한 애써 권고하는 바이지만 친애의

정에 있어서 진실로 손위 동서와 친언니가 같을 수 있겠는가. 인간의
천성에 비추어 불가능하다고 나는 단언하는 바이다.

> 하나. 질투심을 절대로 일으켜서는 안 된다. 남자가 음란하면 충고해
> 야 한다. 화내고 원망해서는 안 된다. 질투가 심하면 기색과 말도 무
> 서울 정도로 차져서 오히려 남편과 소원해지고 버림받게 된다. 만일
> 남편에게 부정한 정교의 잘못이 있다면 기색을 누그러뜨리고 목소리
> 를 부드럽게 해서 충고해야 한다. 충고를 듣지 않고 화를 내면 우선은
> 잠시 멈추고 나중에 남편의 마음이 누그러졌을 때 다시 충고해야 한
> 다. 절대로 기색을 험하게 하고 목소리를 거칠게 하여 남편을 거스르
> 고 등져서는 안 된다.

　이 장은 전적으로 질투심을 훈계하는 취지이므로 나는 우선 이
'질투'라는 글자의 뜻을 명확히 하고자 하는데, 대개 다른 사람이 하
는 것 가운데 자신의 이해와 관계가 없는 것을 부러워하거나 원망하
거나 미워하고 심한 경우에는 이유도 없이 화를 내면서 다른 사람의
불행을 바라고 다른 사람을 해롭게 하려는 것을 질투라고 말한다.
예를 들어 이웃집은 자꾸 번창해서 재산도 많아졌는데 자신의 집은
가난한데다가 불행만 이어진다면 부럽기도 하고 밉기도 할 것이며,
'옆집 노인이 어떤 방각에 광을 짓고 귀와(鬼瓦)를 올린 것은 내 집을
노려보며 쓰러뜨리려는 의도이니 광에 불이 나면 좋겠다, 아니 사람
들이 안 보이는 사이에 불을 질러야겠다'는 등 있지도 않은 일을 생
각하고 혼자서 번민하는 것은 질투가 매우 심한 경우로 이와 같은
질투심을 절대로 일으켜서는 안 된다고 단단히 훈계하는 바이지만
위 글에서 질투심 운운하는 것이 과연 이런 종류의 질투인지 아닌지

는 신중히 판단해야 하는 부분이다. 『여대학』에는 남자가 음란하면 충고하라고 되어 있다. 그렇다면 남편의 음란과 나쁜 품행은 이미 그 실증이 명백한 것인데 이것이 과연 아내와는 상관없는 것으로서 옆집 부잣집 노인이 재산을 모아 광을 세운 예와 비교될 수 있는 것인가. 이웃집의 빈부는 내 집의 이해와 관계가 없지만 남편의 음란과 나쁜 품행은 아내의 권리를 직접적으로 해치는 것이어서 애초에 함께 논할 수 있는 성질의 것이 아니다. 일부일처가 한 집에서 살면서 백년해로 한 후 같은 무덤에 묻히는 것이 원래 결혼의 계약인데 부부의 일방이 계약을 무시하고 오히려 음란과 나쁜 품행을 제멋대로 해 다른 일방을 소외시키는 것은 바로 부인을 학대하고 모욕하는 것으로 계약 파기의 피해가 크기 때문에 피해자인 부인이 정정당당한 논의로 죄를 질책하는 것은 계약상 권리를 지키는 방법인 것이지, 결코 질투라는 치정으로 치닫는 것이 아니다. 단지 이런저런 논의를 할 때 목소리를 온화하게 하는 것은 상류사회의 태도로서 응당 그렇게 해야 한다. 나도 물론 야비함과 난폭함[野鄙粗暴]을 좋아하지 않고 여성도 당연히 그러해서는 안 되지만 실제로 나쁜 품행을 저지른 죄는 절대 용서해서도 안 되고 절대 용인해서도 안 된다. 이로 인해 남자가 화를 내는 일이 있어도 두려워할 필요가 없고 금석과 같이 굳은 마음으로 다투는 것이야말로 부인의 본분일 것이다. 『여대학』의 저자는 이러한 정론을 질투라고 말하는 것인가. 나는 부인의 정당방위로 인정하며 기력을 든든히 할 것을 권하는 바이다. 『여대학』의 저자는 앞선 부인의 칠거지악 부분에서 음란한 부인은 시집을 떠나야 한다고 하면서 부인이 나쁜 품행을 저지르면 그 죄에 대해 곧바로 추방을 선고했던 반면에 여기서는 정반내로 남사가 같은 죄를 시어노 부인은 화내지도 말고 원망하지도 말며 기색과 말을 부드럽게 해서 오히려 범죄자한테서 버림받지 않도록 주의하라고 말한다. 이러한 편파와 불공평은 놀라울 따름이다. 필경『여대학』의 저자는 혼인 계약의 중요함을 모르고 부인의 권리를 모른 채 마치 부인을 남자 수중의 물건으로 여기면서 오로지 중요한 것은 복종 한 가지라고 생각하기 때문에 복종의 연장에서 남자의 음란하고 짐승 같은 행동도 가볍게 간과하게 만들고, 만일 부인의 권리를 주장하려는 사람이 있으면 곧바로 질투라는 두 글자를 끄집어내어 부인을 위협하고 제지하려고 한다. 이는 예를 들면 백주대낮에 물건을 도둑맞아 증거가 이미 충분한데도 도적을 잡아 문초하려고 하면 곧바로 탐욕이라는 두 글자를 내밀어 탐욕의 마음은 절대로 드러내서는 안 되고, 물건을 훔친 사람이 있으면 부드러운 말로 다그쳐야 하며, 화내거나 원망하지 말고, 도둑이 물건을 돌려주지 않겠다고 화를 내면 잠시 시간을 두었다가 나중에 다시 말하라고 가르치는 것과 같다. 부인의 권리를 무시하고 사람을 멸시하는 것이 이를 데 없다고 해야 할 것이다. 간혹 부인이 함부로 남자의 거동을 의심하고 이유도 없이 화를 내어 평지풍파를 불러일으키는 경솔함도 있으며 이것이야말로 이른바 질투심이지만, 오늘날 남자사회의 모습은 공공연한 비밀이 아니라 애써 자세히 들여다볼 필요도 없이 그야말로 공공연하게 추태를 드러내는 자가 많다. 집에 물려받은 유산이 있는 자, 운이 좋아 새롭게 가문을 일으킨 자, 정부 관리, 회사 관리자, 학자, 의사, 승려 등은 먹고 입는 것이 이미 충분한데 그 이상 원하는 바가 무엇인지를 물어보니 가장 급한 것은 바로 성욕을 마음껏 충족시키는 것이며, 그 방법에 음(陰)이 있고 양(陽)이 있어서 은밀한 방법이 있고 드러내놓고 하는 방법이 있는데, 이른바 바람둥이 가운데는 사람들 눈도 꺼리지 않은 채 유곽에 미치고 예기에 빠져 추체백출 인면수행(醜体百出 人面獸行)하면서도 전혀 부끄러움을 모른 채 태연하게 있는 자가 있다. 이 밖에 위와 같은 추행을 치밀하고도 음습하게 하는 자들은 하녀 또는 측실(側室)이라고 해서 집안에 첩을 두고 뻔뻔스럽게도 아내와 잡거하거나 혹은 별택을 지어 첩을 두고 일부수첩(一夫数妾)이라며 스스로 득의양양해 하는 자가 있다. 그야말로 오모계(五母鶏)나 이모체(二母彘)의 실재를 연기하는 자로서 이를 평가하고자 할 때 '짐승 같은 행동'이라는 말 이외에 적당한 말이 없다. 닭과 돼지는 실로 금수이기 때문에 오모(五母)나 이모(二母) 가운데 어느 쪽이 처이고 어느 쪽이 첩인지 구분하지도 않고 질투심도 보이지 않으며 권리론도 제기하지 않지만, 만물의 영장인 인간은 그와 달라서 인륜의 근본에 비추어 보았을 때 혼인을 계약한 부인이 배우자의 광란과 파약(破約)을 보고서 불평이 없기를 바라는 것은 무리이다. 불평의 뜻을 분명히 해서 파약자의 잘못을 고치는 것은 부인의 권리이다. 함부로 질투라는 말을 남용해 교묘하게 설명하거나 부인들의 질투를 내세워 세상을 속이려고 하지만 인생의 권리를 절대 무시해서는 안 된다.

남존여비의 관습은 그 유래가 오래되었고 관습이 점차 인성을 형성하여 오늘날 부인들 가운데는 너무 쉽게 스스로 권리를 잊어버리고 스스로 굴욕을 감수하거나 참다가 마침내 스스로 괴로워하는 사람들이 많다. 그저 애처로울 따름이다. 부인들이 이러한 이유는 무엇인가. 어릴 때부터 가정의 교훈을 배우고 세상 일반의 관습에 압제당하면서 점차 위축되어 남자의 나쁜 품행을 책망하는 것은 질투이며 질투는 부인이 삼가야 할 악덕이므로 질투심을 입 밖에 내거니 얼굴에 나타내는 것을 치욕이라고 믿어 오히려 점점 남편의 광란을 허락하고 조장했기 때문이다. 필경 부인이 혼인의 계약을 등한히 여겨 오히려 스스로 자신의 권리를 버리고 스스로 우울에 빠져서 관습이라는 괴로운 세계에서 괴로워하는 것이라고 할 수 있다. 남자의 추행이 낳는 직간접적인 영향은 비단 부인 자신의 불이익에만 그치지 않고 나아가 자손의 불행을 빚어내어 그야말로 일가 멸망의 화근이 되니 집안의 주부로서 책임을 지닌 사람은 자신과 자신의 집안을 위해 끝까지 권리를 주장하고 배우자의 난폭과 행패를 제지해야 한다. 내가 권고하는 바이다.

혹은 사람들 가운데는 위와 같이 논하는 것이 도리에 맞지만 다른 한편에서 보면 오늘날 여권(女權)의 확장은 마치 사회의 질서를 문란하게 하는 것으로서 성급하게 찬성할 수 없다고 하면서 주저하는 사람들도 있겠지만 무릇 시대의 폐습을 교정하기 위해서는 사회에 다소 파란이 없을 수 없다. 그 파란을 괘념한다면 말없이 폐습 안에 안주하는 수밖에 없다. 가깝게는 30년 전 메이지유신은 도쿠가와 정부의 문벌과 압제가 싫어 그 악폐를 바로잡고자 천하에 대파란을 일으킨 것이지만 결국 훌륭하게 신일본을 맞이하게 되었다. 당시 만약 사회의 질서를 운운하며 주저했다면 우리 일본 국민은 지금도 여전히 문벌 밑에 엎드려 있었을 것이다. 그러므로 오늘날 부인에게 부인의 지당한 권리를 주장하게 해서 남녀 대등의 질서를 만드는 것은 옛 막부의 문벌제도를 폐지하고 입헌정치체제에 입각한 메이지 정부를 만든 것과 같다. 정치에서는 대사를 단행하면서도 인사(人事)에서는 단행할 수 없다고 한다면 나는 받아들일 수 없다. 하물며 그 인사에 관해 이미 법전을 발행해 '친족 편'에서 남녀 혼인 등의 질서를 명문화했다. 이제는 여자 사회가 노력분발하고 문명개화된 인사들이 응원해 바른 길로 나아가는 일만 남았다. 이는 새롭게 발명하거나 새롭게 고안한 것이 아니다. 성공의 때는 바야흐로 무르익었다.

하나. 말을 삼가고 많이 하지 말아야 한다. 절대로 다른 사람을 비난하거나 거짓말을 해서는 안 된다. 다른 사람을 비방하는 것을 들어도 마음속에 담아두고 그 말을 전해서는 안 된다. 비방하는 말을 전하게 되면 친척 간에 사이가 나빠지고 집안이 시끄러워진다.

말을 삼가고 많이 하지 말라는 것은 과묵함을 지키라는 의미일 것이다. 속담에 말이 많으면 품위가 떨어진다는 말이 있고 서양에도 빈 수레가 요란하다는 말이 있다. 어리석은 자가 말을 많이 하는 것은 본디 싫어할 만한 일이다. 하물며 부인은 조용하고 그윽해야만 미덥다. 이른바 천방지축인 여성은 나도 가장 멸시하는 바이지만 이에 대해 일률적으로 과묵하라고 가르친다면 그 또한 폐해가 있을 것이다. 성년의 부인이 다른 사람과 만나 볼일에 관한 이야기는 차치하고 계절 인사도 분명하게 건네지 못해 낮은 목소리로 우물쭈물하며 상대방을 난처하게 하는 일이 적지 않다. 특히 병에 걸렸을 때 의사에게 스스로 자신의 상태를 말하는 법을 모르고 의사의 질문에 답하는 것도 부끄러워하거나 두려워해서 증상이 나타난 전후 상황을 복잡하게 말하고 한온통양(寒温痛痒)의 경중을 분명하게 말하지 않아 진료 시간을 무익하게 낭비하곤 하는데 이로 인해 의사도 결국 요령부득해서 처방내리기가 곤혹스럽다고 한다. 말을 삼가고 과묵하라고 하는데 점점 과묵함에 익숙해지면 인생에 필요한 변설 능력이 메마르고 실용에 지장을 초래하게 된다. 나도 굳이 다변(多辯)을 좋아하지 않지만 부인의 입을 다물게만 하면 만사가 끝난다고 생각하지는 않는다. 예전에 다이묘의 안채에서 봉공하는 부인 등은 편지도 잘 쓰고 변설에도 능할 뿐만 아니라 그 거동이 천박하지 않았다는 것은 모두가 아는 바이다. 참고할 만하다. 그러므로 오늘날 여자를 가르칠 때 순전히 옛날 풍으로 해서는 안 되는 것은 당연하지만 부인들 스스로도 어릴 때부터 습자와 문장 및 편지 쓰는 연습은 물론이고 그 밖의 모든 교육법을 문명일진(文明日進)의 방침에 맞추어 물리, 지리, 역사의 대강을 배우고 집안 사정이 허락하는 한 외국어도 공부해 국내외 상황을 대강 알아두며, 학자의 이야기를 듣고 그 의미를 이해하고 스스로 이야기할 때도 내용의 깊이는 차치하더라도 수미일관하게 말해 사람들의 웃음은 사지 않겠다는 정도의 마음가짐은 지녀야만 한다. 그런데 이 『여대학』 전편에서 일찍이 한 번도 여자의 지식교육 필요성을 논하지 않은 것은 유감이다. 본 장에서 다른 사람을 비방하거나 거짓말을 하지 말라든가 사람을 비방하는 말을 옮기지 말라는 것은 원래부터 당연한 것으로 비단 부인에게만 한정되는 것이 아니라 남자도 경계해야 할 것이므로 별도로 논하지 않겠다.

> 하나. 여자는 항상 배려하면서 행동을 조심하고 몸을 지켜야 한다. 아침에 일찍 일어나 밤에는 늦게 자고, 낮에는 낮잠을 자지 않고 집안일에 마음을 쓰며, 바느질과 길쌈을 게을리해서는 안 된다. 그리고 차나 술을 많이 마시면 안 된다. 가부키(歌舞伎), 고우타(小唄), 조루리(浄瑠璃)처럼 문란한 것을 보거나 들어서는 안 된다. 신사나 절과 같이 사람이 많이 모이는 곳에는 마흔이 되기 전에 자주 가지 않

는 것이 좋다.

부인에게 집안을 다스리고 가사에 마음을 쓰며 바느질과 길쌈을 게을리하지 말라는 것은 지당한 교훈으로 부인에게는 너무나 당연한 소임이다. 서양 부인들 가운데는 의복을 봉제하는 방법을 모르는 사람들이 아주 많다. 나는 이 점에서 일본 부인의 습관을 존경하고 세상이 아무리 개명되고 집안에 아무리 재산이 많아져도 바느질 한 가지는 부인들에게 필요하며 이를 고상한 기예로 여겨 절대 소홀히 해서는 안 된다고 생각한다. 그리고 차나 술을 많이 마시지 말라고 한다. 차도 과도하게 마시면 위생에 해롭고 주량을 넘어서는 것은 두말할 나위가 없는 것으로 남녀 모두 조심해야 한다. 이 점에서도 위의 글에 이론이 없지만 가부키, 고우타, 조루리를 보거나 듣지 말라든가 신사나 절에 가는 것도 삼가야 한다는 것은 무슨 말인가. 다소 의아하다. 원래 인생은 항상 고락이 절반씩이어서 고생이 있으면 이어서 환락이 있는 법으로 고락을 평균해서 잘 힘쓰고 잘 즐기면서 인생을 일구어 간다는 도리는 『여대학』의 저자도 인정할 것이다. 그렇다면 부부가 한 집에 산다는 것은 고락을 함께 한다는 계약이므로 일가가 가난해 의식주조차 어려울 때는 가부키나 음악 등을 누릴 수도 없이 부부가 고생하며 생계에 전념해야겠지만 그 노력의 결과로 다소 재산이 생겼을 때는 평소의 고생을 풀기 위해 부부가 아이와 함께 관광 유람하는 것도 상관없을 것이다. 이 또한 『여대학』 저자도 인정하지 않을 수 없을 것이다. 잘 힘쓰고 잘 즐긴다는 것은 이런 것이다. 그러나 위 글을 살펴보면 가부키 운운 이하 부분은 집의 빈부에 관계없이 오직 부인에게만 연극을 보여서도 안 되고 음악 연주

를 들어서도 안 되며 마흔이 될 때까지는 신사나 절을 참배하는 것도
삼가라며 엄하게 부인의 행동을 금하면서 은근히 남자에게는 자유
를 주는 것 같다. 그렇다면 인생의 고락에서 환락은 남자가 전유하고
여자는 평생 고생만 부담하라는 것으로 그 무리무법(無理無法)이 너무
심하다. 그렇지 않아도 실제 속세 사회를 보면 부인은 집안을 다스리
고 남자는 집밖에서 애쓴다고 말한다. 그런데 그 안팎의 취지를 남용
해 남자가 집밖에서 동분서주한다는 것을 실업 경영과 사회 교제만
을 위해서가 아니라 경영과 교제를 명목으로 술을 마시고 화류계에
서 희롱하는 남자들이 오히려 많다. 조야의 귀현(貴顕)과 신사라는
속된 무리들이 연회와 집회를 내세워 서로 만나는 것은 과연 실제의
논의와 진실한 교제를 위해 필요한 것인가. 십중팔구는 일을 논의하
기 위해 만나는 것이 아니라 그것을 명목으로 모이는 것이다. 교제를
위해 마시는 것이 아니라 마시기 위해 어울리는 것이다. 이 음주 유
희의 시간은 남자가 방탕하게 바깥출입하는 시간, 즉 추체백희(醜体
百戲)의 시간으로 예기와 함께 가부키를 구경하고 고우타와 조루리를
들으며 경우에 따라서는 취한 나머지 여자를 농락하는 등 들뜬 기분
에 문란함을 즐기면서 집안의 부인은 틀림없이 『여대학』의 틀 안에
칩거해 혼자 조용히 빈집을 지킬 것이라며 오히려 안심하고 점점 더
가경에 드는 시간이다. 그러므로 『여대학』의 저자가 부인만 훈계하
면서 음란한 것을 보거나 들어서는 안 된다고 금하는 가르침은 남자
에게 멋대로 문란해질 자유를 주는 것에 지나지 않는다. 부인을 집안
에 유폐시키려다가 남자를 집밖에서 제멋대로 하게 만드는 것이다.
일가의 해악을 금지시키는 것이 아니라 오히려 이를 교사하는 것이
다. 뿐만 아니라 나쁜 품행을 저지르는 교활한 자들은 짐승 같은 행

동을 멋대로 하려다가 아내의 불평이 두려워지자 꾀를 내어 빈번히 아내의 환심을 사고 비위를 맞추기 위해 옷과 모든 것을 원하는 대로 사게 하고 연극 구경, 온천 여행과 춘풍추월(春風秋月) 사계절 행락의 어느 하나 뜻대로 되지 않는 것이 없게 하니 이른바 마음씨 착한 아내는 그 안락함에 기뻐하고 세상의 사치에 마음이 들떠 바깥출입을 하며 집안 단속은 차치하고 아이 교육조차도 소홀히 하면서 남편의 불의와 나쁜 품행도 남의 일처럼 여기며 태연해 하는 사람이 없지 않다. 이는 그야말로 호색남이 바라던 바로, 심한 경우에는 표면상의 허위겠지만 처첩이 한 집에 동거하면서 처가 첩과 친하고 총애하며 처도 자식을 낳고 첩도 자식을 낳아 서로 지극히 화목하다는 기이한 이야기도 있다. 금수 세계의 기이함과 같아 더더욱 기이할 따름이다. 올 봄에 어느 미국인 귀부인이 일본에 와서 일본의 습속을 견문하는 가운데 처와 첩이 동거한다는 이야기를 듣고 처음에는 크게 의심했지만 마침내 실상을 알고 나서 말하기를 "자신은 이미 직접 확인했지만 만일 귀국해서 부인 사회의 친구에게 이야기해도 쉽게 믿을 사람이 없고 오히려 허위를 전하는 사람 취급을 받아 다른 보고까지 신뢰를 잃어버릴 것이 분명하다"며 "일본 부인은 실로 이 세상에 살고 있지만 사는 보람이 없고 안쓰러운 사람이며 불쌍한 사람이다. 우리들 미국부인은 한시도 이런 상황에 안주하지 않고 목숨을 걸고 싸울 텐데 비록 미국과 일본이 나라가 다르다 해도 우리는 서로 동포 자매이므로 일본의 자매를 위해 괴상한 일을 타파하고 악마를 퇴치할 방법을 꾀해야 한다"며 이를 악문 채 강개하고 눈물을 흘렸다고 한다. 나는 이 이야기를 듣고 남의 일로 여겨지지 않았으며 신일본의 큰 오점을 적발당한 부끄러움은 마치 사람이 많은 곳에서 질타당한 것 같았다. 조약개정과 내지잡거(內地雜居)도 불과 수개월 앞으로 다 가왔는데 이대로 나라의 체면을 유지하려고 하는 것인지 그 뻔뻔스러움이 놀라울 따름이다. 본디 동양과 서양은 똑같은 인간세계인데 남녀 관계에서 이렇게 분위기가 다르고 그 극치에 있는 일본에서는 청천백일에 일처수첩(一妻数妾)을 거느리고 처와 첩이 동거하며 서로 점점 익숙해져 친해진다고 한다. 필경 그 친애는 허위이겠지만 남자가 세상에 있을 수 없는 짐승 같은 행동을 하면서도 부인이 유화인욕(柔和忍辱)의 정점에 이른 것은 오랜 옛날 만용 시대의 풍습, 특히 『여대학』의 가르침이 정점에 달한 결과에 다름 아니다. 즉 부인들이 스스로 대를 거듭해 결혼 계약의 권리를 잊은 채 조금이라도 남편의 뜻을 거스르는 것은 불순하고 남편의 추행을 질책하는 것은 질투라고 믿어 모든 일에 말없이 따를 뿐만 아니라 오히려 스스로 적에 해당하는 가해자의 악행을 옹호하는 것을 부인의 미덕으로 여기는 것은 문명 세계의 권리가 무엇인지를 분별하지 못하는 것이라고 할 수 있다. 부부가 동거하면서 남편이 아내를 부양하는 것은 당연한 의무임에도 불구하고 부인되는 자가 얼마 안 되는 옷과 음식이라는 뇌물을 받고서 자신에게 중요한 본래의 권리를 방기하려는 것은 어리석음 이외에 무엇이겠는가. 따라서 부부는 고락을 함께 한다는 사실을 절대로 등한시 하지 말아야 하며 괴로움이건 즐거움이건 그것을 숨긴 채 함께 나누지 않는 사람은 남편이라 할 수 없고 부인이라고 할 수 없다. 끝까지 논의하고 다투어야 하며 그로 인해 때때로 세상 사람들을 놀라게 하는 일이 있어도 두려워할 필요가 없다.

　　하나. 무당이나 박수의 미신에 빠져 신불을 더럽히고 가까이 다가가

함부로 기원해서는 안 된다. 인간의 본분을 다하기만 하면 빌지 않아
도 신불은 지켜 주신다.

무당이나 박수의 미신에 빠져 신불을 더럽히거나 함부로 빌어서
는 안 된다는 말에 나도 동감한다. 무릇 그러한 미신은 학문과 재능
이 부족한 데서 비롯되는 것으로 오늘날 남자와 여자 가운데 어느
쪽이 미신에 더 많이 빠지는지 살펴보면 과연 여자 쪽이 많은데 이는
바로 여자가 교육을 적게 받기 때문이다. 그러므로 나는 미신만 질책
할 것이 아니라 그것이 생기는 원인을 없애기 위해 문명 교육을 권하
는 바이다.

하나. 다른 사람의 부인이 되면 그 집안을 잘 지켜야 한다. 처의 행동
이 나쁘고 방탕(放蕩)하면 집안을 망친다. 만사를 검소히 하고 낭비
를 해서는 안 된다. 의복과 음식 등도 분수에 따르고 사치를 부려서는
안 된다.

부인된 자가 집안을 잘 지키고 만사를 검소히 하며 낭비해서는
안 되고 의복과 음식도 분수에 따르면서 사치를 부리지 말라고 한다.
집안의 살림을 꾸리는 법도로서 매우 바람직하다. 나는 전적으로 찬
성하는 바이지만 여기서 한 발 더 나아가 부인에게 경제와 회계 관념
및 그 기술을 가르치기를 원한다. 일가의 경제는 모조리 남편의 자유
자재에 맡겨서 아무것도 모르고 단지 남편이 주는 돈을 받아 그것으
로 나날의 용도에 쓰기만 하면서 그 돈이 자기 집 돈인지 빌린 돈인
지, 빌린 돈이라면 누구한테서 어떻게 빌린 돈인지 변제는 어떻게

해야 하는지 등에 대해서는 전혀 모른 채 부부로서 함께 살며 집안의
절반을 지배하는 주부임에도 불구하고 집안의 빈부조차 모르는 사
람이 있다. 당찮은 일이다. 일본에서 여자가 권력이 없는 데에는 여
러 가지 원인이 있지만 시집가기 전까지 부모의 가르침이 좋지 않아
서 습자, 취미, 예능 등은 가르치면서도 경제에 관해서는 가르치지
도 않고 들려주지도 않으며 오히려 일부러 모르도록 키운 응보는 여
자로 하여금 집안 경제에 대해 어둡고 평생 모른 채로 지내는 불행에
빠뜨렸다. 그러므로 오늘날처럼 인사가 다망한 세상에서 일가를 지
키려면 설령 곧바로 가업 경영을 직접 담당하지 않더라도 그 영업과
처세의 대강을 알고 가계의 방침을 분명히 해 그 진면목을 아는 것은
집안의 빈부귀천을 불문하고 부인에게 필요하다. 이를 위해서는 미
혼일 때부터 읽고 쓰고 계산하는 연습은 물론이고 경제의 대략을 배
우고 법률도 다른 사람 이야기를 대충 이해할 정도의 소양은 지녀야
한다. 유예나 시가 공부를 여자의 유일한 교육으로 여기는 것은 큰
잘못이다. 나는 일찍이 다음과 같이 이야기한 적이 있다. 남자는 마
음은 겐로쿠 시대 무사처럼 지니고 예능은 하급관리 같아야 한다고.
지금 이 어법에 따라 여자에게 바라는 바를 말한다면 행동거지가 고
상하고 우아하며 다재다능한 것은 다이묘의 시녀와 같고, 담소와 유
희를 소탈하게 하고 순진하게 하는 것은 어린아이와 같으며, 항상
사물의 도리에 대한 사상을 멀리하지 않고 경제와 법률의 중요함을
잊지 말며 마음속 깊이 담아두고 그것을 수시로 활용해 모든 거동과
모든 말이 활발하면서도 천박하지 않을 때 비로소 현부인이라고 할
수 있다. 그러므로 앞서 부인의 마음가짐으로써 경제와 법률을 운운
한 것도 이른바 은행가나 변호사와 같은 수준을 부인에게 당장 권하

는 것이 아니다. 옛날 무사 집안의 부인이 은장도를 품속에 품었던 것과 마찬가지로 전적으로 자신을 지키는 소양임을 알아야 한다.

> 하나. 젊었을 때는 남편의 친척, 친구, 아랫사람과 같은 젊은 남자들과는 격의 없이 이야기하거나 가까이 해서는 안 된다. 남녀의 구별을 굳게 지켜야 한다. 아무리 용건이 있더라도 젊은 남자에게 글을 보내면 안 된다.

'젊었을 때는 남편의 친척, 친구, 아랫사람 등과 격의 없이 이야기해서는 안 되고 아무리 필요하더라도 젊은 남자에게 글을 보내서는 안 된다'는 것은 혐의를 피하라는 뜻일 테지만 부인이 고상한 마음을 지니고자 할 때 형식상의 혐의는 두려워할 필요가 없다. 나는 그와 같이 촌스럽게 외면을 치장하기보다도 부인의 사상을 높은 곳으로 이끌어 남녀가 서로 어울려 유희와 담소를 자유자재로 하면서도 불미스러운 일이 벌어지지 않기를 원한다. 교육의 필요성도 이 점에 있다는 것을 알아야 한다. 새장 속에 새를 집어넣고서 이 새는 높이 날 수 없다고 기뻐하는 사람이 있지만 그러한 것에는 수긍할 수 없다. 나는 새를 방사하고서 그 무사함을 즐기려는 사람이다. 요즘 세상에는 실제로 여자가 품행을 바르게 하지 않아 망신을 사는 경우가 없지 않아 자주 듣고 이에 대해 부모 된 자와 남편 된 자가 여자를 집안 깊숙이 가두어두지 않았기 때문이라고 하지만 반드시 그런 것은 아니다. 원래 품행의 선악은 본인의 성질과 시대의 사정에서 비롯되기도 하고 교육 방법에서 비롯되기도 하지만 이 가운데 여자를 부정한쪽으로 이끄는 것은 가풍이라고 단언할 수 있다. 어릴 때부터 가풍이 바르지 않고 흐트러진 집에서 먹고 자랄 경우 엄부는 엄하기만 해서 다른 사람을 잘 질타하면서도 스스로는 여러 추행을 저질러서 심한 경우 아이들이 이복 형제자매와 한 집에서 살면서 아침저녁으로 아버지와 여러 어머니의 말과 행동을 지켜보다 보면 부모의 행동을 그렇게까지 추하게 여기지 않게 되는데, 결혼 전에 이미 이렇다 보니 결혼 후에 남편이 또다시 나쁜 품행을 보이고 난폭을 저질러도 마치 추한 세계에서 태어나 또 다른 추한 세계에 들어간 격이라서 본인의 천성이 특별히 견고하지 않으면 잘못을 저질러도 이상할 것이 없다. 세간에서 말하는 간부(姦婦)는 많은 경우 이와 같은 추한 세계에 머물며 또 다른 추함에 시달린 사람으로 그 간음은 경멸해야겠지만 그것을 키운 원인은 가풍에 있다고 해야 할 것이다. 청정무구한 집에서 태어나 청정무구한 부모가 키우고 이윽고 청정무구한 남자와 결혼한 부인이 나쁜 품행을 저지른 경우는 아주 드물다. 그러므로 한집안의 처가 품행을 유지하도록 하려면 먼저 남편 스스로 몸가짐을 바르게 해서 가풍을 아름답게 해야 한다. 새장 속에 새를 가두어 둔다는 생각은 가장 손쉬운 방법이겠지만 나는 수긍할 수 없다. 또한 부인은 '젊은 남자에게 글을 보내서는 안 된다'는 말은 너무나 터무니없다. 인사 다망한 문명세계에서 편지를 금한 채 일을 볼 수 있겠는가. 남편이 바쁘면 그를 대신해 편지를 주고받을 필요가 있고, 특히 남편이 아플 때 의사에게 상태를 알려 내진을 부탁하고 약을 구하는 것은 처의 의무이다. 이러함에도 불구하고 어떤 용건이라도 글을 보내서는 안 된다는 것은 여자에 대한 교훈으로 인정할 수 없고 천하의 괴이한 이야기라고 웃어넘길 일이다.

하나. 몸 장식이나 옷의 색깔과 무늬 등은 눈에 띄지 않게 해야 한다. 몸과 의복은 지저분하지 않고 청결한 것이 좋다. 너무 청결에 힘써서 사람들 눈에 띄는 것도 안 좋다. 모름지기 자신의 처지에 맞도록 해야 한다.

'몸 장식이나 옷 색깔과 무늬 등은 눈에 띄지 않도록 하고 자신의 처지에 맞도록 해야 한다'고 말한다. 소박함을 중시하며 집안의 빈부에 따르라는 뜻일 것이다. 부인들이 의상을 가장 중요하게 여긴다는 것에 나도 동의하는 바이지만 일률적으로 소박함만을 명해서는 안 된다. 남자는 부인의 마음을 알지 못하고 노인의 눈으로는 젊은 부인이 기뻐하는 바를 이해할 수 없는 법이다. 따라서 대강의 취지를 소박함으로 정하고 실제 염색이나 무늬에 대해서는 본인의 뜻에 맡기는 것이 좋다. 지방의 부인들이 의상에 돈을 들이면서도 색깔과 무늬의 조화를 모른다거나 돈을 쓴 것에 비해 돋보이지 않아 도회 사람의 웃음을 사는 경우가 많다. 이것은 모두 예술적 감각과 관련된 것으로 항상 소박하라는 가르침은 가르침이지만 그 소박함 가운데서도 무릇 부인된 자는 몸의 장식을 궁리할 때에 빈부와 상관없이 미적인 소양이 중요하다는 구절을 덧붙이고 싶다.

하나. 친정 부모만 중요시 여기면서 시댁 친척을 그 다음으로 여겨서는 안 된다. 정월과 셋쿠(節句)[1] 때에도 먼저 시집에 종사하고 나서 친정에 종사해야 한다. 남편이 허락하지 않을 때는 어디에도 가서는 안 된다. 사적으로 다른 사람에게 선물을 해서는 안 된다.

---

1 셋쿠(節句) : 五節句(=다섯 명절)의 하나로, 현재는 특히 3월 3일과 5월 5일을 일컬음.

'친정 부모만 중요시 여기면서 시댁 친척을 그 다음으로 여겨서는 안 된다'거나 '정월과 셋쿠 때'를 운운하는데 앞서 말한 바와 같이 표면적인 형식에서는 그러해야겠지만 인정의 자연스러운 모습은 아니다. 그리고 '남편이 허락하지 않을 때는 어디에도 가서는 안 된다'는 것은 무슨 말인가. 부인이 외출하면서 가사의 상황을 남편과 상담하는 것은 당연하지만 부인에게도 집 밖의 용무가 있을 터인데 그 용무와 관련해서도 남편의 허락 없이는 외출할 수 없다고 한다면 일가의 주부는 감옥의 수인과 다르지 않다. 그리고 '사적으로 다른 사람에게 선물을 해서는 안 된다'고 말한다. 가사를 담당하는 부인은 당연히 재산사용의 권리를 갖는데 물건 하나도 마음대로 할 수 없다는 것은 곧 부인을 집안의 하녀로 취급하는 것과 다름없다. 나는 모두 반대한다.

> 하나. 여자는 친정 집안을 잇지 않고 시부모 뒤를 잇기 때문에 친부모보다 시부모를 소중히 여기고 효행을 다해야 한다. 시집간 뒤에는 친정집에 가는 일도 빈번해서는 안 된다. 하물며 다른 집의 경우에는 가능한 사람을 시켜 안부를 묻는 것이 좋다. 그리고 친정의 좋은 일을 뽐내고 자랑해서는 안 된다.

여자는 친정 집안을 잇지 않고 시부모 뒤를 잇기 때문에 이러저러해야 한다고 말한다. 앞서 말한 대로 데릴사위를 들인 집의 딸은 친정 집안을 잇는 사람이다. 다른 집에 시집가서 시부모 뒤를 잇는 사람도 있고 태어난 집에 남아 부모의 뒤를 잇는 사람도 있는데 이러한 부분에 생각이 미치지 못한 것은 『여대학』 저자의 소홀함이다. 이 소홀함은 잠시 제쳐두고 친부모보다도 시부모를 소중히 여기고 효행을 하라는 것은 인간의 진정에 비추어 볼 때 불가능한 일이다. 무리하게 강요하면 허위가 된다. 교육가가 주의해야 할 부분이다. 그리고 시집 간 뒤에는 친정집에 가는 일도 빈번해서는 안 되고 하물며 다른 집의 경우는 가능한 직접 가지 말고 사람을 시켜 안부를 묻는 것이 좋다고 말한다. 이것도 우선 쓸데없는 주의이다. 여자는 결혼을 하면 자연히 가사로 바빠지고 특히 아이를 낳으면 외출은 자연히 귀찮아지지만 부모를 친숙하게 따르는 것은 인간의 정으로서 절대 나쁜 것이 아니므로 가사의 상황에 따라 가능한 잊지 않고 친정집을 찾아가 부모의 안부를 여쭙고 함께 식사 등을 하면서 즐기는 것이 좋다. 다른 사람과 만날 때에도 마찬가지여서 그저 집안을 소중히 다스리다가 한가할 때는 자연스럽게 상대방 집을 찾아가 왕래와 안부 묻기를 자유롭게 하는 것이 좋다. 다른 집에 시집간다는 것은 감옥에 들어가는 것이 아니므로 이와 같은 것을 꺼릴 필요가 없다. '친정의 좋은 일을 뽐내고 자랑해서는 안 된다'고 한 것은 주의 깊은 지적이다. 쓸데없이 집안의 좋은 일을 퍼뜨리는 것은 부인뿐만 아니라 모두가 삼가야 할 일이다.

> 하나. 하인을 허다하게 부리더라도 만사에 스스로 고생을 참고 일하는 것이 여자의 법도이다. 시부모를 위해 옷을 누비고 식사를 준비하며, 남편 시중을 들어 옷을 정돈하고 자리를 청소하며, 아이를 키우며 지저분한 것을 씻겨주고, 항상 집안에 머물고 함부로 외출해서는 안 된다.

'하인을 많이 부리더라도 부인된 자는 만사에 스스로 일하고 시부모를 위해 옷을 누비며 식사를 준비하고, 남편 시중을 들어 옷을 정돈하고 자리를 청소하며, 아이를 키우며 지저분한 것을 씻겨주고, 항상 집안에 머물고 함부로 외출해서는 안 된다'고 말한다. 이에 따른다면 부인은 다망하기 그지없다. 과연 한 사람의 힘으로 할 수 있는지 여부는 잠시 제쳐두고 어찌되었든 집안을 다스리는 부인의 마음가짐으로는 지극히 바람직하다. 몸이 허락하는 한 노력해야겠지만 위 글에서 '남편 시중을 들어' 운운하는 부분의 '시중'이라는 말이 걸린다. 원래 시중든다는 것은 군신과 주종처럼 신분을 상하로 구분해 아랫사람이 윗사람을 대할 때에 쓰는 말이다. 그러므로 아내에게 남편의 시중을 들라는 것은 부부 관계를 군신이나 주종 관계와 같은 것으로 여기는 것이며 겉만 다를 뿐 아내도 일종의 하녀라는 의미를 그대로 드러낸 것과 같다. 나는 단연코 인정할 수 없다. 오늘날 일본의 습속에서 관직이나 상업 등 사회 전반의 영업은 남자가 맡고 일가의 집안일을 경영하는 것은 처의 직분이다. 의복과 식사를 준비하고 집안의 청결에 주의하며 아이를 양육하는 등의 일은 모두 인생거가(人生居家)의 중요한 일로 남자가 집밖에서 하는 업무와 견주어도 어려움과 경중에 차이가 없다. 따라서 집안일을 경영하는 것이 처가 남편 시중을 드는 법도라고 한다면 남편이 집밖의 일을 하는 것은 남편이 처를 시중드는 법도라고 해야 할 것이다. 남녀가 결혼해서 한집에 동거하면서 집안의 안팎을 구분해 각각 절반을 부담하고 고락을 함께 하며 심신의 노력을 기울이는 정도는 그야말로 똑같은 데도 불구하고 어떤 이유로 이를 군신이나 주종 관계로 만들려고 하는 것인지 너무나 터무니없다. 혹자는 집밖의 업무는 집안일에 비해 마음고생이 크고 그 성과(成跡)도 더 대단하다고 말하려는 것이겠지만 그렇다면 남편이 병에 걸렸을 때 간병하는 처의 걱정과 고생은 대단하지 않다는 것인지, 임신해서 10개월 동안 고생하고 출산하고 나서도 더운 여름과 추운 겨울에 잠자거나 밥 먹을 시간도 없이 아이를 키우는 마음고생은 대수롭지 않다는 것인지, 아이에게 겨울옷과 여름옷을 입히고 무해한 음식을 주며 말을 가르치고 예의를 가르치며 다치지 않게 신경을 써서 마침내 성인으로 만든 성과는 과연 크지 않다는 것인지 의아한데, 요컨대 이러한 사실은 집안에서 부부의 공로에 대소경중의 차이가 없다는 것으로서 이론의 여지가 없을 것이다. 이를 정치에 빗대어 말하자면 처가 집안일을 다스리는 것은 내무대신과 같고 남편이 집밖의 경영을 담당하는 것은 외무대신과 같다고 할 수 있다. 두 대신은 함께 일국의 국가 경영을 담당하는 자로서 관명에 내외의 구분이 있을 뿐 신분에는 경중이 없다. 그러므로『여대학』에서 남편 시중을 들라고 운운한 것은 내무대신에게 외무대신을 시중들라고 하는 것과 같은 격이다. 너무나 우습지 않은가. 국가 단위에서 행할 수 없는 것은 일가에서도 행할 수 없다는 것을 알아야 한다.

> 하나. 하녀를 부릴 때에 신경을 써야 한다. 변변치 못한 하인은 습속이 나쁘고 지혜가 없으며 마음이 어수선하고 말하는 것이 상서롭지 않다. 남편, 시부모, 시누이 등이 마음에 들지 않으면 부인 앞에서 함부로 그들을 욕하면서 부인을 위한 것으로 여긴다. 부인이 만일 지혜가 없어서 그 말을 믿으면 틀림없이 원한이 생기기 쉽다. 원래 남편 집 사람은 모두 타인이기 때문에 원한으로 등을 돌리고 은애(恩

愛)를 져버리기 쉽다. 하녀의 말을 믿고 중요한 시부모와의 친밀감을 잃어서는 절대 안 된다. 만일 하녀가 심하게 말이 많고 품행이 바르지 않다면 빨리 내쫓아야 한다. 그러한 자는 틀림없이 말로 친척 사이를 갈라놓아 집안을 어지럽히는 원인이 된다. 조심해야 한다. 그리고 천한 사람을 부릴 때는 마음에 안 드는 일이 많다. 그것에 일일이 화내고 욕하면 분망하게 화나는 일이 많아져 집안이 소란스러워진다. 나쁜 것이 있으면 이따금 말로 가르치고 잘못을 고쳐야 한다. 작은 잘못은 참고 화내지 말며 마음속으로는 불쌍히 여기더라도 겉으로는 규칙을 엄하게 가르쳐서 태만하지 않도록 부려야 한다. 시혜할 일이 있으면 돈을 아끼지 말아야 한다. 단 내 마음에 든다고 해서 쓸모도 없는 자에게 분별없이 주어서는 안 된다.

이 장은 하녀를 다루는 방법을 가르쳐주는 내용으로 제일 먼저 하녀의 말을 쉽게 믿어 시부모와의 친밀감을 잃어서는 안 되고, 심하게 말이 많은 하녀는 틀림없이 가족과 친척 사이에 풍파를 일으키는 원인이 되므로 빨리 내쫓아야 하며, 무릇 천한 자를 부릴 때는 마음에 안 드는 일이 많으니 함부로 화내지 말고 말로 잘 가르치며 부려야 하고, 시혜할 일이 있으면 돈을 아끼지 않으면서도 사적인 것에 치우쳐 분별없이 주어서는 안 된다고 말하고 있다. 비난할 점이 하나도 없다. 특히 마음속으로는 불쌍히 여기면서 겉으로는 규칙을 엄하게 가르치면서 부려야 한다는 부분은 깊이 수긍하는 바이다.

하나. 무릇 부인의 마음가짐에서 나쁜 병은 화순(和順)하지 않는 것, 화내며 원망하는 것, 다른 사람을 비방하는 것, 질투하는 것, 지혜가 부족한 것이다. 이 다섯 가지 병은 열 사람 가운데 일곱 여덟은 가지고 있다. 이는 부인이 남자에 미치지 못하는 점이다. 스스로 돌아보고 훈계하며 고쳐야 한다. 특히 지혜가 부족하기 때문에 다섯 가지 병이 생긴다. 여자는 음성이다. 음은 밤이라서 어둡다. 따라서 여자는 남자에 비해 어리석어서 눈앞에 있는 당연히 할 것도 모르고 다른 사람이 욕하리라는 것도 분별하지 못하며 남편과 아이에게 화가 되는 것도 모른 채 잘못도 없는 사람을 원망하고 화내며 저주한다거나 다른 사람을 질투하고 미워하며 자기 혼자 나서려고 하지만 사람들이 미워하고 멀리해 모두 자신의 적이 된다는 것을 모르니 너무나 불행하고 딱하다. 아이를 키우는 데에도 사랑에 허우적대고 가르치는 것도 부족하고 어리석으니, 모든 일에 자신을 낮추며 남편을 따라야 한다. 옛 법도에 여자를 낳으면 삼일 동안 마루 밑에 눕혀 놓으라고 했다. 남편은 하늘에 해당하고 여자는 땅에 해당한다는 것을 나타내는 것이다. 따라서 만사에 남편을 앞세우고 자신은 뒤에 머물면서 자신이 한 일 가운데 잘한 것이 있어도 뽐내지 말고, 잘못한 일이 있어서 다른 사람들이 비난하는 말을 들어도 다투지 말고 빨리 잘못을 고쳐서 재차 다른 사람들의 비난을 듣지 않도록 조심하며, 다른 사람이 멸시해도 화내는 일 없이 잘 참고 경외하며 조심해야 한다. 이렇게 마음가짐을 지니면 부부 사이는 자연히 화목해지고 결국 부부가 오랫동안 함께 하면서 집안이 평온해질 것이다.

이 글은 『여대학』의 마지막 장으로 부인을 질책하는 바가 심해 매도와 비방을 담은 독필이라고 해도 될 정도이다. 무릇 부인의 마음가짐에서 나쁜 병은 불화불순(不和不順)한 것, 화내며 원망하는 것, 비방하는 것, 질투하는 것, 지혜가 모자란 것이라고 하면서 이 다섯 가지 병은 열 명 가운데 일곱 여덟 명에게 반드시 있어 부인이 남자에 미치지 못하는 부분이라고 선언하고 있지만 이 선언이 맞다고는 믿기

어렵다. 언행이 부드럽고 온순한 것은 부인의 특색으로 사람들이 일
반적으로 인정하는 바이다. 남자라면 크게 화를 낼 상황에서도 부인
은 태도를 조심하며 온화한 말로 웃어넘기는 일이 많다. 세상의 일반
적인 예를 보면 남자끼리 논쟁하고 싸우는 일은 드물지 않지만 남자
가 부인과 다투는 일은 드물다. 이것도 남자 스스로 조심해서가 아니
라 실은 부인의 유화온순(柔和温順)함을 왠지 모르게 범할 수 없기 때
문이다. 비단 남녀 사이뿐 아니라 남자끼리 다투는 것을 부인이 중재
해 파란을 수습한 예는 세상 사람들이 항상 보고 듣지 않는가. 이는
필경 여성의 화순이라는 덕에서 비롯된 것인데 이제 와서 이러한 사
실은 지우고 불화불순이 부인의 병이라고 주장하는 것은 그 근거가
이미 잘못되었다. 단『여대학』저자가 불화불순을 비롯해 분노, 원
망, 비방, 질투 등 모든 나쁜 것을 열거하며 부인의 고유한 패덕으로
삼은 것은 가령 부인들이 겉으로 드러내지 않더라도 마음속 깊은 곳
에 불평을 품고 있고 때때로 그것을 언행에 드러내는 일이 있다며
그 마음의 미묘한 부분을 추찰한 것이 아니겠는가. 만일 그런 것이라
면 나는 그 추찰을 말살하려는 사람이 아니다. 그 추찰은 절묘하게
잘 파악한 것이라고 말하고 싶다. 원래 일본의 부인은 혼인 계약을
무시당해 부부의 대등한 권리를 박탈당하고 항상 압제 하에 엎드린
채 남자에게 모욕당하다 보니 인간의 천성에 비추어 마음속에 불평
을 품지 않으려고 해도 그렇게 할 수 없다. 혹자는 부인이 아주 가끔
씩 그 불평을 얼굴에 나타내고 말에 드러내면 비방이나 질투라고 말
한다. 예를 들어 사람을 밀실에 가두고 불을 지피거나 열탕을 마시게
하고서는 뜨겁다고 한마디만 해도 곧바로 질책하면서 인내가 부족
한 패덕이라고 말하는 것과 같다. 아는지 모르겠지만 그 불평은 다른

사람을 비방하는 것도 아니고 질투하는 것도 아니며 단지 부인 자신의 권리를 지키려는 마음일 뿐이다. 그 마음속 진심도 헤아리지 않고 안이하게 패덕으로 치부하는 것은 무리무법이 아니고 무엇인가. 천백년 동안 만용과 행패의 유습에 농락당해 겨우 외면의 평온을 꾸미고 있지만 단언컨대 만풍(蠻風)은 영원한 도리가 아니다. 나는 이른바 여자의 패덕이 기인하는 원인을 밝혀서 문명 세계 남녀에게 주의를 촉구하고 싶다. 그리고 글 첫머리에서 다섯 가지 병 중 다섯 번째는 지혜가 부족한 것이라고 쓰고 글 마지막에 이르러 지혜가 부족해 다섯 가지 병이 생긴다고 말하는 것은 지혜가 부족하기 때문에 지혜가 부족하다는 것과 같아 말이 되지 않지만, 이러한 문장 상의 세부 논의는 잠시 접어두고 무엇을 기준으로 부인이 지혜가 부족하다고 한 것인지 묻고 싶다. 남녀는 집에서 각각 다른 부분을 맡는데 집안 안팎의 경영 가운데 어느 쪽이 보다 많은 지혜가 필요한지를 묻는다면 나는 그야말로 똑같다고 단언하는 바이다. 남자가 아무리 집밖에서 경영을 잘 해서 성공해도 집안을 담당하는 부인이 어리석고 무지하면 집안이 항상 어지럽고 바로 서지 않으며 남편이 다행히 이를 잘 봉합해 대파열에 이르지 않는다 해도 남편이 세상을 일찍 뜨는 큰 불행을 만나면 자녀 단속과 재산 관리가 안 되어 큰 집안이 하루아침에 망하는 데에 반해, 현명한 부인이 집안을 다스리고 우둔한 남편도 이에 의지해 이른바 내조의 힘으로 집밖의 체면을 세우는 경우가 있을 뿐만 아니라 남편이 죽자 아내가 현모로서 자녀를 양육하고 훈계하며 어머니 혼자 힘으로 모든 일을 하면서 집안을 유지한 사실은 고금에 드물지 않다. 실제로 오늘날 세상에서 유명한 신사와 현명한 부인 가운데 어머니 손에 자란 사람이 적지 않을 것이다. 현명한 부

인은 집안을 일으키고 어리석은 부인은 집안을 망친다. 부인이 일가
성쇠에 끼치는 영향은 광대해서 남자의 경우와 비교해도 조금도 차
이가 없다. 따라서 부인의 지덕이 집안을 일으킨다는 사실에 이론의
여지가 없음에도 함부로 부인을 무지하다고 평가하는 만평은 그야
말로 함부로 평한 것으로 귀담아 들을 필요가 없다. 혹자는 부인이
집밖의 여러 경영에 어둡기 때문에 무지하다고 말하겠지만 이는 부
인이 천성적으로 어리석어서 경영에 어두운 것이 아니라 일에 관여
하지 않아 익숙하지 못해서 모르는 것일 뿐이다. 일본의 부인들에게
천하의 정치와 경제 등을 말하면 이해하는 사람이 적다. 이 일면에서
보자면 어리석은 것 같지만 관점을 바꾸어 일상생활의 구역에 들어
가 부인이 전적으로 담당하는 부분을 잘 살펴보면 의복과 음식을 비
롯해 하인 관리, 연락 사항(音信贈答) 관리, 손님 접대와 향응, 사계절
유락(遊楽)의 취향, 그리고 자녀 양육과 병간호 등을 포함한 가계와
집안일은 모두 작은 일 같지만 실은 큰일이다. 이에 대처할 때 지혜
가 필요한 것은 물론이고 그에 따르는 치밀함과 섬세함은 말이나 글
로 나타낼 수 없으며 전적으로 부인의 마음[方寸]에 따르는 것으로써
남자가 상상할 수도 없고 흉내 낼 수도 없다. 이러한 점에서 보면
남자는 어리석고 지혜가 부족하다고 말하지 않을 수 없다. 남녀의
지혜로움과 어리석음은 일의 성격과 장소에 따라, 즉 집안일과 바깥
일과 같이 일하는 곳에 따라 다른 것일 뿐이므로 만일 잘 가르쳐서
익숙해지면 천성이 허락하는 범위에서 남자에게 여자 일을 시키고
여자에게 남자 일을 하게 해야 한다. 그 예증은 명백해서 이론의 여
지가 없다. 고래로 전해지는 용감한 부인의 기담은 특별한 일이라
하더라도 여자 가운데 문단의 수재가 많은 것은 일본의 역사가 보여

주는 바이고, 서양 여러 나라에서는 특히 교육을 중시해 여자가 물리, 문학, 경제학 등의 전문교육을 배워 스스로 대가가 될 뿐만 아니라 여자는 생각이 면밀한 특징이 있다고 해서 관청의 회계사로 채용되는 경우가 있다. 그리고 학자 가운데는 의학과 의술 등이 남자보다 여자에게 적합하다고 하여 여의사 교육의 필요성을 주장하는데, 실제로 오늘날 여자 의사 숫자는 점차 증가하고 있다. 어떤 점에서 보더라도 부인의 천성이 무지하다고 명언하며 부인을 버리려는 것은 『여대학』저자의 사견일 뿐이다.

그리고 여자는 음성이고 음은 밤이라서 어두우니 여자는 남자에 비해 어리석다는 말로 시작해 온갖 악덕을 열거하며 그 원인을 음성에서 찾고 음양설을 예로 끌고 온 것은 그야말로 우스울 따름이다. 이는 실로 쓸모없고 어리석은 주장으로 치인(痴人)의 꿈 이야기라는 것은 이것을 가리킬 것이다. 근본적으로 음양이란 무엇이고 어떤 것인가. 한학자에 따르면 남쪽이 양이므로 북쪽을 음이라 하고, 겨울이 음이기 때문에 봄을 양이라 하며, 하늘은 양 땅은 음, 해는 양 달은 음과 같은 방식으로 옛날 몽매한 세상에서 무지한 만민(蠻民)이 눈에 보이고 마음에 느껴지는 것을 아무 근거도 없이 두 가지로 구별한 후 여기에 막연한 음양이라는 이름을 붙인 것으로서 인간 남녀도 이 틀에 넣어 남자는 양성, 여자는 음성이라고 멋대로 감정한 것이다. 그 취지는 서양의 문헌에서 실명사의 종류를 남성, 여성, 중성으로 이름 붙여 나눈 것과 마찬가지로 문자가 없던 시대의 유습으로 원래 깊은 뜻이 있는 것이 아니다. 남자는 활발하고 신체가 크고 강하므로 양으로 분류하고 여자는 조용하고 소약하므로 음이라는 식의 억지가 있겠는가마는 가령 하나의 가설로 여자는 얼굴이 예쁘고 애교가 넘치는 것이 봄꽃과 같은 것에 반해 남자는 울툭불툭하고 살풍경스러운 것이 추수고목(秋水枯木)과 같다고도 할 수 있다. 그렇다면 봄은 양, 가을은 음이므로 여자는 양이고 남자는 음이라고 해도 큰 반대는 없을 것이다. 이 밖에 다양한 음양설에 대해 오늘날 우리가 옛사람이 되어 마음대로 새로운 설을 만들면 음양을 옛 설과는 거꾸로 뒤바꾸기는 매우 쉽다. 신구 모두 근거가 없기 때문이다. 그런데 이렇게 근거 없는 공론(空論)을 토대로 여자는 음성이고 음은 밤이라서 어두우니 여자는 어리석다고 거리낌 없이 명언한다. 나는 안타깝고 외람되지만 『여대학』 저자를 음양이라는 미신을 믿는 어리석은 논자라고 말하고 싶다. 이미 입론의 근거가 틀렸을 때는 그것이 논급하는 것에 가치가 없다는 것을 알아야 한다. 여자는 어리석어서 눈앞의 이해득실도 모르고, 다른 사람들이 자신을 비방하리라는 것도 분별하지 못하며, 집안사람에게 화가 될 것도 모른 채 함부로 무고한 사람을 원망하고 화를 낸다고 말하면서 그 결과로 자신에게 불리한 것도 모르고 심한 경우에는 자식을 키우는 법조차 모를 정도로 매우 어리석고 바보 같기 때문에 남편에게 순종해야 한다는 결론을 내리고 있다. 매도와 비방을 모두 쏟아내고 있다. 나는 『여대학』 저자가 말하는 것은 잠시 그대로 두고 단지 그 남편이 어떤 자인지 묻고 싶을 뿐이다. 천하의 남자는 양성이고 양은 낮이라서 밝으니 만사에 통달해 집 안팎의 일에 적합하고 특히 인륜의 도에 밝아 품행이 가장 바르며 아내에 대한 교정(交情)이 가장 진하다고 말하는 것인가. 정말로 그렇다면 기꺼이 남편에게 순종하고 상의해야겠지만 이러한 보증은 오늘날 세상 풍조에 비추어 보면 매우 의심스럽다. 나는 부인들을 생각해 『여대학』의 문장에 쉽게 속지 말고 자존자중하며 조용히 자신의 권리를 지키라고 권하는 바이다.

『여대학』은 또 말하기를 옛 법도에 여자를 낳으면 삼일 동안 마루 밑에 눕혀놓아야 한다고 한다. 남자는 하늘에 해당하고 여자는 땅을 상징한다고 운운한다. 이 또한 앞의 경우처럼 공론이므로 가치가 없다. 어떤 이유로 남자는 하늘과 같이 높고 여자는 땅과 같이 낮다는 것인가. 남녀는 성을 달리하지만 그 사이에 고저와 존비(尊卑)의 차이는 없다. 만약 차이가 있다고 한다면 사실을 들어 증명해야 한다. 사실을 말하지 않은 채 옛 법도를 운운하며 입론의 근거로 삼는 것은 터무니없지 않은가. 옛 법도와 말을 맹신해서 만세불역(萬世不易)의 천도로 인정하면서 반대로 조화의 원칙을 모르고 시대의 변천을 모르는 것은 고학자(古学者)의 공통된 폐해[通弊]이다. 지혜의 진보는 맹신을 허락하지 않는다. 옛 사람이 여자를 마루 밑에 눕혀놓고 남천여지(男天女地)의 차별을 보여준 것은 옛 사람의 발의이므로 그 뜻을 인간만세의 법도로 삼기에는 부족하다. 옛 사람이나 지금 사람이나 모두 사회 속에서 살아가는 인간이고 시대마다 그 상황이 각각 다르다. 나는 문자가 없던 시대의 일례에 심취해 오늘날의 일을 판단하려는 사람이 아니다. 필경『여대학』저자가 남존여비주의를 주장하면서 근거가 없는 것에 고심하다가 겨우 옛 법도라는 것을 빌려와 하늘과 땅을 운운하는 공상(空想)을 내세워 장엄한 논법으로 여성을 압도해서 무리하게 어두운 곳에 칩거시키려는 궁여지책에서 나온 주장이라고 해야 할 것이다. 이미 남존여비라고 정한 이상 부인에게 명령하는 것은 아주 쉽다. 만사에 남편을 앞에 세우고 자신은 뒤에 서며, 잘한 일이 있어도 뽐내는 마음을 갖지 말며, 나쁜 일이 있어서 사람들한테 말을 들어도 다투지 않고 잘못을 고쳐 몸을 삼가며, 사람들이 멸시해도 화내거나 분노하지 말고 오로지 경외하며 조심해야 한다고 말한다. 이른바 유화인욕(柔和忍辱)하라는 뜻으로 인간의 미덕이라고 할 수도 있지만 나의 소견으로는 부부는 집안에서 그 신분에 경중의 편중이 있을 수 없어서 부인에게 명하는 바는 남자에게도 명해야한다. 따라서 앞의 문장을 그대로 남편에게 적용해 만사에 아내를앞세우고 자신은 뒤에 서며, 자신에게 공적이 있어도 자랑하지 않으며, 잘못을 해서 아내에게 야단맞더라도 다투지 말고 빨리 잘못을고쳐 일신을 삼가며, 혹여 아내가 멸시를 해도 분노하지 말고 오로지경외하고 근신해야 한다는 식으로 쌍방에게 동일한 교훈을 가르쳐서 쌍방 모두가 그렇게 이해하면 부부 사이는 자연히 화목해지고 오랫동안 함께 살면서 집안이 평온해진다는 것은 내가 애써 보증하는바로 절대 의심할 여지가 없지만『여대학』저자는 과연 어떻게 생각할까. 과연 이와 같은 상대설(相對説)을 인정하는지 여부를 듣고 싶다. 만약 이를 인정하지 않고 오로지 일방적으로 부인만 훈계하면서남자한테는 아무 손도 대지 않고 마치 방목하듯이 마음대로 하는 것을 허락한다면 유화인욕의 가르침이 아름답다고 해도 이는 단지 노예의 마음가짐이라고 말할 수밖에 없다. 부부 관계는 군신 관계도아니고 주종 관계도 아닌데 어찌 일방을 노예시하는 것을 인정할 수있겠는가. 나는 단연코 반대하는 바이다.

하나. 이상의 조항들은 어릴 때에 잘 훈계해야 한다. 그리고 써서 붙여놓고 기회가 있을 때마다 읽혀서 잊어버리지 않게 해야 한다. 오늘날사람들이 여자에게 의복과 도구 등을 많이 주어서 혼인시키기보다도이 조항들을 잘 가르친다면 평생 몸을 지키는 보물이 될 것이다. 옛말에 사람들은 백만 금을 써서 여자를 시집보내는 것은 잘도 알면서도 십만 금을 써서 자식을 가르치는 것은 모른다고 했다. 실로 그렇다. 여자의 부모 된 자는 이 이치(理)를 반드시 알아야 한다. 『여대학』 끝

마지막 부분에서 앞선 조항들을 어릴 때부터 잘 훈계해야 한다고 말하고, 여자에게 의복과 도구 등을 많이 주어서 혼인시키기보다도 이 조항들을 가르쳐야 한다고 운운하며, 옛말에 사람들은 백만 금을 써서 여자를 시집보내는 것은 알면서도 십만 금을 써서 자식을 가르치는 것은 모른다고 하면서 여자의 부모 된 사람은 이 이치를 알아야 한다고 말하고 있다. 이상 19개조의 결론을 평하자면 친절하다고 할 수 있다. 나는 『여대학』 저자의 성의를 비난하는 것은 아니지만 『여대학』을 저술한 지 200여 년이 지난 오늘날 지혜의 진보와 시대의 변천을 살펴보며 기왕의 사실에 비추어 장래의 행복을 추구하고자 할 때는 아무래도 옛사람의 설에 복종할 수 없고 오히려 반대로 시도하게 된다. 애초에 과거 봉건문벌 시대와 같이 정치를 비롯한 인간만사가 압제로 조직된 세상에서는 남녀 관계도 자연히 일반적인 풍조를 따라서 남자는 군주처럼 여기고 여자는 신하처럼 여기며 존비를 구분하는 동시에, 군주와 같은 남자는 귀천빈부나 신분의 구별은 있을지언정 부인을 대하는 방법은 마치 당시의 장군이나 다이묘와 같은 방식으로 방약무인하게 부인을 냉대하고 무시할 뿐만 아니라 심한 경우에는 음란을 제멋대로 일삼아 배우자를 학대하고 모욕하는데도 세상에 이를 꾸짖는 사람이 없고 오히려 학대와 모욕 아래에 복종하는 사람을 현부정녀(賢婦貞女)라고 불렀으니, 그 도도한 유풍은 사회의 상하를 뒤덮어 질투를 부인의 패덕이라고 가르치고 하류사

회도 이것을 듣고 배워 질투는 여자의 수치라며 결혼 계약의 권리를
스스로 내던져서 스스로 힘들고 우울한 처지에 빠져들 뿐만 아니라
남자의 광란이 자손에게 화근이 되는 것을 남의 일처럼 바라보면서
스스로 이러한 것을 깨닫지 못하는 것이야말로 기괴하다. 단지 놀라
울 따름이지만 사회의 압제가 오래되어 국민 일반의 습관을 이루고
일반적인 성격을 형성해 정치에서 군주가 군주답지 않더라도 신하
는 신하다워야 한다는 식으로 부인의 도는 유화, 인욕(忍辱), 맹종에
있고 남편이 남편답지 않더라도 처는 처다워야 한다고 말하면서 오
로지 여성을 훈계하는 데에만 힘을 쏟아 스스로 봉건사회 질서에 적
합하게 만들었다. 『여대학』은 간접적으로 봉건사회 질서를 보조하
도록 한, 일종의 특별한 시대에 입안하고 집필한 것이므로 그 주장은
오늘날 보면 기괴하지만 당시에는 결코 이상하지 않았을 것이다. 궁
시창검(弓矢槍劍)은 오늘날의 무기로서는 무용지물이자 일종의 장난
감에 지나지 않지만 과거에는 창 하나가 삼군의 승패를 결정지은 적
이 있다. 옛날에는 이기(利器)였고 지금은 완구이다. 과거와 현재의
차이, 이를 이름 붙여 지혜의 진보, 시대의 변천이라고 말한다. 학자
가 주의해야 할 점이다. 따라서 나는 『여대학』을 여자 교훈에 있어서
'궁시창검론'으로 평가하면서 오늘날의 입장에서 조금도 중요하게
여기지 않지만 논지의 시비는 차치하고 『여대학』의 저자가 여자를
가르칠 필요성을 주장한 열성만큼은 감복할 따름이다. 따라서 현재
내가 복안 중인 '여자교육설'의 대의를 아래에 적고 여기에 '신여대
학'이라는 제목을 붙여 지하에 있는 『여대학』 저자에게 묻고자 한다.
아마도 『여대학』의 저자도 이백 년 이래의 변천을 보고 수긍하는 바
가 있을 것이다.

신여대학
新女大学

하나, 무릇 여자는 남자와 동등하게 태어나고, 부모가 양육하기로 약속하였다면, 그 성장에 이르기까지 부모의 책임은 가볍지 않다. 다산을 했거나 병든 어머니라면 모체의 위생을 생각해 유모를 고용해야겠지만, 가능한 한 모유로 키워야 한다. 어머니의 몸이 평소 건강해야만 하는 이유이다. 어린아이는 우유로 키워야 한다고 말하는 재산가는 유모를 고용하기 쉬워서 그런 것이고, 어머니에게 젖이 나와도, 일부러 그것을 주지 않아 마치 내 아이의 성장을 방관하는 듯한 경우가 있다. 마음가짐이 대단히 잘못되어 자연의 이치에 거스르는 것이라고 할 수 있다.

하나, 부인의 임신, 출산은 물론 출산 후 어린아이에게 젖을 주고 옷을 입히고 추울 때나 더울 때나 밤이나 낮이나 하는 주의와 걱정 등 타인이 알 수 없는 고생이 많아, 신체가 상하고 쇠하는 과정이 계속된다면, 아비 된 자는 그 수고로움을 나눠 가령 집밖의 업무가 있어도 사정이 허락하는 한은 시간을 내어 어린아이의 양육을 돕고 잠시라도 처를 쉬게 하여야 한다. 세상 혹은 남의 이목을 꺼려 일부러 처를 돌보지 않거나 내실은 돌보면서도 겉으로는 소외하는 척 꾸미는 자도 있다. 사리분별도 없는 거동이다. 남편이 아내의 고된 고생을 남 일인 듯 보면서 쉬는 것이야말로 인륜의 죄로서 부끄러워해

야 할 뿐만 아니라 그 표면을 꾸미는 것은 용기 없는 어리석은 사람
이라고 할 수 있다.

하나, 여자가 어려서 성장한다면 남자와 동등하게 운동하도록 하
여, 부상[怪我]당하지 않는 한에서는 거친 놀이라도 허락하여 놀 수
있도록 해야 한다. 딸아이를 온종일 집에만 두니 의복이나 마음을
써서 의복이 아름다우니까 찢어지거나 더러워질 것을 걱정하여 자
연히 운동을 절제하고 자연히 신체의 발육을 방해하는 폐해가 있다.
큰 문제가 아닐 수 없다. 어린아이가 놀 나이에는 허술한 옷[粗衣]일
망정 찢어먹고 더럽혀도 근심이 되지 않는 옷을 입혀서 오직 활발하
게 운동하기를 바라야만 한다. 또한 음식물도 주의를 기울여 무해한
좋은 음식을 주는 것은 말할 필요도 없으나 음식 하나에만 맡겨서
아이를 기르는 것은 역시 문제이다. 아무리 음식이 좋다고 하여도
그 음식에 상응하는 씩씩한 움직임이 없이는 음식이야말로 도리어
발육에 해가 된다. 시골의 작은 서민의 자식이 검소한 음식을 마음껏
먹어도 오히려 건강한 아이가 많다. 교토, 오사카 주변의 잘사는 집
에 허약한 아이가 있으면 이 아이를 야세(八瀬)[2]나 오하라(大原)[3]의 민
가에 맡겨 양육하는 자도 있다. 시골 음식이야 당연히 검소하겠지만
시골의 음식을 먹고 시골풍의 운동과 놀이를 한다면 신체에 이로운
바는 도회의 맛있는 음식에 비길 바 없는 까닭이다. 이처럼 어린아이
를 튼튼하게 키우려고 한다면, 가령 대단히 부자라고 하더라도 먼저

---

2 야세(八瀬) : 일본 교토(京都)의 동북쪽 외곽 지역.
3 오하라(大原) : 야세(八瀬)보다 좀 더 위쪽의 외곽 지역.

그 집을 야세나 오하라처럼 만들어서, 생리학적인 주의를 충분히 기울여야만 할 것이다.

하나, 좀 더 성장하면 문자를 가르치고, 바늘을 쥐는 법을 익히게 하고, 차츰 나아가 편지의 문구를 받아쓰게 하거나 주판[露盤]으로 계산 따위를 시켜야 하나, 일상의 의복을 만들고 가계의 출납을 장부에 기록하게 하고 스스로 계산을 할 수 있는 수준까지 가기는 대단히 어려운 일이다. 부모의 마음으로 가르쳐야 한다. 또 부엌살림 형편은 원래 여자가 알아야 할 일이니, 가령 하인 다수를 부리는 신분이라도 밥하는 것은 물론이거니와 요리의 식단, 요리의 간을 맞추는 일에 이르기까지도 세심하게 가르쳐야 한다. 자기 혼자서 할 수는 없는 일이지만 한집안의 살림은 쉽게 관리할 수 없는 것이므로, 어린 나이일 때부터 그것에 익숙하게 하는 것이 매우 중요하다.

하나, 앞에서는 학문이라고 말할 만한 것이 아니라 빈부귀천에 관계없는 여자교육의 일반론이었고, 학문의 교육에 이르러서는 남녀가 서로 차이가 없다. 먼저 물리학을 토대로 하여 모든 학과의 전문 연구에 이르게 해야 한다. 비유한다면 일본의 음식은 쌀밥을 주식으로 하고, 서양 모든 국가는 빵이 주식이며, 그 후 부식이 있는 것처럼, 학문의 큰 근본은 물리학임을 명심하여, 우선 그 전체를 이해한 후 각각의 좋아하는 바에 따라 공부할 수 있는 것을 공부하도록 해야 한다. 극단적으로 말하면, 병학 외에 모든 학문이 여자에게 쓸모 있겠지만, 그 공부의 깊이에 대해서는 유의할 점이 있다. 첫 번째로 여자는 집안일을 담당해야 하니 학문을 공부할 여가가 적다. 그것은 재산의 문제로, 돈만 있으면 가사는 타인에게 맡기고 홀로 공부할 수 있다고 해도, 여자의 신체는 남자와 달라서, 달마다 심신의 자유를 방해받을 뿐만 아니라, 임신, 출산에 이어 어린아이의 수유와 양육은 여자가 전담하기 때문에, 적절한 시기를 놓치는 경우가 많아, 학문에 있어서 남자와 동등하게 갈 수 없음은 자연의 약속이라고 할 수도 있다. 특히 우리 일본에서는, 예로부터 여성의 학문 교육을 등한히 하여, 이미 그것이 습관이 되었기 때문에, 오늘날 갑자기 들춰내어 고상한 분야에 넣으려고 하는 것도, 말은 가능하나 행할 수는 없는 소망이라면, 나는 앞으로 10년이나 20년의 짧은 기간에 많은 것을 구하려 하지 않고, 다른 시대의 완성은 다른 시대의 사람에게 맡겨 두어 오늘날은 오늘날의 급무를 도모할 뿐이니, 어쨌거나 지금의 여자가 문명 보편의 상식을 갖게 되기를 바라는 것이다. 물리나 생리, 위생법의 기초로부터 지리, 역사 등의 대략을 아는 것은 원래부터 중요한 것이며, 식물학[4] 같은 것도 부녀에게는 재미있는 분야일 것이다. 특히 내가 일본 여자에게 한하여 반드시 그 지식을 개발하기를 바라는 것은, 사회의 경제 사상과 법률 사상 두 가지이다. 여자에게 경제, 법률은 좀 별스러운 것 같지만, 그 사상이 없는 것이야말로 여자 사회가 무력해진 가장 큰 원인이기 때문에, 무엇이 어찌되었건 평범한 학식을 얻기 위해서는 동시에 경제, 법률의 대강을 아는 것이 가장 필요할 것이다. 그것을 형용한다면, '문명여자(文明女子)'라고도 할 수 있다.

4　원문에서는 본초(本草)로 쓰였다. 약재로 쓰는 초목이나 식물에 대한 지식을 의미한다.

하나, 여성은 우아함을 가장 귀하게 여기는 고로, 학문을 공부한다고 해도, 남자 서생과 같이 투박하고 어눌하지 않아야 하고, 사려 깊어야만 하고, 행의(行儀)에 어긋나서는 안 되며, 주제넘게 행동하는[生意気] 법도 없어야 한다. 사람과 사귀는 데에는 도리가 있다. 어떤 사건에 대해서 논할 때는 자신감 있게 논하여 사양이 없어야 하겠지만, 마찬가지로 논의하는 것에도 어조의 완급, 그리고 세련된 것과 거친 것에 구별이 있으니, 그 부분에 각별히 주의해야만 할 바이다. 말로 하는 담론은 종이 위의 문장과 같다. 마찬가지로 문장으로 동일한 취지를 주장할 때에도, 그 문장에 우아함과 고상함이 있고, 조야함과 과격함이 있으며, 때때로 직필과 격론이 힘을 발휘하는 경우도 있지만, 기교 있는 글을 쓰는 이가 완곡하게 붓을 놀려 오히려 크게 독자를 감동시키니, 어떤 경우에는 일반적으로 풀솜으로 목을 조르는 것이 효과를 나타내는 경우가 있다. 남자의 문장도 이럴진대, 하물며 여자의 담론에 있어서야 어떻겠는가. 한 때라도 과격하거나 조폭(粗暴)하여서는 안 된다. 그 안색을 온화하게 하고 그 말투를 부드럽게 하여, 요컨대 오로지 조리에 맞고 거듭 주의 깊고 신중하게 생각하는 바를 말해야만 한다. 즉 여자의 품위를 유지하는 길로, 대장부도 이를 접하게 되면 몸을 낮출 수밖에 없다. 세간의 소위 여학생들이, 스스로 천학과문(浅学寡聞)[5]함을 잊어버리고, 주제넘게 입을 열어 사람에게 비웃음을 사는 것 같은 일은, 내가 바라는 바가 아니다.

---

5 천학과문(浅学寡聞) : 학식과 견문이 적음.

하나, 기왕 우아함을 귀하게 여긴다고 한다면, 유예(遊芸)[6]는 당연히 여자 사회의 전유물로, 음악은 물론, 다도, 꽃꽂이, 노래, 하이카이(諧謔), 서화 등의 기예는, 가계(家計)가 허락하는 한 등한히 해서는 안 된다. 다만 지금 세간에서 여학(女学)이라고 한다면, 오직 오래된 와분(和文)[7]을 배우고 와카(和歌)[8]의 노래를 읊조리는 것만으로 충분하다고 말하는 사람이 있다. 옛 글과 옛 노래는 원래 고상하여 묘미가 있다고 할지라도, 그것을 즐긴다면 단지 그것을 취미와 놀이로 다뤄야지, 곧바로 인생 거가(居家)의 실제로 이용할 수는 없다. 그것을 비유하여, 음악과 다도, 꽃꽂이의 풍류를 부엌에서 시험하여도 무익한 것과 같다. 이러할 뿐만 아니라 옛 글과 옛 노래의 고사는 종종 실속 없이 겉만 화려한 것으로 물리의 사상이 부족하니, 말은 아름다워도 그 실제는 음풍(婬風)으로 일탈하는 경우가 많다. 예를 들어 세상에 흔한 『백인일수(百人一首)』[9]와 같이, 아무 생각 없이 읊조리고 듣고 하는 것은 어린 소녀에게는 무해하겠지만, 만일 그 하나, 하나 해석하고 꼼꼼히 오늘날의 평범한 문장으로 번역한다면, 음탕하고 불결하여 참기 어려운 것은 세상에서 흔한 도도이쓰(都都逸)[10]와 같을 것이다. 도도이쓰는 샤미센에 맞추어 고랴사이[11] 등의 추임새를 넣어

---

6 유예(遊藝) : 취미로 하는 다도나 꽃꽂이 등.
7 와분(和文) : 일본의 문자체계로, 한자로 써진 한문(漢文)에 대해 가나문자(仮名文字)로 써진 문장.
8 와카(和歌) : 일본의 대표적인 시가 장르로, 헤이안 시대의 한시(漢詩)와 구분되는 5음과 7음의 일본어 정형시.
9 백인일수(百人一首) : 서기 600년 무렵부터 1200년 무렵에 이르기까지 백 명의 가인(歌人)의 와카(和歌)를 한 수씩 골라 모은 시집.
10 도도이쓰(都都逸) : 속요(俗謠)의 하나이며, 주로 7, 7, 7, 5조의 정형으로, 남녀 간의 애정에 관한 내용이 많다.

서 저속하게 들리는데, 와카도 샤미센에 맞추어 고랴사이와 같은 추임새를 넣어서 부르면, 역시 저속하게 들릴 것이다. 옛 노래라고 해서 반드시 숭배할 만한 것은 아니다. 도도이쓰도 그러하고, 나가우타(長唄)¹²나 기요모토(淸元)¹³도 마찬가지다. 스님이 읽는 경의 문구를 들으면서도 그 의미를 듣지 않고 그 소리만을 듣게 되면, 결국 그 의미를 해석하는 데 아무런 도움이 되지 않는 것은 실제로 명백한 바이니, 예를 들어 와분(和文), 와카(和歌)를 절묘하게 잘한다고 하는 여학사류가, 오히려 자신의 몸이 중요한 것도 모르고, 자신의 병을 고치는 데 어떤 의사를 선택해야 할지 모르거나, 노인과 소아를 간병할 때 그 방법을 실수하니, 심할 경우에는 손금이나 풍수, 구성 팔괘 등, 해서는 안 되는 일로 노력하여 화복을 바라는 것처럼, 세간에 그 예가 적지 않음을 알 수 있다. 필경 무학, 미신의 죄라고 말할 수밖에 없다. 이와 같이 예로부터 세상에서 행해지는 와문자(和文字) 같은 것도 단지 그것을 미술(아름다운 기술)의 일부분으로 배우는 것은 훌륭하다고 해도, 여자의 유일한 학문이라고 하여 평생 공부하는 것 같은 일은 내가 감복할 수 없는 바이다.

하나, 여자의 덕육(德育)에는 그에 상당하는 서적도 있을 것이고, 부모나 위인들의 이야기도 있을 수 있겠지만, 서적을 읽거나 이야기

---

11 고랴사이는 고랴사이사이(こりゃさいさい)에서 온 말로, 일본 속요의 추임새이다.

12 나가우타(長唄) : 에도(江戶) 시대에 유행한 긴 속요(俗謠)로, 샤미센(三味線)이나 피리를 반주로 하며, 길고 우아하여 품위가 있음.

13 기요모토(淸元) : '淸元節'의 준말로, 에도 시대 후기, 조류리(淨瑠璃)로부터 나온 샤미센(三味線) 음악의 일종.

를 듣는 것보다도, 보다 손쉽고 유력한 가르침은 부모의 행장(行狀)에 있다. 덕의 교육은 귀로부터 들어오는 것이 아니라 눈으로부터 들어오는 것임은 내가 항상 주장하는 바로, 그것을 등한히 해서는 안 된다. 부모의 품행이 방정하여 그 사상이 고상하다면 저절로 가풍의 미를 이루니, 자녀의 덕의는 가르치지 못하더라도 자연스럽게 아름다울 것이다. 이와 같이, 부모 된 자가 몸을 삼가서 집을 다스림은 단지 자신의 이익만이 아니라, 자손을 위하여 놓쳐서는 안 될 의무임을 알 수 있다.

하나, 집의 미풍(美風) 중 여러 가지 가운데서도, 가장 중요한 것은 가족 내 서로 간에 숨기는 것이 없는 일이다. 자녀가 어떤 일에 대해서 어머니에게 말한다면 아버지에게도 그것을 말하고, 아버지에게 고한 것은 어머니도 알며, 어머니의 이야기는 아버지도 역시 아는 것으로, 특별한 경우가 아니면 일체 만사에 비밀 없이 집안을 마치 다 열어놓은 것 같이 무엇보다 부모 자식 간은 원활해야 한다. 이는 자신의 뜻이지만, 아버지에게는 말하지 않고 무엇 무엇은 자신 한 사람의 독단이지만 어머니에게는 비밀이라는 식의 이야기를 세상에서 흔히 듣는 바이지만, 이는 일의 선악과는 무관하게, 이미 골육 간에 계략을 꾸미는 것으로, 자녀 양육의 도가 아니다.

하나, 여자가 성장하여 가정 또는 학교의 교육을 마친다면 남자와 결혼하게 된다. 결혼은 생애의 큰 일대사로서, 그 방법은, 서양 제국에서는 해당하는 남녀가 같이 보고 같이 택하고, 서로 왕래하고 서로 친하며, 마지막에는 결심하여 부모에게 고한 후, 그 동의를 얻어 결혼식을 행한다고 한다. 그러나 일본에서는 그 방식이 달라, 자식의 배우자를 구하는 것이 부모의 책임으로, 자식들이 결혼할 나이가 되면 고생해서 배우자를 찾아, 장단점을 취사하고 판단하여, 마지막에 확실해진다면 부모가 우선 결정하고, 본인의 의향이 어떠한지 물어, 부모가 결정한 바에 다름이 없다고 답하면, 마침내 일이 이루어지는 식이다. 고로 표면적으로 보면 자녀의 결혼은 부모의 뜻으로 되어, 본인은 단지 그 일을 따르는 것과 같다고 해도, 그 실제는 그렇지 않다. 부모는 단지 발안자이지 결의자는 아니어서, 그것을 본인에게 고하여 가부를 물어, 그때에 동의하지 않는 마음이 있다면 결심을 강요할 수는 없다. 직전의 이야기를 없애고 두 번째 사람을 찾는 것이 일반적인 예로, 외국인 같은 사람들이 일본류의 결혼을 보고 부모의 뜻으로 된다고 말하는 것은, 실제를 알지 못하는 자의 말로 받아들일 필요가 없다. 예를 들어 봉건 시대에 무사가 서민을 함부로 베었다고 하는데 실제로는 함부로 베는 경우는 없었던 것과 같이, 형식적으로 이름만 있을 뿐으로 관습이 허락하지 않았던 바이다. 단지 세상이 넓어, 친부모가 돈을 위해서 딸을 파는 자마저 있는 세상이므로, 이른바 부모의 권위로 딸을 억지로 시집보내는 자도 있을 것이다. 옛날 어리석은 무사가 취해서 길에서 서민을 쳐서 죽인 것처럼, 정을 모르는 인간은 인간이 아니라며 세상에서 배척당하는 것처럼 이와 같이 극단적인 경우를 빼고, 전체를 개괄한다면 실제 혼인에 있어서 여자가 크게 불만은 없을 것이다.

하나, 부모가 여자를 위해 배우자를 구하는 것은 지극히 용이한 일로, 그 사이에 본인의 자유를 방해하는 일이 없는 것 같지만, 여기서 한 발 더 나아가 사회 전체에 남녀교제법의 구역을 넓혀, 그것을 고상하고 아름답게 하고, 소위 화합하여 어지럽지 않은 지경으로 나아가 자유자재로 결정하는 것이, 내가 항상 바라는 바이다. 이렇게 되면, 여자가 부모로부터 혼인을 권유받을 때, 스스로의 견문이 넓다면 배우자의 가부를 답하기도 쉽고, 또 자기 뜻에 적합한 자를 선택할 경우에도, 극히 은밀하게 부모에게 말하거나, 혹은 조용히 사람을 통해 상대방에게 말하든가 해서, 부모나 자식 모두에게 매우 편할 수 있다. 원래 바람직한 일이지만, 유감스럽게도 오늘날의 희망일 뿐 행해질 수 없으니 어찌하겠는가. 강제로 실행하여도, 그 편리함은 폐해를 보완하기에 부족할 것이다. 내가 암암리에 두려워하는 바이다. 어쩌면 남녀교제법의 풍속이 미숙한 시대에는, 양성(両性) 사이에, 단지 육체적 교제만을 알아 정의 교제를 알지 못하니, 예를 들어 지금 속세의 남자가 기생을 데리고 즐기는 것처럼, 본인은 남녀의 교제라는 것을 말하지만 그 모습은 극히 추잡하고 무례하니, 기품이 높은 정(情)의 교제로부터 멀리 떨어져 있다. 설령 직접 몸을 더럽히는 경우가 없다고 하더라도, 결국에는 파란만장한 육체적 교제 속에 있다고 해야 할 것이다. 그렇다면 오늘날 남녀의 기품을 고상하게 하고 그 교제를 넓혀, 자연스럽게 결혼의 계약 또한 자유자재로 하기 위해서는, 우선 사회개량의 시기가 도래하기를 기다릴 뿐이다. 아니, 어쩌면 그 시절이 도래하기를 기다려서는 안 되고, 천하의 뜻있는 선남선녀가 실천하여 실례를 보여, 그 시절을 만들고자 하는 것이 내가 희망하고 권고하는 바이다.

하나, 여자의 결혼은 남자와 같아, 다른 집에 시집가거나, 친정에 살며 데릴사위를 얻거나, 혹은 남녀가 같이 집에서 독립해 새로운 집을 이루는 것이다. 그 사정은 어떻다고 해도, 이미 결혼하기로 했으면, 부부는 백년해로하고 동고동락하는 계약을 지키는 것으로, 결코 배신할 수는 없다. 여자가 평생 결혼하지 않는다면 몸은 오히려 편하다고 할 수 있지만, 그렇게는 할 수 없으니 결혼은 괴로움의 씨를 구하는 것과 같다고 하지만, 남녀가 같은 집에 사는 것은 하늘이 명한 바로, 그 집에 사는 즐거움을 통해 괴로움을 충분히 보상할 것이다. 고로 결혼은 독신시대의 고락을 배가시키는 약속으로, 쾌락이 많은 만큼 괴로움 또한 많다. 부부는 실로 일심동체라, 처가 아플 때는 남편의 몸이 아프고, 남편의 치욕에는 처의 마음이 아파 그 느끼는 바에 작은 차이가 없다. 세상의 남녀는 이 쉬운 도리를 알지 못하여, 결혼은 오직 쾌락으로만 생각하여, 괴로움이 동반됨을 잊으니, 이 때문에 남자가 늙은 처를 버리고 첩을 얻고, 부인이 집의 빈고를 못 이겨 남편을 버리는 등의 괴이한 일이 있다. 필경 결혼의 계약을 중시하지 않는 사람 아닌 사람이다. 삼갈 바이다.

하나, 여자의 결혼, 그중에서도 다른 집에 시집가는 결혼을 했을 때, 그 집의 시부모를 섬기는 법은 어떠해야 하는가 하는 것은 예로부터 세론(世論)에 무성한 바이고, 또 실제로도 여자끼리인 시어머니와 며느리 사이에 충돌이 일어나는 것은 드문 일이 아니다. 가령 표면으로 충돌하지 않아도, 내심 서로 담고 있는 바가 있어 풀리지 않음은, 일본 전체에 모든 집이 거의 다 그러하다고 할 수 있다. 천하의 시어머니가 죄다 악한 부인이 아니며, 천하의 며느리 또한 죄다 악한 여자는 아니므로, 그 인간 됨됨이의 좋고 나쁨을 말하는 것이 아니라

고부간이 일반적으로 온화하지 않음은, 필경 사람의 죄가 아닌 상황의 탓인바, 한 발짝 나아가 논한다면 세상의 가르침과 습관이 그렇게 만들었다고 할 수 있다. 그러한 세상의 교육은, '며느리가 시부모를 섬기는 것은 친정의 부모와 같이 하여라', '친정 부모보다도 더욱 관계를 두텁게 하고 더 친하며 공경하라'고 가르치는 동시에 시부모를 향해서는 '며느리를 사랑하는 것을 친딸같이 하라'고 한다. 이를 실제로 따른다면 안성맞춤이겠지만, 자연스러운 인정은 이러할 수 없다. 부모가 아닌 사람을 부모로 여기고, 딸이 아닌 사람을 딸로 여기는 것은 이루어질 수 없어 상호의 교제 모두가 마음 깊숙한 곳으로부터 나오는 것이 아니니, 자칫하면 표면적인 형식에 머무는 경우가 많다. 설령 한쪽이 진실로 마음을 열고 친해지고자 하더라도, 상대방의 마음이 무언가를 담고 있는가, 또는 담고 있는 바가 있구나 하고 추측한다면, 아무래도 가까워지기는 어려운 까닭으로, 속되게 말해 보이지 않는 신을 믿지 않는 것처럼, 형식적인 태도나 인사는 깍듯하게 하나, 생각하는 바의 진심은 그 마음속에 감춘 채 겉으로 드러낼 방법조차 없다. 즉 서로의 마음에 무언가가 있고, 그 무언가는 애초부터 나쁜 것이 아닐 뿐 아니라 참다운 친절과 성심성의 그 자체라고 하더라도, 이미 뭔가를 감추면 양쪽이 늘 석연치 않으니, 소위 피를 나눈 부모 자식이 함부로 생각하는 바를 말하여, 서로 대립하거나 오해해서, 부모가 야단을 치고 자식이 불평을 하더라도, 끝내는 단지 한 바탕 웃음으로, 서로 오해 없이, 여전히 부모와 자식 간의 정을 해치지 않는 것에 비한다면, 도저히 같은 차원의 이야기가 아니다. 이러할진대, 시부모와 며느리의 사이는, 그 인품의 어히에 상관없고 그 가풍이 어떠한가를 막론하고, 양쪽이 피를 나눈 부모자식처

럼 되고자 해도, 천에 하나 만에 하나와 같은 예외 이외에는, 우선은
평범한 세상에서는 이루어지기 어려운 소망으로, 애초에 예전부터
유행하는 여자교육법에 의거하여, 마침내 사회 전반의 관습을 이루
니 시부모와 며느리 모두 괴로운 것이라면, 이렇게 무리하게 소망하
여 실패하기보다도, 할 수 없는 것은 할 수 없다고 하고 달리 좋은
수단을 구하여, 인정의 근본에서 출발하여 집안의 행복을 보존하는
것이 내가 바라는 바이다.

하나, 문자 그대로 시부모는 시부모이고, 며느리는 며느리이다. 원
래 부모가 아니고 자식이 아니니, 그 부모 자식이 아니라는 진실의
참된 모습에 따라 화합하는 법을 가르치는 것이야말로 인정의 본 모
습이다. 나는 여기에 특히 주의하는 바이다. 부부 사이는 가까이하
면 원래 서로 끌어당기고, 멀리하더라도 더욱더 끌어당기는 것이지
만, 시부모와 며느리 사이는 가까이하면 항상 충돌하고, 멀어지더라
도 오히려 또 끌어당겨 충돌하는 것이다. 고로 여자 결혼의 모범은
남편과 아내가 모두 부모와 떨어져 별도로 신가를 만드는 것이야말
로 지당한 것이지만, 결혼 방식이 모두 같지 않고, 집의 빈부, 직업
의 사정 또한 같지 않으니, 결혼 후 반드시 따로 살지는 못하더라도,
적어도 새로운 부부가 부엌을 달리하는 것만큼은 내가 질리도록 주
장하는 바이다. 예를 들어 집안을 상속하는 남자에게 며느리를 들이
든가, 또는 딸에게 상속할 데릴사위를 들이는 경우에도, 신구의 두
부부가 한집에 동거하지 않고, 그 한 쌍은 근처에 있거나 또는 한
집안이라도 별채에 있던가, 혹은 가계가 여유가 없어 허락되지 않는
다면 같은 집안에서도 일체의 세간살이를 별도로 하여, 궁극적으로

신구 두 부부가 서로 접촉하는 일을 적게 하는 것이 필요하다. 신부에게 노부부는 피를 나눈 부모가 아니고 게다가 나이도 다르고, 의복이나 음식 등 모든 일에 있어서 사상, 취미가 같지 않음은 당연한 일로, 그 다른 것이 서로 마주할 때는 자연의 섭리에 따라 충돌하게 된다. 이러한 모든 것이 서로의 감정을 해하는 매개물이니 서로 멀리 떨어져 서로 간에 보는 듯 보지 않는 듯하며, 상호 간에 남의 내사나 비밀에 끼어들지 않는다면, 신구가 저절로 독립적인 가계 경영의 자유를 얻을 뿐 아니라, 멀어지지 않는 것이야말로 서로를 끌어당기는 방법이니 멀리서 서로 바라본다면 서로 미워하지 않고, 시부모와 며느리 사이도 부지불식간에 화합하여, 가족 전체의 단란한 행복을 감히 기대할 수 있다. 즉 신 부부가 서로 더욱더 친밀해지고 신구 부부가 서로 충돌하는 우환을 피하고 멀리서 서로를 끌어당기는 법이다. 세상의 무수한 노부부가 자식이 며느리를 들이고, 딸이 데릴사위를 들인 후 무리하게 한집안에 동거하면서 때때로 충돌을 일으키는데, 이렇게 가깝게 옆에 두고 보살피는 데도 불구하고 걸핏하면 자식들이 불평하는 기색을 나타낸다며 투덜거리는 사람들이 많다. 매번 듣기는 하지만 어찌 헤아리겠는가. 가깝게 두고 잘 대해주는 것이 고통의 씨앗이라는 것을. 필경 사람의 죄가 아니고, 관습이 그렇게 만든 바이니, 신구 부부가 모두 당연히 불유쾌함을 알면서도, 가까이 서로 접하여 그로 인해 저절로 괴로워한다. 거가법(居家法)[14]을 가장 서투르게 실행한 것이라고 할 수 있다.

---

14 거가법(居家法) : 생활의 방식.

하나, 신부는 집의 사정이 허락하는 한 노부부와 동거하지 않는 것으로 하되, 그렇다면 그 신부가 시부모를 대하는 법을 어떻게 하여야 할 것인가 말한다면, 신부를 위해서 남편은 친부모에게도 뒤지지 않을 만큼 가장 친애하는 사람이 되어야 한다. 가장 친애하는 남편이 가장 존경하고 가장 친애하는 사람들이 노부모, 즉 시부모라면 설령 자기의 친부모가 아니라도, 남편을 생각하는 지극한 정에서 시작해, 이를 점차 두텁게 하는 것이 당연한 일일 것이다. 남편이 항상 아끼는 물건은 견마 기구 같은 작은 것에 이르기까지도 소중히 함은 처된 자의 정이 아니겠는가. 하물며 예를 들 것도 없이 남편을 낳아준 지존지친의 노부모에 대해서야. 그 보양을 두텁게 하고 그 감정을 온화하게 하여, 한순간이라도 불유쾌한 생각을 하는 일이 없도록 마음을 써야 한다. 특히 노인은 다년의 경험이 있어서, 만사에 특별한 문제가 없는 한 터놓고 이야기하고, 터놓고 상담할 수 있다. 그것은 번거로운 듯하지만, 그 상담은 노인을 소외시키지 않는다는 진심을 드러내는 것으로, 오히려 그 뜻을 위로하기에 충분하다. 일찍이 어떤 서양 학문을 하는 사람이 아내를 얻었는데, 그 아내도 조금 영어를 이해하여 부부가 화목하게 집에 사는데, 한 명의 노모가 있었지만 무엇도 상담하지 않을 뿐 아니라, 알릴 것이 있어도 알리지 않으며, 부부가 독단적으로 행하니, 어머니가 있어도 없는 것과 같았다. 어느 날 가재도구를 정리하여 처분하여, 어머니가 그것을 보고 그 연유를 며느리에게 캐물었더니, 오늘 이사한다고 말하여, 그 노인이 놀람이 이만저만이 아니었는데, 이 사람은 아직 완전히 노인도 아니고, 심신이 모두 건강한 이로서 능히 일을 분별할 수 있음에도, 부부 두 사람은 항상 노인을 시끄럽다고 생각하여, 아침저녁의 모든 일을 서로 영어를 써서 하는 식으로 하니, 이사하는 그 아침에 이르기까지 무슨 일이든 노인의 귀에 들어가지 않아 일체 모르고 있다, 어느 날 짐짝처럼 새로운 집으로 운반되었던 것이다. 아들의 불경함과 난폭함과 무법함은 말할 것도 없고, 며느리의 경우 없음 또한 나쁘다고 할 수 있다. 교육받지 못한 하등의 암흑사회라면 오히려 용서될 수 있을지 모르되, 적어도 상류의 귀부인이나 신사에게 이 기괴담은 그저 놀랄 만한 것이다. 생각건대 이 영어 부부라는 자들은 모두, 이사하는 일을 노인에게 말해봤자 무익하여, 도저히 노인의 뜻에 따라 좌우될 일이 아니라며, 부부가 쫑알거리는 사이에 정한 것이겠지만, 그것이야말로 이른바 노인이 먹고 사는 것은 충족시켜도 그 정을 충족시키는 법을 알지 못하는 것이다. 불경하고 경우 없다고 말하기보다도 상식을 잃어버린 어리석은 이라고 말할 수 있으니, 인륜을 분별치 못하는 인간 이하의 인간이라고 할 수 있다. 여자는 주의하여 마음에 명심하여야 할 것이다.

하나, 어린아이의 양육은 부인의 주된 일이므로, 가령 부귀한 신분이어도 자연의 약속을 따라 당연히 젖을 주어야 한다. 또 몸이 아프거나 위생상 안 좋은 사정이 있어 유모를 고용하는 경우에도, 아침, 저녁으로 주의하여 결코 게으르지 않도록 하여야 한다. 이미 수유할 때가 지난 뒤라도, 아이들의 음식과 의복에 마음을 써 자잘한 일까지도 간과하지 않는 것은 부인이 천직을 받은 까닭이니, 이를 대신할 사람은 없다. 음식과 의복은 유형의 물건이어서 누구의 손에 맡겨도 같을 듯하지만, 그것을 주는 사이에 어머니의 덕이라는 무형의 감화력은 유형의 물건보다 백배, 천배 더 뛰어난 것임을 잊어서는 안 된다. 누에를 키워도 집사람들 스스로 하는 것과 고용인에게 맡기는 것과는 그 생육의 차이가 있다고 한다. 하물며 스스로 낳은 아이에 있어서야. 남에게 맡길 수 없다는 것은 말할 필요도 없이 명백한 것이다. 세상의 어떤 부인은 이 도리를 알지 못한 채 많은 아이를 가졌지만 아이들 옷의 터진 곳 꿰매기를 번잡스러워하고, 아이들 식사 돌봐주는 것을 번거롭게 여겨 하녀의 손에 맡기고는, 자신은 친구들과 만나, 구경하러 가거나 놀러가는 것을 즐기니, 태평하고 한가한 인간으로 딱하다. 원래대로 말한다면 부인의 유락(遊楽)은 결코 죄가 아니다. 기분전환이나 보양을 한다면 꽃놀이도 좋고 온천치료도 찬성이며, 혹은 집회연석의 모임도 당연히 이익이라고 하겠지만, 부부가 외출할 때 집에 남겨진 아이를 하인들에게 맡기고 갓 태어난 아이는 무리하게 우유로 키운다고 한다. 마치 고용인에게 맡긴 누에처럼 말이다. 그 생육이 어떠할 것인가 자문자답하기는 어렵지 않다. 옛날 다이묘나 고관의 자제가 심신이 유약한 경우가 많았던 것도, 귀부인이 자식을 낳을 줄은 알아도 양육하는 법은 몰랐기 때문이다. 깊게 감고(勘考)해야 할 바이다. 고로 나는 부인의 외출을 막아 그것을 못하게 하는 게 아니라, 오히려 그것을 권하여 활발하게 하기를 바라는 사람이지만, 아이 양육의 천직을 잊고 들뜬 듯이 사는 것은 결코 허락하지 않는다. 이 점에 관해서는 서양류의 교제법이라 하더라도 인정할 수 없는 부분이 심히 많다. 또 부인은 그 입지 상, 집에서 가사를 담당하기 때문에, 생리나 병리에 관해서 다소 간의 소양이 없어서는 안 된다. 집안사람이 병이 났을 때 자가 치료 등은 뜻밖에 엄하게 금하는 바로 급병 또는 부상이 발생했을 때, 의사를 불러 그 의사가 올 때까지 돈지(頓智)[15]가 있고, 방법이 있다며 쓸 데

없이 우왕좌왕하여 병자에게 재앙을 더하는 경우가 많다. 조심해야 할 일이다. 예를 들어 어린아이가 배가 아프다고 하면 통상 묘약(妙藥) 구로야키(黒燒)[16] 등 약제학상 정체를 알 수 없는 것을 복용하게 해서는 안 되며, 일이 급한 경우라면 의사가 올 때까지 좌욕[腰湯]과 찜질 또는 오랫동안 차도가 없다면 관장을 시도하는 등 외부적인 처치(手当)는 조심해서 할 수 있어도, 내복약은 일체 금지하여 오직 의사의 내진을 기다려야만 한다. 혹은 높은 곳에서 떨어져 기절한 사람이라면 술이나 소주를 삼키게 하거나, 또 칼에 베인 상처라면 급히 소독면으로 압박하여 두는 것 정도는 하여도, 그 밖의 처치는 필요 없다. 어떤 사람이 면도상처에 소매 끝에 쌓인 먼지[17]로 피를 멈추게 한 것은 괜찮았지만, 그 독으로 큰 병에 걸리는 경우가 있었다. 필경 무학의 죄이니, 아무쪼록 조심해야 될 일이다. 이러한 일에 대해서는 세간에 원서도 있고, 번역서도 있으니, 그것을 읽어서 지금까지 이야기한 곤란이 생기지 않도록 함이, 부인에게는 오히려 유익한 것이다.

하나, 하인을 부리는 일은 대단히 고생스러운 일로, 일하는 사람은 힘이 들고, 일을 시키는 사람은 마음이 힘들다. 주인 쪽이야말로 많이 힘들 수 있어, 하인 중에도 인물이 제각각이라, 때때로는 충실 지극한 자도 있겠지만, 그것은 논외로 하면, 본래 그들이 자산이 없

---

15 돈지(頓智) : 기지나 재치.
16 구로야키(黒燒) : 옛날부터 전해 내려오는 건강법.
17 원문에는 다모토구사(袂草)라는 용어가 쓰였는데, 에도 시대에 소매 끝에 모인 먼지나 보풀 등을 피를 멈추기 위한 반창고 대용으로 썼는데, 이를 다모토구사라 한다.

고 교육이 없기 때문에 남의 집에 고용살이하는 것이라, 주인은 그 인물이 어떠한가에 구애받지 말고 능히 그들을 가르쳐 알도록 하여, 오직 친절함만으로 각각의 가사를 담당하게 함과 동시에, 결코 자기 생각대로 만은 되지 않는다는 사실을 처음부터 각오하여 많은 것을 바라서는 안 된다. 이건 하녀가 부족해서라거나, 저건 하인이 게을러서라며, 하나하나 따지고 괜한 걱정과 근심을 하며 이익 없는 일에 울화통[疳癪]을 일으키는 것은, 그저 어리석다 할 뿐이다. 현재의 하인들이 나쁘다며, 지나온 수년간의 일을 떠올려, 그 수년간에 어떠한 남녀 하인이 최상이었고 자신의 뜻에 맞았는지 손꼽아 보더라도, 각각 득이 있으면 실 또한 있으니, 충분한 사람은 극히 적을 것이다. 이전이 이와 같다면 지금도 이와 같다. 장래도 또한 이와 같을 것이라고 말할 수 있다. 비복(婢僕)의 과오실책을 질책함에, 질책받는 자보다 질책하는 자가 더 보기 흉하다. 주인은 삼갈 바이다.

하나, 부인은 집을 다스려 집안의 경제를 맡는데, 말하자면 지출은 하지만, 수입은 전혀 모르는 자와 같으니, 그리해서는 절대 안심할 수 없다. 남편 역시 영원히 사는 몸이 아니라, 나이차로 본다면 남편이야말로 먼저 세상을 떠나게 되므로, 만약 만에 하나 먼저 남편이 세상을 떠나, 많은 아이들과 가사만단을 불행하게도 부인 혼자 떠안게 된다면, 그때 가서 죽은 사람이 살아 있을 때, 집밖에 무슨 일을 경영하고 어떤 사람과 어떠한 관계였는가, 금전상의 대차는 어떠하며, 그 약속은 어떠했는가 하는 등 상세한 사실을 알지 못하니, 가령 장부를 보고도 분명치 않고, 그로 인해 이러저러한 오해가 생기며 심한 경우는 소송에 이르는 사태는 세간에 드물지 않다. 필경 부인이 집밖의 일에 주의하지 못한 잘못이 있는 것으로, 부부가 같이 살면서 집밖의 일은 모두 남자의 책임이라고 말은 하지만, 그 경영의 대부분에 부인도 마음을 쏟아서, 그때그때의 변화성쇠에 주의하는 것은 중요한 일로, 내가 여자에게 경제 사상이 중요하다고 말하는 것도 그러한 맥락이다.

하나, 여자가 아무리 교육받고 아무리 책을 읽고 아무리 박학다재하여도, 그 기품이 높지 않아 조금이라도 비루하여 품행이 바르지 않은 기풍이 있으면, 숙녀의 본령은 이미 소멸하였다고 할 수 있다. 내가 여기에서 '비루하여 품행이 바르지 않은 기풍'이라고 적은 것은, 반드시 그 사람이 실제로 음탕하거나 추한 죄를 저질러 그 죄가 잘못이라는 것이 아니라, 평소 언행이 비루하여 예의상 피해야 함을 모르고, 걸핏하면 담소하는 중에 있을 수 없는 말을 흘리니, 당사자보다도 오히려 듣는 자가 얼굴을 붉힐 정도로, 모든 것이 바르지 못한 품행에서 나온 패덕(敗德)으로 꺼려야 할 바이다. 예를 들면 예기(芸妓) 같은 비천한 여자가 의상을 차려입고, 취객 속에서 수작하며 가무를 주선하는 와중에, 만어(漫語)나 방언(放言)을 거리낌 없이 하는 것이 활발하고 순진무구하게 보이는데, 사실 순진무구한 자도 있겠지만, 이를 '좌중의 음부(淫婦)'라 말하지 않을 수 없다. 예기는 원래 보통 사람과 다르기 때문에, 잠시 이를 논외라고 하더라도, 상류사회에서도 몰라서 잘못하는 것이 있다. 근래 교육이 진보함에 따라 단어의 수도 증가하고, 옛날 학자 사회에서만 쓰던 한어(漢語)가 지금은 속간에 보통의 통상어로 쓰이는 경우가 많은데, 나의 귀에 거슬리는 것은 '자궁(子宮)'이라는 단어이다. 종전에 부인병이라면 단지 막연하게 혈도(血道)라고만 칭하여, 그 상세한 사항은 오직 의사의 말에서만 들었을 뿐, 평범한 사람들 사이에서는 일찍이 말하는 사람도 없고 듣는 사람도 없었는데, 근년에는 일상 교제의 담화에서 공공연히 '자궁'이라는 말을 거리낌 없이 쓰고, 약방 간판에서도 그 문자를 볼 수 있을 뿐 아니라, 심한 경우는 부인 입에서 흘러나오는 등 기괴한 이야기도 때때로 있다. 깜짝 놀랄 따름이다. 대저 '자궁'이란 단어는 서양어의 Uterus(유테러스)를 직접 번역한 말로서, 서양 제국에서는 의사 사회에 한하여 그 용어를 사용하고, 진찰 치료상 필요할 때에 한하여 극히 내밀하게 환자 또는 그 가족에게 그것을 고하기 위해 쓰는 것이다. 치료에 관한 말 외에, 서양 사람의 입으로부터 유테러스라는 단어는 결코 들을 수 없다. 하물며 부인의 입으로부터야. 목숨을 건다고 해도 말할 수 없을 것이다. 그러나 일본인은 그것을 태연하게 입 밖에 낸다. 당사자는 깨닫지 못하는 것이긴 하지만 부끄러운 일이 아닐 것인가. 이 외에도 지금 세간에서 보기 흉하고 듣기 거북한 것은 한두 가지가 아니다. 필경 부인의 죄라고만 할 수 없으며, 사회의 앞선 학자와 교육가의 불친절, 그리고 정부의 무분별한 체계와 부주의에서 비롯된 것임을 알 수 있다.

하나, 교육의 진보와 함께 부인 신분에 걸맞지 않는 일을 떠들고 심한 경우에는 기괴천만한 말을 쓰면서 태연한 것은, 천한 견문을 스스로 알지 못하는 죄로 오직 불쌍히 여길 뿐이다. 그 여러 가지 원인 가운데서도, 어릴 때부터 교육 방침이 그릇되어 자존자중의 덕의를 가벼이 여기고, 만유자연의 수리(數理)를 등한히 하고, 쓸데없이 겉밋만 들어 헛된 글을 즐기는 것 등이 큰 화근을 자초했다고 할

것이다. 예를 들어 학교의 여학생이 조금 문장을 알고 양서를 읽을
수 있다고 하여, 소위 에이카(詠歌)[18]나 고쿠분(国文)[19]에 힘을 쏟으며
소설이나 게사쿠(戯作)[20] 등을 읽기에 여념이 없는 자들이 있다. 글을
배울 적에 고쿠분과 소설이 꽤 유익하기는 하지만, 어릴 때는 그 밖
에 힘써야 할 것이 더 많다. 에이카(詠歌)에는 능숙해지더라도 자신의
독립이라는 의미에 대해서 꿈꾸지도 못하고, 수십, 수백 권의 소설
책을 읽으면서도 한 권의 생리학서도 보지 않는 여자가 많다. 하물며
소설과 게사쿠는 종종 인간의 정을 격하게 자극하여, 혈기의 봄이라
고 할 수 있는 묘령의 여자에게는 대체로 유해하기도 하니, 문학의
필요로서 정말 그것을 읽는다고 한다면, 그 종류를 고르는 것이 중요
하다.

　하나, 부인의 기품을 유지하는 것이 점점 중요해지니, 감히 다른
사람을 함부로 범하지 않고 스스로를 중하게 여겨야만 한다. 도도하
게 흐르는 고금의 탁한 세상사에, 예기(芸妓)도 있고 첩도 있으며, 또
는 첩이나 예기 출신으로 출세하여 훌륭한 가문의 부인이 된 자도
있으나, 이 모든 자들은 인간 이외의 추물로서, 원래 숙녀나 귀부인
과 함께 놓일 수는 없으니, 충분히 경멸할 만한 사람이긴 하지만,
이들을 경멸하는 뜻을 겉으로 드러내는 것은 부인이 할 일이 아니다.
'나는 맑고, 너는 탁하다', '나는 높고, 너는 낮다'고 직접 말하지는

---

18 에이카(詠歌) : 와카(和歌)를 지어 부르는 것.

19 고쿠분(国文) : 국어(일본어)로 쓰인 문장을 가리킴.

20 게사쿠(戯作) : 18세기 후반경에 에도에서 흥했던 읽을거리의 총칭. 메이지 초기까지
　쓰였음.

않지만 그러한 안색으로, 밝은 체하며 그를 모욕함은 오직 헛되이 자신의 품격을 떨어뜨릴 뿐으로 이익 없는 행동이므로 깊이 삼갈 일이다. 혹은 교제의 사정으로 인해 부득이하게 이 사람과 동석하는 경우에는, 예의를 잃지 않는 온화한 얼굴로 그 사람을 맞이하여 업신여기는 일은 없어야 함과 동시에, 은근히 그 교육받지 못함과 파렴치를 딱하게 여기는 것이야말로 자비의 길이다. 요컨대 그 사람의 내부에 들어가는 것이 아니라 논외로 치면서, 사정이 허락하는 한 그에 다가가지 않는 데 있다.

하나, 부부가 함께 살면서 아내 된 자가 남편을 상대할 때 정성을 다해야 함은 말할 것도 없는 일이니, 두 사람은 일심동체로, 함께 고락을 같이 하는 계약은, 생명을 걸고 배신할 수 없다고 하더라도, 원래 두 사람의 몸의 상태를 말한다면, 가사경영에 내외의 구별은 있으나, 상호 간에 높고 낮은 계급이 있다고 하기는 어려우니, 일체 만사를 대등한 마음가짐으로 스스로 굽힐 필요도 없고, 또 상대방을 굴복시켜서도 안 된다. 즉 이미 계약을 통해 생긴 각자의 권리가 있는 까닭이다. 따라서 부인은 유순(柔順)함이 중요하다고 하는데, 본디 여성의 본성상, 남성과는 크게 다르며, 또 다르지 않을 수 없다. 내가 어디까지나 권고, 장려하는 바로, 유순이라는 것이 여덕의 근본이며 유일한 본령이라고 하더라도, 그것은 언어 거동의 유순이지, 비굴과 맹종의 의미는 아니다. 중요한 일이 있을 때는 부모의 명을 거부하고 남편의 나쁜 소행과 싸울 수 있는 것이다. 예를 들어 집안 형편 운운하면서 그 때문에 딸을 괴로운 지경에 빠뜨리거나, 또는 이익을 위하여 상대를 고르지 않고 결혼시키는 것과 같이, 부모의 이기심 때문에 자식을 제 마음대로 하려 한다면, 가령 부모자식 간이라도 단호히 그 명을 거절할 수 있다. 부모 자식 간이 이럴진대 부부 사이도 역시 마찬가지이다. 남편이 집밖에서 경영에 실패하여 빈궁에 빠졌다면, 그것은 부부 공통의 불행으로, 쌍방 사이에 한 점의 불평도 있을 수 없다. 가라앉았다가 떠오르는 고락을 함께 하여야만 함에도 불구하고, 그 남편의 품행이 닦여 있지 않아 안으로 첩을 두고 밖으로 화류계에서 노니, 감히 금수의 행위를 자행하면서 안을 돌보지 않음은 대등한 배우자를 모욕하여 학대하는 죄로 결코 용인될 수 없다. 아내 된 자는 사력을 다하여 그것과 싸워야 한다. 세간에 혹 그것을 보면서 부인의 질투라는 식으로 말하는 자가 있다고 하더라도, 범속한 세론이니 취할 필요 없으며, 남자가 금수의 행위를 자행하는 것은 그 남자 한 사람의 죄에 그치지 않고, 나아가 한 가족의 불화와 불행의 계기가 되어, 형제와 자매의 의를 멀어지게 하고, 그 금수의 행위를 한 늙은이가 죽은 뒤에는 단지 자손에게 병질을 옮겨 그 신체를 허약해지도록 할 뿐만 아니라, 부덕의 악풍도 역시 함께 유전되어, 집안사람들이 화합하여 행복한 것을 바랄 수 없게 된다. 심하게는 골육이 상쟁하거나, 친척 사이에 음모를 꾸미고, 가문을 상속하는 문제, 재산을 분배하는 문제 등 쟁론이 백출하여, 소위 집안싸움[御家騷動]²¹의 일대 파란이 생기니 다른 사람들에게 비웃음을 살 만한 사례이다. 그런데 정작 이러한 불화 쟁요(爭擾)의 충돌을 겪는 것은 훗날의 미망인, 즉 금일의 아내로서, 화(禍)의 근원은 한 남

---

21 집안싸움(御家騷動) : 옛날 다이묘(大名) 등의 집안에서 일어난 상속 문제 따위로 일어난 내분을 가리킴.

자의 악덕에서 유래한 것이 명명백백하나, 적어도 안을 다스리는 아
내로서 남편의 그릇된 행적을 제지할 수 없었던 것은, 자신의 고유한
권리를 방기하여 그 천직을 헛되이 한 것이라고 들어도, 변해(弁解)할
수 없다. 질투 운운하는 세평을 꺼려 위축되는 것은 부인 필생의 치
욕이라고 할 수 있다.

하나, 해로동혈(偕老同穴)[22]은 부부의 약속이지만, 유감스럽게도 노
소부정(老少不定)[23]은 하늘의 명인 바로, 해로하려 해도 할 수 없어서
남편이 먼저 세상을 떠나는 일이 있다. 이러한 불행을 맞아 뒤에 남
겨진 부인의 연령이 40, 50세에도 이르고, 게다가 아이들의 수도 많
은 경우에는, 수절하며 살 수 있다고 해도, 겨우 20, 30세를 넘거나
아직 40세도 안 된 미망인의 경우에는 전혀 괜찮지 않다. 나는 지론
상 그들의 재혼을 주장하는 사람이지만, 일본 사회의 풍조가 심히
냉담하여, 학자 사이에도 재혼론을 논하는 자가 적어, 과부가 혼자
사는 것을 마치 부인의 미덕으로 알아, 정부이부(貞婦二夫)를 볼 수
없다는 등의 근거도 없는 우매한 설을 떠들고, 오히려 재혼을 방해하
는 풍조가 있는 것은 유감스럽다. 옛 사람이 말하는 이부(二夫) 운운
은 남편 있는 부인이 동시에 제2의 남자를 맞는 의미가 아닐 것인가.
현재 부인이 있는 남자가 화류계에서 노는 것 같이 품행이 바르지
못한 것을 경계하기 위한 말이겠지만, 인간의 죽고 사는 것은 절대
천명이지 인력에 의한 것이 아니다. 어제의 지극한 친함도 금일에는

---

22 해로동혈(偕老同穴) : 부부가 금슬 좋게 살다가 한 무덤에 묻히는 일.
23 노소부정(老少不定) : 노소를 불문하고 사람의 수명은 누가 먼저 죽을지 알 수 없음.

무로 돌아간다. 이윽고 무로 돌아간다는 것의 가장 좋은 점은 무를 통해, 산 사람은 산 사람의 일을 할 수 있다는 것이다. 죽음을 섬기는 것을 삶을 섬기는 것처럼 하는 것[24]은 모든 인간의 공통된 감정이지만, 이를 통해서 인간사의 실제를 좌우할 수는 없다. 예를 들어 죽은 사람을 제사 지내는 데 공물을 바치는 것은 살아 있는 사람의 정인데, 그 정이 아무리 깊다고 해도 죽은 사람을 먹고 마시게 할 수는 없다. 그렇다면 살아있는 사람이 죽은 사람을 대하여 마음을 다하는 것은 당연한 것인데, 마음속에 지닌 한은 영원하여 천장지구(天長地久)[25]도 이만저만한 것이 아니며, 그 한은 끊임없이 이어져 끊어질 수 없다고 하지만, 저승의 인간은 이미 장소를 달리하였으므로, 옛날을 회고하는 인정으로 지금에 대처하여 현재의 상황을 방해해서는 안 된다. 한순간에 심기일전하여 자기 이외의 만물을 잊으면서, 과거를 내버리고 새롭게 일을 도모함은 인간의 큰 자유[自在]의 법으로, 내가 늘 재혼론을 주장하는 연유이다. 특히 남녀의 재혼은 온 세계의 일반적인 일인데, 유독 일본에서는 남자만 이를 자유롭게 하면서 여자는 거북해 한다. 당연히 남녀가 대등한 권력을 갖는 데에 영향을 미칠 수밖에 없다. 이에 대해 나 또한 등한히 하거나 간과할 수 없는 바이다.

앞서 제1조부터 제23조까지는, 대체로 일본 고래의 정론에 반할

---

24 『중용(中庸)』의 제19장에 나오는 구절을 그대로 인용한 것이다. 해당 구절은 다음과 같다. "죽음을 섬기기를 삶을 섬기는 것처럼 하고, 망자 섬기기를 살아있는 이 섬기는 것 같이 하는 것이 효의 지극함이다."[事死如事生 事亡如事存 孝之至也]

25 천장지구(天長地久) : 천지가 영원하듯 일이 언제까지나 계속됨.

뿐만 아니라, 우선 구여대학의 조항들을 논파하고, 신여대학의 신주의를 주창한 것으로, 옛것과 새로운 것, 모난 것과 둥근 것이 서로 섞이지 않아 세간에 다소 반대론도 있을 수 있다. 옛 주장은 양성의 관계를 오직 형식으로 정하였으나, 나는 인생의 천연(天然)을 따라 그 서로의 정을 완전하게 만들고자 한 것으로, 이른바 고로한 유학자들이 백, 천년 동안 형식적 관습에 익숙해져서 마치 제2의 성을 이루고, 남존여비의 눌습(訥習)에 안주하여 결코 깨닫지 못하는 것도 그 때문이고, 문명 신설을 듣고 납득하지 못하는 것도 이해 못할 바는 아니지만, 지금 새로운 일본에는 새로운 사람이 있으니, 나는 이 새 사람을 벗으로 삼아, 이 벗과 함께 일을 도모하고자 하는 사람이니, 그들의 반대를 두려워할 필요가 없다. 단지 백발의 노인뿐 아니라 청년 중 뜻있는 사인 가운데, 유형이든 무형이든 일체의 만사에 대해 오로지 문명주의의 입장에서 생각을 관철시키겠다고 애써 공언하고 실제로 행하는 사람이, 오직 남녀 양성의 관계에 대해서만큼은 옛날 유교류의 눌습을 이용하여, 스스로 음경불륜의 죄를 면하려고 하니 가소롭기 짝이 없다. 문명의 학자나 사군자로서, 부패한 유교의 울타리 아래에 숨어 유교의 학설에 의해 보호받으며, 그를 통해 문명사회를 기만하려는 자라고 해야 할 것입니다. 궁상맞음이 가련할 뿐이다. 혹은 이 부패한 유교의 학설의 보호를 받는 자들이 궁여지책으로 말을 만들어 나에게 반대하려는 경우도 있다 하니, 심히 기묘한 일이다. 나는 만천하의 사람들을 적으로 돌리더라도 단 한 편의 서툰 문장으로 그것을 추구함에 있어 거짓된 바는 없다. 그리하여 이 두『여대학』의 평론,『신여대학』의 신론은 한 글자 한 글자 모두 일본 부인을 위하여 한 것으로서 그들을 백 천 년 이래의 칩거상태와 우울로부터 구하고, 그들로 하여금 자존 자중하여 사회의 평등한 선에 서도록 하는 작은 뜻으로서, 다만 여성의 이익만이 아니라, 남성의 몸에도 함께 이익이 되고, 집에도 이익이 되며 자손에게도 이익이 되어, 하나의 해도 없이 백 가지 이익과 백 가지 복을 구하는 법이 되니, 여자 나이가 어린 때로부터 능히 이 취의의 대개를 말하고 들어, 문자를 알기까지 그 책을 가르쳐 스스로 읽어, 자세히 알지 못해도 간절하게 그 의미를 이해하고자 들어서 오해하지 않도록 해야 한다. 고금에 있어 부모의 정은 하나로, 그 자식이 남자든 여자든 상관하지 않고, 형이든, 동생이든, 언니든, 동생이든 묻지 않고, 그 자식을 사랑하는 정은 곧 동일한 모습으로 토끼털만큼도 차등을 둘 수 없다. 그리하여 이 지극히 친하고 사랑하는 아이들의 미래를 생각함에, 형제자매 가운데, 누가 행복해서 좋을지, 누가 불행할지 마음속으로 따져 보아, 그 자식이 행복하지 못하다면 부모의 고통이 과연 어떠하겠는가. 아이들의 심신이 암약하고 사지와 이목이 불구인 경우는 말할 것도 없고, 이빨 하나, 멍 하나에도 괴로워하여 밤낮으로 늘 걱정을 한다. 흔히 말하듯 아이가 어리석을수록 오히려 사랑스럽고, 몸이 불편할수록 오히려 가엾게 여기는 것은, 부모의 마음의 진면목을 보여주는 것으로, 그 마음은 아이들이 모두 평등하게 행복하길 바라는 마음이다. 따라서 아이가 남자아이든 여자아이든, 크든 작든 그 여부를 막론하고, 똑같이 그들을 사랑하여 거짓으로라도 편파적이지 않음은, 부모의 본심이며 진실로 정명한 부모의 마음이기에, 딸의 장래에 대해 불안한 마음이 있느냐 없느냐 물으면, 단지 크게 불안하다고 답할 수밖에 없다. 딸을 출가시켜 시부모의 심기를 걱정하고, 시형제나 시누이 등 친척들과의 교제도 신경 쓰이는데 다행히 그것들이 원만

하게 해결되더라도 남편이야말로 가장 신경 써야 할 지극히 중요한
대상일 것이 아닌가. 성정이 밝아 처에게 다정하다면 아주 운이 좋은
것이지만, 혹은 그렇지 않아 세상에 흔한 짐승 같은 남자여서, 아내
를 무시하고 난봉과 방탕을 일삼다가, 마침내는 공공연히 첩을 만들
어 안에 들이니, 처첩을 한집에 들이는 지나류(支那流) 같은 광란의
행동거지도 있으니, 이를 어찌할 것인가. 종전의 세정(世情)을 따라
그냥 묵묵히 그 광란에 굴복하든지 아니면 물러나 스스로 연을 끊는
것 밖에 방법이 없다. 딸의 결혼은 마치 복권[富籤]을 사는 것과 같다.
당첨될지 아닐지 그 운은 하늘에 있다. 아니, 남편의 마음에 따라,
극락이기도 하고 지옥이기도 하니, 고락희우(苦楽喜憂)[26]가 흡사 남자
손에 있는 장난감이라고 할 수 있다. 이처럼 불안한 여자의 운명으로
인해, 부모가 그 장래를 생각해 안신입명(安身立命)의 법도를 가르치
는 것은 부모 자식 간의 지극히 자연스러운 정이 아니겠는가. 문명
교육이 여자에게 중요한 이유이다. 가령 박식한 대학자는 아니라도,
대강의 세상사를 통달하여 먼저 자신이 어떤 사람인지를 알고, 상대
남자에 대하여 경중을 꾀하고, 남녀가 평등하여 경중이 없는 원칙을
밝혀, 안으로는 깊이 신권(身權)을 지니면서 자존자중하여 결코 동요
하지 않을 만큼 견식을 갖게 하는 것은, 자식을 사랑하는 부모의 의
무일 것이다. 또 구『여대학』의 마지막 문장에 백만 금의 돈을 꺼내
어 여자를 출가시킴은 십만 금의 돈을 꺼내어 아들을 교육함에 미치
지 못한다고 운운하는 의미의 문장을 쓰고 있음은 탄복할 만한 지당
한 것이지만, 나는 한 걸음 나아가 딸의 결혼에서는 의복 일체의 준

---

26 고락희우(苦楽喜憂) : 괴로움과 즐거움, 기쁨과 걱정.

비 외에 그만큼의 재산분배를 권고하고자 한다. 생계가 곤궁한 집은 어쩔 수 없으나, 재력 있는 자는, 가령 딸을 출가시켜 다른 이의 처로 보내도, 만일의 경우에 다른 사람을 번거롭게 하지 않고 자립할 정도의 기본 재산을 주어 생애의 안심을 얻게 하는 것도 역시 부모의 도리일 것이다. 옛날 가르침에 부인의 삼종지도라 하여, 어릴 때는 부모를 따르고, 시집가서 남편을 따르고, 늙어서는 자식을 따른다고 하는 말처럼 덕의(德義)라는 차원에서는 불가하지는 않지만 불안한 심파정해(心波情海)를 건너는 데 인간사의 부침이 한결같지 않아, 남편과 자식을 따른다는 그 순종이란 것은 의도와는 달리 굴복, 맹종이 되니, 만사가 뜻대로 되지 않아 괴로운 예가 있다. 남편이 탐욕하고 인정이 없어, 부뚜막 아래의 재까지도 내 것이라고 소리치면서 방약무인하는 데는 아무리 종순한 부인이라도 손쓸 방법이 없을 것이다. 이러한 상황에서 부인이 지닌 재산은 스스로를 강하게 하는 방편으로, 서서히 무언가를 꾀하기도 편하다. 가령 이러한 극단에 이르지 않더라도, 부인 스스로에게 자력자립의 각오가 있으면, 부부가 서로 마주해 남편에게 무언가를 구하는 일도 적고, 이를 얻지 못했을 때의 불평도 적게 되니, 내 말이 좀 심할지도 모르겠지만, 남편에게 요구하는 것이 적어지면 양자 사이에 생긴 의견의 충돌을 줄이는 데 일조할 것이다. 옛말에 옷과 먹을 것이 풍족하면 예의와 겸양이 흥한다고 한다. 부인에게 재산이 없는 것은 말하자면 옷과 먹을 것이 충분치 않은 것과 같다. 부모가 그에 재산을 나누어줌은, 내가 사랑하는 딸에게 옷과 먹을 것을 풍족하게 주어 부부의 예를 알도록 하는 도가 된다는 사실을 알아야 한다. 다만 부인에게 재산을 주어도 스스로 그것을 처리하는 법을 알지 못한다면, 몇천만의 돈이 있어도 없는

것과 같다. 이미 재산을 가지고 있다면 안정을 꾀하고 그 용법을 궁
리하며, 세간의 사정을 잘 살피고 또 다른 사람의 말을 들음에, 함부
로 의심하거나 믿지 말고 결국 자기 혼자만의 책임이니, 이에 대처하
는 방법이 결코 쉽지만은 않다. 서양 여러 나라 좋은 가문의 여자는
이에 관한 것을 잘 아는 사람이 많다고 한다. 등한히 하고 간과하지
말아야 한다.

『신여대학』 끝.

아래의 기사는, 『여대학평론』과 함께 『신여대학』을 『시사신보』에
게재하는 중, 후쿠자와 선생이 친절하게 이야기해주신 내력을 올해
4월 14일의 신보에 기재한 것이다. 본 저서가 발표된 연유를 알기에
충분할 듯하여 여기에 덧붙여 기록해둔다.

1899년 9월 『시사신보』 기자 씀.

후쿠자와 선생의 여학론 발표의 내력

『시사신보』의 지상에 연재 중인 후쿠자와 선생의 여대학평론(女大
学評論)은, 어제 이미 제5회에 이르렀다. 선생이 이 이론을 기초한
유래는, 서문에도 쓴 것처럼 하루아침에 생각한 것이 아니라, 예전
부터 가지고 있던 사상에서 나온 것이라고도 할 수 있겠지만, 작년에

비로소 붓을 잡고 세상에 공개하기로 결심한 이유는 본인이 말한 바 있다. 친히 선생이 말씀해주신 내력을 기록함에, 선생님은 이 일에 늘 마음을 쏟아, 25세 때, 처음 에도에 나온 이후, 종종 가이바라(貝原)[27] 옹의 『여대학』을 읽고 스스로 짧은 평을 기록한 것이 몇 권이나 되니, 그 초고는 이미 몇십 년 전에 완성되었지만, 당시 사회를 보면 세간 일반의 기풍이 너무 불안정한 것이 마치 미친 듯하여, 진심으로 여학론 등을 주장해도 귀 기울여 이를 조용히 듣는 자가 있을지 심히 의심스러운 상황이었으므로, 단지 이를 마음에 담아둘 뿐 쉽게 발표할 수 없어 시기가 도래하기를 기다렸는데, 그 후 세상의 기운이 진보함에 따라 사람의 마음도 점차 안정되고, 세간의 관찰과 논의가 점차 정밀해가는 가운데, 일본 사회에서 공전의 일대 변혁인 신민법이 발포되었다. 그중에서도 친족 편 같은 것은 과거 일본에서 행해졌던 가족 도덕의 사상을 근본적으로 파괴하고 새로운 주의를 주입할 뿐 아니라, 이를 거가나 처세의 실제에 적용해야 한다는 대단히 큰 변화로, 소위 세도와 인심의 혁명이라고도 볼 수 있는 것으로, 그 민법 초안은 발포 이전부터 이미 유포되어 널리 사람들이 알고 있음에도 불구하고, 그 규정에 대해 일찍이 이론을 주장하는 자가 없을 뿐 아니라, 제12의회에서는 드디어 이를 결의하였고 작년 7월부터 하기에 이르렀던 것이다. 선생은 이 상태를 보고 흡사 강력한 우군을

---

27 가이바라 에키겐(貝原益軒, 1630~1714) : 에도 전기와 중기의 유학자, 본초가, 교육 사상가이다. 후쿠오카의 지쿠젠(筑前)에서 출생하여, 주자학과 더불어 주자의 이기설에 반대한 육구연(陸九淵)의 육학(陸学, 이후 명나라 왕양명으로 이어짐)을 겸하다가 후에는 주자학으로 돌아옴. 본초학에도 관심이 많았고, 자녀 교육에 대해서도 관심이 많아 『화속동자훈(和俗童子訓)』 등의 저서도 남겼다.

얻었다고 생각하여, 유쾌함을 금할 수 없는 동시에 다른 한편에서 보면 개정된 조약을 실시하여야 하는 기한이 당년 7월로 정해져 있어서 일 년 뒤에는 외국인도 내지에 잡거하여 일본인과 고향 이웃처럼 교제하게 될 것이라고 말했다. 종래 그대로 일본의 남녀 관계를 그들의 눈앞에 보여 그 추한 모습을 만천하에 평가하도록 함은, 나라의 영예(国光)에는 일대 오점으로, 일본국민으로서 결코 참을 수 없다. 그것을 교정하는 데 하루를 늦는다면 즉 하루의 치욕을 연장하는 것일 수 있다. 세상 사람의 개신을 촉구하고 스스로 경의를 표함으로써 국가의 체면을 청결히 하는 것은, 무엇보다도 중요한 눈앞의 긴급한 일로서 드디어 숙론을 발표할 시기가 도래했음을 깨닫고, 작년 8월부터 서둘러 붓을 들어, 겨우 30일도 되지 않는 사이에 원고를 탈고하는 이유가 되었다고 한다. 이 『여대학평론』과 『신여대학』 2편은, 선생이 예전부터 갖고 있던 사상으로부터 나와 초고는 이미 몇십 년 전에 완성되어 있었으나, 이를 세상에 발표할 기회를 얻지 못했으나, 시세의 진보도 그렇고, 인심의 변화도 그렇고, 또 한편으로 신민법의 발포는 선생님에게 유력한 아군이 될 것이고 또 내지잡거가 임박함은 선생에게 마침내 그간의 생각을 발표할 필요를 갖게 해, 이에 비로소 이 글을 공개하기에 이른 것이다. 어제 지면에 게재했던 『여대학평론』의 제 5회 중 신민법을 언급한 부분이 있으니, 약간이나마 그 내력을 적어 독자가 참고하실 수 있도록 하였다.

제2부

남성론

사인처세론
士人處世論

후쿠자와 유키치의 『사인처세론(士人處世論)』은 1885년 9월 28일부터 10월 5일까지 6차례에 걸쳐 『시사신보』에 연재되었고, 이어 속편이 10월 24일부터 29일까지 같은 지면에 5편으로 연재되었다. 또한 이 '사인처세론'은 같은 해 12월에 단행본으로 출판되었다.

이 『사인처세론』은 메이지의 무사를 비롯한 사인(士人) 혹은 사족(士族) 계급들이 당시 입신의 길을 추구하는 데 있어, 정부의 작은 관리 자리만을 바라고 있는 것에 대해 비판하고, 사인의 길은 단지 정부 관리로 벼슬길에 나가는 것 외에 무한히 넓다는 것을 논한 글이다. 이 글에서 후쿠자와 유키치는 사인들이 국가의 작은 관리가 되는 길에 몰려들어 다른 일을 전혀 하지 않는 것을 국가적인 낭비로 규정하고 있으며, 이른바 냉정한 계산(冷算)을 따라 시골에서 논밭을 거느린 사인은 그 재산을 잘 관리하고, 도시에 있는 사인들은 공업이나 상업의 길로 뛰어들 것은 적극적으로 권유하고 있다.

위의 사진은 1885년 12월에 출판된 『사인처세론』으로, 게이오 대학 후쿠자와센터에서 공개한 단행본의 표지와 판권지를 사용하였다.

사인처세론

서언

인간이 세상에 있어, 그가 할 수 있는 일은 천태만상이라 제한이 없음은 애초부터 논할 바 못 되며, 이러한 일 중에 어느 것이 존귀하고 어느 것이 천한 것인가 하는 것도, 단지 사람들의 사심(私心)을 따를 뿐, 천지에 규칙이 있는 것이 아니다. 만약 나의 사심에 따라 그 존비(尊卑)를 나누면, 인간 사회에 넓고 큰 영향을 끼치는 일을 존귀하다고 하고, 그 영향이 좁고 작은 것을 천한 일이라 할 뿐이다. 그런데 오늘날 사인(士人) 등의 거동을 살펴보면, 세상에 관직만큼 존귀한 것은 없다고 생각하여, 오로지 관직에 오르기에 열중하여 고민하는 모습이 꼴사나워서, 이를 방관할 수 없는 것이다. 생각건대 오늘 일본의 사인들은 봉건제도의 유풍(遺風)에 훈도(薰陶)[1]되어, 인간 사회에 권력을 휘두르기 위해서는 관리가 되는 일 이외에 없다고 맹신하여, 결국에는 이와 같은 참을 수 없는 일을 저지르고도 모욕당하는 것을 알지 못하니, 작은 어리석음과 추함을 마땅히 용서해야 한다고 말하지만, 이래서는 지금 문명의 진보를 서두르는 일본 사회를 위해 그 해가 되는 바가 실로 어마어마하므로, 결코 묵과할 사안이 아니다. 따라서 나는 올해 9월부터 10월에 걸쳐 '사인처세론(士人処世論)'이란 제목으로 수일간 『시사신보』에 연재하여 차례로 비판하여,

---

1 훈도(薰陶) : 교화하고 훈육함.

당시 많은 조야(朝野)[2]로부터 높은 평가를 얻었으니 나 또한 흡족히 여기는 바이다. 나아가 지금 이제까지 연재한 것을 모아 한 권의 책자로 다시 간행하는 것도, 나의 부족한 뜻을 일본 사인들이 때때로 펼쳐 읽고 오래도록 처세 방향을 틀리지 않도록 바랄 뿐이다.

1885년 12월 『시사신보』 기자 씀.

---

2   조야(朝野) : 정부와 민간인.

사인처세론
士人處世論

　일본의 후진사인(後進士人)³이 어쨌거나 정담(政談)⁴하기를 좋아하고, 입신의 길을 구함에 있어 오로지 관직[官途]⁵만을 취하려 할 뿐 다른 일은 열심히 바라지 않으니, 정부에서도 쓸 만한 인물만을 채용할 것이므로, 한정된 관리 자리에 수없이 많은 사람을 받아들일 수는 없어 이들을 방치해두면, 그간 열심이던 사인은 자신의 진퇴에 어려움을 겪어, 마침내는 있지도 않은 일로 정부를 원망하고 이러 저러한 말을 만들고, 혹은 일단 운 좋게 관직에 오른 자가 정부의 형편 때문에 면직이라도 되면, 그 불평은 더욱더 심해져, 어제까지의 친구도 오늘은 서먹한 사이가 되거나, 어떤 일이라도 정부에 반대만 하는 것 같다. 이러해서는 관민(官民) 간의 조화를 방해할 뿐더러 나라를 위해서도 이익이 없다. 필경 우리 일본에 관직을 원하는 자가 많아 이와 같은 흉측한 사정도 생기기에, 어떻게 해서든 사람들의 마음을

3　후진사인(後進士人) : 후쿠자와는 여기에서 후진, 사인, 사족 등의 용어를 자유롭게 섞어 쓰고 있다. 후진에 대비되는 개념으로 '선진(先進)'의 '노성인(老成人)'이라는 용어를 쓰기도 한다. 혼동을 방지하기 위해 여기에서는 가급적 제목에 드러난 사인(士人)이라는 용어를 주로 사용하고 원문에서 후쿠자와가 '후진'을 강조하는 경우에는 '후진 사인'이라는 용어를 쓴다.

4　정담(政談) : 정치에 관련한 이야기.

5　관직(官途) : 후쿠자와는 이 관도(官途)라는 단어를 여러 가지 의미로 쓰고 있다. 그것은 관직 그 자체를 의미하는 것이기도 하고, 관리 사회를 의미하기도 하고, 관직을 얻어 향후 그 길로 나아가는 일련의 길을 의미하기도 함.

다른 데로 옮겨 그들의 뜨거운 열망을 진정시키고, 정부로 하여금 정치를 자유롭게 하도록 하고, 인민 또한 역시 관직 외에 유유자적하게 근심이 없이 사는 방책이란 과연 없는가 하고, 세상의 식자(識者)는 항상 이를 염려하였고, 나 또한 역시 이를 걱정하는 바이나, 막상 명안은 없더라도, 무릇 사람 마음의 열을 가라앉히고자 함에, 단지 이것을 제거하는 것만으로는 도저히 오래도록 진정시킬 수는 없다. 질병으로 열이 나면 해열제를 써서 가라앉히는 방법도 있으나, 후진 사인들의 입신 열병을 가라앉히기에는 해열제인 키니네[6]도 잘 들지 않는다. 그렇다면 이들의 심사(心事)를 바꾸어 정치 이외의 방향으로 돌리기 위해서는, 다른 곳에서 명리(名利)를 얻을 수 있는 길을 열어 주는 것이 중요하다. 즉 다른 곳이라 함은 공업상매(工業商売)를 말하는 것으로, 적어도 인민들이 독자적인 사업을 가져 이익을 얻고 또한 이에 따라 영예를 빛내게 된다면, 반드시 관직에 대한 일념에 집착하여 고집스레 관직을 구하는 데 이르지도 않을 것이다. 즉 관직을 원하는 사람의 열을 있는 그대로 두고 단지 그 열나는 곳의 방향을 바꾸는 방법으로, 이는 관민 쌍방에 매우 편리한 것이라 믿는다. 내가 평소, 남에게 공상(工商) 사업의 이익을 설명하여, 스스로 그 신분을 중요시하여 독자적인 사업을 통해 영예(栄誉)[7]를 유지해야 한다고 권했던 것도, 내 부족한 뜻이 여기에 있다.

이는 정부의 사업과 민간 공상의 사업을 비교하여 민간의 사업에 따르도록 권하는 것이므로, 이에 본인 스스로를 위하고자 할 때 당연

---

6 키니네(quinine) : 과거 말라리아에 대한 처방에 자주 쓰였던 해열, 진통제.
7 영예(栄誉) : 타인으로부터 받는 존경, 후쿠자와 유키치는 신용과 영예를 사회의 중요한 덕목으로 보고 있음.

히 그렇게 해야 하는 이유를 설명할 필요가 있다. 남이 말하길 일본은 관리의 극락인 나라[極樂國]라고 말하지만, 이는 매우 극단적인 평가로 믿어서는 안 된다. 일신출세는 애초부터 자신의 생애가 끝나고 자손의 이익과 행복을 생각하면 관직이 반드시 극락만은 아니다. 다음에 그 이유를 순서대로 쓰고자 한다.

우선 첫 번째로, 관직에 오르는 것은 많은 노력이 드는 것에 비해 공(功)은 적다. 이는 지금 관직에 오르고자 열중인 자의 대다수에게 너무나 분명한 일로, 전국 무수한 후진 사인들에게, 관직이 어떠한가 물으면 단지 좋다고 대답할 뿐, 싫다며 거부하는 자는 만 명 중 한 명도 없을 것이다. 이것은 단순히 관직만을 탐하는 것에 머무른 사람을 말하는 것이고, 관직을 원하고 관직에 열중한 나머지, 옛날부터 품었던 뜻을 이루지 못할 때는 마음으로 실망할 뿐만 아니라 이내 몸의 처신도 곤란하여 번민하는 사람을 생각해 보건대 도시나 지방에 몇만 명인지 도무지 헤아릴 수가 없다. 사실, 정부의 관리 임면(任免) 수를 보면 1년에 불과 몇백 명에 지나지 않는다. 따라서 관리가 되고자 열중하여 염원을 이룬 사람은 비록 통계표는 없지만 천백 명 중 한 명에 불과하다. 예를 들어 한때 서기(書記) 등이 필요하여, 시험으로 뽑겠다는 광고를 하면, 단 한 명을 뽑는 모집에 응모한 자가 50명이나 100명이 된다. 한낱 서기도 이러한데 하물며 보다 더 적게 뽑는 윗자리는 어떠하겠는가? 관직에 사람이 모이면 모일수록 실망하는 사람도 많다는 것을 알아야 할 것이다. 그러나 이 실망하는 사람도 무언가 다른 직업을 갖고 자신의 일에 열중하면서 부차적으로 관직을 구하는 것이라면 해가 될 리가 없지만, 일반적으로는 직업 없이 헛되게 생활하면서 사방으로 사람들을 만나거나 또한 아는 사람의 집에 기식하거나 하숙집에서 놀고먹으면서 한가한 듯하면서도 바쁜 듯하니 결국에는 시기가 오기만을 기다리는 것이라고 말할 수밖에 없다. 이것을 비유하자면 도쿄 시내의 인력거 수는 3만 대에 이르는데 실제로 손님을 태우고 달리는 사람은 전체의 4분의 1도 되지 않아 다른 인력거꾼들은 길가나 네거리에 무리 지어 주야로 손님을 기다리는 것이나 차이가 없다. 인력거꾼은 평균하면 일이 없는 사람이 4분의 3이나 되고 게다가 네 사람이 한 사람분의 일을 나누어 하는 것이니 조금은 소득이 있으나, 관직을 바라는 사인은 백 명 중 한 명의 요행을 기다리니 것과 같으니, 한 사람분의 일을 위해 구십구 명이 일손을 놓고 있는 이러한 상황은, 인력거꾼이 손님을 기다리는 것과 비교해보아도 훨씬 미치지 못한다고 할 수 있다. 서양의 속담인 '시간은 금'이라는 이치와 과히 다르지 않으니, 관리가 되려고 매진하는 백 명이 한 회사에서 일을 한다고 가정하고 사원 전체의 손익을 따져보면 반드시 손실이 있음을 발견하게 될 것이다. 백 명의 사원이 1년의 시간을 헛되이 낭비하게 될 뿐만 아니라, 알선을 하거나 여기저기 바쁘게 돌아다니기 위해서는 다소 자금을 쓰게 되거나 또는 빚을 지게 되는데 그 결과가 어떠냐고 묻는다면 백 명 중 겨우 한 명의 사원이 당첨되는 것에 지나기 않는 것이다. 가령 당첨된 사람이 월급 100엔을 받는다고 하면 1년간 백 명이 실제 소비하는 금액을 100엔씩이라고 치고 1년 360여 일 일할 수 있었을 시간의 가치를 100엔이라 한다면 합쳐서 200엔인데, 여기에 백 명의 100을 곱하면 2만 엔의 자본이 된다. 이 자본을 1년간 낭비하면서 결국은 한 사람이 일해서 얻는 돈이 한 달에 100엔, 일 년에 1,200엔이 채 안 되는 돈이다. 자본 2만 엔에 대해 실제로 받는 1,200엔은 실로 연간 6%의 이자밖에는 되지 않는데, 게다가 이 요행의 당첨자가 불행히 3~5년을 근무하다 퇴직하는 일 등이 생기면 원금은 물론 없어지거니와 이자조차 받지 못하는 큰 손해라고 할 수 있다. 관리가 되는 길에 열중인 사람 중 어떤 사람은 성공하고 어떤 사람은 실망하니, 그 실망은 그 한 사람의 불운이라고 스스로 마음속으로 생각하겠지만, 세상 사람들은 모르는 일이겠으나 국가 전체의 경제론의 입장에서 볼 때는 계산할 수 없을 정도로 큰 손실인 것이다.

사람들이 관리가 되겠다는 생각에 몰두하는 것이 화식경제주의(貨殖經濟主義)[8]에서 전혀 이익되는 것이 없다는 바는 이미 서술하였으나, 독자의 이해를 돕기 위해 일례를 덧붙이겠다. 예를 들면, 이재에 밝은 금융가가 있다고 하자. 자본가가 몇 명의 인물을 선정하여 각각 그 장래성을 보고, 또 자본가의 충고를 받으면서, 여기에 얼마간의 자본금을 빌려 상공업을 일으키면 수년 후에 그들이 집을 일으키는 것은 물론이거니와 돈의 주인 또한 원금과 이자를 받게 되어 채권자와 채무자 모두 이익이 되는 예는 고금에도 드물지 않은 일이지만, 지금의 자본가가 관리가 되는 길에 몰두하는 이들을 선발하여 입신출세의 자금으로 돈을 빌려주는 일은 없을 것이다. 나는 결코 이런 일이 없을 것이라 단언한다. 원래 세상의 부호는 종종 후진 사인들의 뜻을 도와 그들에게 자금을 주고 결국 그 사람이 관리가 되는 예도 있지만 이는 경제적인 면을 전혀 생각하지 않은 다른 관계에서 생기는 일로, 적어도 자본을 내어 여기에서 생기는 이윤을 얻는 경

---

8 화식경제주의(貨殖經濟主義) : 화폐 중심의 '자본주의'를 가리킴, 주로 중국에서 자본주의를 가리키기 위해 사용하는 명칭임.

제적인 계산만으로는 어떠한 약속을 하더라도 관리가 되기 위한 출세의 비용으로 빌려주지는 않을 것이다. 오늘날 실제 대출업을 하는 사람이 그 사람의 입신출세를 저당으로 해서 돈을 빌려주는 사람은 없을 것이다. 같은 사람이라도 상업을 하는 사람이면 신용으로 자본을 빌려주는 반면 관리를 지향하는 사람은 그를 의심하여 자본을 빌려주지 않는 것은 왜 그러하겠는가? 그 사람이 재능이 있든 없든, 성정이 옳든 그르든 상관없이, 단지 그 사실만 본다면 한쪽은 안전하고 다른 한쪽은 심히 위험하기 때문이다. 금융가는 오로지 돈의 손익에만 눈길을 주어 그 계산하는 바가 극히 냉정하여 소위 '냉산 (冷算, Cool Calculation)'을 한다면 분명 크게 잘못되는 일은 없을 것이다. 그러나 그 냉엄한 계산에 의거해 보면 너무나도 위험하다고 판단되는 관직의 길에 사인들이 쓸데없이 몰려들어 그 길에 들어가길 원하는 것은 어찌된 이유인지 모를 일이지만, '마지막에 뽑힌 사람은 구석에 몰리면 당황한다'는 속담처럼 사인들의 심사는 뜨거워 냉철해지기가 어렵다. 고개를 들어 정부를 보면 부귀한 사람들이 심히 적지 않으니 관직이 높아 사람들에게 존경받고 월급이 많아 부인의 불만이 적으며 게다가 그 거동은 대단히 편하니 민간에서 일하는 자와 비한다면 하늘과 땅 차이라 할 수 있을 것이다. 게다가 유감스럽게도 견딜 수 없는 일은 고향의 죽마의 친구로 항상 자신의 손아래에 두고 울리는 일도 있었고 또 학교에서 항상 공부를 못하여 점수를 잘 받지 못했던 사람이, 오늘날 정부에서 좋은 지위를 차지하여 의기양양하여 옛날과는 인상까지 바뀌어 도중에 만나도 모르는 사람 같다, 그도 사람이고 나도 마찬가지 사람인데 어찌 이대로 허무하게 실겠는가, 그렇시 않겠다는 뜨거운 마음으로 판단하는 눈을 잃어,

본인이 중간 정도임을 잊고, 그 능력이 적음을 잊으니, 지금의 정부에서 좋은 자리만을 얻은 옛 친구가 원래 재능이 있어서 그렇게 됐다는 이유를 모르고, 가령 재능이 충분하지 않아도 어떠한 이유에서건 관리의 길에 나아가는 인연이 있는데 그 내실을 모른 채 단지 남의 부귀만을 좇으려 하는 망상과 번민에 불과하다. 당연히 정부의 좋은 지위를 얻는 것은, 진정으로 축하할 만한 일이나 앞에서도 언급한 바와 같이 축하받을 만한 자리에 있는 사람은 열심히 노력하는 사람의 백분의 일, 또는 천분의 일에 지나지 않는다. 백, 천분의 일의 요행을 바라는 것은 투기(投機)와 같이 대단히 위험한 일로 여기에 다가가려는 자는 현명한 사람이라고 할 수 없을 것이다. 내가 일찍이 말하기를, 한 기인(奇人)이 나타나 매일 아침 시내 공원 부지에 자리를 정하고 아무도 모르게 50전짜리 은화를 던져 놓고 사람들에게 자유롭게 이것을 줍도록 한다면 어떠한 일이 생기겠는가. 어제 아침에는 어느 마을의 아무개가 어떤 공원의 소나무 아래에서 돈을 줍고, 오늘 아침에는 또 어느 가게의 어느 심부름꾼이 심부름 길에 그 근방에서 줍는 식으로, 열흘 동안 매일 그렇게 은화가 하늘에서 떨어진다는 말이 시내의 가난한 사람들에게 전해지고 전해지면 남녀노소 수천만이 무리를 이루어 소나무 아래에서 소동을 일으킬 것이다. 이 무리들 중 한 사람은 은화 50전을 얻어 유쾌한 마음을 가졌겠지만 이것을 줍지 못한 사람의 실망은 어떠하겠는가? 가령 그 실망한 사람의 수를 매일 천 명으로 치고, 반나절 공치고 집에 돌아가는 그 품삯을 평균 2전 씩 잡는다면 실로 전체로는 20엔의 품삯이고 소동이 되는 것이다. 고작 50전의 요행을 위해 20엔을 낭비하니 이는 사회 경제를 위해 이익이 없을 뿐만 아니라 그 한 사람, 한 사람마다 자신에게도 영원무궁한 손해이니, 이러한 일에 들떠서 소동을 피우는 사람은 계산을 못하는 어리석은 사람으로 평가할 수밖에 없을 것이다. 다만 세상에 돈을 버리는 기인도 드물어, 실제로 일어날 수는 없는 소동이며, 단지 나의 공상에 머무는 것이나, 세상의 후진 사인에게 이 공상을 시험 삼아 글로 적어 본다면 필시 어리석은 백성들의 어리석음을 딱하게 여겨 웃을 것이다. 장담하건대, 도대체 뭐가 다르단 말인가? 많은 사인이 정부의 관직에 있는 대소 관리를 보고 그 지위를 요행으로 바라는 것은 그 은화 50전 소문을 듣고 헛되이 공원의 소나무 아래 모이는 것이나 마찬가지로 식자의 비웃음을 면하지 못할 것이다. 내가 본디 사인이 관직에 나가는 것이 옳지 않다고 막는 사람도 아니고, 적어도 관직에 나가는 것에 적당한 특별한 재능을 갖추고 또한 이 길에 들어서야만 하고 고유한 인연도 있어 사람들에게 믿음을 받고 자신도 믿는 것을 바라는 바, 한 발을 쏴도 정확히 맞추어 반드시 실수하지 않을 전망이 있는 사람이라면 마음을 하나로 모아 정부에 좋은 지위를 구하여, 일신의 명예와 이익을 위하는 동시에 천하의 공공을 위해 일하는 것은 당연한 일이지만, 그 이외 무수한 사인은 출신의 어려움이 있어 세상 사람들의 눈에도 그 대개의 사정을 알고, 자신도 분명하게 그것을 보증하기 어렵다면, 가령 어떠한 재기와 능력이 있다고 자신해도 단연코 관리의 길에 대한 생각을 멈추고 하루라도 빨리 다른 독자적인 길로 사적인 입신의 영업으로 방향을 돌려야만 할 것이다.

대체로 사물의 이익과 손해를 판단하는 데에는 평균 수치를 파악하는 것이 중요하다. 예를 들면 골동품상이 다종다양한 물품을 입고하여 이것을 파는 데 원가에 2배, 3배로 팔 때도 있고 10배로 팔 때도

있다. 이러한 점에서 볼 때, 모든 장사 중 골동품상보다 이윤이 좋은
것은 없다. 금방 막대한 부를 이룰 것 같지만 실제로는 결코 그렇지
못하다. 항상 원가의 몇 배 이익을 볼 수 없을 뿐더러 물품을 입고할
때 감정을 잘못하여 큰 손해를 입는 경우도 적지 않기 때문이다. 또
한 그 물품이 자기 수중에 있는 사이에 시대의 흐름에 뒤쳐져 구입
원가에 비해 가치가 낮아져 부지불식간에 원가가 증가하는 형국이
되어 연말에 이르러 가게의 물품을 계산해보면 역시 보통의 장사와
다르지 않게 된다. 그 큰 이익과 큰 손해를 평균으로 잡아 남는 부분
이야말로 순이익이라고 할 수 있다. 고로 고물상은 그 큰 이익을 목
표로 하지 않고 또한 그 큰 손해도 두려워하지 말고 항상 평균으로
만족해야 한다. 바로 그러한 일이 장사의 근본적인 법칙이다.

앞의 이야기는 예로 든 것이고, 이제부터는 사인이 관리 길에 나
아가는 것에 적용하여 명확히 설명해 보겠다. 대체로 천하의 사인이
예로부터 청운의 뜻을 품었을 때는 정부의 최상의 지위에 올라 최상
의 명예를 얻고자 바라는 것이다. 그 취지는 스모에 뜻을 둔 역사(力
士)들 중에 세키토리(関取)[9]를 목표로 하지 않은 이가 없는 것과 같다.
더욱더 지당한 일이겠지만 당연히 사인의 뜻은 응당 그래야만 할 것
이다. 모리 모토나리(毛利元就)[10]가 "천하의 주인이 되려는 사람만이
그 일부라도 이룰 수 있다"고 말했던 것처럼, 모름지기 남자가 뜻을
크게 가지는 것은 필요하다. 하지만 그저 뜻만 거대하고 실제 생활에

9 세키토리(関取) : 일본 씨름에 있어서 계급 중 하나인 주료(十両) 이상의 씨름꾼을
'세키토리'라고 한다. 이 '주료'는 '마쿠시타(幕下)'의 위였고, '마쿠우치(幕内)'의 아래
에 해당하는 계급이었음.
10 모리 모토나리(毛利元就, 1497~1571) : 일본 전국시대의 무장.

서 조금도 타협하지 않는다면 단지 세상 사람들에게 웃음거리만 될 뿐이다. 따라서 뜻을 가진 사인이 아주 큰 뜻을 말하는 것도 좋고, 또 마음으로 저절로 그렇게 믿는 것도 좋다고는 하지만, 내심으로 자신이 확실하게 할 수 있는 일을 확보해 놓고, 마찬가지로 세상사의 평균에 근거하여, 상인처럼 자신의 손익을 평균하여 중간 정도의 이익을 목적으로 하는 것을 따라하는 것도 중요하다. 즉, 앞에서도 언급한 냉산법(冷算法)에 따라 실제로 실망할 만한 염려가 없는 것이면 된다. 하지만 이 냉산법으로 관직의 평균을 내어 보면, 지금의 관리는 병졸, 순사, 지방 관리를 제외하고 대략 7만 5천 명이 있다. 그들이 수령하는 봉급은 어떻게 부르든, 본래의 출처는 인민들이 낸 세금이다. 즉 7만 5천의 대소 관료가 세금으로 살아가는 것으로, 그 세금은 대단히 적지 않다. 가령 관리로 일하며 월 80엔, 연봉으로 천 엔을 받는다고 하면, 우리 국고의 세입 중 7천5백만 엔이 남김없이 관리의 봉급으로 다 쓰이게 되는 게 아닌가. 실제로 그렇게 쓰일 수도 없을 뿐만 아니라 1인당 천 엔은 연봉의 평균치가 아니라, 그 절반인 500엔도 되지 않고, 또 4분의 1인 250엔에도 미치지 못하는데, 내 자신은 정확한 숫자를 모르지만, 어떤 사람에 따르면 대체로 1년에 1인당 150엔에서 200엔 사이가 될 것이라고 추산한다. 지금 막연하게 관리 사회를 건너다보고 고위직만을 계산하기 때문에 월급이 몇 백 엔이라 적당한 것처럼 생각되지만, 이는 실로 그 사회의 소수이고, 중급 이하가 되면 관리 수는 점점 많아지고 봉급은 점점 적어져 최하급이 이르면 실로 가엾다고 여겨질 정도이다. 그렇다면 관직을 열망하는 사인이 오래된 뜻을 이루게 되고, 의도한 대로 관직에 들어서 어느 정도의 지위에 오를 수 있을까 묻는다면, 인물의 재능 여부

내지는 인맥 여부에 따라 뜻밖에 좋은 지위에 오르는 사람도 있겠지만, 재능도 중간에, 인맥도 중간인 사람이야말로 많다고 한다면, 다수의 중간 지위의 관리들은 평균 금액인 1년 150엔에서 200엔의 수입을 각오해야만 한다. 그 정도에서 만족하면 상관없지만, 만약 이 이상을 뭔가를 기대한다면, 골동품상이 큰 이익의 매매만을 목적으로 하다가 조만간 하루아침에 낙담할 때가 있는 것 같이 될 것임은 의심할 여지가 없다. 들자하니 영국정부는 국민에게 소득세(income tax)를 부과할 때 1인당 1년에 150파운드의 소득이 안 되는 자는 면세하는 법이 있다고 한다. 150파운드는 우리나라의 750엔에 해당하기 때문에 영국 인민은 1년간 일해서 한집에 750엔의 소득이 없으면 저소득자로서 면세라는 특전을 누리는 것에 비해, 우리 관료사회의 소득을 평균하면 영국의 저소득자에게도 미치지 못하는 550엔이 된다. 본래 영국의 물가가 비싸서 돈의 가치가 낮고, 일본은 물가가 매우 싸서 살기 좋다고 하지만, 관인의 극락국이라고까지 칭하는 일본의 관리직을 생각할 때 조금 놀랄 수밖에 없다. 극락이라는 명칭이 허무하다고 해야 할 것이다.

　이상에서 기술한 바와 같은 숫자에 틀린 부분이 없다면, 가령 입신의 길을 이룬 자라도 그렇게 괜찮다고 할 수 없다. 필경 지금 관리직을 열망하는 뜻있는 사인이 이러한 평균치를 망각한 채 평균의 아래의 경우는 보려하지 않고, 평균 위의 상황만을 바라보며 무리한 선례를 자신에게 적용하여 오로지 일인천하의 요행을 바라는 공상의 결과로 실망의 비참함에 빠져 진퇴를 할 수 없게 되었다면, 그 뜨거운 바람 속에서도 냉산의 의미를 여전히 잊지 말고, 스스로의 앞과 뒤를 절실히 고민하여 마음에 깨닫는 것이 있어, 기회를 놓치지 말고 눈을 다른 곳으로 돌리는 것이 바로 내가 바라는 바이다.

관직의 명망도를 평균해 보면 뜻있는 사인 입장에서 그렇게까지 매력 있는 것이 아니라는 사실은 앞서도 언급했지만, 내가 보건대, 가령 이 평균치를 넘어 대단이 높은 지위를 얻은 사람이라 할지라도, 그 일생의 득실 여부를 생각해 보면, 의외로 이득이 적다고 판단할 수밖에 없다. 굳이 그 이유를 말하자면, 정부에 좋은 지위를 얻은 사람은 세상에 존경을 받으며 봉급 또한 많겠지만 관리는 백 년을 할 수 있는 것이 아니고, 때로는 보직이 없어지거나 면직되는 경우도 있다. 자칫 잘못하여 면직이라도 하게 된다면, 세상의 존경은 그날로 단절되고, 뒤돌아보는 사람조차 없는 세상이 되므로, 영예는 오래도록 의지할 수 없는 것이고, 다음에 남는 것은 재물이 되겠지만 이 또한 매우 불안한 것이다. 무릇 세계 각국의 문명, 비문명을 구별하지 않고 정부 관리직에 뇌물을 주지 않는 나라가 없다고는 하지만, 불가사의하게도 우리 일본 정부에 한해서 그런 평판은 들을 수 없다. 드물게 그런 이야기를 듣게 된다고 하여도, 정말 드문 경우로 해외 제국의 풍속과 비교하면 천양지차(天壤之差)가 있다. 이러한 점에서 생각할 때 일본은 정녕 군자의 나라로 다른 곳에 자랑하기에 충분하다. 나 자신도 속으로는 이를 떳떳하게 여기는 바이지만, 당국 관리의 주머니 사정을 헤아려 보면, 들어오는 것은 그저 봉급뿐으로, 별도의 이익이 되는 바는 없다. 관리 사회는 어쨌든 간에 겉으로 보이는 체면을 중요시하여 주택, 집기, 의식의 수준도 세상의 평균보다 화려하게 꾸미고, 잠시 외출할 때도, 관리이기에 뻔히 알면서도 불필요한 비용을 써야 하는 경우도 적지 않다. 이른바 교제라는 것에 돈을 쓰는 것은 실로 참기 어려운 바로, 갑이 집에서 꽃 감상회를 열면 을이 별장에서 납량회(納凉会)[11]를 주최하고, 관혼상제에 송별, 유별, 전별에, 기념품에 하나로 대답함에 두 번째가 나오고, 둘로 대답함에 셋으로 나오는 식으로 그 내실은 서로가 힘들어하면서도 서로가 멈출 수 없을 뿐 아니라, 세상사가 평온해지면 평온해질수록 교제는 날로 팽창하여 제한 없는 것처럼 되었다. 필경 지금의 관리 사회는 구번사족(旧藩士族)의 전통으로 조직되어 있어, 돈과 관련해서는 매우 깨끗하고 청빈한 것이 오히려 유력한 세력이 되어 있기에 이 일반적인 기풍에 돈을 가볍게 여기는 것도 당연한 것이다. 그 때문에, 관리가 재직 중에 돈을 모으는 것은 매우 어렵고, 소수를 제외한 대부분 관리는 겉으로는 충분히 안락해 보이는 지위에 있는 사람이라도 집에 재물의 여유가 없고 오히려 부채를 안고 있는 사람이 많다고 한다. 나 또한 그럴 것이라고 믿고 있다.

청운의 꿈을 이루어, 생각한 대로 정부에 원하는 지위를 얻어도, 그저 재직 중에 조금 넉넉하게 살 수 있는 정도로 만약에 만에 하나라도 가장이 중도에 병사하는 것과 같은 불행이 온다면, 어떻게 해야 할지, 어두운 밤 등불이 꺼져 식구들이 가야 할 방향도 동서를 알 수 없게 된다. 농공상의 집이라면 집주인이 단명하게 되는 불행을 맞아도, 유산과 유업만 지키면 부인과 아이들만으로 세상을 살아가는 예는 사실 드물지 않지만, 관리가 사망하는 경우는 마치 일가가 전복되었다고 말할 수 있을 것이다. 또한 사망이 아니라, 보통 면직이나 휴직이 된다 하더라도 또한 두려워할 만한 일이다. 생각건대 일본의 관습에서 볼 때 정부 일과 민간 일은 크게 취지를 크게 달리

---

11 납량회(納凉會) : 여름에 더위를 피하기 위해 하는 모임.

하여, 정부의 일 취급은 항상 신중하게 여겨 작은 일에도 사람을 쓰고 돈을 쓰는 일이 많다. 어떠한 정부 일이라도 이를 민간이 맡게된다면, 인원수도 비용도 정부 일의 3분의 1 내지는 5분의 1 정도까지 줄일 수 있다는 사람도 있다. 혹 실제로 그런 경우가 있다고 하더라도, 그것은 정부의 관리가 나태해서 까닭 없이 돈을 낭비한다고 말하는 것은 아니다. 다만 정부 쪽 일을 중요하게 생각해서 만사만단(万事万端)[12]에 십분 주의하여 정중하게 다루기 때문에 저절로 그렇게될 뿐이다. 민간사업처럼 돈을 절약하기 위해 일의 형식을 고려하지않고, 그저 손익 쪽에만 주의를 기울이는 것과 동일하게 논할 수 없다. 비유하자면 정부 일은 부잣집 가문의 큰 집과 같아서 현관부터가운데 방, 오모테 자시키(表座敷)[13], 오쿠 자시키(奥座敷)[14], 부엌, 차실, 침실, 서재가 각각 별개로 있으면서, 각각에 맞는 담당자를 배분하고, 청소면 청소, 접객이면 접객, 현관 쪽 급사, 안채 쪽 하녀, 담배와 차를 내놓는 것에서 인사, 송별에 이르기까지 정연하게 판에 박은듯하여, 어떤 사정이 생겨도 안쪽의 하녀가 오모테 자시키에 나오거나, 현관의 접객 담당이 침실에 뛰어드는 것과 같은 경솔함은 없어야한다. 가령 아무리 부엌이 바빠도 현관의 급사가 도와주기를 원해선안 된다. 또한 손님의 방문으로 현관의 접객 담당이 바빠져도, 낮잠중인 청소 담당에게 도움을 명해서도 안 된다. 이것이 곧 커다란 집에 고용인이 많고 비용이 많이 드는 이유로, 가난한 가문의 부엌에서밥을 짓는 하녀가 현관의 손님맞이를 나서거나, 식객 서생이 때로

---

12 만사만단(万事万端) : 모든 사안과 형편.
13 오모테 자시키(表座敷) : 입구 가까이의 객실방.
14 오쿠 자시키(奥座敷) : 입구 안쪽의 객실방.

물을 긷거나 시장을 본다든가, 오모테 자시키를 주인의 서재와 겸용
으로 사용한다든가, 침실의 침구를 치우고 식당으로 바꾸는 것에 비
하면 이 두 경우는 매우 다른 것으로, 가난한 집은 오직 돈을 절약하
는 것에만 목적으로 하기 때문에, 일의 형식을 살펴볼 수 없어, 체계
없다는 소리를 듣더라도 최선을 다하는 것이다. 정부의 일과 민간의
일을 비교하면 정확히 부유한 가문과 가난한 가문의 모습으로, 다
년간 정부의 지위를 얻어 봉직한 자는 이 부잣집의 고용인이나 다를
바 없다. 가령 재덕겸비라 할지라도 몸에 밴 습관은 부자들의 습관으
로, 도저히 이를 가난한 집에 적용할 수 없는 것은 분명하다. 그런데
도 민간의 영업은 상당히 혹독하여 천변만화(千變万化)해서 임기응변
이 필요한 것처럼, 주인이지만 심부름꾼 일도 하고 장부 관리자로서
항상 매매 시세에 신경 쓰는 등 가급적 사람을 적게 쓰고 비용도 줄
이는 것을 중요하게 여겨 종이 한 장 붓 한 자루까지 세심하게 신경
을 써서, 흔히 말하는 대충대충 넘어가는 그런 일은 절대 없는 것이
관행이므로 정정당당히 정부의 사무에 몸이 밴 사람이 어찌 이에 적
응할 수 있겠는가? 그것이 부적절하다는 것은 마치 예를 가르치는
스승을 불러서 부엌일을 시키는 것과 같다. 때로는 일에 도움은 안
되고 방해만 될 뿐이다. 이를 요약하면, 관직에 있었던 자는 나라일
이라고 불리는 그 한 분야에만 숙달된 자로, 이에 통달하면 할수록
점점 속세의 일과는 더 멀어져 실제 영업에는 전혀 관련 없게 되는
것은 세상(人心)의 법칙에서는 논쟁의 여지가 없는 것이다. 그러므로
지금 관직에 있어 오랜 경력이 있는 사람이 하루아침에 직장을 그만
두게 되면 무엇으로 이후의 생계를 유지해야 할 것인가? 같은 속세
의 일로 포목점 직원이 가게를 떠나 약국에 가면 장사 종류는 예전과

전혀 다르지만 장사의 정신은 같기 때문에 새로운 사업에 익숙해지기 쉽지만 관리의 공무 사회와 일반인들의 영업 사회는 일의 성격이 전혀 반대라 서로 섞일 수 없다. 바쁜 속세의 사람을 정부 안에 한가한 자리에 배치하여도 당분간은 당황하여 제대로 일을 할 수 없다. 더군다나 느긋하고 원칙에 익숙한 사람을 변화가 심하고 바쁜 민간으로 옮긴다고 하여서야. 나는 이런 식의 방향 설정에서 혼란이 발생하는 것을 우려하는 것이다. 따라서 관리는 영원한 관리가 아니니 설령 요행으로 좋은 지위를 얻는다고 해도 사망 혹은 사직할 때를 생각하면 재직 중 일순간의 영화(榮華)는 향기로운 듯하지만 이는 민간의 영업이 은근하게 오래도록 이어지는 것에 비할 바가 아니다. 복숭아와 배꽃이 피어도 비바람 부는 밤이 있다. 나는 후진 사인들을 위해서라도 요염하지 않더라도 늘 푸른 송백을 사랑하는 것이다.

문벌(門閥)은 봉록(俸禄)과 떼려야 뗄 수 없다. 예를 들어 도쿠가와 정부 시대를 보라. 이름난 가문의 자제는 아주 많았지만 봉록이 전혀 없는 사람은 세상에 이름도 내지 못했다. 어느 마을의 누구누구는, 그 옛날 영지가 몇만 금이나 되는 어떤 마을 태수의 후예이자, 지위가 무슨무슨 지위인 모 공(公)의 후예로, 족보도 진짜고 조상 대대로 내려온 보검과 갑옷도 있고 벌써 작년에는 마을 사람들을 모아 몇백 년 된 제사를 지내면서 본가의 장손으로서 제일 먼저 분향했다는 등의 이야기는 흔히 듣는 것이지만, 슬프게도 그 집에 봉록이 없기 때문에 집안이 좋다고 해도 역시 평범한 백성임을 벗어날 수 없다. 또는 여러 번사 또는 막부의 신하 중에도 명문가 출신의 직위가 낮은 신하가 있고 신참 대신도 있다. 나의 조상은 도쿠가와 이에야스 공과 세키가하라 전쟁에 같이 참전하여 적군의 목을 일곱이나 베었다고 하지만, 지금의 봉록이 불과 삼십 말이라서 삼천 석의 봉록이 있는 신참 대신을 향해 무릎을 꿇을 수밖에 없으니, 오직 가문만 그렇다는 것이 아니라 작위가 있다고 해도 봉록이 수반되지 않으면 빛날 수 없다. 봉건시대 교토의 구교[公卿][15]라는 지위는 대단히 높아 정 몇 품이라 하여 도저히 무사들이 꿈꿀 수도 없는 사람으로 그런 귀족이 많았는데 실제 세력에서는 종5품 이하에 해당하는 다이묘에게 한마디도 할 수 없었다. 따라서 문벌이라는 것은 단지 명문가 자손의 출신처럼 생각하는 사람도 있겠지만 사실은 결코 그렇지 않다. 제아무리 부족한 인물이라도 가문과 더불어 봉록을 가지고 있으면 대대손손 이에 의지하여 생활에 지장이 없고 남에게도 베풀 수 있으며, 그 사는 모양이 너무나도 풍족하기 때문에 자연스럽게 세상 사람들이 존경을 하니 봉록으로 인해 그 가문과 지위도 빛난다는 것을 알아야 한다. 이것이 바로 봉건시대의 범용하고 어리석은 주인이 어릴 때부터 교육받지도 못하고 나쁜 가풍 속에서 습관을 키우면서도 큰 집을 상속받고 무사할 수 있었던 이유이다. 이처럼 봉록의 힘이 크다고 할 수 있다.

메이지유신 이후 질록처분(秩禄處分)[16]으로 관직에 있는 사람은 봉직하는 중에 월급만 수령할 뿐이어서 자기 대의 봉록조차 받지 못한다. 또 작위가 있는 화족을 제외하고는 위기(位記)마저도 자손에게

---

15 구교(公卿) : 정3품 이상의 벼슬을 한 귀족을 가리킴.

16 질록처분(秩禄處分) : 1874년 메이지 정부는 봉건무사에 대한 봉급 지급이 큰 부담이 되어 무사에 대한 봉록을 제한하게 되고, 1876년에는 질록처분을 단행하여 봉록을 공채로 지불하게 된다. 당시 공채 이자는 매우 낮아 하급무사들은 경제적으로 큰 어려움을 겪게 되었다.

전할 수 없는 법이어서 아무리 고귀한 지위에 있는 자라도 관직을 그만두고 죽을 때는 아무것도 남지 않는다. 다행히 집에 축적된 재산이라도 있다면 자손도 그것으로 먹고 살 수 있겠지만, 그것도 없이 본인이 생전에 재직하던 중의 생계로, 매월, 매년 수입과 지출이 같다면, 자손은 모두 보통의 가난한 사인이나 평민으로, 조상이 어떠한 공로가 있어도 유족을 위해서는 전혀 도움이 되지 않는다. 어쩌면 이것이 문명개화의 큰 지침으로, 국민 개개인이 자신의 능력으로 살아가되 이미 죽은 자의 공로에 의지하지 않는 것으로, 새로운 천하는 바로 이러해야만 한다. 이것이 내가 늘 주장하는 바로, 이전의 막부 시대에 약간의 공로가 있는 자가 봉록을 대대로 이어받고, 관직을 이어받고, 또 작위를 이어받고, 심지어는 유학자나 의사들이 그 학술을 대대로 이어받았던 그러한 것에 비교하여 같이 논할 수 없다. 여기서 관직 사회에 대해서 우려할 한 가지는 우리나라의 제도가 완전히 봉건 문벌 체제를 해제하였다 하더라도, 몇백 년 내려온 몸에 밴 것을 쉽게 씻어낼 수 없는 것이어서, 정부와 인민 사이를 보니 상하존비의 차이가 심하고, 그러한 차이가 공용문서에 나타나 문자의 대소, 경어 용법 등은 물론, 정치와 관계가 없는 일상적이고 사소한 성질에 있어서도 정부와 관련된 것이라고 하면 일정한 특별한 무게가 있는 것이라 생각하여 존중하게 된다. 봉건세록의 시대에 이른바 공적인 용무를 무턱대고 존경했었던 그러한 것을 적잖이 떠올리도록 한다. 정부와 관련된 것을 대표하는 자는 관리(공무원)이기 때문에 속세의 사람들이 보기에는 관리가 특별하게 신분이 높은 자라고 생각을 하지 않을 수가 없다. 여행을 떠나는 길에서 숙소의 대우라든가, 장 보러 가면 여러 상인들의 인사가 그러하고, 집에 출입하는 사람들이나 고용한 남녀들까지도 주인을 받들어 나으리, 마님, 도련 님이라고 떠받드는 모습은 꼭 그 집의 자산이 많아서 사람들에게 돈 을 주기 때문이거나 또 그것을 많이 주기 때문이 아니다. 평민 사회 의 나으리인 사장도, 관리 사회의 나으리도, 돈을 쓰는 것은 같으니, 사람들이 보는 눈에 이러한 차이가 있는 것은, 돈이 원인인 것이 아 니다. 관리 쪽은 그 돈에 동반하는 신분이라는 것을 가지고 있어서, 나으리, 마님, 도련님이라는 존칭을 받고 결국 평민과의 사이에 큰 격차가 나서 마치 인종이 다른 것 같은 관습을 이룬 것이다. 또 주인 이 나으리면 아들은 젊은 나으리로, 그 위광이 저절로 내외에 빛나는 것은 당연한 것이나, 그것도 세상일에 경력이 있는 자수성가한 사람 [老成人]이라면, '지금이야 나으리지만 근본을 생각하면' 운운하면서 혼자 마음속으로 수긍하며, 교제에 있어 가감을 하게 되는 것이지 만, 2대 째에 이르는 젊은 나으리에게 있어서는 그러기 어렵다. 주위 에서 장단을 맞춰주는 일이 많고, 집안의 형편이 풍요롭다. 가령 아 버지가 엄하게 이것을 훈계하여 가르쳐도, 가르치는 것은 보고 배우 는 힘에는 미치지 못하여서, 어떻게 공을 들여도 어린 마음에 자존의 마음이 생기는 것을 막을 수는 없다. 왜냐하면 관리가 관직에 있는 동안은 평민사회와 신분을 달리하여, 빈부에 구애받지 않고 존비의 인종을 달리하는 것 같은 것은, 공사(公私)의 습관이 사실에 있어 명 백한 까닭이다. 결국 수백 년 우리나라의 사인이 존경받고 인민이 천대받는, 그 사존민비(士尊民卑)의 관행이 지금은 관존민비(官尊民卑) 의 모습으로 바뀌어서, 관리의 집에 그러한 분위기가 생겨, 집안사 람의 마음도 자연스럽게 그 분위기에 감화되는 것이므로, 이것을 어 떻게 할 수가 없다. 애당초 사회를 위하여 이 관존민비의 득실을 논하는 것은, 본론의 취지가 아니므로 이것을 생략하고, 오로지 집의 이해득실만을 말한다면, 현재 관리의 신분과 봉급이 자손에게 전해 지는 것이라면, 평범한 가풍도 그대로 남겨, 새로 문벌을 일으켜서 후대 만세까지 안심할 수 있겠지만, 현 문명의 일본국에 있어서는 이것을 허락하지 않고, 관리의 영화(榮華)는 재직하는 중에만 누릴 수 있을 뿐 그 이후에는 사라져 흔적도 없게 되는 것을 어찌하겠느 냐. 집에 세록이 없는데 집안사람들은 그 신분이 높은 것에 익숙해 져, 입고 먹는 것이 비루해도 자존심만 센 것은, 이를 자손의 고통이 라고 말할 수밖에 없다. 비근한 예를 든다면, 모든 번의 사인이 갑작 스레 가록(家禄)을 잃어 지금 이렇게 고생하고 있는 것이 아닌가. 사 인에게는 금록공채증서(金禄公債証書)도 있고, 게다가 그 인물은 결코 어리석지 않다 하더라도, 어릴 적부터 신분이 높은 것에 익숙해지 고, 가록이 풍요로운 것에 익숙해져서, 자신이야말로 일본에서 조금 특별한 신분을 갖고 있는 자라고, 스스로 믿고 남들도 이를 허락하였 던 것이, 갑자기 그 가계가 뒤집혔기 때문에 이처럼 되었을 뿐이다. 현재 관리가 사직하거나 사망하는 것은 사인이 폐번의 재난을 겪은 것이나 다를 바가 없다. 그 재직하는 중에 가계가 번창했던 사람이, 훗날에 더 고통이 심할 수밖에 없는 것은, 구번사족 중에 큰 녹을 받던 사람이 폐번 이후에 더 큰 고난을 느끼는 것과 동일한 것이다. 따라서 후진 사인들이, 관직 길에 들어 의기양양해 하는 것을 보고, 부러움에 견딜 수 없는 것 같이 되는 것은, 장년의 혈기에 가장 심해 지지만, 장년은 백 년 동안 장년이 아니고, 영구히 자손을 위하고자 한다면, 필시 관직을 부러워하는 것은 충분치 못하다는 사실을 발견 하게 될 것이다. 하물며 인생은 관직의 길 외에 이루어야 할 사업과 얻어야 할 공명이 대단히 많으며, 그 사업과 공명이야말로 영원히 천하 후세에 흔적을 남기는 것이라면야. 옛말에 이르기를, 차라리 닭의 부리가 되더라도 소의 꼬리는 되지 말라고 하였다. 정부의 꼬리에 매달려 국민의 세금으로 먹고, 그 자본에 의뢰하여 일을 하기보다, 이 한 몸이 작다고 하더라도 분발하여 독립된 일을 하여, 문명 남자의 이름에 부끄럽지 않도록 하라.

'사인처세론'이라는 이 글의 제목은 오늘날 후진 사인들이 세상을 살아가는 데 있어 이와 같이 처신한다면 반드시 그렇게 되리라는 길을 보이고 싶다는 것으로, 그 대략적인 뜻을 다시 말하면, 모든 후진 사인들이 그 뜻을 정치 한쪽에만 두어, 몸 붙일 곳은 오직 관직의 길뿐이라고 목적을 정하고, 수에 제한이 있는 정부의 지위에 밀어닥치고 몰려 들어가서는, 무한한 사람에 대해 유한한 지위로, 어떻게 해도 정리하기 어려워, 모든 사인들이 실망하는 것은 물론, 정부를 대신하여 생각해 보아도 전혀 방법이 없어, 점점 단지 정치하는 것에 곤란해질 수밖에 없다. 따라서 사인이 관직에 열심인 것은, 정부를 위해서도 자신을 위해서도 심히 좋지 않은 일이어서, 남자답게 몸을 일으켜, 관직의 길로 나아가는 일은 딱 잘라 그만두었으면 하는 논의의 실마리로부터, 그 극락세계라고 칭하는 관직의 길도, 마음을 비운 평온한 기운으로 감정해보아, 소위 냉산으로 이해손익의 출입을 정산해보면, 그다지 향기로운 직업이 아니라고, 그 다음을 말하였다. 그렇다면 독자 제군은 관직의 한 길에 열심인 것은 정부나 개인 모두를 위해서 불리한 것은 동의하되, 그러나 관직의 길을 단념하고 어떠한 일을 해야 하는가 하는 질문이 생기는 것은, 반드시 당연한 순서일 것으로, 그것에 답하는 것이 혹이나 어렵다고 생각하는 사람도 물론 있겠지만, 나의 소견으로는 결코 어려운 일이 아니다. 단지 일반적인 보통의 상업과 공업에 종사하자고 답변하는 것만으로 충분할 것이라고 믿는다. 혹은 모든 사인의 생각으로는 상공의 일은 어려워 계산상으로 수지가 맞지 않는다고 말할 수도 있다. 내가 묻고자 하는 것이 바로 그것이다. 첫째, 그 일이 어렵다고 하는 것은 어떤 까닭인가. 여러분은 소년 시절부터 책을 읽는 법을 강구하여 심신을 괴롭히고, 긴 겨울밤 잠을 잊고, 여름의 더운 날 땀을 내며, 간난신고할 뿐 아니라, 그 어려움이 점점 심할수록 그것을 견디는 용기를 내어, 마침내 일을 이룬 사람들이 아닌가. 지금 이 어려움을 견디는 용기를 전환하여, 바로 이것을 상공의 사업에 이용한다면 무슨 일이든 이룰 수 있지 않겠는가. 예를 들어 지금 현재 오래된 상공회사를 보라. 어떠한 인물이 있는가. 그들이 어떠한 어려움을 견디고, 어떠한 용기를 펼쳐, 얼마나 견문이 넓으며, 어떠한 지략을 발휘하고 있는가. 어려움을 견디는 용기, 세태인정에 통하는 견문, 때에 다다라 변화에 응하는 지략, 모두가 우리들 실학자들 아래 몇 단계나 뒤떨어져, 더불어 이야기할 만한 인물들이 아니다. 이러한 무식 범용한 무리들이, 상인이 되고, 공업가가 되어, 스스로 득의의 얼굴을 하고서 세상에 나서는 경우도 있지 않은가. 결코 상공업의 일이 어렵지 않기 때문인 것이다. 그리고 두 번째로 상공업이 이득 될 것이 없다는 말은 가장 수용하기 어려운 이야기니, 논의보다도 눈앞에 실례를 제시해 보이겠다. 대부분의 많은 사인들은 도회를 왕래하며 길가의 가게를 보는 것이 일상의 일일 것이다. 포목점(呉服店)도 있고, 주점도 있고, 종이가게도 있고, 담배 가게도 있고, 도매상(問屋), 소매상(小売見世) 등 천차만별이어서 헤아리기도 어렵다. 그렇지만 그들은 무엇을 입고 먹는가 하는 것을 생각해 본다면, 관리와 같이 월급을 받아 세 (貰)로 먹고 사는 것이 아니며, 화족이나 사족처럼 공채증서를 받는 것도 아니고, 빈부대소의 차이는 있을지언정 모두 자력으로 입고 먹는 것이니, 즉 그 영업에 있어서 이익 있음을 명증한다. 또한 여러 사인들이 돈을 융통하거나 거래하는 모임의 이야기를 들으면, 그곳에서 화제가 되는 사람들은 대부분 상인으로, 예를 들어 동경에서도 고지마치(麴町) 구에는 관리가 많고, 니혼바시(日本橋) 구에는 상업가가 많으니, 돈과 관련된 사람들이 목표로 삼는 곳은 월급이 모이는 고지마치가 아니라 상업이 번창한 니혼바시에 있음은 무엇을 의미하는가. 상업의 힘이 월급의 힘보다도 크다는 것을 미루어 알 수 있지 않은가.

이와 같이 상공업은 이 정도로 어렵지 않고 이익이 많은데, 모든 사인이 그 일에 종사하는 것을 두려워하는 것은 단지 그 죄가 모른다는 것에 있지만, 모르는 것으로부터 아는 것으로 들어가는 것은 사인 여러분들이 이미 실제의 경험으로 경험한 것으로, 그 일례를 들자면, 사인 여러분들은 본래 한학류(漢儒流)의 자손으로 선대 이래로 혹은 그 자신도, 이전에는 서양문명이 어떠한지를 알지 못하면서도 시대의 변천이 이러하니 세상에 대처하지 않으면 안 된다고, 크게 분발하여 서양에 관심을 기울이고, 혹은 서양의 책을 읽고, 혹은 서양의 사람을 만나거나, 혹은 몸소 서양 제국에 왕래하여 친히 그 사정을 시찰하고, 점점 더 그 사회의 사회 조직에 심취하여, 일체만사를 그 국가의 규범을 모방하기에 힘써, 지금은 심신 모두 변화하여, 예전 한학류였던 때의 일을 떠올린다면 완전히 다른 사람이다. 일찍이 서양의 사정을 알 수 없었던 상태에서, 그것을 아는 문으로 들어가게 되면, 그 움직임의 활발함은 실로 놀랄 만한 정도가 아닐 것인가. 이와 같이 지금 한학류에서 서양의 문명류로 바뀌었다고 하지만, 그 문명은 오직 학문이나 정치의 영역에만 한정되어, 이 구역 밖으로는 일보를 옮기지 못한다. 상공의 일은 군자의 알아야 할 바가 아니고, 모르는 일에 다가가서는 안 된다고, 스스로 위축되어 오르려는 손도 발도 움직일 수 없는 것은 어째서인가. 처음에는 용기를 내다가, 나중에는 겁을 내는 것인가. 나는 그 이유를 이해하기 힘들다. 혹은 지금 후진의 사인을 생각건대, 상공은 천한 직업이어서, 군자가 가져야만 하는 일이 아니라면, 속으로 부끄러워하는 의미라도 있는 건가. 그것은 직업의 천함에 있는 것이 아니라, 그것을 행하는 사람의 천함뿐. 종전과 같이 무식비굴한 시정배 무리가 식산의 세계를 도맡게 되다 보니, 천하게 보인다고 하더라도, 적어도 그 일이 교육을 받은 군자의 손으로 돌아가게 되는 때는, 점점 면목을 새롭게 하여 마침내 군자의 일이 됨은 또한 의심할 바 없다. 고로 모든 사인을 위해 일을 꾀함에, 민간식산의 사업을 보아, 그것을 천한 소인의 일로 피하기보다는 스스로 나아가 그것을 얻어, 그 사업을 군자에게 맡게 하는 것이야말로 중요할 것이다.

이 점에서 생각하면, 나는 후진의 사인만을 단독으로 책망하는 것이 아니라 선진의 노성인에게 향해서도 바람 몇 가지를 말하고자 한다. 지금의 노성인도 예전은 한창 기운도 높고 능력 있던 인물로, 사회에서 입신을 구했던 사람이었으나, 그 바랐던 것과 달리 관직 사회의 밖으로 밀려나 안택하지 못했다. 처음에는 그 역시 서양의 설을 말하여, 구속받지 않고 독립하기를 결단하면서 자력으로 살면서 사회의 통폐를 바로잡는 등, 중요한 말을 내뱉었을지라도, 돌이켜서 관직 사회를 보고 좋은 지위가 있으면, 이에 품어온 뜻을 펼쳐 공명을 성취하는 것을 일과로 한다. 이것은 사람들의 각자 생각에 따라, 형편이 좋을 때는 따르고 나아가야 할 방향을 정해, 이로 어엿한 남자를 이룬다고 하겠지만, 혹은 그 마음을 관직에 두지 않고, 단지 부득이한 사정에 쫓기는 이러이러한 일 등의 이유로, 결국 본의 아니게 여느 때처럼 걱정 없고 편한 곳으로 돌아가는 사람 또한 적지 않다. 생각건대 그 본의가 아니라 함은 거짓을 꾸며 말하는 것이 아니므로, 진실로 본의가 아니라는 함은 본인도 옆에서 감히 보증하는 바이지만, 부득이한 사정의 힘, 그것이 매우 강대하여 이에 저항할 수 없다. 즉 그 사정의 전후 형편을 없애고 순수한 내용만을 추려 낸다면 결국 생계 하나로 귀결되니, 당장의 필요 때문에 관직에 오르려고 한다면, 애초부터 자신의 뜻을 달성하려는 목적에도 맞지 않다. 또한 이미 정부의 중요한 자리에 있는 자가 그 자리를 떠나는데 있어, 결연히 벼슬에서 물러나기보다도 한적하고 편안한 지위라 생각하여 한낱 이름뿐인 벼슬자리에 앉아, 극히 무료하게 하루하루를 보내는 자가 매우 많은 것 같다. 이러한 부류의 사람은 세상의 명망도 적지 않고 재력도 있어, 지금은 오랫동안 벼슬에 있거나 다소간 재산도 당연히 있기에, 특히 나는 그들에게 한 번 더 분발할 것을 바라마지 않는다. 왜냐하면 그 사람의 경력이 처음부터 관직을 좋아하지 않거나 혹은 좋아해서 관직에 올라 허세부리더라도, 그 득의만만한 시기는 이미 지나가 버리고 지금은 무료함에 허덕일 정도의 몰골이 되는 고로, 다행히 그 신분에 맞는 명성과 재력과 자본을 이용해서, 순전히 상공사회에 새로운 지위를 차지해, 완전히 관직을 벗어나 독립된 사업을 일으킬 때는 그 신분에 이로울 뿐만 아니라, 실지로 솔선한 사례를 후배들에게 보여주어 그 날카로운 기세를 북돋는 공적과 재능, 실로 막대할 것임이 틀림없다. 나이든 선진 성인들이 말하길, 우리들은 이미 나이가 들어, 무엇도 사회에 바라는 바가 없다고 말하면서도, 그 몸이 바라는 행방은 여전히 관직을 향해 있다. 설령 자신 세대는 그렇게 끝난다 하더라도, 선배들의 행동은 후배들이 마땅히 이를 배워야 한다. 선배와 후배가 차례로 서로 배우며, 온 나라 후세 사람 모두가 지금의 나이든 성인을 본받아, 단지 무사안일을 원하여, 마치 관직에 은둔하는 궁리만 생각한다면, 이 사회는 어찌 되겠는가. 후세를 위해 깊게 우려하는 바이니, 하물며 오늘날 세계의 추세가, 민간을 위협하고 있으며, 위협하지 않을 수 없는 사업이 매우 많은 현재에 있어서, 이런 나이든 성인을 등한시하는 것은 나라를 위해서도 안타깝기 그지없다. 대선배에게 무례하더라도 감히 그 사안에 대해 번민하는 것이다.

사인처세론

속

일본은 관리의 극락으로, 만약 관직을 얻게 된다면, 첫 번째, 그 일의 성격은 민간의 일과 달리 크게 힘들거나 바쁘지 않아, 매일 출퇴근 시각도 정해져 있고, 그 전후의 시간을 이용하면, 개인적인 용무를 볼 여유도 있다. 일요일의 전부와 토요일의 반나절, 그것에 더해 한여름 휴가나 반휴가, 연말연시의 휴일 등이 있어, 민간의 바쁜 일과에 비교한다면 관직의 1년간의 일은 고작해야 민간의 6개월에도 못 미친다고 할 수 있다. 두 번째는 월급의 차등이 있다. 월급이 적은 사람은 정말로 적다고 하지만, 일본인의 재능에 비한다면 평균보다 적지 않다. 이러한 사정이기에 아무리 낮은 관직이라도 그것을 구하기 위해 몰려들고, 많은 경우 사표를 제출하지 않을 뿐만 아니라, 면직에 대한 두려움이 심한 것을 보면, 그 급료가 상당히 많다는 것을 알 수 있다. 세 번째는 관직을 얻은 사람은 금전 외에 무형의 권력이 있어, 세간에 대한 얼굴색은 심히 도도하다. 특히 지방에서는 관의 영향력이 매우 커서, 만약 관리라고 한다면, 이에 대하여 공사(公私)를 불문하고, 일종의 특별한 인종처럼 대해, 예를 들어 평민과 관리가 똑같은 돈을 내고 똑같은 자리에서 음식을 먹고 또는 스모나 연극 등을 볼 때도 평민과 관리가 서로 만나면, 나이나 빈부에 상관없이 그리고 그 인물의 똑똑함이나 우매함에 상관없이 오로지 유일하게 한쪽은 관리기 때문에 그를 우러르고 존경하는 것은,

실로 이해할 수 없는 모습이라 할 수 있다. 게다가 이보다 더 기괴한 광경은, 관리가 증기선이나 기차를 하등칸에 타고, 평민이 중등이나 상등칸에 탔을 때, 배 안이나 기차 안에서는 상, 중, 하의 차별이 엄중하여, 상등칸의 손님은 돈 있는 만큼 빛이 나고, 하등칸은 하등 칸인 만큼 불편하고 자유롭지 못하지만, 일단 여행객이 배나 차에서 내리는 때는, 홀연 안색을 바꾸어 앞서 상등의 손님도 하등의 관리를 향해 몸을 조심하여 머리를 조아릴 수밖에 없다. 이는 실로 인간세계의 진기한 광경이라 하지만, 이것이 오늘날 일본의 풍속으로, 애써 관리가 자랑하지 않더라도, 사방팔방에서 기꺼이 이를 자랑케 함은 시비를 가리지 않을 만큼 당연한 일이라고 해야 할 것이다.

이와 같이 일본의 관직은 비교적 상당히 좋은 것으로, 그것에 오르는 것은 실로 얻기 어려운 행복인 것 같지만, 그 내막으로 들어가 속사정을 살펴보면, 바깥에서 보는 것만큼 그다지 훌륭한 것이 아니다. 정부일이 바쁘지 않고 여가가 있다고 해도, 그 여가는 의외로 도움이 안 되어서, 지금까지 관리가 공식적으로 쓰는 여가를 통해 어떤 큰 사업을 이루었다고 하는 이야기는 들어본 적도 없다. 결국 인간의 몸은, 편하면 편함에 익숙해지고, 또 그 편한 일에 바쁘게 된다. 또 급료가 비교적 좋다고 하는 것도 다만 근시안적인 일로, 비교적 좋다면 그 외에 비교적 나쁜 상황도 있고, 다른 사람이 알지 못하는 지출도 있어, 결코 실 수령액의 순익에서는 아니기 때문이다. 말보다 증거를 보이자면, 지금의 관직 사회에 재산가는 드물고 청빈한 군자가 많음을 보면 알 수 있다. 또 관리님은 극히 대우받는다고 말하는 것도, 그 대우가, 옛날과 같이 세록에 수반되는 대우가 아니기 때문에, 하루아침의 영화이므로 나팔꽃의 영화(榮華)[17]과 같다. 결

국 그가 죽거나 또는 사직이나 면직의 재난이 내려오는 때는, 전날의
화려함은 도리어 마음을 번뇌케 하는 요소가 되어, 친지와 붕우들에
게 면목없을 뿐 아니라, 집안사람들에 대하여서도 어쩐지 입지가 좁
아지니, 사람들에게 말 못할 고통이 얼마나 크겠는가. 이러한 등의
일을 앞뒤로 사리분별(思慮分別)해보면, 관직의 길은 결코 극락세계가
아니며, 즐거움 가운데 고통의 씨앗을 품고 있어, 즐거움이 반, 괴로
움이 반이어서, 처음에는 길하지만 끝은 흉하다고 판단할 수 있다.
지난날 『시사신보』의 「사인처세론(9월 28일 이하의 사설)」에 관련된 내
용을 썼으니, 독자 여러분은 이미 일독하였으리라. 이처럼 세간의
뜻있는 사람도, 집에 일전의 재산은 없지만 상당한 재능을 품고, 게
다가 불행하게도 그 재능이 오직 관직을 얻겠다는 한편의 주문에 응
하게 되어, 동서남북, 몸을 움직이기에도 궁해진 사람은 어쨌든지
간에, 넓은 인간세계를 조망하여 뭔가 자력으로 이룰 수 있는 일도
있으니, 그 방향으로 나아가 영구히 독립(独行)하여, 홀로 서는 인간
이 되기를, 나는 바라 마지않는다. 관존민비는 오늘날 일본의 풍속
으로, 혈기 있는 장년들이 그 모습을 보고서, 다른 사람에게 무시당
하기보다도 자신이 다른 사람에게 으스대는 신분이 되려고 번민하는
것은 지극히 당연하지만, 이 풍속은 단지 일본의 봉건 정치의 인습으
로 영원히 이어질 것은 아니다. 관직이 원래부터 귀하고, 관리가 원
래부터 중하다고 해도, 단지 정치에 있어서만 대우받을 뿐으로, 한
국가의 일은 정치적인 일만이 아니라, 상공업, 학문, 어느 하나 중요
하지 않은 것이 없어, 그 중요함은 정치의 중요함과 다르지 않다.

---

17 나팔꽃의 영화(牽牛花の榮華) : 금방 피었다가 금방 지는 나팔꽃에 비유되는 화려함.

이처럼 중요한 상공업이나 학문에 종사하는 사람이, 대우받는 것에 있어서 관리에 비해 조금도 차이가 있어서는 안 된다는 것은 실로 명백하고 지당한 사실로, 서양 문명국가들에서는 지금은 새삼스럽게 의심하는 사람이 없지만, 단지 일본의 문명은 역사가 오래되지 않은 까닭에, 봉건시대의 유치한 어린 티를 벗는 것이 불가능하여, 지금과 같이 기묘한 풍습을 보게 된 것뿐이다. 문명의 진보는 화살과 같다. 점점 더 진보함에 따라 점점 더 상공학문의 귀함을 알고, 그것을 근본으로 하여 국가를 일으키는 날이 결국 멀지 않으니, 민간인은 충분히 그 몸을 소중히 해서 스스로를 중시해야 한다.

인민이 스스로를 중히 여겨 나팔꽃의 영화(榮華)에 불과한 관직의 길을 그리워하지 말라는 이유는, 앞서서도 쓴 바인데, 그것에 더하여 내가 생각하기에 어리석다고 평하는 사람은, 각 지방과 시골 사람들이다. 시골의 모습을 유심히 보면, 군(郡)이나 구(區)의 장이나 서기, 정촌(町村)의 관리라는 사람들은, 대개 그 지역에서 어느 정도 재산과 명망이 있고 지식이 있는 사람으로, 관선과 민선법에 따라 채용되었다면 어쩔 수 없는 것으로, 모든 것이 인간 세계의 일이고 봉직도 그러한 것이다. 특히 군과 구의 장 등은 급료도 제법 적지 않은 까닭에, 재산 없는 사람에게는 대단한 일생의 생계가 되기는 하지만, 그 이하에 이르러서는 한 달에 10엔이나 20엔의 월급을 받는 사람이 드물고, 3~5엔인 사람이 대부분이다. 도저히 한 집의 생활비로는 부족할 뿐만 아니라, 가장 한 명이 쓰기에도 부족하지만, 이러한 적은 급료를 감수하며 일을 하고 몇 엔의 월급을 위해서 한 달을 매여서, 매일 사무에 바쁜 것이 일상이 되는 것은 이해하기 어려운 계산이 아닌가. 심하게 괴이한 것이긴 하지만, 그 내실을 보니, 그 사람이 봉직하는 것은 애초에 돈을 위한 것이 아니라, 단지 다른 사람의 이목 때문에, 무슨무슨 장이나 무슨무슨 서기라고 하면, 이른바 관리님처럼 들려, 세간에 나설 때, 아무래도 권위가 높아져, 유쾌해지는 것이다. 곧 그 유쾌함을 사기 위하여, 가사를 방치하고 심혼을 망가뜨려, 풍우한서를 가리지 않고 정성껏 항상 나가 일하는 사람이 많다는 것이다. 그것을 들으니 우선 의심이 드는 것을 견딜 수 없다. 본래 그 사람이 정말로 빈궁한가 하는 의문이 들거나 또는 '그래도 낙이 있다'는 류로, 겨우 3, 5엔 돈이라도, 그것으로 가계를 보조하고 노후의 즐거움으로 삼는 것이라면, 종종 있을 수 있는 일이지만, 집에 상당한 재산도 있어서, 충분히 분별력 있다는 버젓한 남자가, 가산 경제의 소중한 일을 잊어버리니, 도대체 어찌 된 일인가. 어느 마을의 이장의 집은 월급 5엔인데, 공무로 바쁘고, 틈틈이 집회 등의 일이 있거나, 혹은 현청에 출두하여 체재 중에, 동료와 그 외의 교제를 하거나 하여, 한 달의 월급은 하룻밤에 소비하기도 부족하여 전부 가지고 나갈 수밖에 없으니, 3년의 봉직에 견고해진 가산도 흔들려 위험하다고 말하는 예가 적지 않다. 무분별도 진짜 심한 것이다. 인간만사가 돈의 세상이 되어 금력이 곧 영예요, 면목이 된다는 것은, 문명진보의 정해진 규칙으로, 우리 일본도 지금 바로 그 방향으로 다다르고 있는 가운데, 각 지방 사람도 오로지 그 주변에 마음을 써서 개인이 부유해지고, 모여서 국가의 부강의 원천을 깊게 하는 것은 금일의 급무이다. 우리 정부가 근래 이미 이 뜻을 벼리어 인민에게 근검절약을 장려하는 것도, 그 언저리에 깊은 뜻이 있는 것이 아닐 것인가. 그런데 이 힘쓴다는 것은 무엇인가. 이익의 비례에 맞는 일을 힘쓰는 뜻 이외에 다름 아니다. 다만 인간 실제의 일에 대소가 있어, 인물에게는 능력이 있고 없음이 있다. 재능이 없는 사람이 중요한 일을 담당하는 것은, 원래부터 할 수 없는 일이기 때문에 이것은 논외로 하고, 재능이 있는 인물에게 일을 맡기는 데에도 그 힘에 상응하는 사람을 택하는 것이 중요하다. 그것을 군사에 비유해서 말한다면, 소대장이 있고, 중대장이 있으며, 또한 대대장이 있는 것과 같다. 곧 대장인 사람의 능력에 맞게 사람 수를 주는 것으로 소대장의 능력 밖에 없는 사람에게 대대의 인원수를 넘겨줌은 원래부터 위험한 일이고, 또한 대대를 지휘해야 하는 인물을 소대장으로 씀도 역시 매우 위험하다고 할 수 있다. 여하튼 인재가 부족한 세상이라 운 좋게 대대장의 재능을 갖고 있는 사람을 임용하여 소대 지휘의 일을 맡기는 것은, 마치 그 사람의 능력을 4분의 1만 이용하고, 그 4분의 3을 버리는 것이나 다름없다. 즉 만 엔의 돈을 2천5백 엔으로 쓰는 것이나 마찬가지이다. 그렇다면 이 인물이 얼마만큼 노력하여 얼마 정도의 능력으로 병사를 쓸 수 있다고 하더라도, 고작 맡겨지는 것이 소대의 인원수라면, 그 노력한 것의 4분의 3은 완전히 무익하여, 노력하지 않은 자와 마찬가지라고 말할 수 있을 것이다. 이러한 이익과 손해는 결국 세상사의 실제와 차이가 없어, 오늘날 각 지방에서 집의 자산을 부유하게 하고 사업은 바빠서, 예를 들면 땅값 몇천, 몇만 엔의 전답산림을 소유하고, 자신의 집에 인부를 부려 경작하고, 또 소작으로 빌려주기도 하고, 또는 주조업을 경영하거나, 또는 전당포 가게를 열어, 고용인은 많고 출입은 빈번한데, 이를 직접 관리하는 사람이 단지 주인 한 명이라면, 주인이 집에 있거나 없거나 손익은, 매일 장부에다가 기록은 못한다 해도, 연말에 이것을 계산하여, 주인이 없었던 해와 집에 있던 해를 비교해보면, 놀라운 정도의 차이를 발견할 터이니, 실로 주인의 역할은 일 년에 몇백 몇천만 엔에 해당할 만큼 대단히 중요한 것으로, 계산할 수 없을 만큼의 월급을 수령하면서도, 공적인 일에 분주하고 사적 용무를 소홀히 한다면, 소위 노력을 헛되게 하는 것으로, 대대장이 소대장이 하는 지휘에 바쁜 것이나 마찬가지이다. 가령 그 사람이 쉬지 않고 노력해나간다고 하더라도, 경제적인 측면에서 보면 공적인 일이나 사적인 일 양쪽 모두를 위하여 노력하지 않는 사람이라고 할 수 있다. 그뿐만이 아니라 노력하여 보수 없는 일에 익숙해지면, 이때 자신의 재산은 무너지고 영예와 권세의 근본인 경제력을 잃고, 한 때 방향을 잃게 될 뿐 아니라, 일본 사회는 날마다 달마다 돈의 세상이 되어, 돈만 있다면 천마귀신도 항복시키는 시세에 이르게 될 그 날에 이르러, 과거의 나를 생각하며, 그 재산이 그대로 있다면 좋겠다고 후회해도 소용없을 것이다.

나는 일전에 신문 지상에서, 지방 시골의 인물이 문명의 시대적 흐름을 모르고, 헛되이 관리가 되는 길의 꽁무니에 붙어 공과 사의 경제주의를 망각하는 것은 어리석다는 이유를 말한 바 있었는데, 이렇게 말한다고 해도 나의 뜻이, 반드시 공무를 천시하여 그것에 종사하는 자를 방해하는 것은 아니다. 단지 식산경제의 관점에서 보면, 공적인 일과 사적인 일을 논하여, 가족의 빈부, 사람들의 능력 있고 없음을 따라, 각각의 힘을 다하여, 가령 공적인 일이라고 하더라도, 스스로의 경제를 위하여 이익이 없다면, 그것을 열심히 하기보다도 다른 일을 하는 것이야말로 자신의 영예가 될 것이고, 또한 천하가 부강해지는 데에도 기초가 될 것을 논한 것으로서, 그 논지가 이미 독자들에게 잘 이해되었다면, 이에 지방의 사람들이 깨우치지 않으면 안 될 것이 있다. 즉 그 지역의 부호라고 칭하는 가문의 자제와 부형이, 움직여서 집을 버리고 그 집을 옮겨 도회로 나가 크게 방향을 잘못하는 것이 바로 그것이다. 혈기왕성한 장년이 도회에 익숙해지고 시골을 싫어하여, 도시의 학교에 입학하고 졸업하게 되어, 모든 이들이 분주하게 관직을 바라는 사람이 적지 않은 것이다. 그것에 대해 나는 항상 크게 걱정하는 바로서, 학업을 이룬 후에 일찍 고향으로 돌아가, 조부가 남긴 가업을 잇거나 스스로 새로운 사업을 일으켜, 배운 학문을 시골의 자랑으로 하여 그것을 가업의 방편으로 삼아야 한다는 것은, 몇 번을 말하고 글로 쓴 것도 있는 그 가장 중요한 것으로, 지방 부호의 소년자제들뿐만 아니라 그 부형님이, 때때로 도시로 떠나 관직을 엿보는 모양이 있음은, 진실로 놀랄 만한 일이 아닌가. 관직 사회의 위세가 펼쳐져 경기(景気)가 좋아 그 외견에 심취하여, 나도 그 경기에 친구로 들어가고자 하여, 가업도 잊고 재산도 내팽개쳐, 결국 꿈속에서도 열심이다가 그 소위 나팔꽃의 영화를 사랑하던 사람은, 도저히 사리계산 만으로 이야기할 수 있는 것이 아니다. 오직 후일 그 사람이 실망하여 스스로 후회하기를 기다릴 수밖에 없다. 지방에 사는 몇억만의 재산가로, 입고 먹는 것이 풍부할 뿐만 아니라, 세력이 미치는 바가 크게 확대되어, 마치 아무런 지위도, 관직도 없는 지역의 우두머리라고도 말할 수 있을 중요한 신분의 그 사람이, 어느 성(省)의 어느 직책으로 출사하거나 심하게는 어느 속에서 근무하여, 월급을 겨우 몇십 엔을 황공히 받으면서 득의양양해하는 것 같음은, 완전히 사리계산에서 벗어난 사람이라고 볼 수밖에 없다. 진실로 이러하여 액면 1만 엔의 공채증서가 있다면, 이자 세입은 7백 엔이다. 그것을 12개월로 나누어 월급으로 삼으면 대략 60엔에 해당하는데, 속의 관리 중 가장 높은 자리, 혹은 주임 일에 따르는 봉급에도 부끄럽지 않다. 시골의 어른 중에 1만 엔의 공채증서를 소유한 사람이 꽤 많다. 앉아서 그 이자를 받고 별도로 본업에 종사하여, 이 공채증서는 동경을 만유하면서 즉 관직에 열심이면서, 겸하여 도회를 왕래하거나 친구와 교제, 또는 끊을 수 없는 의리로 빌려주는 돈으로 써버리니, 지금은 조상이 남겨준 논과 밭도 옛 모양에서 약간 상처가 나고, 더욱이 그 올라갈 수 있는 것은 요행히 어느 등속의 관리이지, 운이 좋은 것은 지극히 어렵고 싸움질이 있지 않고서야. 나는 단지 그 계산과 분별없음에 놀랄 뿐이니, 지금 한 단계 더 나아가면 지방 사람들에게도 조금은 이해 손익의 이치를 마음으로 계산하는 자가 없지는 않다. 그들의 속마음을 살펴보면, 우리 집에 몇 정보(町步)의 논밭이 있어, 소작을 하여 얻는 쌀 200섬, 80석 정도 되어, 시세를 5엔으로 치면 400엔, 여기 논밭과 함께 산림을 합해 매각하면 대충 6, 7천 엔의 자본으로 볼 수 있는데, 이 자본을 갖고 도쿄에 가, 집사는데 천 엔을 쓰고, 나머지 6천 엔을 1할 2보로 빌려주면, 일 년에 7백2십 엔의 이자가 생겨, 이를 생계 밑천으로 삼고 관직을 구하면, 내 힘으로 백 엔 이상의 지위를 얻는 것은 쉬우니, 백 엔에서 백오십 엔으로 지위가 오르면, 이를 재차 높여 칙임(勅任)[18]의 3, 4백 엔도 어렵지 않아, 이내 관리 나으리나 마님이 되고, 장관 또한 되지 못한 법이 없다고 생각하여, 부부가 서로 상담한 끝에 수백 년 내려온 부동산을 매각하고, 두세 명의 아이를 데리고 도쿄에 이사 갈 때의 생각은, 올라가 성공하지 못하더라도 내려올

---

18 칙임(勅任) : 천황(天皇)의 명령으로 임명되던 관리.

때 6천 엔 자본이 있으니 밑져야 본전이니, 상당히 괜찮을 것만 같지만, 관직은 언제나 비어있는 자리가 적고, 고향에 있을 때 도쿄에 있는 친구가 보낸 편지를 받는 재미도 전혀 다를 뿐만 아니라, 작년 내가 도쿄에 가서 어떤 모(某) 영주와 굳게 약속한 것도 지금은 잊어버린 일이 되기 일쑤이다. 스스로의 힘으로 쉽다고 생각한 백 엔의 지위는 이미 포기하고 5십 엔의 직업도 쉽게 얻지 못하니, 다방면으로 분주히 의뢰해 좋은 결과를 기다리길 하루가 세 번의 가을과 같아, 3백 년 같은 백 일이 지난다고 하더라도 답장도 기별도 없다. 이래서는 고향의 친구나 친척에 대해 전혀 면목이 없다 뿐인가, 가까이는 가마를 태워준다고 약속한 부인에게도 약속을 저버리는 죄가 되니 어찌할 것인가. 그래서인지 그가 가지고 있는 6천 엔을 밑천으로 하여 다시 이를 굴리기 시작하여, 그 돈을 움직이는 것이 점점 활발해짐에 따라 실패 또한 점점 활발한 양상이 드러나니, 후지산의 흰 눈도 뜬 해에 비추면 사라진다. 하물며 시골 사람의 자본금이 도시의 이자가 높은 사회에 노출되어 투기열의 광풍에 휩쓸려서야. 이내 자본금은 흩어지고 사라져 흔적조차 없어지니 가엾기만 하다. 궁지에 빠진 새가 가지를 선택할 여유가 없어, 오늘날이 되어서는 어찌 지위의 고하를 논할 수 있겠는가. 뻔뻔스러운 얼굴로 비굴하게 친구의 문을 두들겨 구걸하니, 겨우 미관말직의 영광이 욕될 뿐이다. 이러한 처참한 참상은 매번 내가 얻어 듣는 바이지만, 세간의 사람들이 널리 그것을 모르고 있는 것은, 당국자가 스스로 자신의 실책을 말하지도 않고, 또 곁에서 그 사정을 듣고도, 한 개인인 나에게 관계된 일이라, 누구라고 지명하여 신문지에 적는 사람도 없고, 그래서 많은 사실을 가려서 없는 일 같이 볼 뿐이다. 그것에 반해 빈손으로 시골 골짜기에서 나와서, 칠전팔기 이러저러한 고락성패를 겪은 이후, 마침내 지난 묵은 뜻을 달성하여 큰 나무의 가지 끝이 되는 사람이 없지는 않다. 실은 극히 희귀한 예로, 천만 중의 하나라도, 그 평판은 심하게 높아 세간의 이목에 알려지는 것이다. 아마도 지방의 부호가 오늘에 있어서도 자주 도쿄에 관직 출신을 구함은, 이천만 중의 일례를 듣고서 한 발에 맞춘 것이라고 오해한 것에 불과하다고 할지라도, 그 실제는 만 발 중에 한 발을 맞춘 것에 불과하다. 그것에 기만당하는 것은 지혜로운 사람의 일이 아닐 것이다. 비유하건대 점쟁이에게 의뢰하여 길흉화복을 점치는 것과 같다. 그 맞지 않는 것이 있을 때는, 의뢰한 사람의 일반적인 마음으로 다른 사람에게 말하는 사람이 적기 때문에, 세상에 아는 사람이 없다고 하지만, 우연히 맞는 것이 있다면, 일반적인 사람의 마음으로 기쁨을 참지 못하여 그것을 소리 높여 말하니, 어떤 모씨의 역술은 실로 신묘하여, 몇 월 며칠 무슨 일에 대해서 한 번 점을 보아 한 번에 맞추는 것 같다고 사실을 들어가며 그것을 증명하니, 세간의 귀가 닿는 곳은 점을 보아 맞지 않는 것이 없는 것 같다. 그것은 즉 무학무식의 어리석은 이가 점쟁이에게 몰려들어 항상 그것에 실망하는 이유이다. 지금 시골 사람이 천만 중에 한 경우로 입신하였다는 소문이 전해져, 만인이 모두 그렇다고 생각하여, 애석하게도 고향의 재산을 담보로 하여 도회를 떠다니는 그 우둔함은, 점쟁이 집에 바라며 길흉의 판단을 의뢰하는 우매함과 같을 뿐이다. 나는 그것을 방관하여 남몰래 웃을 수 없는 것이다.

경제론에 있어서 재산, 부동산, 금전과 사람의 노력, 예능으로 자본을 삼는 것이 보통이나, 또 일설에 의하면 사람의 신용, 영예도 역시 자본이 된다고 하는 사람도 있다. 예를 들어 하등사회에서 돈의 이자는 극히 높으나 상등사회로 갈수록 큰돈을 빌리거나 빌려주는 일은 그리 쉽지 않다. 빈핍한 사람은 돈에 대한 신용이 낮은 까닭에, 이자도 자연히 높을 수밖에 없는 까닭이다. 상등의 대갓집에서는 좀처럼 돈을 빌릴 수가 없으니까, 다른 사람으로부터 그곳에서 돈을 빌리고 싶다고 말하는 사람이 있어도 쉽게 승낙되지 않으니, 맡아 두는 기간이 짧아서는 번거롭고, 그 기간이 길어져서는 많은 이자를 지불하게 되어 죄송하다고 말하며, 나대로는 천만의 거절의 뜻을 말해보아도, 빌리는 쪽은 웃을 수 없어 아무쪼록 잘 부탁드린다고만 하며, 돈 주인분으로부터 허락을 받아야 빌리는 모양인 까닭으로, 이러한 대갓집에서는 상업을 경영하니, 그 자본을 얻는 것도 꽤 쉬워서 이자를 지불하는 것도 역시 꽤 많다. 그것을 적은 자본을 가진 사람이 백방으로 분주하게 주선하여 약간의 돈을 빌리는 것인데, 겉과 속을 살펴본다면, 이자의 높고 낮음 등을 고려할 틈이 없는 사람에 비교한다면, 크게 다르지 않다고 할 수 있다. 그런데 그 서로 다르지 않은 것은 무슨 이유로 그러한가 하고 물으면, 대갓집의 주인에게 신용이 있고 영예가 있기 때문이라고 대답할 수밖에 없다. 그러니까 인간의 일상적인 경제에 있어, 타인의 재산을 측량하고 또 자기 집의 빈부를 계산하는 데에도, 단지 눈에 보이고, 손에 잡히는 동산이나 부동산 또는 금전 등만을 계산에 넣어, 어느 정도인지 총액을 확인하는 것은 일반적인 방법이지만, 그것이 다는 아닌 것이다. 경제의 본래 취지에 있어서, 이 총액 외에 반드시 그 집에 속하는 신용과 영예의 많고 적음을 강조하지 않을 수 없는 것이다.

앞의 경제의 도리가 결국 일의 실제에 다르지 않다면, 앞서 말한 시골 사람이, 조상으로부터 물려받은 부동산을 매각하여 관직에 뜻을 두어 도시로 가겠다고 결심하는 때는, 그 가치를 당시 시세로 하여 6천 엔을 잡으면, 타인에게 양도해도 결코 유감이 없을 것 같이 생각되지만, 그것은 단지 눈에만 보이는 유형의 자산을 팔아서 대가를 청구하는 것으로, 수백 년 이래로 그 땅에 거주하면서, 흡사 일종의 지주처럼 멀고 가까운 인심을 귀복케 하여 얻은 그 신용과 영예는, 대가 없이 버리는 것이라고 말할 수 있다. 종래 시골의 대갓집에서 부를 쌓는 방법은 극히 원만하여, 농업에 사람을 쓰는 데에도, 상업에 물건을 매매하는 데에도, 법률과 도덕을 반반씩 조합하여, 어쨌든 사람들의 마음이 등 돌리지 않도록 함을 근본으로 하는 것이 일본의 풍속인 고로, 땅을 가진 가문이라면, 소작인 모두는 그 가문을 우러르는 것을 주인집과 같이하여, 법과 예의를 통해 평생의 은혜로 보답하는 의미를 담고 있어, 대갓집은 이익을 얻는 것이 적더라도, 돈을 빌리고 받는 등의 일에 있어도 실수 또한 적지 않고, 그 당시에는 말하면 안 되는 편리가 있다는 것은 능히 알 수 있는 바이나, 지금 그 편리에 의지하는 당사자가 그것을 버리고 애석해 하지 않으니, 그 계산 없고 무분별함에 단지 놀랄 뿐이다. 시골 사람이, 만약 여기에 대해서 의심을 한다면, 나는 한 가지 계획을 세워 당신에게 그 가부를 묻도록 하겠다. 내가 요행히 집에 십만 엔이 있고, 도쿄에 거주하는 게 그다지 재미가 없어, 시골의 한가로움을 즐겨 주변에 식산의 뜻을 달성하고자 한다면, 그 십만 엔을 시골로 옮겨 밭을 살 것인데, 최근에는 땅값이 내려가서, 1정보의 가격이 평균 40엔 정도로서, 십만 엔 중 8만 엔으로 200정보를 사서, 즉 2, 3개의 마을에서, 전권을 가진 큰 대갓집으로, 소작미 수입도 연 몇천 섬이 넘어, 엄연한 소지주가 되고, 남은 2만 엔은 상당하는 이자를 약속받고 그 지방의 멀고 가까운 빈핍한 이들에게 빌려주면, 가난한 사람은 기쁘게도 그쪽으로는 이익이 있으니, 역시 좋지 않을 것인가. 이 계획이 어떠한가 하고 질문하면, 당신은 그것을 찬성할 것인가. 나는 꼭 그럴 것이라고는 생각하지 못하겠다. 당신 역시 내게 깊은 정이 있다면, 반드시 이 정신 나간 계획에 반대하며, 시골의 지주로서 대문 집을 넓히는 것은 하루아침에 가능한 일이 아니라고, 수백 년 이래의 많은 관계, 수많은 인연을 통해, 토지의 인정풍속을 알고 그 인정에 따라 그 풍속을 깨치지 않아, 암암리에 은혜를 베풀고 악을 응징하여, 그러한 시간만큼 쌓인 은혜로 지방 일반의 신용을 얻는 것이야말로 부호 대가로서 신망을 받는 것이니, 저절로 그 집도 수월하게 재산이 확실해지는 것으로, 지금 도회의 벼락부자들이 돌연 그 자본금을 시골로 옮겨 그날로부터 구 지주로서 같은 모양을 이루는 것은, 심히 계산 없는 사람으로서, 그 자본에 대한 이익을 볼 수 없을 뿐 아니라, 수년을 쌓아온 원금을 합쳐 한 번에 날리는 화를 만나지 않을 것이라 의심할 수 없어, 종전에 이미 그러한 사례가 없었으니 아니라고 말해도, 그저 나의 생각에 그칠 뿐 주의 깊지 않은 것을 충고할 것이 아닌가. 더욱이 이 충고가 결국 사실로 적중하여 틀리지 않으니, 지금 나는 이를 반대로 뒤집어, 지방 사람이 안내 없이 도회에 나와 안내 없이 관직에 열중하고, 하나의 일도 이루지 못하고 조상 이래의 자산을 탕진하는 것은, 도시 아래의 금맥이 시골의 대갓집이 된다는 생각으로 십만 엔 돈을 내던지는 것과 같으니 하지 말라고, 충고하는 것이다. 사람들이 꼭 내 말을 귀 기울여 듣는 것을 기다리지 말고, 스스로 생각하는 바가 있어야 할 것이다. 인간의 신용과 영예는 쉽게 얻을

수 있는 것이 아니어서, 그것을 이용하는 것도 역시 쉽지 않은 까닭이
다. 매우 비상한 영웅이 아니고서는, 우선은 지방을 중시한다. 도회
에서 얻은 신용과 영예는 도회에서 쓰고, 시골에서 얻은 것은 시골에
서 이용하여, 몸을 그르치거나 집을 망치지 않는 사람, 이를 중간
이상의 지혜로운 사람이라고 한다.

　나는 지금의 후진 사인이 마음을 하나로 하여 오직 관직만을 목표
로 하는 것을 원하지 않고, 특히 지방에서 재산이 풍부한 성인이,
조상 대대로 내려온 유, 무형의 자산을 버리고 도회로 나와, 가난한
서생과 같이 관리가 되고자 열중하는 것은, 부자로서 가난한 사람을
배우는 계산 없고 무분별한 그 어리석음이 언어도단[沙汰]에 다름 아
닌 까닭은, 앞서 이미 말하였다. 이렇게 이야기하면 시골 사람은 언
제까지나 시골에 거주하여 도회에 왕래하기를 끊고, 도회의 풍속을
알지 못하며 또한 다른 지방의 소식을 듣지 못하여, 오직 시골 우물
속 바닥에서만 살며, 검소하고 절약하고, 마시거나 먹지도 않고 보
거나 듣지도 않으면서, 돈만 모으면 된다는 뜻으로 해석해, 혈기 왕
성한 장년배들은, 지방의 인민에게 정치사상의 발달의 여지가 없다
는 것이냐고 불평을 토로하고, 또는 시골에 칩거해서는 어쨌거나 시
대 흐름에 뒤떨어지고 물정에 어두워지는 경우가 많다고 걱정하는
사람도 있겠지만, 나는 노파심에 이들을 향해 여기서 한마디 하는
것도 전혀 쓸모없는 일은 아닐 것이라고 믿는다. 애초에 내가 지방의
부호에게 애써 시골을 떠나지 말라고 말하는 것은, 조상 이래로 내려
온 소중한 전원(田園)을 버리고 도회에서 방황하고, 나팔꽃의 영화와
같은 관리의 지위를 구해서, 마치 제일 작은 꽃과 가장 큰 재산을
맞바꾸는 것은 손해라고 말하는 것뿐으로, 그렇게 말했다고 해서 도

회와의 왕래를 끊으라는 의미로 해석해서는 안 된다. 수백 년 동안 시골의 부호는 1촌 1락이라는 작은 세계의 밖을 몰라, 봉건 정부의 압제에 위축되어, 재능이 있어도 그 지력은 집밖에서 발휘되도록 허락되지 않았고, 재산이 있어도 그 재력은 자기 한 몸을 위해 쓰는 용도에 지나지 않아, 실로 정치사상이 빈약하고 또 그 영향이 없었던 것은 명백한 사실로, 오늘날의 문명 세계에서는 이대로 둘 수는 없다. 사상의 발생하도록 촉구하는 것이 긴요하지만, 막상 이것을 촉구하는 방법이 어떤 것인가 물었을 때는, 그 사람을 관리의 길로 끌어들일 필요까지는 없는 것과 같다. 본래 정치사상이라는 것은, 한 국가의 인민이 그 정부에 대한 관계는 어떠한 것인가 하는 것을 음미하고, 정부의 권력이 영향을 미치는 한계와 인민이 권력을 펼쳐는 경계를 분명히 구분하여, 상호 간에 그 경계를 지켜 침입을 허락하지 않고, 법률상으로 정치적 권력(政權)이 있는 곳은 정부의 영역으로 하여, 어떠한 사정이 있어도 인민에게 추호의 불평을 허락하지 않고, 법률상 인권이 있는 곳은 인민의 영역으로 하여, 어떠한 사정이 있어도 정부에 추호의 전횡(我儘)을 허락하지 않으니, 적어도 법률을 벗어나서는 쌍방이 서로 취하거나 주는 것 없이 상대하여, 함께 한 나라의 영예와 행복을 목적으로 하여 문명으로 진보하는 것, 그것을 정치의 큰 주의로 하여, 나아가 이 외에도 국가마다 관습, 당시의 사정도 각각 다르니, 그것을 알기 위해서는 학문을 권장하고 교제를 쌓아가며, 널리 내외의 저서나 신문 등을 읽고, 또한 내외의 인물과 사귀거나 세간 사정을 시찰하여, 나의 지식과 견문을 여는 것이 가장 중요하기 때문에, 봉건시대에 행해졌던 지방에 칩거하는 낡은 유풍(遺風)은 본래 그것을 지켜야하는 것은 아니라고 하더라도, 책을 읽고 사람과 교제하는 것은 반드시 인간의 기행(奇行)이라고는 할 수 없다. 옛날 시골의 농상업자 등이 그 주변에 우활하였던 것이야말로 실로 기묘하고 불가사의한 일이므로, 지금의 사람들이 그것에 마음을 쓰는 것은 실로 당연한 의무이며, 또한 그 방편도 부족하지 않다. 나는 처음부터 지방 사람을 신뢰할 수 있는 자로 믿고 의심하지 않았는데, 지금 그 사람이 신통하게도 홀로 독립하여 관직의 길에 관심이 없다고 한다면, 동시에 정치사상을 잃었다고 하며, 곁에서 그것을 걱정하는 같은 것은, 본래 정치사상이 무엇인지도 모르고, 소위 피고용인의 근성을 면하지 못한 사람의 개인적인 언사로, 그 심사가 비천하다는 것을 미루어 알아야 한다.

또한 지방 시골에 있으면 어쨌거나 시대의 흐름에 뒤쳐져 우활함에 빠진다고 하는 것은 역시 그렇지 않은 것으로, 실로 그 발언한 사람이 시대의 흐름을 모르는 잘못이다. 30년 전에 도카이도(東海道) 53차 역참은 15일이 걸려, 에도에서 나가사키 400리 왕복은 3개월로 해도 가망이 없었고, 오사카까지의 교통, 6일 걸리는 편지 요금은 한 통에 일금 2보(호지코반의 반액이다)로, 도하금지가 있으면 10일 안에도 도달하지 못한다고 하는 것이 시대의 흐름이라, 과연 시골에서 사는 것은 칩거로 쉽게 여행도 할 수 없고, 오우(奧羽) 지방 사람이 히고(肥後), 사쓰마(薩摩)를 가는 것이 어려워, 에도 사람은 사는 동안 가와사키로 3리 정도의 여행을 하지도 못하고 에도에서 죽고, 형제가 50리 떨어져 있으면, 인편에 맡겨 한 해에 한 번 편지를 받으니 눈물을 흘리며 이를 기뻐하는 기이한 이야기도 있는데, 필경 시대의 흐름에 늦는 것은, 직, 간접적으로 우리 눈과 귀가 닿는 그 영역 밖에 새로운 일이 일어나도, 그 일을 모르는 것을 의미하지만, 그 눈과 귀의 구역을 넓히는 방편만 있으면 시대의 흐름에 뒤쳐질 우려는 없다. 그 방편이란 무엇일까. 증기선과 증기기관차, 전신우편, 또한 지금 일본에서는 마차나 인력거도 그중에서는 상당히 유력한 것이다. 어느 것도 인간 교통에 편리한 도구로, 그것을 이용하면 일본은 예전의 일본이 아니다. 지금 무사시노쿠니(武蔵国)[19]에 거주하는 나의 입장에서 보면, 옛날 일본 60여 개 주를 무사시노 한 지역에 축소시켰다고 말할 수도 있다. 그러므로 지방 사람이 이른바 시대의 흐름에 늦는 것을 걱정한다면, 증기기관차와 증기선을 타고, 충분치 않다면 마차와 인력거를 이용하여 원하는 장소를 왕래하고, 우편을 이용하면 10일 이내에 일본 국내에 편지가 도착하지 않는 곳이 없다. 전신(電信)이 있다면 바로 그날 세계의 소식을 들을 수 있다. 하물며 요즘은 각 지방에 도로를 연결하는 것이 빈번하고, 철도도 또한 공사를 시작한 곳이 많으니. 이 교통의 편리함을 잘 이용하면, 오늘날 우리들은 마치 날개가 생긴 것처럼, 30년 전의 선조들이 잎벌레처럼 꿈틀거렸던 불편함을 가엾게 여기며 웃을 수 있다. 이렇게 편리한 교통 환경에 살면서, 지방에 거주하는 것이 왜 시대의 흐름에 늦는다는 것인가. 만약 그러한 사실이 실제로 있다면, 그것은 시골에 거주한다는 것에 죄가 있는 것이 아니라, 그 사람의 심신이 적극적이지 않은 까닭일 것이다. 심신의 활동이 둔하다면, 가령 그 사람이 동경의 중심에 있어도 시대의 흐름을 따르기 힘들 것이다. 그렇다면 지방의 시골에 거주하여 시대의 흐름에 늦게 된다는 주장은, 세상사의 변천

---

19 무사시노쿠니(武蔵国) : 율령제에 의해 나누어진 것으로 도쿄 도(東京都), 시나가와 현 가와사키 시(神奈川県川崎市)·요코하마 시(横浜市)의 일부 및 사이타마 현(埼玉県)의 대부분을 포함한 지역.

을 모르고, 30년 전의 시골을 상상하여 지금 아직도 여전히 부자유
하다고 쓰고, 쉬운 활동도 하지 않고 고의로 스스로 꾸물거리는 것이
라면, 지방의 뜻있는 사람들은 그러한 진부한 이야기에 속지 말고,
자력으로 그 땅에서 문명 진보의 계획을 행해야만 한다. 고향이 문명
화되지 않았음을 구실로 삼아 도회를 방황하고, 마음속으로 작은 지
위의 관직을 바라는 것은, 남아의 일이 아니다.

품행론
品行論

후쿠자와 유키치의『품행론』은 1885년 11월 20일부터 12월 1일까지 10회에 걸쳐『시사신보』에 연재되었다. 당시 이 '품행론'은 신문에 실리고 난 직후인 12월에 단행본으로도 출간되었다.

이『품행론』은 앞서『일본부인론』의 논지를 발전시켜 남성의 품행을 논하였다. 후쿠자와는 특히 일본 남녀불평등의 근거를 이른바 유교주의에서 비롯된 남성중심주의에서 찾고, 예로부터 전해 온 남존여비 풍속이 사회일반에 자리 잡힌 결과로 여성을 향한 일본사회의 차별구조가 확립되었다고 보았다. 따라서 후쿠자와는 유교주의의 결점을 보완하고, 신시대에 어울리게 해석하는 것에서 '남녀동권'의 가치가 시작된다고 보았다. 그러나 당시 일본사회의 현실에서 급진적인 인식의 전환은 어렵고 나아가 남녀관계가 그 성격상 매우 사적인 영역에 속한다는 이유에서, 후쿠자와는 우선 부도덕한 품행을 부끄러워하고 감추려는 마음을 갖는 것에서 품행의 개선을 시작해야 한다고 주장했다. 일례로 그는 일본의 예기문화의 폐해를 지적하는데, 일본 남녀 모두가 예기를 대하는 인식에 문제가 있으므로, 이를 서구와 동일한 수준으로 변화시키는 데에서 우선 남녀평등의 단초를 마련해야 함을 설파한다.

위의 사진은 1885년 11월에 출판된 『품행론』으로, 게이오 대학 후쿠자와센터에서 공개한 단행본의 표지와 판권지를 사용하였다.

품행론
서언

　우리 사회 그리고 외국과의 교제를 위해 일본남자의 품행을 생각하면, 불만족스러운 것이 매우 많다. 동지들과 함께 내가 늘 우려하는 바와 같이, 지금 세계문명의 정도에 있어, 일본남자의 품행에 대해서 그 옳지 않은 본심을 고치는 것은 애초에 불가능한 것이니, 그저 부도덕한 품행을 추함으로 여기고 이를 감추도록 하는 것이 두 번째 희망이지만, 이조차도 주의하지 않고 멍하니 있는 자가 대부분이라는 사실에 실로 개탄을 금치 못하겠다. 동서양 남자의 품행을 살피고 그 내실의 참맛을 음미했다면 혹자는 난형난제라는 사실을 발견하는 이도 있을 것이다. 이는 도덕가가 늘 우려하는 바이지만 모든 사정을 비밀로 하고 나아가 용서해야 할 것도 있다. 그런데 일본만은 수천 년간 내려온 관습, 그 내실을 태연히 밖에 내보이면서도 아무렇지 않은 것은 더욱 부끄러운 형편이다. 생각건대 세상에는 나의 의견에 동감하는 지사도 분명 많을 것이나, 본시 이 일을 거론하는 것이 유쾌하지 않아 마음속에 분통이 일어도 우선은 발언을 자제하는 것일 터이다. 나 또한 그러하니, 여기에 관해서는 평생 발언하지 않고 모나지 않기를 원했지만, 계속 이대로 있어서는 안 될 것이다. 특히 근래에는 세계가 교통하는 방법이 매우 편리하고 빨라져 언젠가 우리들의 내정이 외국인의 눈귀에 들어가 어떠한 공격을 받게 될 지도 모르는데, 그 전에 우리 스스로가 우선 주의하여 일본인 중 품행의 득실을 논할 수 있어, 남자 사회의 면목을 조금 개선한다면, 자연스럽게 외부로부터의 모욕을 막는 데 일조할 수 있을 듯 보여 수일 동안 글을 궁리하여 한 편을 만드니 이를 올 11월 20일부터 12월 1일까지 시사신보에 게재하여 세상 사람들의 주의를 모으고자 한다. 생각건대, 오늘날의 일본인은 일본만의 일본인이 아니니 사소한 언행과 거동 하나하나도 전 세계에 대해 책임지도록 행동해야 한다. 전국 수많은 남자들이 이 책임에 대해 부끄러움을 느끼겠는가, 아니면 느끼지 않겠는가.

1885년 12월
도쿄 니혼바시 남쪽 시사신보사 누상에서
시사신보 기자가 씀.

품행론
品行論

후쿠자와 유키치 입안
나카미가와 히코지로(中上川彦次郎) 필기

국가란 사람들이 모인 전체에 대한 이름이다. 국가의 빈부강약이란 국민의 빈부강약이기 때문에, 빈약한 이들이 모인 곳은 빈약국(貧弱国)이라 하고, 부강한 이들이 모인 곳은 부강국(富強国)이라 한다. 사람에 의해 빈약과 부강이라는 국가의 이름이 생긴다면, 현명함과 우둔함, 덕과 부덕에 의해 역시 마찬가지로 현명한 국가, 우둔한 국가, 덕이 있는 국가, 부덕한 국가가 생기니, 국민의 말과 행동 여하에 따라 국가의 경중(軽重)이 비롯된다. 옛날 쇄국 시대에는 국가의 빈부강약과 지우덕불덕(智愚徳不徳)이 모두 한 나라의 내부에 한정되었기에, 사람들이 서로 비교하여 품평하는 정도에 그쳤고, 그것들이 모여 일국 체제의 경중을 이루어도 그 경중으로 외국을 상대하는 일이 없었기에 경중이 있어도 경중을 알 방법이 없으니, 혼자 스스로를 평하고 스스로의 경중을 논할 뿐이었으나, 국가가 개방된 지금은 여러 문명국의 사람들과 친밀히 교류하기 위해서 우리나라의 경중을 세계보편의 저울 위에서 재지 않으면 안 되는 형국이 되어 털끝만한 차이도 확실히 드러나기 때문에, 이를 감출 수 없다. 특히 쇄국의 구태를 드러내어 세계의 대세인 문명의 빛에 비춰본다면, 우리의 부강함이 꼭 부강함이 아니고, 우리의 지덕이 꼭 지덕이 아니니, 때로는 예전에 아둔함과 부덕함으로 여겨졌던 것이 오히려 지덕의 이름을 얻게 되는 경우도 없지 않다. 이처럼 한 개인의 무게가 모여 한 나라의 무게를 이루니, 세계로부터의 평가에 부끄럽지 않기 위해서는, 우선 우리들 눈과 귀의 범위를 넓히고, 문명세계의 빈부강약이란 어떠한 것이며, 현명함과 우둔함, 덕과 부덕함은 어떠한 것인가를 잘 알아야 한다고 스스로 명심하고 각오를 다져야 한다. 이에 대해서는 학자가 마땅히 논해야 할 바가 많고 그 주제도 몹시 다양하겠지만, 우선 작은 부분이긴 하나 가장 비근한 사람의 품행에 대해 얼마간의 소견을 말하고자 한다. 이를 이름 붙여 '품행론'이라 한다.

앞에서 지적한 바와 같이 국가의 경중이 국민의 경중에 있음은 매우 명백한 도리로, 사람들이 세상에서 중하게 여기는 것이 어디에서 기인하는가 찾아보면, 일신의 외행(外行)과 내행(內行)을 수양하고 일거일동을 착실히 쌓아 사실로 드러나는 결과에서 확인할 수밖에 없을 것이다. 이를 비유하자면, 시계의 면에서 초가 쌓여 분이 되고 분이 쌓여 시가 되는 것과 같다. 이처럼 사소한 행동이 모여 일신의 무게를 이루는 것이다. 외행이란 서양어로 퍼블릭 모럴리티(public morality)라 하여 오직 인간사회의 교제에 관한 것으로, 예를 들어 보국진충(報国盡忠), 정치 사상, 민리국인(民利国益)의 행동과 같이 일신 일가를 넘어서서 이해득실을 걱정하는 마음이다. 국가를 위해 죽고 인간을 위해 노력하며, 공공을 위해 수고하고 세상 사람의 고락(苦楽)에 기뻐하거나 슬퍼하는 것이 바로 외행인 것이다. 다음으로 내행이란 오직 자기 한 몸에 관계되는 행동으로, 이를 프라이빗 모럴리티(private morality)라고 한다. 예를 들어 부부와 부모 자식 사이의 일, 일신의 기거와 침식, 쾌락에 대한 것 등 사회 공익과 관계없는 모든 개인의 활동은 개인에 관한 것이기에 이를 내행이라 명한다. 지금

본편의 취지는 오직 내행에 관한 것이어서, 예로부터 지금까지 일본 국민의 내행은 어떠한 모습이었는가, 오늘날은 어떠한 모습인가, 내행의 당국자가 없어 다른 내행을 보고 이를 평가한다면 무엇을 기준으로 정해야 하는가, 나아가 오늘날 이는 어떻게 정해야 하는지를 조사하는 것이 가장 중요한 일로, 이로 말미암아 우리 인민 즉 우리 나라가 세계에 비할 때 어느 정도의 경중을 지니는지 분명히 드러날 것이다.

　고대 일본도 세계 각국의 야만의 역사와 다르지 않아 오로지 무(武)를 중시하여 심신이 우수한 이는 주로 전쟁에 나가 집에 머무는 일이 드물어서 원래부터 내행을 살피지 못하였으니, 아버지는 아버지로서 부족하고[父不父], 자식은 자식으로서 부족하며[子不子], 남편은 남편으로서 부족하고[夫不夫], 아내는 아내로서 부족했다[婦不婦]. 산천을 돌아다니느라 때로는 굶주림에 고생하기도 하고, 전승의 기쁨에 넘쳐 포식과 폭음을 하며 원정지에서 화류를 즐길 뿐 아니라 다른 사람의 자녀를 강제로 범하고, 적의 아내를 취해 첩으로 삼는 등의 난폭한 모습을 보인 것은 중세 전국시대의 역사를 봐도 알 수 있다. 오늘날에도 선장, 항해자, 여행상인, 군인들과 같이 직업 때문에 집을 집으로 여기지 않는 사람은 내행에 유의하는 마음이 자연히 희박하니, 때로는 주색의 유혹을 끊는 경우도 있겠지만, 원하는 만큼 주색을 즐기는 경우도 있다. 생각건대 일상적인 생활이 아니라 위험을 감수해야 하며 심하게는 생사조차 알 수 없는 직업을 가진 사람은 직업에서 기인한 고통을 보상받기 위해 기회가 되면 쾌락을 빠지는데, 그 모습이 마치 전국시대의 무사를 방불케 하는 것이다. 따라서 이러한 사람을 일괄적으로 질책해서는 안 되며, 필경 직업 때문에 그렇게 된 경우라면 큰 차원에서 이해해야 할 것이다. 동시에 앞에서 지적한바와 같이, 전국시대 무사의 난폭함 또한 실로 심하다 하지만, 이 말이 그 시대의 무사에게 도덕심이 없음을 의미하는 것이 아니다. 일낙(一諾)은 산보다 무겁고, 일신(一身)은 티끌보다 가볍다. 이 말의 의미를 중시하여 죽음을 가벼이 여기는 사무라이의 기백은 후세 사람을 감복시킨다고 할 수 있으나, 유감스럽게도 그 사무라이의 심사가 오직 무략(武略)과 전투에만 치우쳐 있어, 내행이 중요한 이치를 몰라 그 중요함을 모르니, 이를 지키지 않아도 스스로 부끄러움을 모른 채 공공연하게 아무렇지 않다는 듯 득의양양 하는 자만 있을 뿐이다. 듣기에 도요토미 히데요시가 오사카 성에 스페인 천주교 신부를 초대하여 교지를 듣고 조금도 의심 없이 그것을 달갑게 받아들이면서도, 오직 천주교 교리 중 일부일처의 교훈은 스스로 지키지 못하여, 아무런 거리낌 없이 이에 따르지 못한다고 공공연히 밝혔는데, 이는 도요토미의 심사가 담백하고 활달해서이기도 하지만 당시의 모든 무장이 가정 내 행동의 중요함을 모른 채 대수롭지 않게 여기며 태연히 있는 한 예라고 할 수 있다. 세상이 내행을 가볍게 여겼던 기풍이 전국시대 당시에 어쩔 수 없는 사정이었다면 이를 이상하게 여길 이유도 없을 것이다. 즉 고금에 이르는 일본 국민 전반의 풍속을 살펴 그 내행이 어떠했는지는 옛날 무사의 유풍(遺風)에 의거하여 판단해야 한다. 왜냐하면 일본은 상무(尚武)의 나라라고 자칭할 정도로, 사회 권력이 무인에게 귀속되며 무인의 언행은 타의 모범으로, 선이건 악이건 모두 이를 따라 풍속을 이루었기 때문이다.

중세 말기부터 오다 노부나가와 도요토미 히데요시를 거쳐 도쿠

가와 이에야스에 이르기까지의 긴 동란도 잦아들고 무사태평한 천
하가 되면서 질서 정연한 봉건적 세록(世祿)제도가 정해져, 무장과
무사가 원정의 전투를 그만 두게 되니, 거동이 가장 활발한 자가 가
장 부자유스러운 신분이 되어, 예전에는 긴 세월 객지에서 고생하며
일 년 내내 집에 있는 날이 거의 없었지만, 고향에 있으면서도 원정
을 꿈꾸는 경우도 있었고, 전승지 적지에서 가을 달을 음미하며 술잔
을 기울이는 지극히 자유로웠던 경우도 있었으나, 지금은 일변하여
영주의 거성, 명문의 저택에 머물면서 의관을 갖추고 정당에 앉아
사무를 보면서, 예전의 살벌함을 문장으로 대신하고, 공무가 아니면
외출조차 원하는 대로 할 수 없으니, 그 모습이 야수를 잡아 우리에
가둔 것과 같아 심히 갑갑하기 이를 데 없다. 즉 이것이 도쿠가와
정부가 봉건 무장을 다루는 법이었는데, 그 취지는 형식적인 예식으
로 무사의 난폭함을 제어한다는 것이었다. 유학자의 말을 빌리자면
예(禮)로서 천하를 통치한다는 것이다. 그 정략의 득실은 차치하고
무사들은 이와 같은 예식 생활에 길들어 한 세대가 끝나고 다음 세대
를 거치면서 그 외모만큼은 대단히 유순하고 멋스러운 모습으로 변
했지만, 선조로부터 내려온 활발하고 대담한 기질은 변하지 않은 채
문벌의 부로서 그 기질을 키워 돈 쓰는 데 자유로우니, 활발하고 대
담한 기질이 바뀌어 제멋대로가 되고 이를 금하는 것조차 심히 어렵
게 되었다. 집밖에서의 교제는 예의 때문에 모든 것이 거북하여 즐겁
지 않지만, 집안에서는 하고 싶은 대로 무상의 쾌락을 즐겨 각각 자
기 나름의 자그마한 천지 속에 틀어박혀 육체적인 쾌락만을 원하는
만큼 즐기게 되니, 이러한 모습은, 크고 작음의 차이는 있겠지만 위
로는 장군가에서부터 밑으로는 다이묘와 하타모토 등 여러 번의 가

신에 이르기까지 봉건문벌가에서는 평범한 일로, 그 쾌락의 양상을 한두 가지 예를 든다면 정원과 연못을 만들고 진귀한 동물과 꽃을 사들이며 노가쿠(能楽), 차도, 가부키, 저택 내 승마, 저택 내 매사냥 등 이 모든 것을 집 밖이 아닌 안에서 즐기는데, 그중에서도 여색은 가장 중요한 항목으로 아름다운 여인을 사는데 천금을 아끼지 않았다. 한 명의 귀족이 수십 명의 첩을 두니 수십의 자식을 낳거나, 같은 날 같은 시간에 태어난 쌍둥이가 아니라 다른 배에서 두 아이가 동시에 나오니, 형제자매의 위아래조차 구분하기 힘든 진귀한 광경이 펼쳐진다. 도쿠가와 이에나리(德川家斉) 공은 남녀 51명, 도쿠가와 이에요시(德川家慶)는 27명의 자식을 두었고, 그 외 번주들도 3, 40명의 자식을 두는 경우가 보통이었다. 내행의 문란함을 미루어 짐작할 수 있을 것이다. 이들의 집을 한번 들여다보면, 가령 아버지가 아버지답고 자식은 자식다워야 한다는 가르침은 분명하지만, 남편이 남편답고 아내가 아내다워야 한다는 도리는 불분명하다고 할 수 있다. 필경 예전에 심신이 자유롭고 활달하여 내행이 어떤 것인지도 모른 채, 호기로움과 대범함이 자연스러웠던 무사일족이 태평 세대 이후에도 구습에서 벗어나지 못하고, 바깥에서는 고상한 듯 꾸미되 내행을 가벼이 여기는 모습은 실로 전국시대와 다르지 않다고 해야 할 것이다.

이상과 같이 봉건문벌의 무가가 모두 내행이 무엇인지 모르고 거칠고 예의가 없느냐 하면 결코 그렇지 않다. 도쿠가와가 치세하기 시작했던 겐나엔부 무렵부터 유교의 가르침이 점차 분명해져서, 특히 전국의 무가는 대개 유교로 교육하여 인의예지의 길과 효제충신의 가르침을 높이 받들었다. 부모에게 효를 다하고 연장자를 받들라는 것은 변함없는 유교의 교지로, 인생의 외행과 내행의 구별 없이 몸을 바르게 하고 사물을 접함에 언제나 성심성의를 다하는 것을 그 근본을 삼고 있는 것인데, 이 유교의 가르침은 독신(独慎)만을 주장한 다는 점에서 어떤 의미에서는 오히려 내행을 중하게 여긴 것으로, 이는 단지 이 시기가 과거 전국시대와 달리, 문물이 질서정연한 태평 치세였기 때문에 가능했던 것이었으나, 불행한 것은 유교의 성질상 오직 자제와 약소한 자의 마음가짐을 기록하였을 뿐, 연장자와 강대 한 자를 주의시키는 가르침은 매우 부족하다는 사실이다. 아이에게 효행을 가르치되 부모의 의무를 말하지 않고, 연소자들에게 은혜를 갚으라면서 연장자는 그대로 두니, 어린 자제들은 항상 질책 당하되 연장자인 부형(父兄)들은 전혀 꾸짖지 않는 것을 대원칙으로 삼게 되 었고, 그 원칙이 그대로 남녀 관계에도 적용되었다. 남자는 강대하 고 여자는 약소하기 때문에 책망하는 창끝은 언제나 여성을 향하여, 유순함을 가르치고, 근신을 명하며, 교제를 금하고, 다언(多言)을 금 하며, 심한 경우에는 배우지 못하고 재능이 없어 심사가 비굴한 것조 차 기꺼워하여 여자의 숙덕(淑德)이라며 칭찬하니, 종래에는 소중한 교육의 기회까지 빼앗는 사태에 이르지만, 반대로 남자 사회를 보면 자유안락하고 여자에 비해 털끝만큼의 의무도 지지 않는데, 애써 그 의무가 미치는 곳을 찾는다면 여자의 생명을 유지하도록 하고 의식 을 제공하는 정도에 지나지 않으니, 여자를 장난감처럼 사랑하는 것 일 뿐이고, 여자를 친밀히 대하는 것도 가까이 있기 때문일 뿐으로 이러한 교제에서는 어떠한 경의도 발견할 수 없으며, 그로 인해 사회 일반에 남존여비 풍속이 자리 잡게 되니 귀족 문벌인 남자가 남녀관 계에 욕심을 내어 난폭하고 예의가 없더라도, 세속 일반의 풍속에서 이를 남자의 부덕이라 책망하는 이가 없다. 어쩌다가 책망하는 이가 있어도 이를 인류와 인류의 관계를 근본으로 하여 논하는 것이 아니라, 그저 기물(器物)의 사용법이 어떠한가에 대해서만 논평할 따름이다. 어떤 이는 한때의 노여움으로 아내를 내쫓았다거나, 묘령의 미부를 거부하면 훗날 꼭 후회한다거나, 말을 팔아 첩과 바꾸었는데 말과 첩 중 어느 쪽이 더 쾌락이 크겠느냐는 식의 말을 하는 것을 살펴보더라도, 여자를 경멸하고 동등한 인류로 보지 않는 실정을 명확히 알 수 있다. 도쿠가와의 봉건 치세에 사회 문물이 점차 발전하고 인간의 내행에 대한 가르침도 점차 엄중해졌으나 내행 중 가장 중요한 남녀관계에는 조금도 그 가르침이 적용되지 않았다. 당당한 귀족사군자가 바르지 못한 품행을 저지르고도 스스로도 추함을 모르며 사람들도 이를 책망하지 않는다면 이는 유교주의가 낳은 죄라고 해야 할 것이다. 유교 책 만 권의 가르침이 미치지 않는 곳이 없다지만, '일부일처'와 '남녀동권'의 도리에 대해서는 예로부터 한마디 논하는 것을 들은 바가 없다. 도리어 늘 '남존여비' 사상을 이야기하는데, 이미 귀천이 나뉘어 있다면 귀한 사람이 천한 사람을 장난감으로 삼아 희롱하는 것이 당연한 일이 되니, 남자가 품행을 바르게 하려 해도 할 수가 없다. 따라서 오늘날 일본남자의 품행을 바르게 하는 것은 전국무사의 유풍인 활달하고 담대한 기풍을 다시 바로 잡고, 나아가 유교주의의 결점을 명확히 하여야만 가능하다는 것이 나의 소견이다.

우리 일본남자의 품행을 바르게 하기 위하여 전국무사의 유풍인 활달하고 담대한 기풍을 바로 잡고, 나아가 유교주의의 결점을 명확히 하는 작업이 긴요하다는 것은 앞 절에서 발언한 바로, 나는 현재 남자의 품행에 대해 불만이 많다. 문란함을 다스려 이를 올바른 상태로 되돌리고자 바라지만, 대체로 무언가를 논하는 것은 쉬워도 이를 실행하는 것은 매우 어렵다. 즉 세상이 언제나 그러하듯, 행할 수 없는 것을 알면서도 혹평하며 사람에게 강요하는 것은 절름발이에게 달리는 것을 강요하는 것과 같아 그저 무익할 뿐 아니라, 이를 재촉하면 오히려 낙담하여 평소 하던 보행조차 관두고 멈출 것이다. 다시 말해 절름발이가 자포자기하는 상황에 빠지는 것은 내가 원하는 바가 아니다. 현재 일본남자를 살펴보면 절름발이에 속한 자가 대부분이라 할 수 있다. 때문에 나는 이러한 사람들이 당장 고쳐지기를 바라지 않는다.

이미 지나간 일은 지나간 대로 두고 이후의 소망을 말한다면, 젊은 세대는 바르지 못한 늙은 세대의 품행을 본받지 말아야 하고, 가령 스스로가 제어할 수 없어 바르지 못한 품행을 저질렀다 하더라도 이를 인생의 내행에 있어 가장 중요한 사항으로 삼아 극히 비밀로 하고 그 추악함을 드러내지 않아야 하며, 세상에서 추악함으로 간주되는 것들을 주의하여 멀리해야 한다는, 이 세 가지이다. 이 중에서 바르지 못한 품행을 저질러도 비밀로 삼아 감추어야 한다는 것은 소위 인순고식(因循枯息)[1]한 이야기로, 정의론자의 뜻에는 맞지 않을 것으로, 본래 사람의 부도덕한 품행을 바로 잡으려면 근본에서부터 그것을 고쳐야 하는데, 그 길은 올바름과 그릇됨이라는 두 가지 뿐이며, 적어도 만물의 영장으로서 인륜의 범위 안에 있는 자라면 단연코 추

---

1 인순고식(因循枯息) : 구습을 고치지 않고 눈앞의 편안함만을 취하거나, 일을 행함에 있어 결단력 없이 우물쭈물함.

악한 행동을 용서하지 말아야 하니, 내외안팎에서 일절 이를 허용할 이유가 없다는 식으로 정정당당한 의견을 펼치는 사람도 있을 것이다. 나 또한 원래는 마찬가지 생각으로 그 논조에 대해서는 한마디도 부정할 수 없지만, 무릇 천지가 개벽한 이래 오늘날에 이르기까지의 자연스러운 인정(人情)의 움직임과 인위적인 교육의 힘을 두루 살펴보면 인류로 하여금 완전무결한 품행을 유지하게 하는 것은 매우 어려운 일이니, 심신이 둔하고 허약하여 부도덕함을 저지르는 것이 불가능하거나 또는 그 필요가 없는 사람이나 반대로 심신이 강건하고 활달하여 부도덕함을 저지를 방법을 알면서도 굳이 실행하지 않는 용기 있는 사람을 제외한다면 지금의 어떠한 의견으로 그 부도덕함을 질책한다 하더라도, 절름발이에게 빠르게 걸으라고 명하는 것으로 무익한 재촉이 될 뿐으로, 도도한 천하에는 심신이 완전히 허약한 이도 적고 또한 매우 강건한 이도 드물어, 말하자면 천 명이면 천 명이 대부분 절름발이인 세상 속이니, 예전부터 내려온 절름발이 불구가 된 이유를 드러낸다고 해도 이를 경계할 가르침조차 없는 형편이라면, 나는 처음부터 그 절름발이를 향해 많은 것을 원하지 않고 우선 인간 사회 외면의 체제를 위해 바르지 못한 품행을 감추고 표면을 장식하는 것을 1단계로 삼고, 2단계는 이 허책으로부터 마침내 과실(果實)이 생겨 실제로 품행을 바르게 고치는 경우도 있을 것이라고 함부로 상상하여, 수백 년 후의 좋은 결과를 기다릴 뿐이다. 오늘날 인간의 생태에서 색욕은 삶의 큰 욕망으로, 이를 제어하는 것은 매우 어렵기 때문에, 급한 경우에는 재산을 내던지거나 심하게는 생명마저 돌보지 않을 정도이니, 그 내막은 사적인 것 중에서도 사적인 일로 나인에게 말할 수도, 물을 수도 없어 무한한 고락을 홀로 느끼

며 겉으로 드러낼 수 없어 몸의 안과 밖의 수많은 상황에 따라 고락의
경중이 다양하게 나타남에도 불구하고, 이는 타인이 알아야 할 일도
아니고 옆에서 평가를 하면 크게 노여워할 일이 되기도 하니, 나의
목적은 지금 바로 사람의 사적인 부분들을 각각 논하여 고치려는 것
이 아니며, 더구나 냉담무미한 군자의 가르침을 표준으로 삼아 사람
의 사생활을 지적하는 것은 가장 좋지 않게 생각하는 바로, 그저 한
조각 바라는 소망은 사회의 체제와 인간의 예의를 위해 사람들 스스
로가 주의하여 비밀의 연못을 깊게 했으면 하는 것에 있을 뿐이다.

문명개화가 점차 진보하면 인생의 내행도 점차 바르게 되어 정결
하고 청정한 군자 사회가 출현하는데 한 명의 남편이 한 명의 부인을
배우자로 삼는 것을 지키면 문란함 없는 아름다움을 보게 될 것이라
고, 이따금 사람들은 말하지만, 지금 사물의 진보를 보고 이를 문명
개화라고 한다면 도저히 청정 사회를 만나고자 하는 목적이 없는 자
들이라고 해야 할 것이다. 일본과 서양을 비교하면 서양 여러 나라들
의 문명은 일본보다 몇 단계나 진보하였지만 사람의 품행과 관련하
여 가장 사적인 그 비밀의 연못으로 들어가 살펴보면, 문명인이 그
문명의 정도에 비해 청정하지 않은 내실을 이루는 경우도 있을 테지
만, 단지 연못이 깊어 이를 짐작하기 어려울 뿐이다. 지금의 문명이
란 흡사 사람의 품행의 성질을 화학적으로 청정하게 하는 힘은 없이
그저 기술적으로 이를 깊게 하여 세상의 이목을 차단하는 정도일 뿐
으로, 즉 품행의 성질을 바꾸는 일 없이 그 성질 그대로 품행을 감추
어 악취를 풍기지 않게 할 뿐이니, 거의 기대하지 못할 상황이라며
혹자는 분노할 수도 있겠으나, 그렇다고 해도 오늘날의 전 세계는
서양의 문명개화에 지배당하여 만약 그 흐름을 따르지 않는 사람은

다른 사람들과 어울릴 수 없고, 나라 또한 다른 나라와 함께할 수 없으니, 이는 속된 말로 비주류로, 이를 이길 수 없다면 그 흐름과 기풍을 모조리 본받을 수밖에 없다. 따라서 품행 하나만 보더라도 구미 여러 나라 사람들이 진실되게 신봉하는 교의(敎義)를 따라 일부 일처의 취지를 지켜서 청정하게 바뀐다면, 그 기풍을 본받아야 하는 것은 당연하며, 만약 그들 대부분이 내행에서 하자가 있어도 단지 그 하자를 숨겨 깊이 감추는 기술이 능할 뿐이라고 하더라도 내행의 하자를 감추는 기풍을 본받는 것이 현명한 자의 일인데, 우리 일본인 들도 지금 문명개화 과정에 있으면서 그 개명의 빛깔만이라도 띠움으로써 자국의 체면을 유지하려고 하기 때문이다. 감추는 것과 감추지 않는 것은 천양지차이니 감추어야만 하는데, 일반적인 일이라면 잘못했을 때 당연히 고쳐야 하기 때문에, 자기 몸에 과실이 있을 때 이를 타인에게 숨김없이 드러냄으로써 일반적인 덕행을 이루는 것이 되지만, 적어도 품행에 있어서는 취향을 달리하기 때문에 설령 이를 고치건 고칠 수 없건 오직 이를 감추는 것의 의미에 전념해야지만 사람과 금수 사이의 구분을 할 수 있게 된다. 내가 어쩔 수 없이 비밀이라는 궁여지책을 만든 것도 이 때문이니 정의론자들은 모쪼록 이해해 주기 바란다.

수백 천 년 동안 유래한 습관은 쉽게 벗어날 수 없고 전국민에게 침투된 세상의 가르침은 갑자기 그것이 그릇되었다는 것을 깨닫는 이가 적다. 우리 일본의 개국과 메이지유신은 역사상 처음인 대변동으로 단순히 정치만을 개혁한 것이 아니라 옛 정치와 관계없는 민속, 교육, 식산부터 의식주의 세밀한 부분에 이르기까지 구습을 버리고 새로운 것을 받아들여 마치 신일본국을 창조하듯 하였으니, 다른 나라 사람들이 이를 보고 놀랐을 뿐 아니라 일본인 스스로도 어떻게 이렇게 되었는가 하며 스스로 미심쩍어 할 정도인 작금에 이르러 또 한 옛것을 볼 필요는 없는 듯하지만, 시점을 바꾸어 도덕의 경계에서 사람의 내행 여하라는 한 부분, 특히 남녀관계 속 남자의 품행을 음미하면 이를 어찌할꼬 하며, 여전히 개국 이전의 일본과 같이 과거의 안색을 바꾸지 않은 실상을 발견할 수 있다. 뿐만 아니라 과거 봉건 문벌에는 어쩔 수 없이 뒤따르는 갑갑한 예의가 있어, 상류무가 또는 민간 세도가가 부도덕한 품행을 저질러도 그 추악함을 안에 봉인하고 밖으로 내보일 수 없는 사정이 있었지만, 오늘날은 문벌제도가 폐지됨과 함께 갑갑한 예의의 속박도 함께 사라져 품행을 자유자재로 할 수 있으니, 고삐 풀린 말을 봄 들판에 풀어 놓은 것과 같다. 꽃에 흥분하고 버들과 놀고 고운 꽃잎의 부드러움에 조우하면 입을 맞추고, 싫어하는 마른 풀잎이 있으면 발로 차 흩뜨리니, 그 활발하고 자유로우며 담대한 것이 청천백일의 모든 사람이 보는 바로, 그 일거수일투족이 세상에 다 드러난다. 과연 이 말이 도대체 어떠한 말인가 하면, 일찍이 수백 년 전 전국시대부터 내려와 도쿠가와 치세 동안에도 품행에 관해서는 일찍이 신경 쓸 일이 없었고, 그 흔한 가르침을 받은 일이 없는 자의 후예로, 오늘날 문명과 만났지만 조상 유전의 흔적을 지우지 못하고, 입으로는 문명의 음식을 먹고 몸으로는 문명의 옷을 입으며 언행 일체를 문명에 근본을 두어 행하는 듯하지만 오직 품행 하나만큼은 옛 일본의 구태를 보존하는 모습은 외국에 오랫동안 유학하며 외국어를 배우고 일본어를 거의 잊어버린 어학자가 잠꼬대만 일본어로 하는 것과 다르지 않다. 수백 천 년간 유전되어 기억에 물든 언어는 잊어버린 듯하여도 이를 제어할 수 없는 꿈속에서는 저절로 나오는 것이다. 그렇다면 오늘날 일본의 문명남자가 오직 품행 한 부분에 이르러서만 구태를 보존하는 것은, 품행한 부분에 대해서만은 아직 꿈속에 있어, 여전히 자유롭고 거침없는 꿈에서 깨지 못한 것이라고 판단할 수밖에 없다. 예를 들어, 오늘날 대인이나 사군자라 불리며 존경받는 인물들 일부가 행하는 혼인법을 보라. 부모에게 고하고 장가드는 것은 어리석은 일이고 부모가 일찍 정해둔 아내를 맞는 것은 무리라며, 몸소 분주하게 자태가 곱고 아름다운 춘색(春色)을 찾는 이도 있으며, 또한 자기 집 늦은 봄에 녹엽이 우거지고 어린 가지가 가득한 것이 싫어서 이를 버리는 자도 있다. 남자는 독립된 존재이므로 자기 생애에 있어서 배우자를 고르는 데 부모의 의견을 꼭 물어야 하는 도리는 없으니, 나는 이를 질책하지 않겠지만, 아내를 맞는 데 있어 생계의 독립이 뒤따라야 함에도 불구하고 의식(衣食)을 모두 부모 재산에 의지하면서 아내만은 자력으로 고른다는 것은 이상한 이야기다. 또한 옛날처럼 일찍이 부모나 양부모의 명으로 정해진 조강지처를 돌아봐야 할 도리는 없다고 하더라도, 이를 돌아보지 않을 뿐만 아니라 나아가 옛날 일찍이 그들이 자신을 돌보면서 옷과 음식부터 교육에 이르기까지 애쓴 무형의 친절과 유형의 비용까지도 함께 망각하고 이를 돌아보지 않는 작태는 이기주의의 도를 넘어섰다고 할 수 있다.

또한 메이지유신으로 일거에 문벌이 폐지되고 사민동권인 세상이 되어 다이묘와 구게, 무사와 농공상 모두가 평등하여 모든 혼인이 자유로운 상황이니 신분이 높은 자들이 미천한 농사꾼의 딸을 맞는 것은 매우 기특한 일로, 내가 대단히 찬성하는 바이며, 문명개화는 바로 이러해야 한다고 명언하지만, 서민 백성의 딸에게 종류가 있어 아름다움과 추함, 재기가 있는지 여부는 논하지 않으면서, 혼인을 상담하기에 앞서 재력을 상담하는 것은 무슨 경우라고 할 수 있겠는가. 이 재력도 남녀 쌍방이 상대방 집의 빈부를 비교하는 것이 아니라, 부인 쪽은 애초부터 가난한 것으로 상정하고 소유한 것은 몸밖에 없으니 이른바 그 몸의 가치를 평하여 돈의 상한선을 정함으로써 혼담이 성립된다. 이 돈의 명분은 대가(代價)라고 하지 않고, 때로는 준비금(支度金), 때로는 착수금(手富金), 때로는 배차금(御拜借金) 등 다양한 수식어가 붙지만, 요컨대 돈이 있으면 혼담 성립, 없으면 불성립되는 것이 현실이라면 돈으로 혼인을 매수하는 것이라고 할 수밖에 없다. 게다가 혼인에 임박해서만 비로소 돈 이야기가 나오는 게 아니니, 그 부인이 이미 일반적으로 드러내놓든 혹은 비밀스럽게든 매음하는 것을 직업으로 삼았던 여자인 경우는 어떠하겠는가. 이는 분명히 기생 첩지를 풀어주는 것이라 해도 무방할 것이다. 따라서 이런 종류의 부인과 결혼하는 것은 가령 부인의 출신이 상가이건 농가이건, 그리고 사족이건 간에 모두 부정한 혼인이라 해야 할 것이다. 왜냐하면 혼인을 매매하는 것은 문명사회에서 있을 수 없는 일이기 때문이다. 무릇 오늘날 세상에서 첩이라 이름 붙은 자는 대부분 이 혼인법을 통해 얻은 부인으로, 내첩이 있고 외첩이 있으며, 때로는 첩에서 등급에 올라 정실부인의 자리에 오르니 이른바 꽃가마 타고 득의양양해 하는 사람이 있다. 하지만 첩이든 첩에서 정실로 상승한 이든 이를 극히 비밀로 하여 세상에 감추거나, 또는 이미 정실이 되어 감추지 않아도 되는 자라고 하더라도 불편하고 유감스럽겠지만 가능한 그 교제를 감추어서 사람들의 이목을 끌지 않도록 노력하여 사회에 대한 체면만 갖춘다면, 우선 나의 소망은 이루는 것인데, 여기에서 더 깊숙이 들어가 사람 내부의 사적인 부분을 적발하는 것은 내가 원하는 바가 아닐 뿐 아니라 가장 좋지 않은 것으로, 사회풍속에 대한 가르침을 위해 삼가 침묵하고 애써 감추려는 것이 나의 뜻이지만, 어찌하겠는가, 오히려 당사자들이 태연하고 대범한 척하면서 이를 인생의 일대비밀로 삼을 마음이 없는 듯하다. 가령 사군자들의 담화가 제 3자에 대한 이야기에 이르러 아무개 씨의 첩에 대해 운운하는 일은 흔히 있는 것인데, 반드시 그 아무개 씨를 비방하거나 멸시하려는 취지가 아니라도, 심한 경우에는 공공연히 타인을 향해 나의 첩(my concubine)이 어떠어떠하다거나, 첩의 집안은 이러이러하다는 등으로, 거리낌 없이 말하는 이도 있다. 또한 더 심한 경우에는 내첩이고 외첩이라며 첩의 수가 많은 것을 자랑하고, 이를 사람들이 알아주길 원하는 듯하면서 일부러 첩의 집을 피로하는 취향은 마구간에 손님을 안내하여 자신이 사육하는 말을 자랑하는 듯하다. 나는 얼마간 문명국의 사정을 직접 보기도 하고, 사람들에게 듣거나 책에서 보기도 하였다. 문명국 내부의 사정 또한 지적할 것이 매우 많지만, 벌건 대낮에 일본처럼 하는 모습은 아직 보거나 들은 바가 없으니, 얼굴이 붉어지는 것을 막을 수 없다. 필경 우리 국민이 무식한 죄라고 할 수밖에 없다.

일본 남자의 '품행론'을 논하며, 세상 사람들이 지금까지 깨닫지 못했던 추행과 나쁜 품행에 주의하면서 이를 멀리하는 것이 내 첫 번째 소망으로, 지금 이 사실을 거론하자면 간통과 불륜과 같은 것은 사람들이 일반적으로 추악하다고 여기는 것으로 새삼스럽게 경계할 필요도 없을 터이지만, 지금 세상의 일반사람들이 등한시하고 간과하여 내실의 추악함을 깨닫지 못한 것이 있으니 그것이 바로 예기(芸

妓)들이다. 메이지유신 전에도 3도(도쿄, 오사카, 나고야)와 그 외 번화
한 지역에는 예기들이 있었지만 그들의 일은 오로지 가무를 하거나
관현을 연주하고 술상 사이를 돌면서 손님의 주흥을 돕는 일에 한정
되었고 외설적인 이야기는 매우 드물어서 예기 사회에서도 스스로
이를 단속하는 습관을 유지하였으니, 간혹 예기 중에 음탕한 자가
있으면 예기 사회에서 배척당하거나, 혹은 공개적으로 배척하지 않
더라도 본인이 스스로 수치스러워하는 기풍이 있었는데, 유신 이후
이러한 풍속이 크게 훼손되어, 예를 들면 도쿄 시내에 예기 소굴이라
고 불리는 장소만도 대략 20여 개소이며 예기의 숫자도 천 명을 밑돌
지 않는다. 나는 특히 그 은밀한 내부에서부터 밖으로는 술집과 찻집
의 접객 사정에 이르기까지 주의 깊게 살펴서 알고는 있지만, 이를
밝히기가 탐탁지 않아 붓끝으로 쓰지 않을 뿐, 무릇 지금 예기들이
하는 일은 단순하게 가무와 관현과 같은 기예로 술자리를 돕는 것에
그치지 않고, 그 대부분은 손님의 수요에 응하여 정을 판다고 한다.
어느 위생의학자의 말에 의하면 현재 신요시와라(新吉原)[2]에서는 매
독검사를 실시하고 있어 큰 전염의 피해를 막을 수 있다고는 하지만,
이는 공개된 매춘구역에서만 이루어지고 있을 뿐 시내의 예기들을
지금 이대로 방치한다면 앞쪽의 호랑이를 쫓다가 뒤쪽의 이리를 막
지 못하는 것과 같다고 하니, 그 내부의 사정을 추측할 수 있다. 원하
는 자 있어 응하는 자가 생기는 것인지, 응하는 자를 보고서 찾는
자가 온 것인지, 그 전후가 어떠했든 간에 메이지유신 이후부터 최근
에 이르기까지 세상에서 일반적으로 예기를 부르는 기풍은 나날이

---

2 신요시와라(新吉原) : 당시 에도에 있던 유곽.

심해져서, 크고 작은 모임에 관계없이 그곳에 술이 있으면 기생도 있어야 한다고 하여, 사회 상류층으로서 천하만사에 관여하며 덕망 있다고 불리던 사람이 요전에 어디어디 전각의 성대한 모임에 예기 수십 명을 불러와 흥을 돋우고 주객들이 즐거움을 만끽하고 헤어졌고, 오늘밤은 지방에서 온 어떤 사람들을 위해 어디어디 주루에서 연회를 준비하면서 이미 예기들을 불렀다 하니 그 성대함을 알 수 있다는 등, 예기가 마치 축하향연의 메뉴처럼 여겨질 뿐 아니라 그 중요한 부분을 점하니 마치 예기가 빠지면 군자의 연회가 아니라고 한다. 유행에 따르는 것은 인지상정이므로 그 흐름은 멈추지 않을 것이다. 여러 상인들의 돈거래 모임과 여러 회사들의 회식, 젊은 서생의 회합과 친구와 친척의 만남에 이르기까지 모두 이 유행에 따르니, 심한 경우는 절의 중들이 사문의 회의를 하는데 민머리로 가득찬 술자리가 절정에 이르러 붉은 비단옷과 승복에 뒤섞여 휘황찬란하고 기괴한 광경을 만든다. 대저 이 부류의 일본남자가 연회석에 예기를 필요로 하여 이를 불가피한 존재로 여기는 것은 꼭 그 자리에서 정을 사려는 목적이 아니니, 예를 들어 술집에 가거나, 혹은 집에서 주연을 베풀더라도 객석을 다루는 데 익숙한 예기가 없으면 불편한 경우가 많아 사정상 어쩔 수 없는 경우도 있을 것이나, 예기의 본성을 살펴본다면, 예기는 인간사회 안에서 과연 어떤 부류에 속하며, 문명 세계의 표준에서 어떤 평가를 받았던 존재인가. 앞에서도 언급한 바와 같이 다수가 돈으로 정을 사기를 원하니, 그 수요에 응한다면 총체적인 명분은 어찌되었던 간에 정을 파는 예기는 실제로는 일종의 매춘부라 할 수 있다. 서양어로는 이를 프로스티튜트(prostitute)라 한다. 프로스티튜트는 문명세계에 가장 많으면서도 가장 비천한 신분의 사람으로, 적어도 사회의 사군자라면 공공연하게 이를 가까이 해선 안 될 뿐 아니라, 가령 문명국에서 귀부인과 신사가 모인 자리에 잘못하여 매춘부가 자리에 있다면 손님들은 모두 좋은 옷을 입고 진흙탕에 앉아 있다는 기분으로 분연히 자리를 피할 것이니 백이(伯夷)[3]가 나쁜 색과 나쁜 풍류를 싫어한 사정과 같다. 이러한 사정에 대해서는 애초에 고지식한 방식이나 품행에 초연한 사람들과 함께 논할 수 없고, 또한 풍류에 통달했다고 스스로 자부하는 한량과 논하는 것도 무익하지만, 적어도 일찍이 서양 문명을 지향하여 그쪽의 사군자들과 만나거나 그 나라를 왕래하면서 그 사회의 조직을 목격한 사람은 충분히 이해하고 있을 것이며, 동시에 일본에는 다년간 서구에 유학한 사람도 있고 또한 서양의 사정과 풍속을 시찰하기 위해 특별히 순회한 인물이 많음에도 불구하고, 그 사람들이 일본으로 돌아와서 잠시 일본의 바람을 쐬면 쉬이 풍화되어 풍류에 통달한 이가 되고, 때때로 술자리 모임이 되면 예기의 가무나 관현을 즐기는 풍류의 본성을 드러내니, 외설스런 말을 부끄러워하지 않고, 추악한 놀이를 거절하지 않으며, 같이 마시고, 같이 말하며, 같이 웃고, 같이 소리치며, 심하게는 같이 드러눕고, 또 같이 자고, 수백 명의 기녀를 옆에 끼고, 옷을 벗어 벌거숭이(袒裼裸裎)가 되는 것도 아무렇지 않아 하는 이가 있다는 사실은 실로 의아하기 그지없는 상황이다.

　내가 속으로 생각하니 이런 사람은 일찍이 서양제국에 갔든 그렇지 않았든 간에 상관없이, 반드시 서양제국 사람 중 친구가 있어 그때그때 서신교류를 통해 쌍방의 동정을 알게 될 것인데, 그 서신 안

3　백이(伯夷) : 중국 은나라 말에서 주나라 초기의 현인.

에 지난 몇 월, 며칠은 우리 동지들이 계몽, 민리, 국익을 위해 일찍이 계획한 무슨무슨 모임을 발기하여, 정부와 민간의 많은 신사들이 참석하였고, 아무개 군은 축사를 하고, 아무개 선생은 연설을 하고, 그 뒤에 연회를 열었다는 등등의 내용까지는 문제없다 해도, 거기에 이어서 연회의 주흥을 돋우려고 예기 몇 명을 불러 가무와 관현의 유쾌함에 손님들 모두가 술이 취해 쓰러질 만큼 마음껏 즐기고 돌아갔다는 내용 등등을 쓰거나, 나아가 친구가 외국인일 경우에는 단지 '예기'라고만 쓰면 어떤 존재인지 이해할 수 없을 터이니, 혹시 몰라 한마디 덧붙여 본래 예기란 일본에서 직업상 그 단어 뜻 그대로의 일에 종사하는 여자를 의미했으나 근래에는 풍속이 크게 바뀌어 한 걸음 더 나아가 은밀하게 손님의 요구에 응하며, 일시적 또는 정기적으로, 정을 파는 여자이고, 대저 일본 상류층의 사군자가 공식적으로 혹은 사적으로 사람을 만날 때나 크고 작은 연회를 열 때는 반드시 예기를 그 자리에 불러, 손님도 예기도 술잔과 쟁반이 어지러워진 공간에 뒤섞여 더 할 바 없는 쾌락을 누리는 풍속이 있다는 등등의 설명까지 더하여 보내야 할 것인가, 말아야 할 것인가. 내가 추측하건대, 가령 그 외국인이 아무리 친한 친구라 하더라도 거기까지 설명하는 일은 없을 것이다. 아니, 당사자의 본심에 비추어 보더라도 알릴 수 없을 것이라 믿는다. 예기를 술자리에서 희롱한다는 사실은 내국인 사이에서는 꺼릴 만한 일이 아니자만, 외국인에 대해서는 조금 부끄러운 부분이 있기 때문이다. 이렇게 볼 때, 이러한 일을 문명국 사람들에게는 절대로 입 밖에 내지 않으면서, 단지 내국인에게는 추호도 거리낌이 없다는 그 이유를 나는 모르겠다. 일신의 명예와 면목은 작은 것들이 쌓여 무거움을 이루며, 일국의 명예와 면목 또한 그러할 터인데, 도대체 누가 이것을 인생의 사소한 행동이라고 말한다 말인가. 그는 자신을 모르고 자국을 모르는 사람이다.

　예기 사회가 사라지고 창기 사회가 되었다면 순전히 매음을 영업하는 것이니 유곽이라고 불리는 곳은 즉 매음 소굴로 보통의 인간 세계가 아니다. 애당초 지금 창기의 이익과 폐해에 대하여 새삼스럽게 논하는 자도 드물고, 소위 도덕가의 소망대로 창기가 없는 편이 낫다는 것은 당연하지만, 인간 세계는 도덕뿐인 세계가 아니다. 인간의 몸을 둘로 나누면 하나는 사람이고 다른 하나는 금수일 것이다. 가까운 예를 들자면, 의복을 입고자 하는 것은 사람의 부분이고, 벌거숭이가 되고자 하는 것은 금수의 부분인 것이다. 도덕가의 주문대로 사람의 마음을 통해 금수의 마음에서 비롯된 행동을 제어할 수 있다면 실로 축복할 만하겠지만 고금의 세계에서 그런 예는 찾을 수 없다. 금수의 마음에서 비롯된 충동이란 막을 수 없는 것이 아니어서 이러한 이치에 따라 이를 허하여 보다 큰 폐해를 막는 것이야말로 이익이 되니, 오늘날에는 어떤 편벽한 논자라도 세상에서 창기라는 존재를 없애야 한다고 하지는 않는다. 특히 문명이 진보하고 빈부의 차가 심각해지는 비율에 따라 허식 또한 심해지면서, 가난한 이는 가난하기 때문에 처를 부양할 수 없고 부자는 허식의 욕을 채우는 데 분주하여 결혼할 시간이 없으니, 세상 도처에 무수한 독신자가 생겨나게 되었고 이들의 정욕을 채워주기 위해 창기라는 방편이 반드시 필요하게 되었다. 만약 사회빈부의 차가 이처럼 심하지 않아, 상류층과 하류층이 그에 걸맞게 노동하고 그에 걸맞게 돈을 벌면서 가족을 지킬 수 있는 구조라면 창기의 수요도 크게 감소하는 바람직한 상황이 되겠지만, 실제로 그렇게 되지 않는 것은 사회 전체의 흐름 때문이라고 해야 할 것이다. 한 사람이 노동으로 하루에 2~30전에서 4~50전(이것은 도시의 경우로 시골은 그 반에도 못 미치는 경우가 많다.)을 벌어도, 한 달 중에 휴일이나 날씨로 쉬는 날을 빼고 이를 평균하면 매월 10엔을 넘지 못하고 5, 6엔을 버는 이가 대부분이다. 이는 겨우 자기 한 몸의 의식을 해결하기에만 충분한 금액이니, 술도 마시기 어렵고 처를 부양하는 일은 생각조차 할 수 없는 일로, 만약에 무리하여 아내를 두고 불행하게도 아이까지 낳게 된다면 일가는 그저 굶어 죽기를 기다릴 수밖에 없다. 또한 상류층에게 허식은 어쩔수 없다는 것이 세상 사람들의 풍조이니, 특히 서구제국에서 그 폐해가 가장 심해 맛있는 음식과 좋은 옷으로 외면을 꾸미지 않으면 세상과 교제할 수조차 없다. 그중에서도 남녀의 혼인은 생애에서 가장큰 일로, 즉각 돈을 써야 할 뿐만 아니라, 혼인 이후에도 집의 면목을일신해야 하므로 살림살이 비용도 이전보다 몇 배나 늘어날 것이니, 쉽게 계획할 수 없다. 우선은 독신 생활을 견디는 것 이외에 수단이없고, 또한 최근처럼 교육방법이 발달함에 따라 남녀 모두의 정신이크게 발달하여, 속된 말로 자부심은 높지만 돈에 있어서만큼은 분명가난하니, 이 가난한 자가 결혼을 하면 상대방 또한 가난하게 될 수밖에 없다. 일찍이 어딘가의 대학을 졸업하여 문재와 기예에 뛰어난학사와 학녀라고 하더라도 가진 재능으로 현실에서 돈을 벌어 풍요로운 사람이 되지 못한다면, 그의 혼인 상대가 될 수 있는 사람은뒷골목 상점의 딸이거나 시장 통의 직인에 불과할 것이다. 교육받은자신의 품격에, 설마하니 저 별 볼 일 없는 딸에게 아내의 지위를줄 수도 없고, 저 거친 하인을 부군으로 삼아 친밀하게 대하기도 힘드니, 자신은 돈은 없으면서도 인품에는 군신의 차가 있다는 식의 태도를 갖는 것은, 흡사 돈도 없고 지혜도 없는 귀족이 작위와 훈장을 껴안고 다른 사람들을 전혀 신경 쓰지 않는 것과 같다. 이 경우 또한 독신 생활을 유지하는 것 외에는 방법이 없다고 할 것이다. 따라서 문명개화가 진보함에 따라 사람 마음이 점차 육체적 욕망을 떠나 정신적 쾌락을 중요시하는 것처럼 보이기는 하지만, 동시에 이러한 개명 때문에 세상에 독신자 수자 늘어, 그 결과는 실로 당혹스러운 상황이 되었는데, 궁색하면서도 추한 방법이기는 하지만, 한 가지 혈로로, 창기에 의지하여 사회의 안녕을 유지할 수밖에 없게 된 것이다. 가령 지금 인간세계에서 창기제도를 전폐하여 흔적도 없게 만들어 보라, 그 영향은 실로 우려할 만할 것이다. 예를 들어 가까이 동경에서 신요시와라를 비롯해 몇 개의 유곽을 금지시키고 더불어 시내의 매춘 단속을 엄하게 하여 이를 봉쇄한다면 어떤 상태가 되겠는가. 수개월도 지나지 않아 도시 전체가 성욕을 스스로 금할 수 없게 되어, 드러나게는 양가의 자녀들이 음탕하게 될 것이며, 은밀하게는 고독한 과부가 간통을 저지르고, 사통하고 강간하며, 납치하고 애정도피하고, 혹은 크게 다투어, 모든 곳에서 분쟁이 일어나고 사회 질서 또한 그로 인해 문란해져 더 이상 수습하기 어려운 지경에 이를 것은 의심할 여지가 없으니, 예나 지금이나 이러한 참상을 겪지 않을 수 있었던 것은 바로 창기의 효과이다. 애당초 창기라는 직업은 가장 미천하고 보기 흉하여 본인의 심신 모두에 고통받는 직업이지만 현재 인간 사회의 구조상 이를 없애서는 안 될 뿐 아니라 얼마간 이것에 의지하여 질서를 유지해 왔으므로, 만약 창기가 없어지고 곧바로 질서가 문란해진다면, 본인이 직업을 선택한 목적이야 어쨌든 간에 사회적으로 이를 논할 때는 그 사람이나 일이 어떠한지를 묻지 말고 그 일의 성과를 고려해 창기 또한 자신의 몸을 희생하여 세상에 도움을 주는 존재라 평해야 할 것이다. 조금 기이한 비유겠지만, 서양의 어느 학자는 창기를 평하여 탁세(濁世)의 마르타르⁴라 하였다. 대저 마르타르란 법교주의를 위해 생명을 희생한 사람의 이름으로, 즉 몸을 버려 중생제도(濟度)에 기여한 인자(仁者)를 말한다. 일본에서 그 예를 든다면 신란[親鸞上人]⁵과 니치렌(日蓮上人)⁶류가 풀을 이부자리로 삼고 돌을 베게로 삼아 설법을 가르치고, 심한 경우는 유배를 가거나 참수를 당하기까지 한 것도 모두 법과 중생의 안락을 위하여 몸을 바쳐 희생한 것에 다름 아니다. 마르타르의 공덕이 크다고 하나, 지금의 창기가 이 탁한 세상에서 쉽게 일어날 수 있는 참상을 막아왔던 모습을 평한다면, 인물의 직업, 그리고 그 목적은 다르지만 사회의 사적(事跡)에 나타난 공덕의 대소경중은 신랑과 니치렌에 비하여도 크게 다를 바 없다고 할 수 있다. 그러므로 자신의 몸을 혹사하여 세상의 안락과 행복을 도우는 자, 이를 마르타르라 이름붙일 수 있다. 나는 창기를 없애려는 이가 아니며 오히려 유지하기를 원하지만, 그 유지 방법에 대해서는 의견이 있는 것이다. 이어서 이를 논하겠다.

오늘날 창기가 세상에서 긴요하고 불가피한 이유는 앞에서 논했으니, 독자들도 아마 이의가 없겠지만, 그렇다고 하여도 그 일은 가

---

4 마르타르 : 성녀 마리아의 언니.

5 신랑(親鸞上人) : 신란(親鸞, 1173~1262)은 가마쿠라(鎌倉時代) 시대 전반에서 중기에 걸쳐 활동한 일본의 고승이다. 정토진종(浄土真宗)의 종사로 알려져 있다. 쇼닌(上人)은 불교에서 고승을 부르는 경칭(敬称)이다.

6 니치렌(日蓮上人) : 니치렌(日蓮, 1222~1282)은 가마쿠라 시대 불교의 승으로, 가마쿠라 불교 유파 중 하나인 니치렌종(日蓮宗)의 종조(宗祖)이다.

장 비천하고 추악하며, 인륜의 대의를 저버린 인도(人道)에서 벗어난 행동이라고 할 수밖에 없다. 이를 직업으로 하는 자는 이미 여자로서의 영예를 잃은 것이고 이를 희롱하는 자는 이미 남자로서의 명예를 버린 것이니 양쪽 모두 비인도적인 경우에 빠져 짐승의 길을 즐기는 자들로, 적어도 문명의 인간세계라면 수많은 사정을 고려하여 이를 금하기는 어렵다 하여도 깊숙이 감추는 데 주의를 기울어야 할 것이다. 앞 절에서 비유하기를, 사람에게 의복은 추악한 몸을 감추는 것이라 하였다. 의복이 사람의 추악한 몸을 없앨 수는 없지만, 의복으로 덮었을 때는 외견상 추악함이 없는 것과 같다. 따라서 창기매춘의 추태를 감춘다 하더라도 그 실상이 없어지는 것은 아니지만, 감추는 것과 그렇지 않는 것 사이에는 사람 몸에 의복을 걸치는 것과 그렇지 않는 것과 마찬가지로 매우 중요한 차이가 있다는 사실을 알아야 한다. 서양제국에는 창기가 매우 많으며 이들을 희롱하는 것도 제일 발달해 있지만, 동시에 문명이라는 의복 또한 엄중하여 사람들의 눈에 띠지 않는다. 가령 눈에 띈다고 하더라도 이를 말하거나 듣는 자가 없으니 사회 외견의 아름다운 모습이 마치 의복을 꾸며 우아하고 여유로운 모습을 한 귀부인과 같다. 만약 그 내실을 살펴보기 위해 의복을 벗고 그 내부를 들여다보면 의외로 베인 상처가 있어 참고 보기 힘든 추한 몸을 가지고 있다고 해도, 문명의 눈은 다만 의복의 미추만을 평가할 뿐 그 안쪽의 몸은 논하지 않는다. 이른바 이것이 문명사회의 아름다움으로, 창기가 많되 창기가 없으며, 유곽이 번창하되 유곽을 찾아볼 수 없는 이유이다. 하지만 시선을 돌려 일본사회를 바라보면 정반대의 실상으로, 창기와 유곽만큼 세상 사람들의 이목에 뚜렷하게 드러난 것이 없다. 가령 도쿄 각지의 유곽들은 서로 경쟁하듯 외관을 뽐내기 위해, 드러내고 선전하며 이로도 부족하여 문 앞에 꽃과 나무를 심고 등을 밝힐 뿐 아니라, 때로는 '니와카'[7]라고 불리는 기녀들의 아악(舞楽) 행렬을 만들어 유곽 내 거리를 돌게 하고, 노래문구에 '꽃의 에도와 교토'라는 말이 있는가 하면, 가인(歌人)은 서른한 자 노랫말로 진한 애정 노래를 즐기고, 시객은 칠언절구 지쿠시(竹枝)[8]를 지어 풍류를 읊는 등, 그 떠들썩한 모습이 이루 말할 수가 없는데, 이를 감추기는커녕 오히려 사람들에게 알려지지 않을까봐 두려워하는 듯하다. 유곽의 구조가 이미 공공연하게 널리 알려져 있으니, 그곳에서 노는 사람들 또한 공공연하게 즐기면서 거리낄 바 없다. 도쿠가와 정부 초기 다이묘와 사족들이 많은 수의 부하들을 거느리고 말과 마차에 탄 채 유곽을 왕래했다는 이야기는 사람들이 기억하고 있을 것이다. 오늘날은 과연 편리한 문명의 세상이니, 창기를 사는 데 예전과 같은 기세로 하는 이는 적다고 하나, 신분 높은 신사와 고고한 서생들이 차를 달려 분주하게 출몰하면서, 정 깊은 북국이나 유쾌한 남해 등 이러저러하게 말하면서 다른 사람의 실패를 조롱하고 혼자 득의양양하며 등을 두들기면 어깨를 세우고 눈을 가늘게 하고 침을 흘리며 종알거리며 첩첩남남(喋喋喃喃)[9]하며 떠들썩하게 종알거리는 모습을 옆에서 들으면, 마치 열혈지사가 전

---

7 니와카(俄)는 에도 시대에서 메이지 시대에 걸쳐 연석이나 노상에서 전문가 아닌 일반인이 즉흥해서 연기했던 것을 일컫는다. 유곽 등에서 전문예인이 아닌 예기들에 의해서도 공연이 이루어졌다.

8 지쿠시(竹枝) : 본래 그 지방의 풍물을 읊는 민요풍의 노래를 가리킨다. 당(唐)의 시인 유우석(劉禹錫)이 건안(建安)에 갔을 때, 아이들이 죽지(竹枝)라는 노래를 부르는 것을 듣고, 같은 음조로 남녀의 정을 읊었다고 한다.

9 첩첩남남(喋喋喃喃) : 남녀가 서로 마음이 맞아 재미있게 이야기하는 모양.

날 밤 유곽소굴에서 놀았던 것을 재연하면서 이야기하는 것처럼 들릴 뿐이다. 이처럼 일본에서는 유곽에서 노는 것이 공명정대한 일이 되어버렸기 때문에 왕왕 인간 교제를 위한 이용, 사업상 간담, 논쟁에서 생긴 불화의 조정, 또는 예전에 안면이 있던 이와의 재회를 위한 향응, 문인과 묵객의 집회, 그리고 때로는 정치상의 담론과 자신의 거취에 대한 밀담 등 신선놀음에 흥이 하나 더 들어가야 한다며, 착실한 인품을 지닌 자는 의복을 바르게 하고, 반백의 노신사는 지팡이를 휴대하고 정정당당 유유자적하며 이곳에서 회합을 갖는 경우도 있다. 또한 시골사람들이 도시 구경에 한 달 남짓 머물면서 긴자(銀座)거리의 벽돌집과 시바(芝)·우에노(上野)·아사쿠사(浅草)·무카이시마(向島) 등을 먼저 구경하고, 여러 관청과 재판소 등도 우선 그 외관을 둘러본 다음은 여러 공장이나 학교가 되는데, 가령 공장이나 학교는 뒤로 미루더라도 요시와라의 유흥은 평생의 이야깃거리로 한 번 경험해야 한다며, 몇 년 동안의 숙원을 이루고자 상경했는데 이 여흥이 빠지면 고향에 가지고 갈 기념품을 잃는 것과 같다 하며 이를 중하게 여기는 것을 마치 우에노·아사쿠사·무카이시마의 풍경처럼 여기니, 공장이나 학교보다 훨씬 더 중시하는 듯하다. 유곽의 명성이 이처럼 드높으니 그 공공연함 또한 미루어 짐작할 수 있다.

이미 풍습이 이렇게 되었다면 그 힘이 향하는 곳을 막을 수 없다. 바른 것을 억눌러 부도덕함을 행하고, 도리를 덮어 버리고 그릇됨을 행하는 것이다. 하물며 바름과 부도덕함, 도리와 그릇됨이 불분명하여 추악함이 아름다움으로 바뀌는 데에서야. 우리 일본국민이 창기의 일을 추악함으로 여기지 않고 유곽에서 공공연히 유흥을 즐기는 것을 꺼리지 않는 것은 그것이 전국(戦国)봉건시대에서 유래한 풍습이기 때문에 그리 되었다 하더라도, 한번 심기일전하여 세계의 문명을 조망하고 우리 일본이 이들 문명과 어떠한 관계에 있는가를 고려해 본다면, 오늘날 일본이 전국봉건국가인 일본이 아니라 문명국가인 일본이라는 것을 분명히 해야 할 것이다. 만약 우리의 문명에 부족한 부분이 있다면 이를 보완하는 것은 국민의 의무라는 사실 또한 명백하다. 창기 하나만 하더라도, 다른 문명국이 인간사에서 비밀로 삼고 있는 것이라면 우리 일본에서도 그러한 풍습을 따라 이를 비밀로 해야 할 것이다. 한번 생각해 보라. 저 유곽에 화려한 누각을 짓고, 꽃과 나무를 심고, 등을 밝히고, 기녀의 '니와카' 행렬을 만들어 유곽 위아래와 안팎으로 관현음악을 피로하여 사방의 이목을 끄는 것은 추태를 감추는 것이 아니라, 축생도(畜生道)의 극락이 여기에 있으니 온 세상의 귀객, 즉 무수한 짐승들이 여기에 와 짐승놀이를 하면서 짐승의 욕정을 풀라고 소리 높여 선전하고 안내하는 것과 같다. 동서양을 막론하고 짐승은 심히 많으니, 내가 그 내막을 살피면서 특히 일본인의 품행만을 부끄러워하는 것은 아니나, 다만 소리를 높이고 추태를 드러내는 것에는 얼굴이 부끄러워진다(근래에 도쿄 시내에서 각 유곽의 약도를 소리 높여 선전하며 걷는 것이 금지된 것은, 생각건대 또 다른 추태가 겉으로 드러나지 않도록 하기 위한 취지일 것이다). 과연 세상의 지식인들이 나에게 공감하여 주장을 함께할 것인가 하는 것은 매우 미묘하다. 만약 이 주장에 동의할 수 없어 이견이 있으며, 심하게는 그대들 중 스스로가 유곽에 드나들고자 한다면, 그 또한 하나의 주장이 될 수 있다. 주저 말고 주장을 세워보기 바란다. 나 또한 주저 없이 그에 응하여 옳고 그름을 따지겠다. 본래 이러한 종류의 일이 도둑질과 같이 공공연한 악이라면 정부의 법으로 공공연하게 이를 금하여 철저하게 손닿는 곳을 금해야 하겠으나, 탁한 세상의 인정을 살피고 사회 질서를 고려한다면 결코 이를 금해서는 안 되니, 이를 감추고자 하는 것인데, 가장 곤란한 경우는 정부의 법이 도달할 수 있는 범위가 아니므로 이에 임하는 자는 사회 선진 지식인의 사적인 영역에 있다는 생각을 갖고, 각자가 부담하여 힘을 쏟는 것이 중요하다. 즉 내가 특히 세상의 지식인들에게 주의를 요하는 이유이다.

오늘날의 일본남자는 내행을 신중히 하지 않고 혼인법을 등한시하며 내첩과 외첩을 구하는 데 돈을 이용하거나, 심한 경우에는 정실이나 본처라 불리는 사람들의 출신조차 애매하게 사람들에게 공언하지 않는 자가 많다. 또한 예기와 창기의 추함을 추함으로 여기지 않고 공공연히 이들을 희롱하면서도 전혀 부끄러워하지 않는 모습에 대해서는 이미 앞서 기술했으며, 이러한 사회의 추태가 유래한 원인이 멀리는 전국시대, 가깝게는 봉건시대에 그 풍습이 만들어졌기 때문이라는 사정도 독자들이 이미 주의하고 있을 것이다. 근래에 일본 문명이 점차 진보함에 따라 전국봉건의 유풍도 점차 없어졌으니, 이러한 문명세계 출신의 후진들은 품행 한 가지에 대해서는 크게 그 면목을 개선했어야 하는데 그런 경우는 매우 적어, 사회에 나오자마자 기이한 사람이 되는 것은 참으로 이상한 일이나 이 또한 지금의 흐름에서는 당연히 그렇게 되어야만 하는 이유가 있을 것이다. 애초에 사회 다수를 평균해 볼 때, 후진의 언행은 선진이 만들어 놓은 형식을 따르는 것으로, 발군의 천품을 갖춘 인물을 제외하면, 이전의 형식에서 탈피하여 독립된 모습을 갖출 수 없는 경우가 대부분이다. 따라서 후진에게 모범이 되는 품행은 한 가지로 우선 가까운 선진의 예를 본받게 되니 그 추함과 아름다움 모두 선례에 의거하게 되는데,

불행하게도 현재 사회의 선진들은 20년 전 나라의 정치변동과 함께 몸의 품행도 바뀌어 충분히 그 최고 지점에 이르렀지만, 이후 몸에 밴 습관을 털어 내지 못하여 오늘날에도 내실의 출신을 공언하지 못하고, 첩의 집 주소를 물으면 곤란해 하는 자 또한 적지 않으니, 후진들이 보기에 품행이란 인생의 사소한 일이며 일신의 경중을 재기에 부족한 것으로 여겨, 때때로 눈꼴사나운 행동을 하여도 이는 선진들 앞에 수미일관함을 잃는 것이 아니라 오히려 교제를 친밀하게 하는 의미조차 있다. 선진 성인의 말씀을 들으면, 모든 인간사에 대해 늘 정의와 도덕을 이야기하고 덕교(德敎)와 윤리를 함께 매우 엄중히 여겨, 천하의 후진들이 박덕함을 우려하는 등 지극히 조리에 일관하는 것 같지만, 화제를 바꾸어 사람들에게 가까운 일신상의 품행론에 이르면 거침없이 노는 것이 흐르는 물처럼 정체하지 않는 것 같아 앞말의 정격(正格)과 뒷말의 변통(變通), 앞뒤의 말이 서로 다른 사람의 입에서 나온 말처럼 들리니, 혈기가 왕성한 후진들이 성급하게도 부도덕한 행동이 덕교나 윤리 밖의 일이라 믿어 의심치 않는 것 또한 당연한 일일 것이다. 젊었을 때 주벽이 있었던 노인은 아들에게 술을 경계하도록 하며 얼굴에 마마 자국이 있는 아비는 자식에게 마마 자국이 생길까봐 주의를 게을리하지 않는다. 자신의 불충분함을 후회하고 자신의 불행에 질려 후세에게 이를 경계시키는 것은 인지상정이라고 하지만, 이는 부모자식 간에만 그러할 뿐 선진이 후진을 대함에 있어서는 이처럼 친절하지 않아, 자신이 일찍이 술고래였고 현재도 술을 마시니까 세상의 주객들 대부분을 나쁘다고 하지 않고, 자신의 얼굴에 마마 자국이 있으니 세상에 마마 자국이 있는 동료들을 나쁘다 하거나 싫어하지 않을 뿐 아니라 사심 깊숙한 곳을 들여다보면, 나쁜 것임을 알면서도 속으로는 같은 류의 사람이 많음을 기뻐하고 동병상련을 원한다는 의미라고 하겠다. 이처럼 후진의 품행을 잡아매어둘 포승줄이 없으니 후진이 제멋대로 질주한다 해도 또한 어찌할 방도가 없다.

　세상에는 일종의 재능을 지닌 자들이 있다. 이런 사람들은 대체로 모두 독서법을 알고, 문필에 뛰어나며 또한 일을 성사시키는 재능도 있어, 오늘날 세상이 서양류의 문명개화를 할 때 서양문자도 익히고 때로는 외국에도 왕래하여 그쪽 사람들과 교류하고 세상사와 정치 이야기에 관한 다양한 이치를 능숙하게 말하며 또한 이를 글로 쓰거나 사업으로도 삼아 언뜻 보기에 문명에 유용한 학자로 통용할 만하지만, 그의 책을 보고 그의 본심은 어떠한가를 살펴보면 한학자(漢学者)의 사고에서 탈피하지 못한 채, 그 문명론이나 사업 중에 왕왕 유교류의 본색이 드러나 사람을 웃기게 할 뿐 아니라 그 유교란 것도 주자학적인 형식주의인데 그나마 수미일관하다면 용서할 수 있겠지만, 유학의 어느 파인지 몰라도 부도덕한 몸가짐이 실로 언어도단이어서, 술에 빠지고 색을 탐하여 화류를 즐기고 청루에 취하는 것이 일상사인양 부끄러워하지 않은 채 인륜의 가장 중요한 혼인법조차 지키지 않으니 일시적인 외첩(外妾)과 정기적인 내첩(内妾), 무릇 이 세상에서 범할 수 있는 부도덕한 것은 하나도 남김없이 다 저지르고, 게다가 이 일을 비밀로 삼아 감추기는커녕 동료들끼리 방탕함과 음란함을 자랑거리로 삼아, 많은 사람들 속에 앉아서도 거리낌 없이 추잡하고 음란한 말을 하면서 스스로를 칭해 여자에 정통한 색정남이라고 공언하는 모습은 야만스런 인종이 발가벗고 대낮에 설치고 다니는 상태와 다를 바가 없다. 일본의 아랫사람들이 걸핏하면 사지 육체를 드러내어 꼴사납다고 하지만, 이를 어찌하랴. 상류층에 있는 재주 있는 자들은 훌륭한 복장에 의관을 바로 하고서도 벌거숭이로 있는 이가 많다. 이 무리들은 담론 혹은 진지한 이야기를 하려고 하면, 곧바로 옆길로 도망쳐 스스로 이야기를 막아버리고, 기생을 껴안고 천하를 논하며, 태백(太白)을 머금은 채 세계의 형세를 논하는 등 일부러 두서없는 말을 이어가면서 스스로 바르지 못한 몸가짐을 불분명하게 만드는데, 세상 사람들도 이에 속아 그 죄를 묻지 않고 오히려 이를 보면서도 그들에게 신사나 학자, 사무관이나 정치가라며 사회적 지위를 인정하므로, 이 두서없는 말로 후진들을 부추겨 방향을 잘못 잡은 자가 많은 것도 당연하다. 일신을 스스로 망가트리는 데 머물지 않고 후진들에게 해를 입히는 자로, 사회품행의 도적이란 바로 이 재능 있는 자들인 것이다. 진나라의 사안(謝安)[10]이 늘 기녀를 데리고 동산(東山)[11]에서 즐기니, 천하의 사대부들이 이것을 부러워했다고 한다. 생각건대, 지금의 재능 있는 자들은 스스로 사안을 흉내 내는 자이나, 진나라시대 같은 야만시대라면 몰라도 19세기 문명사회는 이런 공공연한 추태를 용서치 않아 크게 추한 소리를 못 내게 하니, 프로스티튜트를 껴안고서 즐기는 난봉꾼에게 그 누가 과연 천하의 창생을 맡길 자가 있겠는가. 이는 일본국민인 나도 받아들일 수 없을 뿐 아니라 세계의 여론도 용서하지 않을 것이다. 또한 이 재능 있는 자들은, 사람들이 그의 바르지 못한 품행을 질책할 때,

---

10 사안(謝安) : 중국 동진(東晉)의 재상(320~385). 자는 안석(安石). 효무제(孝武帝) 때 전진(前秦)의 부견(苻堅)이 쳐들어오자 이를 페이스이 강(淝水江)에서 무찔렀다.
11 동산(東山) : 진(晉)나라의 사안(謝安)이 속진(俗塵)을 피하여 은거한 곳으로 저장 성(浙江省)에 있는 산이다.

최후의 변명으로 이 또한 사회에서 교제하기 위해서라고 할 것이다. 사람들과 교제하기 위해 혼인법을 어지럽힌다는 것은 조금도 바람직하지 않지만, 이는 잠시 인정한다고 해도, 이 교제라는 것이 술자리에 예기를 부르거나 청루에 오르는 것이어서, 원래 교제가 주인과 손님이 서로가 서로에게 대접하는 것이라는 점에 비추어 보면, 품행 단정치 못한 것과 바르지 못한 것이 교제가 됨으로 쌍방이 모두 애써 죄를 저지르는 것이니 변명의 여지가 없는 것이다. 필경 이러한 자들은 정신이 아직 발달하지 못한 부류로, 인생에 육체 외의 쾌락이 있음을 모르고 겨우 주색의 흥을 빌려서야 비로소 우스갯소리를 마음껏 하며 활발한 척 분위기를 꾸밀 뿐이다. 이런 점에서 본다면 나쁘다고 하기보다는 오히려 불쌍히 여겨야 할 것이다. 따라서 지금 후진들이 품행을 바르게 하도록 인도하고, 방향을 잃지 않게 하려면, 우선 그 첫 번째로 옛 성인들의 뇌락주의(磊落主義)[12]를 폐하고, 나아가 재능의 있는 자들의 정수리에 일침을 가하여, 가령 바른 결실을 얻지 못한다 하더라도, 매사에 조심하여 비밀스럽게 행해야 한다는 뜻을 지키도록 노력해야 할 것이다.

내가 가만히 생각건대, 일본 사인의 도덕관념은 다른 문명국 사람들의 모습과 비교할 때 결코 뒤떨어지지 않는다. 염치 있는 마음, 자애의 정, 충효와 신의, 그리고 예의 있고 사양하는 덕은 다른 나라보다 우위에 있으며 결코 뒤떨어지지 않다는 사실을 나와 더불어 다른 이들도 믿는 바이나, 단지 품행 한 부분에 대해서만큼은 참기 힘든 점이 많다. 필경 전국시대와 봉건시대에서 유래한 이후에, 유교

---

12 뇌락주의(磊落主義) : 마음을 활달히 하고 작은 일에 구애받지 않는 사고.

의 가르침을 등한시함으로써 이와 같은 사회 일반의 풍조가 되었다
는 것이 나의 소견으로, 이는 앞 단락에서 이미 대략 그 의미에 대해
논했는데, 이러한 풍조에서 더 나아가 사인들의 마음이 현혹되어 그
릇된 품행을 저질러도 부끄럽게 여지지 않는 마음이 발생한 것이다.
이는 다른 문명국에서는 찾아볼 수 없는 일본 고유의 사정이 있기
때문인데, 이에 대해 한마디 하지 않을 수 없다. 애초에 남녀평등의
권리를 어기는 첩과 돈으로 정을 파는 예기는 인류에서 가장 하등하
며 인간 사회 밖의 직업이지만, 예로부터 전해온 일본의 풍조는 이들
을 그다지 멸시하지 않아, 천한 여자라도 예쁘면 시집을 잘 가 팔자
를 고칠 수 있다 여겼으며, 첩이 당당하게 자리를 차지하여 종국에는
본처가 되고, 또한 그렇게 태어난 아이가 우연히 상속자가 되면 어머
니로 숭앙받아 신분이 매우 귀해지는 경우도 있었기 때문에, 여자가
첩으로 봉사하는 것을 남자가 관리에 오르는 것 같이 여기니, 첩의
길에 청운의 뜻을 둔 여자 또한 있었다. 또한 몸을 파는 창기는 매춘
부로 전락하여 매우 불유쾌한 처지가 되지만, 집안의 불행으로 부모
병을 고치기 위해 약을 사거나 남편의 재난을 구하는 등 여러 가지
사정에 직면하여, 결국은 몸을 팔게 된 경우도 있었기 때문에, 본인
또한 이를 심하게 부끄러워하는 마음이 없었을 뿐 아니라, 옆에서
이를 보고도 그다지 멸시하지 않고 오히려 동정하여 은근히 칭찬하
는 마음도 있었다. 또한 고래의 역사나 소설이나 연극 등에서 이를
기록하거나 또는 창작하여 세상에 공개함에, 사람의 첩이든 창기든
인류 대의에서 논하여 멸시받을 존재로 다루지 않았는데, 예를 들어
미나모토노 요시토모(源義朝)의 애첩이었던 도키와 고젠(常盤御前)과
미나모토노 요시쓰네(源義経)의 애첩이었던 시즈카 고젠(静御前), 소가

(曾我) 형제 이야기 속 형 주로(十郎)의 첩이었던 도라고젠쇼쇼(虎御前少将), 가게키요(景淸)의 첩이었던 아코야(阿古屋), 히라이 곤바치(平井權八)의 애인이었던 고무라사키(小紫), 미야기노(宮城野)와 시노부(信夫) 자매의 복수, 기온(祇園)에 몸이 팔린 오카루(おかる) 등, 이루 셀 수 없을 정도이다. 모든 등장인물이 현부열녀(賢婦烈女)로, 심한 경우에는 학자가 쓴 열부전에 실린 이가 있을 정도였으니 세상의 부녀자들이 이러한 소설을 읽거나 연극을 본 후 자연스럽게 이를 여성들 사이의 이야깃거리로 삼았고, 점차 이들을 멸시하기보다 오히려 따르는 것으로 생각이 바뀌니, 어떤 계기로 실제 자신이 이러한 처지에 당면했을 때 스스로 첩이 되고자 원하는 이도 있었고, 또한 예기나 창기로 전락한다 해도 스스로 수치스럽게 여기지 않는 이 또한 많았다. 이것이 일본의 매음부 중에 종종 양가의 자녀가 발견되는 이유인데, 이는 서양제국에서는 결코 찾아볼 수 없는 예라는 것을 알아야 한다. 따라서 내외의 사정을 살펴보면 사인들도 처음에는 그저 육욕을 만족시키기 위해 매음부와 놀았으나, 점차 그것이 계속됨에 따라 비록 부도덕한 행실이지만 저절로 인정이 생겨났을 뿐 아니라, 드물게는 진흙 속 연꽃과 같은 이를 만나는 경우도 있었다. 비록 천만 분의 일이긴 하지만 자연스럽게 매음사회에서 빛을 발하니, 난봉꾼의 방탕함과 부도덕함의 구실이 되기도 하였다.

또 한편으로 우리나라의 남존여비 습관은 사람들 마음 깊숙이 박힌 채 바뀌지 않고 있다. 여성 비하가 극도로 심하여 여자가 남자의 부도덕한 행적을 방관하고 허용할 뿐 아니라 옆에서 이를 돕고 나아가 자유를 주는 경우조차 있다. 예를 들어 저의 규방에 아직 가을이 찾아오지 않았는데도, 남편의 얼굴에 봄을 만끽하지 못하는 기색이 있으면 처 쪽에서 첩을 두기를 권하고, 겉으로 이를 사양하면 다시 권하는 입씨름을 두세 번 반복한 끝에 권고가 탄원으로 변하는데, 남편이 이를 어쩔 수 없이 받아들여 처첩이 사이좋게 지내게 되면 세간의 평판이 매우 좋고, 이러한 모습이 부인의 덕이라 칭하는 것을 고금의 부귀한 집안에서 쉽게 찾아 볼 수 있다. 다만 부귀한 가문뿐 아니라 모든 면에서 평범한 가족에서도 남편이 방탕하여 예기, 창기와 노는 데 미쳐, 매우 난폭하고 무례하게 되어도 집을 지키는 아내는 이에 대해 전혀 간섭할 수 없다. 만약 이를 다투어 풍파를 일으키기라도 하면 세상의 여론은 남편을 편들 뿐 아내를 도우는 이 없다. 남편이 아내에게 약간의 자유를 허락하고 약간의 존경심을 표하며 친애하기라도 하면, 세상 여론은 이러한 남편을 속 좋은 남자라고 하거나 덜떨어진 남자라고 매도하여 다른 사람과는 어울릴 수 없을 만큼 배척하고, 반대로 아내가 남자의 부도덕한 품행에 대해 비난하지 않으면 현부인이라는 칭호를 얻는다. 동일한 인류의 같은 권리를 지닌 남자와 여자인데, 여자는 바보 같이 오직 남자를 사랑하면서, 그 방탕하고 무책임함을 허용해야만 비로소 현명함이란 이름을 얻는다는 것은 참으로 이상한 일이나, 여론이 이렇게 되는 바를 어떻게 할 수가 없다. 수백, 수천 년 동안 내려온 습관인 탓에 당사자인 여성들도 불평을 호소할 방법을 모른 채, 그저 여인의 몸은 이처럼 괴로운 것이라 체념하고, 나아가 무리하여 외면을 치장하는데, 젊었을 때부터 남자가 색을 찾아 헤매는 것은 남자의 본능이라고 억지로 스스로를 위로하고, 우리들 부인들이 그들 사이를 간섭하는 것은 무식한 짓이라는 등 전후시말(前後始末)도 없는 말들을 뱉어 내며 자유자재로 남자를 내버려두니, 남자들은 아내를 돌아 볼 필요가 없을 뿐 아니라 밖으로 나가서 때때로 진흙 속 연화를 만나는 요행도 있으니 세상 일반의 풍조는 추태가 드러나도 그 추태를 보는 이 없고, 추문이 심해져도 그 추문을 듣는 이 없으니 근심이 없어, 지금 남자들의 품행을 바로잡으려 하여도 만약 다른 사람에 좌우되지 않고 스스로 믿는 바를 행하려는 기상이 없다면 결코 가능치 않다.

　나는 이미 앞에서 품행에 대해 무신경한 일본 남자의 현재 모습과 그렇게 된 원인을 거듭하여 논했다. 하지만 품행의 현재 상태를 알고 그 원인을 이야기한다 해도 이를 고칠 방법을 알 수 없다면 이는 그저 한 편의 기사(紀事)에 지나지 않는다. 따라서 지금 여기에서 그 방법의 일부를 기술함으로써 글 전체의 구성을 마무리하려 한다. 다만 이 방법은, 단지 정부의 힘을 빌려야 하는 것이 아니라 사회의 선진 인사들을 유의하여 오직 이 사람들에게만 의뢰하는 바이니, 다행히 우리나라에는 순수하게 문명주의를 지향하는 사인들이 적지 않고, 고학의 악습을 벗고 또한 경박한 재사의 기풍을 본받지 않으며, 스스로가 자신을 중히 여겨 고귀함을 알고 개개인의 존중을 쌓아 일국의 존중을 이뤄, 이를 통해 나라를 세우는 데 중심이 될 인물들이 내가 알기에도 매우 많으니 작은 나의 뜻이 달성되는 것도 어렵지 않다고 믿는다. 하지만 이를 시작함에 어떻게 해야 할 것인가를 본래 내가 생각한 소망한 그대로 말하자면, 만천하의 남자들이 품행을 목숨처럼 중히 여겨 완전무결하고 청정결백해지는 것에 있기는 하지만, 지금의 탁세에서는 도저히 바랄 수 없다는 사실을 나도 잘 알고 있으니, 지금은 이를 한두 걸음 양보하여, 가령 내실은 부도덕한 품행을 저질렀다 하여도 이를 비밀로 하고 세상의 이목에 드러나지 않게 하며, 이를 감추는 방법 또한 여러 가지가 있을 것이나 우선 서구 문명국의 사람들이 교묘하게 감추는 만큼은 우리들도 감춰야 할 것이며, 또한 부도덕한 품행을 허식으로 감추는 과정에서 허가 실을 만들고 실제로 청정한 자를 만드는 경우도 있을 것이어서 궁여지책이나마 약간의 소망을 이룰 수 있을 정도라면, 사람들 마음의 그릇됨을 바로잡는다는 큰 소망은 잠시 제쳐 두더라도, 지금 급무는 우선 가까이에서 부도덕한 품행을 저지르는 자에게 약간의 고통을 주어 그 거동을 부자유스럽게 만들도록 고민하는 것이 중요하다.

즉 첫째, 대저 첩인 자가 평범한 부인과 나란히 서는 것을 허용치 않고, 또한 첩에서 출세하여 본처의 자리에 오른 부인이나 처음부터 본처로 칭해졌다 해도 혼인에 돈이 사용되어 그 내실이 매매의 형태로 된 부인은 모두 첩으로 간주하여 다른 정당한 부인과 동일한 영예를 누리게 해서는 안 된다. 어떤 사람은 아내가 남편과 영예를 같이 하는 자이니, 가령 본래 출신이 첩이였다 하더라도 이후 아내의 자격에 충분하다면 별 다를 바 없다고 주장하기도 할 것이다. 나는 하나의 예를 들어 이 의견에 대해 질문하고자 한다. 일찍이 돈 때문에 남첩이 된 자가 (남첩이 실제로 세상에 있는가에 대해서는 나도 모르지만 만약이라는 가정하에 말할 뿐이다.) 나중에 스스로 부귀해지든가 혹은 부귀한 집의 양자가 되었을 때, 세상 사람들은 이 남자를 다른 정당한 남자들과 동일한 영예와 체면을 가진 이로 대할 것인가, 나는 결코 그렇지 않을 것이라 생각한다. 그렇다면 남첩과 여첩은 다르다는 말인가, 동일하게 인륜의 권리를 왜곡시켜 정을 파는 자이므로, 남자면 배척당하고 여자면 괜찮다는 이치는 없다.

둘째, 예기든 창기든 개인적으로, 혹은 공공연하게 매음을 직업으로 삼는 자는 인간사회 밖으로 배척하여 사람과 사귀는 것을 금해야 한다. 공공연히 유곽이라 이름 붙인 구역을 만드는 것도 꼴사납기는 마찬가지이나 이전부터의 관행을 하루아침에 폐지하는 것은 어려우니 이를 묵인해 온 것을 금하는 데까지는 나아가지 못한다 해도 사회가 이를 마치 봉건시대의 에타(穢多)[13] 마을처럼 바라봄으로써, 이곳에서 즐기려는 남자는 봉건시대에 방탕아가 가끔 에타에 위치한 집을 출입하면서 소위 온나다유(女太夫)를 매음할 때와 마찬가지로 극히 비밀로 할 것을 각오하도록 해야 한다(온나다유란 옛날 에타계급의 여자로 샤미센(三味線) 연주와 노래를 하며 시장에서 돈을 구걸하고, 때에 따라서는 매음을 한 자를 가리킨다). 또한 사군자의 연회 등에서 매음하는 예기를 배석시키지 않는 것을 당연시하고, 만약 그 연회에 노래와 음악으로 흥을 돋우려고 한다면, 말 그대로 해당 기예에 출중한 기녀를 초대하여 별실 내지는 연회의 말석에서 연주하도록 하면 된다. 어떠한 구실로도 사회 선진의 군자사대부라 불리는 이에게 공공연한 연회에서 매음부와 웃고 농담할 수 있는 자유는 없어야 할 것이다. 다만 사람 각각에게는 사적인 자유가 있으니 이를 적발하여 그 깊숙한 곳까지 들여다보는 것은 사회에서 허용하지 않는데, 만약 두세 명의 친구끼리 서로 감추지 않고 거리끼는 바 없이 주연을 여는 것도 인생의 한 쾌락이고, 특히 육체의 쾌락에 익숙해 스스로가 이를 금할 수 없다면 예기도 매우 필요한 존재이니 청루에서의 놀이 또한 괜찮다. 다만 비밀이라는 의미를 신중하게 여겨 지켜야 할 뿐이다. 나는 많은 것을 바라는 사람이 아니다.

---

13 에타(穢多) : 에타는 헤이안 시대에 생겨나 에도 시대에 정착되고, 메이지 시대에 폐지된 최하층 신분계급을 가리키는 말.

이렇게 하여 일이 어떻게 될 것인가 미리 상상해 보면, 예기와 창기는 물론, 사람의 첩도 크게 체면을 잃게 되어, 이른바 인간세계에 속해 있지만 한 사람의 인간으로 간주되지 않기 때문에 저절로 동료들 사이에서 영예와 품격을 잃게 되고, 그로 인해 이전에는 스스로 원하여 이들에게 다가갔던 사람도 지금은 이들을 피하려고 노력하는 것이 인정의 필연적인 흐름이며, 또한 피하는 사람은 분명 양가의 자녀와 얼마간 교육을 받은 이로 한정될 것이니, 매음사회에서 진흙 속의 꽃을 보게 되는 일은 다시는 없을 것이다. 이후 남겨진 이는 무지하고 무덕하며 파렴치한 하등 부인뿐으로, 심하게는 야차나 귀녀라고 불릴 만한 이들이므로, 세속의 남자들도 이들을 가까이하는데 어쩐지 조금 기분 나쁜 마음이 일고, 특히 상류의 사군자는 예기와 창기 또는 외첩이라는 이름을 부끄러워할 것이니 스스로 숨기는 경우도 있을 것이다. 혹 가령 감출 수 없는 사정이 있어 부도덕한 품행을 저지른다고 해도, 힘이 닿는 한 이를 비밀로 삼아 외견을 치장하게 되면 사회가 조금 더 아름다워지는 결과를 가져올 것이다. 즉 나의 생각은 남자의 마음에 고통을 주어 그 거동을 부자유스럽게 만드는 것이다. 서양제국의 매음부는 실로 자포자기한 경우에 처한 사람으로 도저히 일반 사회와의 교제를 원하지 않으니, 부모형제도 모르고 고향의 친구들과도 등을 돌린 채 세상 여기저기에서 먹고 마시며 하루하루를 보내고 내일을 고려하지 않는 거친 삶을 살아, 실로 여자 불량배라고 할 수 있어, 세상 남자들도 쉽게 이들에 가까이하지 못하며, 가령 가까이하여도 크게 주의하니, 무지하고 무력한 남자는 부도덕한 품행을 저지르고 싶어도 그럴 수 없는 상황이라고 할 수 있다. 실은 매음사회라도 지딕이 부족한 친박한 언행은 바람직하지 않으나, 이미 인륜을 저버린 이들에게 두터운 도덕의 의무를 원하는 것도 기대할 수 없는 소망이므로, 천박함을 있는 그대로 내버려두고 그 악취를 풍기게 함으로써 가까이하려는 사인을 내칠 수 있다면 이 또한 세상경영의 하나의 방책일 수 있다. 따라서 나는 일본 매음부의 지위를 서양 매음부의 지위와 같도록 만들기를 원한다. 어떤 이는 창기의 매독 검사가 공공의 이익이라고 주장했는데, 다른 관점에서 논하면 세상의 탕아들이 안심하고 부도덕한 품행을 저지르도록 할 수 있으니, 오히려 매독 검사법을 폐지하는 것이 창기의 매독으로 부도덕한 품행을 막는 하나의 방편이라고 말하는 자도 있다. 이 말은 잔혹하나 매우 이치에 닿아 있다고 할 수 있다. 생각건대 내가 매음부의 지위를 천박하게 만들어 상류 사군자들이 이들을 가까이하는 것을 막고, 또한 부도덕한 행실을 비밀로 삼게 하려는 것은 사안은 다르지만 매독검사를 폐지하라는 주장과 같은 취지인 것이다.

일본남자론
日本男子論

후쿠자와 유키치의 『일본남자론』은 1888년 1월 13일부터 24일까지
10회에 걸쳐 『시사신보』에 사설로 연재되었다. 당시 이 '일본남자론'
은 신문에 실리고 난 뒤인 같은 해 3월에 단행본으로도 출간되었다.

『일본남자론』은 앞서 발표된 『일본여성론』, 『품행론』, 『남녀교제론』

등에서 제기한 논의를 더욱 확장하였다. 여기서 저자는 가정에서의 여성 지위 향상 및 해방 그리고 신시대의 여성의 모습 등을 일상생활 속 사례와 함께 설명하는 한편, 봉건적 규범에 얽매인 남성 의식개혁을 일깨움으로써 각각 독립된 남녀, 평등한 가족 관계가 되어야 한다고 주장한다. 그러한 의미에서 본 작품은 근대 사회뿐만 아니라 현대 사회의 여성 지위 및 남성 윤리관, 가족 관련 문제와도 직결되는 당시로서는 획기적인 작품이라 말할 수 있다.

위의 사진은 1888년 3월에 출판된 『일본남자론』으로, 게이오 대학 후쿠자와센터에서 공개한 단행본의 표지와 판권지를 사용하였다.

일본남자론

서언

1888년 1월 12일부터 24일까지 『시사신보』에 게재된 『일본남자론』은 전국에 선풍적인 인기를 일으켜, 지역에 따라서는 그 지방 남녀에게 널리 가르침을 펴고자, 뜻있고 힘 있는 귀부인과 사군자가 벌써부터 함께 애쓰는 곳도 있다고 한다. 그리하여 이전부터 각지에서 해당 신문을 얻고자 계속 주문이 있었으나, 매일 제작되는 신문은 재고가 없는 탓에, 이번에 그 사설만을 모아 한 권의 책자로 만듦으로써 독자들의 뜻에 부응코자 한다.

1888년 2월

데즈카 겐타로(手塚源太郎)[1]

---

1 시사신보 명의인(名義人).

일본남자론
日本男子論

후쿠자와 유키치 입안
데즈카 겐타로 필기

1885년 8월 여름, 나는 『시사신보』에 '일본부인론'이란 제목으로, 부인의 몸은 마땅히 남자와 동등하니 부부가 함께 살면서 남자만 쾌락에 몰두하며 유세를 떨어서는 안 된다는 등의 뜻을 써, 수일간 사설에 게재하였고, 또한 1886년 5월 『시사신보』에 실은 「남녀교제론」에서는 남녀 양성 간 육적 교합뿐 아니라, 정교(情交)도 나름 중요함으로 양성 교제가 자유로워야 한다는 도리를 말함에, 세상 사람들의 반대가 적음은 물론 오히려 내 의견에 따르려는 자도 있어 기쁘기 그지없었으나, 이 두 글은 모두 부인을 중심으로 논한 바 현재 부인의 모습을 연민하여 조금이나마 그 지위를 향상시키려는 노파심에 쓴 것으로, 글을 써 간 방식이 한결같이 부인의 심정만 돋보이게 하고, 남자 쪽의 주장을 다루지 않는 것은 다소 쾌씸하게 보일지 모르겠으나, 이는 비유컨대 높은 것과 낮은 것 두 개가 있어, 어느 쪽도 만족할 중간을 얻지 못했을 경우 이를 고치기 위해 낮은 쪽을 높이는 식으로 고심할 뿐, 너무 높은 쪽을 낮추려고 힘을 다하지 않는 것과 같다. 애초에 사물이 지나치게 낮은 것은 좋지 않지만, 이를 지나치게 높이는 것도 오히려 원래대로 내버려둠만 못하다. 높은 것을 낮추는 것은 매우 어려운 일이지만, 이 한 편의 글에서 남자의 교만함을 고쳐 자연스럽게 남녀 양성의 균형을 맞추고자 하는 복안으로, '일본

남자론'이란 제목을 붙인 것이다.

　세상에 도덕론자가 있어 일본 도덕의 근본표준을 세우고자 요란스럽게 논의하니, 때로는 유교나 불법을 따르라거나, 혹은 기독교를 이용하자는 자가 있는가 하면, 한쪽에선 이를 달갑게 여기지 않고, 유교나 불교, 기독교 어느 쪽에 치우치는 것을 불편해 하면서 요컨대 자애(自愛)에 빠지지 않고 박애(博愛)로도 흐르지 않는 그야말로 중도(中道)를 얻을 수 있는, 일종의 덕교(德教)를 만들자고 주장하는 이도 있다. 일견 이러한 말은 너무나 지당해서 도덕론과 별 차이가 없다고는 하나, 그 목적하는 바가 자칫 자기 자신은 신경 쓰지 않고 다른 사람들에게만 관계되는 것처럼, 자기에 관한 사덕(私德)은 미루고 교제상 공덕(公德)을 우선시하는 것과 같으니, 바꿔 말하면 집안의 덕의보다 세상을 살아가는 데 필요한 덕의를 중시하는 것과 같다. 이 점에서 내 말이 다르다고 하는 것은 굳이 논자들의 도덕론을 비난하고자 하는 게 아니라, 전후완급(前後緩急)의 구별을 묻고자 할 따름이다. 천지개벽(開闢)의 역사를 살펴보면, 처음에는 독화(独化)[2]한 한 사람이 있었고 후에 남녀 부부를 만들었다고 한다. 우리 일본의 경우 구니토코타치노 미코토(国常立尊)[3]는 독화한 신이고, 이자나기노 미코토(伊奘諾尊)와 이자나미노 미코토(伊奘册尊)[4]는 부부 신이다. 서양의 경우 먼저 에덴동산에 인간 아담이 나타나고 후에 이브라는 여성이 생겨, 비로소 부부의 도를 행하게 된 것이다. 정작 이 독화독생(独化独生)의

2　독화(独化) : 스스로 이루어짐.
3　일본 신화의 신(神)들 중 하나로,「일본서기(日本書紀)」에서는 천지개벽할 때 모든 신들 중 제일 먼저 나타난 신이라 서술되고 있다.
4　천신(天神)의 분부로 처음 일본을 다스렸다는 남자 신(神)과 여자 신(神).

사람이 애초에 홀로 세상을 살아갈 때는 도덕이 필요하지 않았다. 행여 하늘을 섬기는 일이 있다 하더라도 이는 신학 영역의 문제로, 내가 통속적 의미로 사용하는 도덕은 수양한다고 얻어지는 것이 아니며, 없애려고 해서 없어지는 것이 아닌, 덕도 부덕도 아닌 상황이지만, 나중 이곳에 배우자가 생겨, 남녀 두 사람이 같이 살아가면서 비로소 도덕의 필요성이 생겨났다. 함께 살아감에, 서로 친애하며 존경하고, 서로 돕고 도움을 받기도 해, 두 사람이 일심동체가 되니 그 사이에는 조금도 '나'라는 생각이 없었다. 즉 남녀가 함께 살기 위해 필요로 한 것으로, 이를 부부의 덕의(德義)라고 한다. 그렇지 않고 서로 서먹해지거나 원망하여 부부간의 정에 금이 가는 것은 배우자의 근본 도리를 다하지 못한 것으로, 이를 그 사람의 부덕이라고 칭해야만 한다. 내가 가만히 생각건대, 저 이자나기노 미코토와 이자나미노 미코토, 혹은 아담과 이브 또한 반드시 이러한 부부의 덕의를 습득하여 원만한 행복을 이루었다고 믿을 따름이다. 그리하여 인생의 도덕은 부부 사이에서 시작되는 것으로, 부부 이전엔 도덕이 없고, 부부가 있은 후에야 비로소 그 필요성을 느꼈다면, 이를 모든 덕의 근본이라고 말해도 지나치지 않다. 일단 부부를 이루어야 자식이 있고, 그때 비로소 부모자식과 형제자매의 관계가 생겨, 각각 그 관계에 필요한 덕의가 있게 된다. 자애, 효도, 공경, 우애라고 말하는 것들이 모두 여기에서 나오고, 이를 총칭하여 사람이 집을 이루며 살아가는 덕의라고 부르지만, 그 근본은 부부의 덕에서 유래된 것이다. 부부가 배우자의 근본 도리를 저버려 부덕한 집안을 이룰 때는, 그 집안에 다른 덕의가 발생할 수 없기 때문이다. 눈에 보이는 쉬운 사례 중에서 확실한 증거로, 부모의 신체에 병이 있으면 그 병은 자손에게 반드시 유전된다. 사람들이 널리 아는 것처럼, 부부의 병은 가족이 걸리는 온갖 병의 근본이라고 할 수 있다. 유형의 병독이 이와 같다면, 무형의 덕의 또한 이와 같음은 진실로 알기 쉬운 이치로, 이에 의심을 품는 자 없을 것이다. 병든 부모는 건강한 아이를 낳을 수 없고, 부덕한 집안에서는 유덕한 자녀를 찾아보기 어렵다. 유형이든 무형이든 그 도리는 하나다. 혹 부부 사이가 부덕한 집안에 효도하는 자녀가 나오고, 형제자매가 단란하고 화목하다면, 이는 불가사의한 일로, 인간세계에는 지극히 드무니 보통 그러한 것을 바랄 수 없다. 세상에는 억지스럽게 이를 바라는 자도 있다고는 하나, 그 우둔한 모습은 병든 부모가 건강한 아이를 낳으려는 것과 같아, 나는 도저히 이해할 수 없다. 옛 사람의 말에 효는 백행의 근본이라고 한다. 효행은 인간의 덕의 중에서 지극히 중요한 것으로, 나도 본래부터 중요하게 여기는 바이나, 천지가 개벽하여 생겨난 순서를 보아도, 우선 부부를 이루고 나중에 부모와 자식이 있는 것이기에, 효덕은 두 번째 덕의로 이에 앞서 부부의 덕의가 있음을 잊어서는 안 된다. 그러므로 지금 옛 사람의 말처럼 효를 백행의 근본이라 해도, 그 효덕을 만드는 근본은 부부의 덕심(德心)에서 배태된다고 할 수 있다. 고로 남녀 관계는 인생에서 지대하며 더없이 중요한 것이다.

부부가 한집에 살면서 부모자식, 형제자매의 관계가 생기고, 그 관계에서 덕의의 필요성을 느껴 가족 한 사람 한 사람이 이를 습득하니 마침내 일가(一家)의 행복이 점점 더 원만하고 화목해진다. 결국 집안의 도덕이라고는 하나, 인간이 살아가면서 맺는 인연이 한 가족에 머물지 않고, 대대손손 차례로 번식해 간다면, 비록 그 기원은 한 쌍의 부부이지만, 수백 수천 년이 지나는 동안 마침내 한 나라,

한 사회를 형성하는 데 이르게 된다. 사회를 이룰 때는 친구 관계와 노소의 관계도 있고, 또한 사회 군집을 관리하기 위해 정부가 없어서는 안 되기에, 정부와 인민과의 관계도 생기고, 그 조직에서는 군신(君臣)의 직분을 정하기도 하고, 혹 군신의 구분이 없다 해도 다스리는 자와 다스림을 받는 자와의 관계에서 그 의미는 대동소이하다. 이렇게 넓은 사회 속에 살면서, 개인과 개인 간 또는 종족과 종족 간에는 다양한 관계가 발생하기 때문에, 그 관계에 각각 지켜야 할 덕의가 있어야 한다. 즉 친구 간에는 신(信)이라고 하고, 장유 간에는 서(序)라고 하며, 군신 또는 치자와 피치자 간에는 의(義)라고 하는 중요한 조목들이 있다. 이를 사람이 집밖에서 지켜야 할 도덕이라 한다. 집밖의 도덕인 의(義)는 가족과 인연이 없는 사회에서 사람들과 널리 교제하기 위해 필요한 것으로, 집안의 도덕과 비교하면 작용하는 바가 다르니, 중히 여기는 바 또한 당연히 다르다. 예를 들어 사유권은 집밖에서 가장 중요한 조목으로, 이를 어긴 자는 부덕하다는 비난을 받을 뿐만 아니라, 냉담하고 무정한 법률에 있어서 심각한 죄가 되지만, 한 발 물러나 집안에 들어서면 이에 대해 매우 관대해서, 부부와 부모자식 사이에 사유권의 문제로 다투는 일은 드물다. 집안에서는 정(情)을 중히 여기기 때문에 가족은 서로에게 도타움을 귀하게 생각하고, 때로 과오나 실책이 있고 혹은 예(礼)에 어긋난 일을 저질러도 책망하지 않지만, 집밖에서는 과오도 쉽게 용서받지 못하니, 하물며 무례와 같은 것은 다른 영예를 해치는 부덕으로, 세상의 비난을 면하기 어렵다. 요컨대 집밖에서의 덕은 도리를 위주로 하고, 집안에서의 덕은 인정(人情)을 위주로 한다고 말해도 좋을 것이다. 즉 공덕(公德)과 사덕(私德)이 저마다 다른 까닭으로, 그 경계가 명백하기 때문에, 이를 가르치는 법 또한 전후 본말의 구별이 있어야만 한다. 예를 들어 중국식으로 도덕에 관한 문자를 나열해, 친애(親愛), 공경(恭敬), 효제(孝悌), 충신(忠信), 예의(礼儀), 염결(廉潔)[5], 정직(正直) 등에 관해 공과 사의 경계를 따지면, 친애, 공경, 효제는 사덕의 성(誠)이 되는 것이고, 충신, 예의, 염결, 정직은 공덕에 속하는 것이다. 생각건대 충과 신 이하의 조목도 본디 집안에서 행한다고는 하나, 흡사 그것들이 친애, 공경, 효제라는 공기 속에 녹아들어 딱히 드러나지 않는 것과 같다. 그 행함에 있어서도 불규칙하여, 오직 정신을 성(誠)이라고 하는 한 지점에 두고 행복하고 원만함에 부족함이 없도록 할 뿐이다. 그런데 집밖에서의 공덕은 자칫하면 도리에 속할 경우가 많아, 냉담함과 무정함에 빠져드는 폐해가 없지 않다. 이 때문에 누군가의 주장에 따르면 매우 우려스러운 것 중 하나로 완전한 정직은 완전한 친애와 양립할 수 없다고 하는데, 이는 이러한 사정을 극단적으로 말한 것이라 하겠다. 예나 지금이나 도덕론자가 세상 사람들의 덕이 적음을 한탄하고, 여전히 성(誠)에 이르지 못했다고 말하는 것은 그 말이 불분명하여 덕의 공적인 면과 사적인 면이 구분되지 않는다 해도, 그 뜻하는 바를 곰곰이 따지면, 공덕의 작용에 정이 여전히 부족하여 사덕의 원만함 같지 않다는 의미로 보아야 할 것이다. 그리하여 지금 공덕의 미(美)를 좇고자 한다면, 우선 사덕을 닦아 인정을 돈독하게 하여 성의성심(誠意誠心)을 발달시키고, 이로써 공덕의 근본을 굳건히 하는 방법이 가장 필요하다고 하겠다. 즉 집에서는 가족 간의 친애와 공경으로 인간으로서의 지극한 정(情)을 다하고,

---

5 염결(廉潔) : 청렴결백함.

말 한마디와 행동 하나에도 성(誠)에 벗어남이 없도록 습관을 이루어, 여기에서부터 출발해 집밖의 모든 행동에도 자연스럽게 공덕의 미가 나타나도록 하여야 할 것이다. 옛 사람들이 충신은 효자의 집에서 나온다고 말한 것도 결코 우연이 아니다. 충(忠)은 공덕이고 효(孝)는 사덕이라, 사(私)를 몸에 익혔을 때 공(公)은 아름답지 않으려 해도 아름다울 수밖에 없다. 그런데 내가 고금의 일본과 중국 도덕론자들에게 불만스러운 첫 번째가 그 가르침에서 사덕과 공덕을 구별하지 않는 데 있다. 두 번째로는, 설령 말하지 않아도 스스로 구별하는 바가 있다고 하나, 이러한 가르침의 방법에 전후본말이 명확하지 않아, 때로는 사덕을 말하고, 혹은 공덕을 권하니, 어느 것이 먼저이고 어느 것이 나중인지를 명확히 하지 않았기 때문에, 후배 학자들로 하여금 잘못을 저지르게 한 데 있다. 뿐만 아니라 이러한 가르침에서 자칫하면 정치론과 혼동하여 정치에 역점을 두니, 이에 관한 덕의는 애초부터 공덕인 까닭에, 도리어 사덕을 뒤로 하고 공덕을 우선시하는 경우마저 있다. 예를 들어 충의와 정직 등이 정치상 미덕으로 매우 중요하기는 하나, 공덕으로 먼저 가르침을 삼아 집안에서의 사덕을 등한시하게 되니, 근본이 얕은 공덕에, 나는 때때로 동요하지 않을 수 없다. 대저 한 나라의 사회를 유지하고 번영과 행복을 바란다면, 그 사회의 대중에게는 공덕이 있어야 한다. 그리고 공덕을 견고히 하기 위해서는 그 근본을 사덕의 성장에서 취하지 않으면 안 된다. 다시 말해서 국가의 근본은 가정이다. 좋은 집안에서 모인 자들이 좋은 국가를 만드니, 국력을 발생시키는 원천은 오로지 집이라는 사실은 의심할 바가 없다. 그리하여 집안에서의 사덕은 부모자식과 형제자매가 단란하게 서로 친하며, 부모는 자애가 두텁고 자식은 효심이 깊어, 형제자매가 서로 도와 이로써 부모가 느낄 심신의 노고를 가볍게 한다는 내용이니, 이러한 사덕을 잘 발달시키는 바탕은 가족의 근간이라고 할 부부 간의 친애와 공경의 미에 있다고 할 것이다. 무릇 예나 지금이나 세상에는 부모와 자식이 불화하고 형제자매가 서로 다투는 것 같은 큰 불상사가 많은데, 이는 각 당사자에게 죄가 있음이 틀림없으나, 한 발 더 나아가 사태의 원인을 따져보면, 부모가 부부 관계를 등한시했기 때문이다. 더욱이 한층 더 깊게 따져 보면, 그 부모의 부모인 조부모를 거슬러 올라가 증조나 현조에 이르기까지 죄를 면할 수 없다. 전에도 말한 바와 같이, 인심의 부덕은 몸의 병과 같으며, 병독의 힘이 종종 4, 5세대에 걸쳐 유전되기에, 부덕의 힘 또한 4, 5세대에 전해져 화를 미치게 된다. 그렇다면 공덕의 근본은 한 가정의 사덕에 있고, 그 사덕의 요소는 부부 간에서 배태되는 것이 명명백백하니, 내가 감히 말하건대, 남녀 양성의 관계는 나라를 세우는 큰 근본이며, 행복과 불행의 기원임은 거듭 논쟁할 여지가 없다. 오늘날 우리 일본 국민의 모습은 이자나기노 미코토와 이자나미노 미코토에게 물려받은 것으로, 우리 사회를 유지하는 사덕과 공덕 또한 그 기원을 구하면 두 부부 신이 행한 친애와 공경의 유덕(遺德)임을 알아야 한다.

부부의 친애와 공경의 덕이 천하 만세 모든 덕의 근본으로 거듭 논쟁할 여지가 없는 것임은 이미 그 대의를 서술하였고, 독자도 필시 이론의 여지가 없을 것이다. 애초에 내가 여기에 경(敬)이란 한자를 쓴 것은 우연이 아니다. 남녀 육체가 상접(相接)하게 되면, 설령 어떤 부부라도 한동안은 친애하게 된다. 동물로서의 인류의 정이 그러한데, 인류가 다른 동물 위에 군림하여 만물의 영장이 되는 까닭은 이러한 친애를 겸한 공경의 참뜻이 있기 때문이다. 속되게 말하면 부부 간에 서로 격의 없이 애지중지하기까지는 여전히 금수와 구별할 수 없다. 한 발 더 나아가 부부가 서로 진심으로 소중히 여겨야만, 비로소 사람의 사람다운 면을 볼 수 있다. 이것이 곧 경(敬)의 의미이다. 그렇다면 결국 경애(敬愛)는 부부의 덕으로, 이 덕의를 익혀 실제로 베푸는 모습이 오늘날 어떠한지 살펴보면, 부부가 이해(利害)나 고락 희우(苦樂喜憂)를 함께하는 것은 물론, 혹 상대방의 심신에 고통이 찾아오기라도 한다면, 힘이 미치는 한 그 고통을 나누어 덜어주고자 고심한다. 하물며 자기가 바라지 않는 바를 상대방에게 베푸는 데 있어서야 어떻겠는가? 절대로 있어서는 안 될 일로, 철두철미하게 서(恕)⁶의 도리를 잊지 말고, 비록 몸은 둘로 나누어져 있지만 실은 일심동체임을 깨달아야, 비로소 부부의 인륜을 다할 수 있다. 그런 고로 부부가 가정을 갖는 것이 인간의 행복과 쾌락이라 하지만, 본래 부부는 두 사람의 타인이 서로 만난 것으로, 그 마음은 둘째치고 몸의 형체 또한 같을 리 없다. 부부는 제각기 친척도 친구도 다르며, 그들과 관계하는 희우(喜憂)는 상대방이 알지 못하는 바이나, 이미 일심동체가 되었다면 그 희우를 구분해서는 안 된다. 또한 평소 의식주에 대해서도 제각기 좋고 싫음이 있으나, 서로가 참고 상대방의 좋고 나쁨을 따라야 한다. 또한 한쪽이 병든 경우 원래 다른 한쪽은 고통이 없겠지만, 그 병고를 자신의 것인 양 받아들이고 있는 힘껏 간호해야 한다. 남편이 5년간 중풍에 시달리더라도, 죽을 때까지 간호해야 하고, 아내가 7년 동안 류머티즘에 걸리면 남편은 가업에 힘

---

6 서(恕) : 남의 처지에 서서 동정하는 마음.

쓰는 한편 약과 음식을 구해야 하니, 이러한 일들 때문에 가산을 탕진한 예가 없지 않다. 이 점에서 부부가 같이 사는 것은 결코 즐거운 것만은 아닌데, 만일 독신이라면, 친척이나 친구를 만나더라도 그저 자기만 신경 쓰니 쓸데없는 걱정이 없고, 의식주도 자기 혼자 마음 내키는 대로 하며, 병 또한 자신의 병만 걱정하여 타인의 병을 신경 쓸 필요가 없으니, 다만 부부의 약속 때문에 마치 일생 동안의 고생을 이중으로 하는 것과 같아, 혼자서 두 사람의 일을 감당해야 하는 책임만 고려하면 불이익 같지만, 대저 인간세계에 손익고락(損益苦樂)은 늘 함께 하는 법으로, 이익만 되는 경우는 없다. 그러므로 부부가 가정을 이루며 고생을 함께 하는 것은 한편으로 이중의 고생처럼 보이지만, 그 고생 대신에 한 사람의 쾌락을 두 사람이 함께 나누니, 즉 이중의 쾌락으로, 결국 손해는 없어지고 고락이 서로 보상되는 것은 물론이고 한층 더한 여락이 있음을 알아야 한다.

그렇다고 부부가 가정을 이루면 언제나 쾌락만 있는 것은 아니며, 괴로움과 즐거움을 평균하여 남는 즐거움이 있으면 다행이나, 영고성쇠하고 무상한 인간세계에 있다 보면, 불행하게도 그저 고생만 하다 응당 괴롭게 될 인연도 있다는 각오를 하게 되니, 정작 일부다처(一夫多妻), 일처다남(一婦多男)은 천리에 맞는 것인지, 과연 인간사에 반드시 필요하여 임시방편으로 삼아도 해가 없는 것인지 하는 물음에, 나는 결단코 아니라고 답할 수밖에 없다. 하늘이 사람을 만듦에 남녀를 같은 수로 하였고, 이러한 인류는 원래 한 쌍의 부부에서 번식한 것이기 때문에, 만물의 기원에 비추어 보고 지금의 인구 비율을 묻더라도, 다부와 다남(多夫多男)을 허용해서는 안 된다. 인간사의 필요나 임시적인 편리함의 측면에서 살펴보면, 인간세계의 시간은 짧고, 인생은 한 세대로 끝나는 것으로, 오늘날 세상 모든 사람들이 즐기는 데 있어 유감없이 하려면, 다부다남도 필요하고 편리할 것이다. 세상 일이 다망하니 때로는 부부가 헤어지는 일도 있고, 혹은 경우에 따라서는 병이나 재난 등의 일도 적지 않다. 이러한 경우는 부부 한 쌍에 한하지 않고, 한 남자가 많은 부인을 접하고, 한 여자가 많은 남자와 교제하는 것도 목석이 아닌 인정상 필요하고 임시적으로는 매우 편리하다고 하지만, 이것은 인생에 고락을 동반한 정태(情態)⁷를 모르고 쾌락에만 주목하여, 이른바 이익만을 취하고자 하는 이기적 편견으로, 지금의 사회를 해할 뿐만 아니라, 또 후세를 생각하더라도 허용할 수 없는 바이다. 남녀가 한번 이를 어길 때는 이미 부부의 대륜(大倫)⁸은 깨지고, 서(恕)의 도리를 잊고 정(情)을 훼손하는 것으로, 이때 경애의 참뜻은 단절되고 만다. 혹은 설령 여러 사정으로 외면만의 미(美)를 꾸밀 수 있다 하더라도, 하나의 결점이 옥에 티가 되어 내 집의 밝음을 잃게 하니, 화근이 한번 생기기 시작하면 부모와 자식의 불화가 되고 형제자매의 다툼으로 번져, 나아가 천하의 후세를 생각하면 일가의 부덕은 자자손손과 함께 번식하여, 마침내 사회공덕의 근본을 허물어 버릴 것이다. 그러므로 일컫길, 다처다남(多妻多男)의 법은 오늘날 세상 모든 사람들에게 장난으로 내놓을 각오라면 찬성하겠지만, 천하 세상은 만만세 이어지기에 오늘날 사람들이 후세에 대해 책임지고자 할 때는 한 순간 필요와 편리함을 천하 후세의 대사(大事)와 바꿀 수 없다.

---

7 정태(情態) : 마음 상태.
8 대륜(大倫) : 사람으로서 행할 근본 도리.

남녀 양성의 관계는 더할 수 없이 크고 중대하니, 부부가 한집에 산다는 약속을 맺을 때는 이를 인륜지대사라 칭하며, 이것이 사회의 모든 행복의 근본, 또는 모든 불행의 원천인 까닭은 전에 이미 명백히 서술한 바가 있으니, 정작 예로부터 지금까지 세계의 실상에서 양성 중 어느 쪽이 이러한 부부관계를 등한시하여 대륜을 어기는 자가 많은지 살펴보면, 항상 남성 쪽이라고 답하지 않을 수 없다. 서양 문명국 모두가 그러한 와중에서도, 일본이 가장 심하니, 고래의 습속인 일부다처를 금지하지 않는 사실을 보아도 대충 짐작이 갈 것이다. 서양 문명국의 남녀는 과연 티끌 하나 없이 깨끗하냐는 물음에, 결코 그렇지 않으며, 극단적으로 보자면 더러움이 심한 자 많다고는 하지만, 그 더러움을 더러움으로 미워하고 경멸하는 정(情)은 일본보다 더욱 심해, 여론의 엄중함은 일본과 도저히 비교할 수 없다. 그러므로 그 나라 남자가 나쁜 품행을 저지르면, 처음부터 그것이 나쁜 품행임을 알고, 여론을 두려워 해 은밀하게 저지르는데, 이는 모두 인간의 큰 비밀이라 하여, 말하는 자도 듣는 자도 없이, 사실의 유무에 구애받지 않고 외면의 미풍만을 유지한 채 사라지지는 않는다고 하나, 불행하게도 우리 일본의 오랜 습속은 그 기원은 자세히 알 수는 없지만, 예로부터 집안의 혈통을 중시하는 풍습이 있어, 대를 이을 아들이 없으면 가문이 단절되는 법률조차 행해졌을 정도였으니, 끊임없이 자식을 낳을 필요가 있었고, 그 목적을 이루기 위해서는 다처법(多妻法)보다 편리한 것이 없었기에, 이 때문인지 첩을 늘리는 풍조가 생기게 되었다. 천리(天理)에 대한 논의는 둘째치고 가문을 중시하는 습속에 얽매어, 어쩔 수 없이 첩을 늘리는 경우도 무리는 아니니, 이를 한 나라의 한 때 주장으로 용서할 수 있겠지만, 이로 말미암아 후세에 발생하는 폐해는 실로 이루 말할 수 없을 정도이다. 그렇지 않아도 인류의 정욕은 저절로 억제되기 어려운 것인데, 이에 행여 자손상속 운운하는 일부 주장이 있다고 해서, 이러한 뜻을 널리 퍼뜨려 어떠한 것인지 알리지 않아서야 되겠는가? 아내와 이혼하는 것도 좋고, 첩을 늘리는 것도 좋고, 한 명의 첩으로 부족하면 두 명의 첩도 좋고, 두 명, 세 명을 시도 때도 없이 마음대로 바꾸는 것 또한 좋다. 인간사가 변화무쌍한 오랜 세월을 거치는 동안, 자손상속 주장은 단지 핑계일 뿐만 아니라, 예전에 이미 그러한 주장 또한 망각하니, 한 남자가 여러 부인과 접하는 것을 마치 남자에게 주어진 특전이라 여겨, 인륜을 제대로 관리 못한 오늘날에 이르러서야, 국민 전체의 불행에 멈추지 않고, 그 재앙이 온 천하에 미쳐, 먼저 한 가정의 사덕을 문란케 하고 사회 교제의 공덕을 해쳐, 나라를 세우는 큰 근본이 흔들릴 수밖에 없다. 그러므로 오늘날 일본 남자 중 집안에서 품행을 바로하지 못하는 자는 단지 자기 집안의 자손을 죄인으로 만들 뿐 아니라, 사회 전체의 한 사람으로서, 지금의 세상 혹은 후세에 대해서도 그 죄를 면하기 힘들 것이다.

남편이 집안에서의 품행을 바로하지 못해 한집안에 여러 풍파가 일어나 집안사람들 간의 정을 훼손시키고, 이로써 사덕의 발달을 방해하여 불효자가 생기고, 공손하지 않고 우애 없는 형제자매를 만드는 것은, 본디 피할 수 없는 결과로 이상히 여길 바가 없으나, 이보다 더 안타까운 것은 가정에 남존여비라는 악습을 빚어내어 자손에게 압제비굴(圧制卑屈)의 근성을 만들어 내는 일이다. 남자의 나쁜 품행은 이미 일반 관습이 되어 남들이 이상하게 여기는 자가 없다 하더라도, 인류 천성의 본심에 스스로 저지른 나쁜 품행을 인간의 훌륭한

업적으로 자랑하는 자는 없을 것이다. 아니 백 명이면 백 명, 천 명이
면 천 명 모두가 이를 마음속으로 부끄러워하지 않을 자 없다. 마음
속으로 이를 부끄러워하되 밖으로 오만함을 치장해, 거리낌 없이 대
범한 것처럼 하여 억지로 스스로를 위로할 뿐이지만, 흔히 말하는
더럽혀진 몸으로 평소 유유자적하게 마음 편히 있는 것은 불가능하
다. 이처럼 집안사람과 함께 먹고 자며 단란한 와중에도, 한 순간
삼가야 할 말을 꺼내기라도 한다면 그때의 불쾌함은 형용할 수 없다.
철모르는 어린아이는 아버지가 같은데 어머니가 다른 이유를 물으
며, 이웃집 부모가 각기 한 분이신데 우리 집은 아버지 한 분에, 어머
니가 두세 분 있는 것은 어찌된 일이냐며 따질 때는, 과연 철면피인
아버지도 대답할 길 없어, 다만 잠자코 쓴웃음을 짓든가 돌아서서
딴소리를 할 수밖에 없다. 결국 일신상의 약점이 되어, 어린아이의
한마디가 애끊는 칼날이 된다. 결국 이러한 약점이 있으면 항상 이를
방어할 궁리를 하지 않으면 안 된다. 그 대책에 어떠한 것이 있는가
하면, 아침저녁으로 남편은 언행을 엄중하고 빈틈없는 격식으로 꾸
미고, 집안사람을 타인처럼 쳐다보며, 아내나 첩 그리고 자손으로
하여금 자신을 섬김에 있어 노예가 주군을 대하는 듯하게 하여, 마치
한 가정의 존귀한 존재로서 다가서지 못하게 하니, 또한 자신의 비위
를 거슬리지 못하게 하여 소위 영주님이나 주인님 하며 기분을 상하
지 않도록 상하존비의 구분을 명확히 하고, 이른바 내행에 관한 금구
(禁句) 한마디는 결코 입 밖으로 내지 못하게 하여, 집안의 규율로서
가풍양성을 가장 필요한 것으로 삼으니, 이러한 대책은 바꿔 말해
내행방어를 위한 흉벽(胸壁)이라고 칭해야 할 것이다. 무릇 인간사에
필요한 것은 딱히 구하지 않아도 얻을 수 있는 것이 대부분인데, 내

행에 대한 허술한 방어책도 언제 누구 집 남편이 선례를 남겼는지 알 수 없지만, 오늘날 실제 상황을 보면 집안에서의 품행을 바로하지 못하는 남편은 반드시 그 가풍의 형식을 엄중히 하고, 가족 혈육 사이를 마치 타인과의 교제처럼 하여, 서로가 무언가를 감춰 털어놓고 이야기하지 못한다. 혹은 가풍이 문란해지고 관리가 안 되니, 부모와 자식 그리고 아내와 첩이 서로 제멋대로 행동하고 난폭한 짓을 하면, 그 남편은 불같은 성질을 부리니 집안사람들이 두려워한다. 즉 필요에 의해서 나온 것인데, 만일 가풍에 엄격함을 잃던가, 아니면 남편에게 불같은 성격의 위력이 없어지면, 그 나쁜 품행에 약점을 공격받을 우려가 있다. 세상 소문에 어느 집 남편은 내행에 무관심해 가사 일을 가볍게 여기고, 혹은 아내와 첩이 한 곳에 있어 대단히 불편함에도, 본부인은 정실하고 남편은 공평하고, 첩도 지극히 유순하니, 가정에 풍파가 전혀 없다는 식으로 말하지만, 이는 단지 밖에서 보고 들은 소문일 뿐이다. 즉 풍파가 생기지 않는 것은 단지 가법(家法)의 엄하게 하여 남편이 거만하게 굴기 때문으로, 이를 다른 말로 비유하자면 정부의 압제하에 소란이 없는 것과 같다. 다만 겉으로 폭발하지 않을 뿐, 그 내실은 서로 마음속에 풍파의 동요를 품고 있다 할 것이다. 그러하니 남존여비(男尊女卑), 남편의 압제(主公圧制), 집안사람의 비굴(家人卑屈)은 품행이 나쁜 집에 있는 요소들로, 날마다 성장해 가는 자녀가 이러한 집안에서 양육되면, 그 자녀의 미래 또한 쉽게 상상할 수 있다. 이는 내가 특히 안타깝게 여기는 바이다. 천하는 넓고 가족은 많다 하지만, 한집안의 부부나 부모와 자식, 형제자매 서로가 친애와 공경으로 정을 다하여, 음양으로 숨길 것 없이 행복을 기원하고, 무례한 가운데 경의를 보이고, 다투는 와중에 서로 양보하여, 잘살든 못살든 오랫동안 화기애애해 마치 봄과 같으니, 나쁜 품행을 가진 집에서는 구할 수 없는 행복임을 알아야 한다.

　세상에 군자가 처신함에 스스로 믿고 중요시하는 바가 있어야 한다. 즉 자신 이외의 훌륭한 타인으로부터 자기에게 부족한 바를 묻고 그의 말대로 해서, 때론 학문이 뛰어나게 되거나, 혹은 재산이 매우 많게 되니, 이 모두가 인격을 이루어 자신자중(自信自重)에 도움을 준다 하겠지만, 그중에서도 사덕을 풍성하게 하여 이른바 사람이 보지 않는 곳에서도 행동을 조심하는 도리를 가장 먼저 물어보아야 할 것으로, 날마다 그 덕의를 익혀 집안의 불미스러운 일이 없고 집밖으로 꺼릴 것이 없는 자는 재산이나 재능이 있든 없든 그 인격을 알고 스스로 믿지 않은 바 없다. 이를 군자의 품위라 말한다. 서양어의 Dignity[9]가 바로 이것이다. 대저 인간의 사덕을 익히는 자에게 어떻게 자신자중한 기상(気象)이 생겨 스스로 천하의 높은 자리에 올랐는지 살펴보면, 능히 어려움을 참고 남이 잘하지 못하는 바를 잘하기 때문이다. 예를 들어 학생이 밤새 공부하면, 그 학예의 진보가 좋든 나쁘든 관계없이, 오로지 그 공부만으로 스스로 믿고 중요시함에 충분하다. 스님이 매일 아침 일어나 불경을 읽고, 허름한 옷에 미천한 식사로 춥고 더운 괴로움을 꺼려하지 않는다면, 그것은 바로 세상의 이해와 관계없더라도, 본인의 정신은 오직 그 간난신고(艱難辛苦)만으로 속된 세상을 내려다보는 자부심이 생길 것이다. 천하의 모든 사람이 재화를 탐하는 중에 혼자 검소하고, 사기가 판치는 사회 속에 혼자 정직하여, 경박(軽薄)하고 무정(無情)한 속세에 혼자 친절하는 것과

9　Dignity : 품위, 위엄.

같이, 누구나 모두 각자의 뛰어난 소양으로 자신자중한 요소가 된
다. 왜냐하면 학생의 공부나, 스님의 먹고 자는 것은 신체의 고통이
며, 검소와 정직, 친절과 같은 것은 정신의 인내, 즉 다른 한편으로
말하면 정신의 고통이기 때문이다. 그러하니 사덕을 중시하는 속에
서도, 양성의 교제를 엄격히 하여 철두철미하게 맑고 깨끗한 절개를
지켜, 하늘을 우러러보나 세상을 굽어보나 양심에 거리낄 것이 없으
려면, 기나긴 인생사에 각양각색의 사정이 있더라도, 스스로 혈기를
억누르고 때로는 남들이 뭐라 하든 상관없이, 세상 모두가 온통 취해
있는 와중에 홀로 스스로 깨어나, 독행용진(独行勇進)하며 주위를 기
웃거리지 않아야 하니 이는 그리 쉬운 수양이 아니다. 즉 인간이 목
석이 아닌 이상 이는 어려운 일이라 하겠으나, 미리 수양을 쌓아서
범속한 세계를 돌아본다면, 부패한 공기가 충만한 그 추악함에 견딜
수 없다. 무지무덕(無知無德)한 하층사회는 둘째치고, 상류의 높은 지
위에 있거나 학문을 익힌다고 말하는 자들에 있어서도 이루 말할 수
없을 정도로 허다하다. 인간의 소중함, 사회의 면목을 생각하면 굳
이 이를 밝히는 자는 없겠지만, 실은 만물의 영장임을 잊고 단순히
동물적 욕구의 노예가 된 자마저 있다. 적어도 청결무구한 자리에
서서 이처럼 부패하고 추악한 세계를 멀리서 바라본다면, 스스로 자
신을 구별하려는 마음이 당연히 생기지 않겠는가? 한낱 재산의 많고
적음이나, 학문의 깊고 얕음으로 다른 사람과 한패가 되는 것을 떳떳
하게 여겨서는 안 된다. 하물며 인륜지대본(人倫之大本)이며, 모든 덕
의 근원인 남녀 관계에서 깨끗함과 더러움은 달리해야 한다. 다른
추악한 것을 거들떠보지 않아야 한다. 즉 우리의 정신을 자신자중한
높은 곳으로 나가가게 하여, 정신이 한번 정해질 때, 그 작용은 인륜

의 영역에서만 머무는 것이 아니라, 나아가 사회 교제로까지 번져 남들과 말을 함에 의젓함이 생기니, 호연지기가 밖으로 넘쳐나 주위의 모든 것에 두려워할 것이 없다. 웃고 말함에 거칠 것 없고, 행동거지가 자유로워 사방으로 꺼릴 바가 없기 때문에, 그동안 한 점의 오점도 없이 여유롭고 침착하여 사람의 정을 훼손하는 일 없다. 생각건대 청결무구의 끝은 오히려 무량의 관대함으로, 속세의 온갖 더러운 것을 넣더라도 방해받지 않는다. 추악한 남자가 사회의 은밀한 곳에서 홀로 제멋대로 추함을 자행하지 않기에, 같은 무리가 한 자리에 만나 호유(豪遊)[10]라고 칭하며, 마구 술을 퍼마시고 닥치는 대로 주색에 빠져 득의양양하더라도, 어쩌다 군자의 이목에 닿으면 허물을 가진 자는 이내 위축되어 안색을 잃고, 놀라서 눈이 휘둥그레지며 남의 뒤에 숨어 비굴하고 부끄러워하는 모습은, 마치 햇볕에 드러낸 두더지와도 비교가 안 된다. 근래 세상에 소위 문명개화의 진보와 함께 학술과 기예도 진보하여, 후진 사회에 인물을 배출하고, 또한 인습에 젖은 노인들도 개화설을 매우 기꺼이 받아들여 그 사상을 시행하려는 자가 있다고 하니 축하할 일지만 문명개화의 진보와 함께 내행의 허술한 단속도 동시에 진보해, 이런 무리가 평소 글도 모르는 야만인이라 비웃던 봉건시대라도 결코 용서할 수 없는 나쁜 품행을 오늘날 저지르고도, 태연하게 조금도 부끄러움을 알지 못한다. 문명이 진보해도 그 죄를 야만인으로부터 배운 것이라 하겠다. 학술과 기예가 과연 무슨 소용이 있겠는가? 나는 우리 사회를 유지하고 나라를 세우기 위해, 오히려 배움과 기술이 없는 사람과는 일을 함께하더라

---

10 호유(豪遊) : 호화롭게 놀다.

도, 지식만 있는 요괴와는 함께하고 싶지 않는 사람이다. 애초에 우리 일본이 독립하고 이미 수천 년간 사회를 유지하며 또한 앞으로 영원히 계속되는 것은 스스로 그만한 이유가 되는 요소가 있기 때문이다. 즉 사회의 공덕에 있고, 그 공덕의 기본은 가정의 사덕이다. 어떤 경박한 아이가 감히 문명을 말하며 나라를 세우는 근본을 방해하려 하는가? 일본의 도덕은 수천 년 동안 유래하여 그 근본은 견고하다. 그런데 어찌 그대들이 쉽게 이를 흔들려고 하느냐? 천하는 넓고, 나에게는 덕 있는 친구들이 많다. 나는 평소 그대들의 거동을 주시하여 일말의 용서 없이, 북을 치며 그 죄를 문책하고자 한다.

인간 처세의 권리(權理)에 공과 사의 구별이 있으니, 먼저 사권(私權)을 다하고 그러한 후에 공권(公權)을 논해야 한다는 것은 일찍이 『시사신보』 지면에서도 서술한 바이지만 (작년 10월 6일부터 동년 12일까지 『시사신보』 '사권론(私權論)'), 애초에 이러한 사권 사상이 발생하는 사정이야 여러 가지가 있겠으나, 제일 큰 원인은 본인 스스로 믿고 중요시하는 마음에서 나왔다는 것을 알아야 한다. 즉 우리의 덕의를 완전무결한 위치에 놓고, 자기 한 몸의 귀중함을 옥구슬처럼 여겨, 이를 어기는 자는 흡사 밤하늘에 빛나는 구슬에 상처를 내는 것과 같은 마음가짐으로, 잠시도 주의를 게을리하지 않고 영민(穎敏)하게 스스로 지켜야 비로소 사권을 온전히 구현할 수 있을 것이다. 그리하여 지금의 사권을 보호하는 것은 전적으로 법률상의 일로 덕의와는 관계없는 것으로 보기 십상이나, 원래 이를 보호하려는 사상은 완전무결한 우리 몸에 상처내는 것을 싫어하는 마음에서 나온 것이기에, 적어도 안으로 스스로를 되돌아 봐서 양심의 가책을 느끼는 바가 있다면 그 사상의 발달은 결코 충분히 얻을 수 없다. 왜 그런가 하면 본인은 원래 허물을 가진 몸으로, 그 기운이 이미 쇠약해졌기에, 큰 대의(大義)에 직면해서 굴복했을 수 있기 때문이다. 즉 사람의 마음을 움직이는 법칙은 한쪽으로 본심을 굽히고 다른 한쪽으로 이를 곧게 펴는 도리에 있지 않다. 사덕(私德)을 익혀 몸을 깨끗한 위치에 두고, 사권(私權)을 신장하여 절개를 굽히지 않는다면, 둘 다 그 의도가 다르더라도, 근본 바탕은 동일하니 사덕과 사권은 서로 상관하여, 덕(德)은 권(權)의 본질이라 말할 수 있다. 시험 삼아 이를 역사에서 비추어 보면, 의기늠연(義気凜然)으로 위세와 무력에 굴복하지 않고 재물과 지위에도 유혹되지 않는, 스스로 사권을 보호함에 철석같은 사인(士人)은 집에 있을 때는 반드시 부드럽고 정이 온후한 인물이어야 한다. 다시 말해서 집밖의 의사(義士)라면 집안에서도 좋은 남편의 참된 모습을 보여준다. 어떠한 경우에도 나는 방탕무정하고 집을 모르는 경박한 자가 사권을 위해 절개를 지키고 의를 다했다는 사례를 여태껏 들어 본 적이 없다.

가만히 세상물정을 살펴보니, 근래 정치에 관한 논의가 점차 소란해지고, 사회 공권 즉 정권 교체에 있어 이를 지키려는 자도, 혹은 취하려는 자도, 연신 심하게 서로 다투는 것은 지극히 당연한 모습으로, 문명국의 국민인 자는 국정에 관해 당연히 권리가 있기에 이를 다툴 수 있지만 앞에서 말한 바와 같이 이러한 공공의 정권을 지키고 또한 이를 뺏기 위해서는, 우선 자기 한 몸의 사권을 굳건히 하는 것이 중요하며 그 사권을 굳건히 하기 위해서는 사덕을 익혀야만 한다는 도리 또한 이미 밝혔으나, 정작 오늘날 현실에서 일본 정치가가 어떤 사람들이고 사덕의 정도가 어떠한지 살펴보면, 외면에서 볼 때 인품은 누구랄 것 없이 모두 중등 이상의 사람들이지만 딱히 덕이 있는 군자가 있다고는 볼 수 없다. 그들의 지식과 견문이 서양 문명에 가까운 사람이 있기는 하나 덕교(德敎)라는 측면에 있어서는 특별히 뛰어난 부분이 없는 것이 내가 유감스럽게 여기는 바이다. 소위 문명화된 사인(士人)은 약삭빠르게 자기 자신의 편리를 위해 때로는 시문집에 나타난 유교풍의 호탕함을 빙자해 경솔하고 천박하게 도리에서 벗어난 나쁜 품행을 저지르면서도, 군자는 사사로운 행동을 돌아보지 않는다는 식으로 떠들며 그 나쁜 품행을 속이는 구실로 이용하려는 자가 있다. 생각건대 중국식의 뇌락(磊落)[11]이 어떠한 의미인지는 잠시 접어두더라도 오늘날의 뇌락과 나쁜 품행이 글자는 달리하되 뜻을 같이 하니, 뇌뇌락락(磊磊落落)은 정치가의 도덕이라며 노장들이 실례를 보이고 소장들이 이를 따르니 결국 정치사회의 일반적 분위기를 이루어 나쁜 품행은 체면을 더럽히지 않을 뿐만 아니라 가장 뇌락하고 바르지 않은 품행을 해야만 비로소 상대를 충분히 압도하게 되었다. 애초에 내행이 철저하지 못한 것은 법률상의 파렴치와는 성격이 다른 것으로 당장 비난할 만한 성질의 것이 아니다. 또한 사람들이 즐겨 말하지도 듣지도 않기 때문에 자칫 부지불식간에 습속이 되기 쉬우니 한 세대가 가고 두 세대가 가는 동안에 마침내 그 습속은 마치 그 시대 사람들의 근본적 성격처럼 되어 다시 만회할 수 없게 된다. 오랜 옛날 우리 왕조가 점차 쇠락한 것도 조정의 신하들이 그 내행을 조심하지 않고 사덕을 경시하니, 안으로 이를 가볍게 여길 뿐만 아니라 밖으로 공덕의 대의까지 잊어 종국에는 자신의 사권과 집밖의 공권 전부를 잃었기 때문이다. 그러므로 오늘날

---

11 뇌락(磊落) : 마음이 활달하여 작은 일에 거리낌 없음.

정치가가 나랏일을 열심히 함에 있어서도 단순히 자기 자신의 한 때 부귀영화를 위한 것이 아니라 천하 후세를 위해 국민의 사권을 확장시키고 공권을 신장하는 길을 열고자 하는 것이 본래의 취지라면, 후세의 정치사회에 나쁜 선례를 남기는 것은 분명 본의가 아닐 것이다. 만약 본심에 물어 거리끼는 부분이 있다면 설령 법률상으로 문제가 없더라도 어찌 스스로를 돌아보고 오늘날 조심하지 않는가? 금과옥조와 같은 귀중한 몸을 스스로 더럽히니 한 점의 오점이 평생의 약점이 되어 이제는 더 이상 모든 사덕에 주의하는 영민함조차 잊어버려 마치 정신이 마비되어 다시금 사권을 지킬 기력조차 없고, 망연히 세상과 함께 흘러가니 이치상 따지면 인간사의 근본이라고 할 수 없는 정치 논쟁에 흥분하는 것처럼, 외람되지만 나는 본말이 전도된 사람이라 평할 수밖에 없다. 게다가 국가 전체의 도덕이 향상됨에 따라 품행론이 더욱 정교해지니 만일 품행이 바르지 못한 자가 있다면 훗날의 이야기가 아닌 오늘날의 사회에서도 당연히 허용하지 않을 것이다. 한번 주위를 둘러보면 유명한 영국 정치가 찰스 딜크(Charles Wentworth Dilke)[12] 씨는 실로 미심쩍은 간통죄(혹자가 말하는 바에 의하면 완전히 사실무근이라고 한다.)로 정치 사회를 쫓겨났다. 나는 애초에 사적인 인연이 없어 그 사람의 행, 불행에 대해서 전혀 기쁘거나 슬프지 않지만, 단지 그 사건을 통해 영국 정치사회 전체의 도덕적 분위기를 미루어 알 뿐이다. 즉 영국의 정치사회는 청결무구하여 한 점의 오점도 없다고 해야 할 것이다. 바로 이러한 것이야말로 한

---

12 찰스 딜크(Charles Wentworth Dilke, 1843~1911) : 자유당 좌파로, 왕정에 대하여 비판적이며, 이론적으로는 공화주의자.

나라의 정치사회라고 불릴 만하다. 그 사기가 늠름하여 사(私)에 굴하지 않고 공(公)에 꺾이지 않으며, 사덕사권, 공덕공권, 안을 잘 다스리면 밖으로 드러나니 나라 안의 질서가 정연하고 의연하여 그 여광이 사방으로 빛나는 것도 결코 우연이 아니다. 나는 우리 정치사회의 덕의를 우선 영국처럼 만든 후에 실제 정치논쟁이 이루어지길 바라는 바이다.

외국과의 교제를 개방해 독립국의 체면을 신장하는 데에는 명분과 실익 모두에 힘써야 한다. 식산공상(殖産工商)에 힘써 나라의 국익을 증대하고 학문과 교육의 길을 번성하게 하여 인문의 빛을 밝히고 육해군의 힘을 길러 호국의 준비를 강화하는 일 등은 실제로 당장 필요한 일이지만, 국내외 인민들의 교제는 매우 번망다단(繁忙多端)하여 외국인이 일본 사정을 자세히 알기란 쉽지 않기 때문에, 그들로 하여금 우리의 진면목을 알려 주기 위해서는 일의 크고 작음에 상관없이, 가령 쓸데없는 외견의 허식이라도 우선 그 모습을 보여줘 우리를 알게 하는 길을 여는 것이 대단히 중요하다. 즉 일본의 의식주 생활양식은 이러이러하고 습속과 종교는 이러하다는 등, 보여주고 말하여 때로는 일부러 더욱 그 외면을 치장하여 체재를 과장하는 것이다. 예를 들어 오늘날 실제로 우리 집에 외국인이 온다면, 우선 그를 귀한 손님으로 여겨 여러 가지 접대 준비를 하고, 여하튼 보기 흉하지 않도록 마음을 쓰는 것이 인지상정이다. 또한 이를 넓은 의미에서 나라 전체의 도로나 교량과 같은 공공 건축물 등, 때에 따라서는 실제로 필요 없다 하더라도 외견도 꾸며야 한다. 혹은 근래 도쿄 등지에서 교제가 더욱 번성하여 마침내 호사스러움이 분수를 넘어 비난받기까지 이르렀다고 하나, 다소간 외국인에 대한 체면 등의 의

미를 포함한 일일 것이다. 이를 일률적으로 평한다면 무익한 허식이
라 하겠으나 다른 사람에게 우리의 진실을 알리는 것은 매우 어렵기
때문에, 우선 허(虛)에서 시작하여 실(実)로 들어가는 방편이므로 꼭
비난할 일만은 아니다. 그 허와 실, 필요와 불필요는 잠시 접어두고,
일본 국민이 외국과의 교제를 중하게 여기고 이를 등한시해서는 안
되며, 우리가 있는 힘을 다해 자국의 체면을 신장시키려는 정신은
실로 명백하니, 그러한 애국충정은 실제 종적에서도 드러난다고 하
겠다. 그런데 내가 여러 해 전부터 본 바 어떻게 판단하려고 해도
설명할 수 없는 것은, 우리 일본인이 지금까지 힘을 다해 외교를 중
요시하고, 비단 국가의 부국과 문명을 꾀할 뿐만 아니라 외면의 체재
나 허식까지도 열심히 서양의 문명개화를 본받는 데 게을리하지 않
고 이를 흠모하여 한결같은 정신이었으나 유독 내행 문제는 완전히
문명개화주의를 도외시하고 오로지 아시아의 구습을 쫓아 태연히
우쭐거리며 서양이 안중에 없는 것과 같은 모습이다. 원래 서양인은
우리 일본 사정에 어두워 자칫하면 무례하게 그릇된 생각을 품는 자
가 적지 않다. 특히 그들은 기독교인이기 때문에 자신들 교의와 같지
않은 자를 보면 천이고 백이고 전혀 음미하거나 살피지 않고 이를
일률적으로 비기독교인이라 칭하며 이유 없이 혐오의 감정을 품으
니, 이 때문에 서로 간의 교분에 방해받는 일이 많은 것은 실로 유감
스러운 바로, 나는 늘 그 변명에 바쁘며, 일본 국민 중 이미 기독교인
인 자가 있고 더욱이 아직 기독교인이 아닌 자가 있다 하더라도 기독
교인이고 아니고는 단지 종교상의 의식으로 일본제국은 결코 부덕
한 나라가 아니며 기독교 나라만이 덕국(德国)도 아니니, 적어도 수천
년간 나라를 이루며 인간사의 질서를 명확히 하여 동해에 독립된 나

라로서 입국의 근본도덕 없이 어찌 유지될 것이며, 기독교 교의가 과연 아름답고 나라를 세우는 데 필요하다면 일본에는 기독교라는 이름 이외에 무명의 기독교인도 있다는 식으로 백방으로 극구 해명하면 또한 저절로 뜻을 헤아려 오해가 풀리는 자도 있겠지만, 때로는 그 담론이 일단 남녀관계에 이르러 일본 남자는 다처를 허용하되 이를 나무라는 자 없고, 비단 법률뿐만 아니라 관습으로도 금지하지 않으니 상류사회의 양가집 남자도 공공연히 이러한 추행을 저지르면서도 부끄러워하지 않고, 바꿔 말하면 사람이 집안을 이루며 사는 데 지켜야 할 대륜을 어지럽혀서 생기는 나쁜 일은 헤아릴 수 없이 많아, 그 여파가 이어져 혼인의 체제가 완비되지 못해 쉽게 결혼하고 쉽게 이혼하는 원인이 되어 부모와 자식 간의 불화, 형제간의 싸움이 되니, 이를 요컨대 일본에는 아직 진실한 가족이 없다 말할 수 있으며, 가족이 없으면 국가 또한 있다 할 수 없으니, 일본은 아직 국가를 이루지 못했다는 등 온갖 말로 공격당할 때는 나 또한 마음속으로 외국인들의 분별없는 잘못된 생각을 모르는 바 아니나, 우리의 도덕이 그렇게까지 무너진 것이 아니고 우리 가족 모두가 다 그러하지 않으며 외국인의 보지 못하는 곳에 도덕이 있고 가족이 있어, 그 미풍은 서양의 문명국 사람들로 하여금 오히려 부러워할 정도가 많아 집안을 다스리고 사회를 유지하는 사정이나 증거 등을 말하고자 하더라도, 다소간이나마 그들이 오늘날 일본 사례를 들어 정면으로 공격하는 비판에 대해서는, 유감스럽지만 인정하여야 한다. 결국 서양인이 일본인을 경멸하는 원인으로 그들이 우리를 동등하게 보지 않기에 이르러서는 천세의 유감이요, 영원토록 잊을 수 없는 바이다. 그러므로 내행을 소심하지 않은 경박한 남자들뿐인 일본에서 그 책임을 맡을 자는 누가 있겠는가? 이러한 점에서 생각한다면 외국인이 보는 눈이 어떠하든, 그들이 일본에 내방할 때를 맞춰 집안의 체재를 고치고, 혹은 집밖의 도회 외관을 꾸미거나, 교제법을 화려하게 갖추는 것은 실로 무익한 일로, 경멸을 초래하는 근본적인 이유가 됨은 물론이거니와 쓸데없이 불필요한 것에 힘을 쏟는 것이라 하겠다. 이를 비유한다면 대궐 같은 집에서 열린 성대한 연회에 산해진미를 내놓고, 주지육림(酒池肉林)의 호사, 사죽관현의 흥겨움으로 정심 성의껏 손님을 맞이하는 가운데, 주인은 홀로 옷을 벗어 알몸이 되는 것과 같다. 손님인 자가 과연 예를 다해 이 집을 중하게 여기겠는가? 향응의 극진한 사례에 감사하다 할지라도, 어쨌든 주인의 행실이 가여운 모습이라면, 손님과 주인 간 예의에 있어 밖으로는 말하지 않으나, 속으로 냉소하며 경멸하려는 마음이 생길 것이다. 고생한 보람도 없이 쓸데없이 허비한 꼴이라 하겠다. 그렇다면 지금 일본이 모든 문명 서양국과의 공적인 교제와 사적인 교제를 불문하고 좀처럼 뜻대로 되지 않는 것은 그 원인이 하나만 있는 것은 아니나, 일본 남자가 덕의상 경멸을 받는 일이 그 원인 가운데 큰 부분이니, 적어도 이를 깨달은 자는 한시라도 늦추지 말고 그 잘못을 바로 잡아야 한다. 지금 이 세상을 살아가면서 어느 누가 조국을 사랑하지 않는 자 있겠는가? 나라를 위해서라면 가시방석에 앉는 것도 쓸개를 핥는 것도 마다하지 않는 것이 인지상정이다. 내행을 조심하는 것은 그다지 어려운 일이 아니다. 옛날에는 이를 경계하는 취지가 단순히 한 개인의 일신상에 있었지만, 지금은 곧 한 국가의 영욕과 관련된 중대한 일이 되었다. 자신의 한 몸을 생각하고 국가를 생각하는 자는 스스로 깊이 반성하는 바가 있어야 한다.

지금까지 일본남자론을 서술하면서, 장시간 동안 남자의 품행을 정면으로 꾸짖으며, 일말의 용서 없이 빈틈없을 만큼 철저히 논했기 때문에, 이 세상 수많은 허물 가진 남자들은 마치 약점을 습격당해 도망칠 길이 없어, 다만 마음속으로 생각하길, 내행의 불철저가 추악하다면 추악하지만, 사기나 파렴치한 것도 아니며, 더구나 개인 일은 저마다 남에게 말 못할 사정도 있는데, 이렇게까지 심한 말을 하지 않아도 되지 않는가 하는 등 약간의 불평도 있으면서, 한편으로 어떠한 답변도 못한 채 매우 괴로워할 것이다. 내가 이를 모르는 바가 아니나, 대체로 오늘날 일본 국민에게 현재의 유쾌함과 후세 자손의 행복을 위해 무엇이 최선인가 묻는다면, 독립의 체면을 유지하여 일본의 영예를 영구히 전하는 것 이외에는 없을 것이다. 그리고 이러한 체면과 영예를 신장함에 조금이라도 이익이 되는 것은 채용하고, 해를 끼치는 것은 버리는 것 또한, 일본 국민의 몸으로 당연히 그리해야 할 마음일 것이다. 그러므로 절대이론(絶対理論)에서 인간세계의 선과 악 그리고 올바름과 그릇됨이 어떠한 것인가 논의해도 좀처럼 정할 수 없을 정도인데, 하물며 남녀의 내행에 관해, 일부일처법과 다처다남법 중 어느 것이 옳고, 어느 것이 그른지, 애초부터 판단하기 어렵지만, 천지개벽 이래 실제 경험 또는 오늘날 문명설에 따를 때는 한 가정의 사(私)를 위해 그리고 한 나라의 공(公)을 위해, 다처다남은 일부일처의 장점보다 나을 것이 없다. 동시에 오늘날 세계는 서양문명의 바람이 불어 이에 저항할 수 없는 추세이기에, 문명의 바람이 다처다남을 혐오하고, 그 결과는 매우 좋으니, 오늘날 사람이 가정을 이루고 국가를 세우는 데 가장 적당하고, 이에 반한다면 반드시 피할 수 없는 해를 입는 것은 이미 명백하기 때문에, 이론상 올바름과 그릇됨은 둘째치고, 한 나라의 국민으로 조국과 집안을 위해 결코 가볍게 볼 수 없는 대의로, 즉 내가 어떠한 사정이 있더라도 단호하게 결코 용서할 수 없는 연유이다. 혹은 이야기를 꾸며내 서양 문명인이라고 불리는 자들도, 그들 남녀의 내행 또한 결코 깨끗하지 않으며, 겉은 어떻더라도 안을 살펴보면 견디지 못할 만큼 추한 것이 많은데, 어째서 꼭 일본인만을 비난하는가? 라고 말하는 자가 있다. 이것은 일본의 상류, 특히 서양가(西洋家)라고 불리는 부류들이 하는 말이지만, 완전히 억지로 꾸며낸 쓸데없는 핑계에 지나지 않는다. 대저 이들은 인생의 기력을 평균적으로 나눠보면 지극히 약한 자들로, 곧잘 어려움이 닥치면 패배하는 경우가 다반사다. 내행을 청결히 유지해 하늘을 우러러 한 점의 부끄러움을 없게 하는 것은, 기력이 부족한 사람에게 너무나도 어려운 일이기 때문에, 서양 남녀만이 목석이 아니고 또 그들만이 강자가 아니니 속된 말로 흠집을 들추어내어 그들 사회의 어두운 곳을 적발한다면, 수백 수천의 추행이나 추문을 일일이 열거하기 어렵다. 나는 몸소 그 나라 사람에게 들은 적도 있고, 또한 책이나 신문 지면에서 본 적도 있어, 그다지 새삼스러운 것도 아니나, 일본 남자는 이러한 서양사회의 추행이나 추문을 보고 듣고선 어떤 생각을 하는가? 이를 추하다 하는가, 혹은 아름답다고 하는가, 내가 듣고자 하는 바는 단지 그러한 미추의 판단 여하 하나만 있을 뿐이다. 일본 남자가 철면피라고는 하지만, 그 눈에 비친 추한 것을 추(醜)라고 하고, 아름다운 것을 미(美)라고 해야 한다. 이미 미추의 판단이 섰다면, 어째서 당장 추를 떠나 미로 들어서지 않는가? 본래 미추는 자신의 내부에 있는 것으로, 남과는 털끝만큼 관계없는 것이다. 가령 자기 내부에 미가 없다면, 세상의 모든 미추로 자신이 가진 미의 경중을 알지 못한다. 혹은 이와 달리 자기 몸에 한 점의 추함을 감추고자, 만천하에 무한한 추함을 내뿜는 자가 있다 하더라도, 그 사람의 추함으로 내 추함을 깨끗이 할 수도 없고, 용인될 리도 없다. 그렇다면 서양 문명국 모든 사회에서 여전히 추행이 무성한 것을 보고 들었다고 한다면, 다행으로 여겨 자성의 재료로 삼아야지, 어떻게든 자기 마음대로 이야기를 지어내어, 다른 사람의 나쁜 일을 보고 자신의 나쁜 일을 용서하는 구실로 사용하려는 것은 내가 결코 용서할 수 없다. 비근한 예를 들자면, 나쁜 품행으로 덕을 해하는 것과 콜레라균으로 몸을 해하는 것은 그 해로움도 똑같다. 그런데 지금 콜레라가 유행할 때 자신을 보호하는 방법은 무엇인가? 천하의 모든 사람이 병에 걸리고, 유행병은 온 세상에 퍼져, 서양 모든 나라 또한 그러할진대, 이미 자신의 몸조차 스스로 돌볼 겨를 틈 없이, 병에 전염된 세상 사람들과 병고사생(病苦死生)을 함께 하면서 과연 자포자기할 사람이 있겠는가? 나는 아직 그런 사람을 본 적이 없을 뿐만 아니라, 그러한 유행이 더욱 번성함에 따라 스스로 경계하는 법도 더욱 면밀해져, 근신에 근신을 거듭하는 것이 동서고금의 인지상정이다. 사람의 신체와 정신 어느 쪽이 가볍다거나 또는 무겁다고 할 수 없는 것은 말할 필요도 없으나, 지금 내행의 불철저함은 인륜의 근본을 깨 가장 먼저 정신을 부패시키는 것이다. 신체를 범한 병균에 대해서는 매우 두려워하지만, 정신을 부패시키는 나쁜 품행은 세상에 동행자가 많다는 이유로 스스로 이를 범해 죄를 면하려고 한다. 황당무계도 이만저만이 아니다. 그러므로 서양가류가 구미의 책이나 신문 등을 읽고 그 어두운 곳의 추함을 찾아, 걸핏하면 이를 공언해 부지불식간에 자신의 추함을 속여 넘기려 하는 궁리를 하겠지만, 나의 필봉을 도저히 피할 길이 없음을 알아야 한다.

일본 남자에게 내행의 불철저함은 실상 이미 싫어해야 할 바가 적지 않지만, 예로부터 이어져 내려온 습속의 추함을 추함으로 여기지 않아 부끄러움을 알지 못할 뿐만 아니라, 심할 때는 그 난폭하고 무례한 행태를 보고도 뇌락이라 칭하여, 부끄럽기 짝이 없는 와중에 스스로 기고만장하며 세상 사람들도 이를 용서하며 따지지 않고, 상류사회에서는 그 사람을 풍류재인(風流才人)이라 불러, 그러한 사람이 한층 더 멋이 있는 듯 바라보니, 하층민들 사이에서도 색(色)은 남자의 능력이라는 등 은어까지 생겨도 전혀 꺼리지 않는 바, 아마도 그 유래는 하루아침에 일어난 것이 아니다. 일본 왕조가 문약(文弱)한 시대에 그러한 풍조가 만들어져, "옥 술잔에 밑바닥이 없는 것과 같다"[13]라는 말은, 지금에 이르기까지 사람들 사이에서 회자되는 바로, 그 후 무사들 세상에서는 집밖의 전쟁 준비에 바빠 집안을 다스릴 겨를이 없었고, 이어 도쿠가와 치세 때 유교가 크게 흥하였다 하나, 중국식으로 내행의 올바름과 그릇됨은 심하게 비난하지 않았을 뿐만 아니라, 에도 시대 후기[14]에 이르러서는 치세가 극에 달해, 유교 또한 쇄락하고 방탕해져, 특히 도쿄, 교토, 오사카는 가장 심하니, 유학자나 문인이 모이는 곳이면 이내 나쁜 품행자의 소굴이라 불릴 만큼 나쁜 풍습을 이루어, 마침내 도쿠가와 시대가 끝나고 메이지의 새로운 세계로 변하였어도, 소위 쇄락하고 방탕함의 기풍은 여전히 남아 사라지지 않고, 이른바 양학자(洋学者)류 같은 경우도, 그 배우

---

13 겉보기는 좋지만 사용하기에 알맞지 않음을 비유.
14 분카분세이(文化文政, 1804~1830) 시대.

는 바는 완전히 과거 유학자들과 달라, 설령 서양의 종교나 도덕에 입문하지 않아도, 서양인을 접해 그들의 말을 들으며, 책을 읽고 풍속을 살필 때는 그 내실은 둘째치고, 그 표면만으로도 현재 일본의 사태와 비교해 크게 다른 바가 있음을 발견하여, 크게 깨달아 스스로를 새롭게 함으로써 유학류의 쇄락한 나쁜 품행을 탈피하고 신사(紳士)의 올바름으로 당연히 돌아가야 하는데, 말과 행동 모두가 서양풍임에도 불구하고, 내실에 이르러서는 순전한 옛 일본인의 본색을 유지하지 않는 자가 많다. 어쩌면 사회의 일반 습속에 제압당해, 추함을 추함이라고 볼 수 있는 명석함을 잃어버렸거나 혹은 이를 평하여 고의로 저지른 죄가 아니나, 무의식적으로 악을 저지른 어리석음이라 말할 수도 있을 것이다. 이러한 점에서 보면 추함은 미워해야 할 것이 아니라, 오히려 동정해야 할 뿐이다. 작년 외국에서 어느 귀빈이 일본에 방문했을 때, 도쿄의 신사라고 칭하는 무리들이 빈번히 동분서주하며, 예우가 극진하기 이를 데 없는 향응을 준비해, 부(府) 관할 내 기녀를 모아 크게 가무를 열어 흥을 돋우니, 내빈도 분위기에 취해 만족하였으나, 사실을 말하자면 그곳에 모인 기녀는 대체로 불륜을 저지른 여자들로, 가무의 기예를 연기하는 한편 때때로 입에 담을 수 없는 추행으로 몸을 더럽히니, 거의 창기(娼妓)와 같은 무리이기에, 처음부터 지체 높은 사람 앞에 나설 신분이 아니었다. 서양 모든 나라 상류사회에서 이러한 부류의 여자들을 천시하는 것은 물론, 일본에서도 만약 봉건시대의 제후를 위한 연회에서 오늘날처럼 예기(芸妓)가 가무를 연기라도 한다면, 반드시 부적절하다는 소리를 들었을 것이다. 그렇다고 저 귀빈들도 예기들이 어떠한 자인지를 모르면 다행이나, 만약 내실의 사정을 듣기라고 한다면, 향응의 만족은 이내 바뀌어 무례하고 예의 없음에 마땅히 분노할 것이다. 그렇다 하더라도 좀 전의 신사 무리들은 무례를 알면서 한 것이 아니라, 평소 남자와 여자의 품행을 가볍게 여기고, 단지 기녀의 용모에 반해, 마치 꽃처럼 아름답다는 식으로, 덕의상으로는 죽은 것과도 같은 추행과 불륜을 행하는 여자도 청결하고 기품 있는 양가집 규수와 대동소이하다고 여겨, 정작 이와 같은 큰 잘못을 저지르고 말았을 뿐이다. 나는 곧바로 그 사람을 질책하는 것이 아니라 우리 습속의 불철저하여 인심이 영민하지 못함을 한탄하는 것이다. 요컨대 지금의 신사나 배운 사람, 혹은 배우지 못한 사람 모두 전체적인 언행의 고상함과 관계없이, 품행에 어울리지 않는 비천한 자가 많아, 세상 소문에 이를 평하길 격식 있는 자리에서 같이 식사할 수 없는 미천한 사람이라고 불러도 될 것이다. 유곽 거리를 전전하며 술에 취해 별장이나 첩의 집 연회에 출입하는 예기를 부르는 것이 흔한 일이 되고, 심하게는 중요한 용무도 술을 마시며 기생을 끼고 희희낙락하지 않으면, 서로 상대의 환심을 살 수가 없다고 한다. 추(醜)하다 못해 기이하다고까지 말해야 할 것이다.

수백 년간 내려온 습속이기에 이를 심하게 비난하는 것은 쓸데없는 이야기라지만, 지금의 일본은 일본 안에 갇힌 일본이 아니며, 세계 만국의 문명세계 속 일본이기에, 만일 일본의 영예를 중요시하는 사인(士人)이 있다면, 적어도 생각하는 바가 없지 않을 것이다. 시험 삼아 하나의 예를 들어 사인에게 묻고자 한다. 그대들이 말하는 소위 성대한 모임에 여느 때처럼 기녀를 불러 술을 마시고 득의양양하게 담소할 때는 물론, 때로는 친척, 벗, 남녀의 단란한 연회 자리에서 조금만 흥에 취해도 배반낭자(杯盤狼藉)[15]하려는 자가 그대들이 아니면 누구인가? 이러한 행패는 그래도 괜찮으니 술자리에서 일어난 여흥으로 오히려 재미있다고 하여 용서할 수 있으나, 자칫하면 좌중에서 삼삼오오 무리지어, 유곽 이야기를 함에 이르러서는 듣기 민망할 정도다. 대체 그 유곽 이야기를 첩첩남남(喋喋喃喃)하는 와중에, 무엇을 논하고 무엇을 기뻐하고 무엇을 묻고 답하겠는가? "미인입네.", "호색꾼입네.", "유쾌하네.", "실수했네." 등 이러저러한 해괴망측한 말을 주고받으니, 어찌 대화가 되겠는가? 술에 취해 싸우는 살풍경은 애초부터 싫어하는 바이지만, 유곽 이야기의 음흉하고 추함은 술에 취한 것에 비할 바 못 된다. 만약 외국인 중에 일본어가 매우 능통해서, 이야기의 의미는 물론 말투의 미묘한 부분까지 영민하게 알아듣는 자가 있든지, 혹은 일본인이 외국어에 능통하여, 어떠한 일본어라도 있는 그대로 외국어로 전달함에 조금도 틀리지 않는 자가 있어, 그대들의 이야기를 하나부터 열까지 남김없이 통역하고 번역해, 서양 문명국 평민 이상의 신사와 귀부인이 이를 듣거나 또는 번역된 것을 읽는다면, 그들은 과연 어떤 평을 내릴 것인가? 일체의 사정을 묻지 않고 다만 놀란 나머지, 일본의 신사는 미천한 자라고 거리낌 없이 말하고 떠날 것이다. 그대들은 그러한 비난을 받아도 과연 부끄럽지 아니한가? 서양 모든 나라의 상류 신사나 학자들의 집회에서 자유롭게 웃고 말하면서도, 과연 그대들처럼 추한 말을 하며 꺼리지 않는 자가 있을지, 나는 아직 알지 못하는 바이다. 생각건대 문명사회에서는 일찍이 들은 바 없는 추한 말을 하면서, 그대들이 항상 이를 꺼려하지 않음은 외국인이 일본 사정을 모르기 때문이라

---

15 배반낭자(杯盤狼藉) : 연회 뒤에 술잔이나 쟁반 등이 어질러진 모양.

고 억지로 스스로 안심하려 하더라도, 전 단락에서 말한 것처럼 오늘날 일본은 세계 속의 일본이며, 최소한 나라의 영욕이 어디에 있는지를 아는 자는 그대들의 언행에 불평해 마지않는다. 또한 사소한 일이라 하나 비근한 예를 들자면, 『시사신보』 지면에 이따금 실리는, 영어 기사에 번역문을 첨부한 서양 만담이나 해학은 독자들이 잘 아는 바이다. 이 기사는 서양 신문 등에서 발췌한 것으로, 반드시 그 기사의 추함과 아름다움을 선별한 것이 아니기 때문에, 때로는 정도를 넘은 시시한 이야기이긴 하나, 사람의 내행에 관한 추한 이야기, 즉 흔히 말하는 상스러운 말은 일찍이 한 구절도 보지 못했다. 그러한 이유는 번역자가 신경 써 일부러 피한 것이 아니라, 원문에서 그러한 추한 이야기를 발견하지 못했기 때문이다. 지금 가령 서양의 원서를 뒤로 하고 그 대신에 일본풍의 만담이나 해학을 기사로 쓰려고, 그러한 종류를 모은다면 어떤 기사가 되겠는가? 화제는 반드시 육체에 관한 이야깃거리로, 볼썽사납고 듣기 거북한 것이 십중팔구일 것이다. 필경 우리의 인문(人文)이 아직 비루함을 벗어나지 못한 증거로 보아야 한다. 그리고 일본풍의 만담이든 해학이든, 특히 하등의 민간인들 사이에 행한 비루함이라면 아직 용서해야 하지만, 당당히 상류의 사군자로 불리는 무리가 스스로 비루함을 범하고 혹은 말하며, 악취를 온 세상에 퍼뜨리는 것은 국민의 모범인 사군자의 덕의상 피할 수 없는 죄라 할 것이다.

본편의 취지는 첫 장 모두(冒頭)에서도 말한 바와 같이, 일본 남자의 품행을 올바르게 하고 그 지나치게 거만한 머리를 억눌러, 남녀 양성의 지위를 평등하게 하고자 하는 목적으로 논저를 시작해, 인간의 도덕 근본은 부부 사이에 있으며, 세간의 도덕론자가 자애(自愛)나

박애(博愛) 등 그 득실을 논하는 자가 있지만, 본디 사덕과 공덕의 구별을 모른다면, 덕을 수양함에 전후완급을 그르치는 자가 많으니, 사덕은 공덕의 어머니로, 그 사덕의 근본은 부부가 집에 있을 때의 윤리에 있어, 자고로 예부터 일상생활에서 항상 이 윤리를 어기는 자는 남자로, 일본이 가장 심한 까닭에, 결코 다처법을 허락해서는 안 되며, 그러한 추한 행동을 저지르는 자는 한집안의 불행을 초래하고 그 재앙을 후세 자손에게 남길 뿐만 아니라, 내행의 불철저는 추문을 세계만방에 퍼뜨려, 자국의 명성을 해치는 죄인 무리라고 해서 한결같이 비판받는 남자들이, 부인의 지위가 어떠한지 논의한 적은 없다. 애초에 일본 부인을 남자와 비교하면 지위가 천양지차로 집안의 내실 권력은 둘째치고, 집밖의 교제에 이르러서도 남자가 모든 것을 전유하여, 부인은 있어도 없는 것과 다르지 않다. 특히 남자는 다처(多妻)의 추행을 저질러 부인의 마음을 아프게 하는 것처럼, 비단 자기만 사랑하는 것에 치우칠 뿐만 아니라 사리사욕이 가장 심한데도, 도무지 한마디 변명도 하지 않는다. 나는 항상 세상 도덕론자의 말을 들으며, 특히 논자의 주장이 이러한 중요한 점을 쉽게 간과하여 자못 불문에 부치는 자가 많은 것을 보고 마음속으로 이상하게 여길 뿐만 아니라, 그 무식함에 냉소할 정도이니, 크게 부인의 지위를 헤아려 이를 향상시키고, 이로써 남자와 맞세우고자 하는 생각이다. 철두철미하게 지금의 부인과 남자를 대조하여 봤을 때, 지금의 관계에 있게 한 것은 내가 결코 기뻐하지 않는 바이지만, 눈을 돌려 달리 생각하면, 본래 사물의 고저, 강약, 대소 등은 상대적 관계이지 절대적 관계가 아니다. 높은 것이 있음으로 해서 낮은 것이 있고, 강대한 것이 있음으로 해서 약소한 것도 있다. 그러므로 지금 부인의 지위가

낮다 하더라도, 남자의 지위를 끌어내려 비슷하게 한다면, 남녀의
권력이 평등해진다고 할 것이다. 혹은 부인은 지금 그대로 하고, 남
자의 지위를 한층 아래로 내리게 한다면, 여권(女權)이 높아진다고
말할 수 있다. 즉 이것이 내가 남자만을 대상으로 논평을 쓰게 된
이유이다. 그런데 여기에 중국학의 옛 격식에 따라 여자를 위해 특별
히 정해진 교의가 있다. 그 도리는 책으로 여러 번 번역된 것으로,
여대학이라 하여, 여자의 가르침에 관한 개요를 언급하고 있지만,
글 속에 종종 불합리하고 이해하기 어려운 부분이 있다. 예를 들어
여자의 천성을 남자보다 열등한 것으로 보고, 여자는 음성(陰性)이
며, 음(陰)은 어둡다는 등, 막연한 정신론을 근본으로 내세운 주장은
황당무계라고 해도 될 법하나, 그 외는 대체로 모두 여자를 엄하게
훈계하는 말들에 지나지 않는다. 내가 일찍이 재미삼아 옛 사람들의
가르침을 평하며, 시장에서 파는 물건에 호가(呼價)[16]를 매겨 놓은 것
과 같다고 말한 것도 그러한 의미로, 여대학에 관한 엄하고 가혹한
문장을 있는 그대로 받아들여, 극단적으로 행하는 것은 도저히 현실
에 맞지 않지 않지만, 그래도 가르침으로 본다면 도리와는 상관없
이, 오직 여자 혼자만을 책망하는 것이 아니라, 남자도 그 가르침의
범위 안에 넣어 조심하는 바를 적어 놓았더라면, 그 주장은 매우 아
름다운 점이 많았을 것이다. 예를 들어 글의 대의는 질투하는 마음이
있어서는 안 된다고 말하는 것으로, 일방적으로 부인만을 책하는 것
은 불합리하지만, 남녀 쌍방의 마음가짐으로는 더할 나위 없는 격언
이다. 또한 시끄럽게 말을 많이 하지 말며, 함부로 외출하지 말라고

---

16 호가(呼價) : 부르는 값 혹은 거품이 있는 가격.

말하는 것도, 남녀 모두 그 정도가 심하다면 칭찬할 것이 못 된다. 그리고 무당과 박수에 현혹되어서는 안 되며, 의복도 분수에 따라서 입고, 나이 어린 남자에게 허물없이 대해서는 안 된다는 등은 가히 새길 만하다. 혹은 남편을 주인으로 공경해야 한다는 말은 여자에게만 쓰는 말로 한쪽으로 치우쳤기 때문에 부적절할 뿐이다. 아마도 주인이라는 것은 최고의 공경을 표하는 것이기에, 남자 쪽에서도 부인을 대함에 있어, 부부간 반드시 공경을 다하고, 비단 그 부인을 친애할 뿐 아니라, 때로는 주군을 섬기는 예[17]로써 부인을 대해야 한다고 말한다면, 남편을 주인으로 한다는 말 또한 지장이 없을 것이다. 이처럼 나의 부인의 지위를 높이기 위한 논의는 충분히 넘쳐날 정도이며, 스스로 그 방법이 없는 것은 아니나, 그것은 후일로 미루겠고, 지금의 목적은 현재 부인의 지위를 그대로 두고, 여대학도 적당한 데까지 유지하는 한편, 오히려 남자로 하여금 이 여대학의 주장을 따르게 하여, 남자의 품행을 올바르게 해 쌍방을 나란히 걸어가도록 하려는 데 있다. 지금 그러한 이유를 서술함에, 부인의 지위가 낮음이란 남자에 비해 낮은 고로, 이를 끌어 올려 높은 곳에 두고자 함이니, 제일 먼저 머리에 떠오르는 것은 어쨌든 지금의 부인으로 하여금 지금의 남자와 같이 하려는 생각이다. 그리하여 남자와 같은 지위에 있게 함으로써, 지식과 기력의 깊고 얕음, 강하고 약함을 어느 수준에 이르게 함에, 오로지 정신을 단련하는 가르침을 주로 삼아, 현재 부인에게도 그 범위에서 벗어나지 않게 한다면 매우 좋다고

---

17 후쿠자와 유키치는 부인이 남편을 주인이리 힌다면, 남편은 부인을 내군(內君)이라고 쓸 때처럼 주군(主君)이라고 불러야 한다고 쓰고 있다.

하겠지만, 문명은 유형의 문(門)으로 들어오는 것이 많기 때문에, 부인의 교육에서도 그 형태를 우선시하여, 먼저 의상을 고쳐 문명국의 풍으로 꾸미고, 교제를 넓히는 한편, 문명의 이기를 배움에 단지 관할 밖 외국 부인의 나쁜 행실을 흉내 내고 그 화려함을 거들먹거리며, 그 외면의 허식을 뽐내 오히려 내면의 본질을 잊고, 화려함은 점차 무례함으로 바뀌게 되니, 결국 허식으로 집안 살림이 쪼들릴 뿐, 여전히 서양 문명의 정신을 얻지 못하고 결국 우리는 일본 전통인 미덕미풍(美德美風)의 보전을 기약할 수 없게 될 것이다. 이러한 폐해는 사물의 새 것과 오래된 것이 교체될 때 다소 피할 수 없는 것이라 하여 참아야 하겠지만, 여기서 참을 수 없는 것은 그 폐해가 극도로 치달아, 현재 부인이 남자의 행동을 흉내 내려고 하여, 현재 일본 남자의 품행을 배우고자 하니 이를 어찌해야 하는가? 일본 국민의 품행이 아름답지 않다 하나, 오늘날까지 이를 유지하면서 그 추함을 덮고, 때로는 청결하고 의열(義烈)한 빛을 밝혀 일본 사회의 영예를 땅에 떨어지지 않도록 하는 자는 누구인가? 오직 양가집 부인과 여자에 있을 뿐이다. 실제 오늘날 사덕의 품행 한 부분에 대해 우리 일본 부인과 서양 모든 나라의 부인을 비교해 볼 때, 우리가 부끄러워할 바가 없지 않겠지만, 종종 그들보다 높은 품격을 갖추고 있으니, 그들 부인이 못하는 바를 잘하고, 그들이 참지 못하는 것을 참아, 그들로 하여금 부끄러워 어쩔 수 없게 하는 것도 적지 않다. 국내외 모두가 인정하는 바, 이는 곧 대일본의 영광으로 자랑해야 할 것이다. 만일 오래 전부터 일본 남자가 추행을 제멋대로 하는 와중에도, 한편에선 양가집 부인의 덕이 위엄하고 씩씩하지 않았다면, 우리 사회는 대부분 암흑세계가 되고 말았을 것이나, 다행히 그렇지 않은 것은 양가집 부인의 덕택이라 하겠다. 그런데 오늘날에 이르러서도 여전히 남자들의 방자함을 막지 못해, 그저 양가집 부녀자를 유혹하여 유형(有形)의 문명에 들어서게 하려고 하니, 과연 위험하지 않겠는가? 집은 사람의 마음을 변화시킨다는 말이 있다. 아직 정신이 견고하지 않은 부녀자를 데리고 유형의 문명으로 이끄는 것은 그 집을 바꾸는 것이다. 그 집이 이미 바뀌었으니 그 뜻을 어떻게 옮겨야만 하겠는가? 비근한 예로, 오늘날 부인과 여자로 하여금 남편과 아버지, 그리고 오라버니의 품행을 배우게 한다면 어찌 되겠는가? 시험 삼아 남자의 마음속에 떠오른 그림을 그리게 하여, 자신의 아내와 딸도 똑같이 그 그림을 흉내 내, 남자가 기녀에 취하는 것과 마찬가지로 그들도 남몰래 노닐고, 어젯밤 남자가 밤늦게 집에 돌아와 면목이 없었지만, 오늘밤은 아내와 딸이 어디에 갔는지 그 장소마저 분명하지 않는 등의 기담(奇談)도 있다고 상상한다면, 과연 뇌락한 남자도 부끄러움과 괴로움에 견디기 힘들 뿐만 아니라, 이는 세상의 가르침을 위해서도 큰일이라 저절로 두려울 것이다. 그런데도 부녀자의 마음은 유형무심(有形無心)한 문명에 유혹되어 점점 흔들리는 가운데, 혹시나 그 상상화(想像画)가 실제로 되지 않는다고 기약할 수 없다. 이 어찌 두렵지 않겠는가? 남자의 나쁜 품행은 이미 일본에 있어 재앙의 근원으로, 이에 여자의 나쁜 품행을 더한다면, 나라의 불행도 두 배가 된다고 말해야 할 것이다. 남자 사회의 나쁜 품행에 기탄없는 모습은 실로 불이 타오르는 것과 같다. 도덕 교육의 급무는 우선 그 불을 끄는 데 있다. 부인의 지위를 고상(高尚)하게 하는 새로운 생각은 마치 일본에서 미증유의 가옥을 신축하는 것으로, 나는 처음부터 그 의견에 동의할 뿐 아니라, 감히 발기자(発起者) 중 한 사

람으로 자임하지만, 눈앞에 활활 타오르는 큰 불을 끄기에 바빠, 아
직 신축에 여유가 없다. 따라서 앞으로 나는 필력이 있는 한, 독자와
함께 이러한 소방법에 종사하며, 우선 부인의 집을 편안히 하고, 점
차 그 개량에 착수하고자 바라는 바이다.

제3부

교제론

남녀교제론
男女交際論

후쿠자와 유키치의 『남녀교제론』은 1886년 5월 26일부터 6월 3일까지 8회에 걸쳐 『시사신보』에 연재되었다. 이 '남녀교제론'은 신문에 실리고 난 뒤인 같은 해 6월에 단행본으로도 출간되었다. 『남녀교제여론』은 앞선 남녀교제론의 미진한 부분을 보완하여 1886년 6월 23일부터 6월 26일까지 『시사신보』에 연재되었고, 같은 해에 『남녀교제론 속해(俗解)』의 부록으로 출판되었다.

『남녀교제론』은 일본 고유의 풍습 상, 교제는 남자가 독점하여, 부인 사회에서는 교제를 볼 수 없고, 남녀의 교제에서 이를 금지하는 풍조가 있는 것을 비판하고, 향후의 문명사회에서는 남녀 간의 대등한 교제를 활발히 해야 한다는 취지를 설명하고 있다.

위의 사진은 1888년 3월에 출판된 『남녀교제론』의 재판으로, 게이오 대학 후쿠자와센터에서 공개한 단행본의 표지와 판권지를 사용하였다.

남녀교제론

序

　사람은 이 세상에 있는 한 왕래 교제를 하지 않을 수 없다. 왕래 교제를 하지 않으면 사회는 존재할 수 없다. 사회가 존재하지 않으면 인간도 없는 것이다. 왕래 교제의 중요함은 또한 많은 말을 필요로 하지 않는다. 예로부터 우리 일본 국민이 세상에 대처하는 법을 보면 왕래 교제를 중요시해야 함을 모르고, 단독으로 홀로 떨어져 살며 스스로 기뻐하는 자가 있었고 대부분이 그러했다. 최근 서양문명의 풍속을 따라 왕래 교제를 소홀히 해서는 안 된다는 것을 간신히 깨달았다고 해도, 이 왕래 교제는 단지 남자 사이에 한정되며 아직 여자 사이에까지 미치는 일은 없다. 하물며 남녀 양성 사이는 어떻겠는가? 부부 이외의 남녀는 서로 보는 것이 허락되지 않고 서로 이야기 하는 것도 허락되지 않고 서로 왕래하는 것도 허락되지 않았다. 따라서 세상의 인간사가 서로 뒤엉켜있어 말로 표현하기 어렵다. 국가의 불행 중 이보다 큰 것은 없을 것이다. 나는 항상 이에 개탄하여 이번에 '남녀교제론' 한 편의 초고를 쓰고 이를 연일 『시사신보』 지면상에 나누어 실어 널리 세상 사람들의 주의를 촉구하는바, 또한 널리 읽히기 위한 방편을 도모하여 이것을 일부 소책자로 만들어 같은 뜻을 가진 사람들에게 나누어 주었다. 한번 읽어봐 준다면 대단히 감사하겠다.

1886년 6월 4일 도쿄 니혼바시 시사신보사 망루에서
나카미가와 히코지로(中上川彦次郎) 씀.

남녀교제론
男女交際論

　서양문명주의가 마침내 일본에 들어와 세상 사람들도 결국에는 인간교제가 중요하다는 것을 수긍하여, 친척, 친구, 동업(同業), 같은 지역(同国), 동학(同学), 동지(同志) 등 다양한 연으로 서로 왕래하고 때를 정해 모이며 또한 임시로 친목 술잔치를 여는 일이 최근 유행하여, 즉 인간 교제의 길이 열리게 된 것은 내가 가장 기뻐하는 바이나, 또한 유감스러운 것은 이 교제를 오로지 남자가 독점하여 남자와 남자 사이에서만 이루어지고, 부인과 부인 사이에서는 매우 드문 일이라는 것이다. 비단 부인들 사이에서 교제가 드문 일일 뿐만 아니라 부인과 남자의 교제는 거의 단절되었고 가끔 그런 일이 있다고 하면, 이상한 사람이라고 세상에서 비난받을 정도이니 이는 실로 문명을 위해 한탄스러운 일로, 이러해서는 일본의 문명도 아직은 자랑하기에 부족하니 나는 한편으로 기쁘면서도 또한 한편으로 걱정스럽다. 대저 남녀 교제를 소중히 생각하여 교제를 하게 되면 사람들의 한 몸, 한 집 또는 한 국가의 행복을 발전시키지만, 교제가 없으면 말할 수 없을 정도로 불행하고 걱정스럽고 괴로운 지경에 이르는 이유는 매우 긴 한 편의 대작으로도 기술될 수 있지만, 지금 여기에서는 그저 신문지상의 사설란을 6일간 빌려 그 대략적인 것을 기술하고 이로써 대강의 가르침을 구하고자 할 뿐이다.

　중국인이 남녀 모두를 가리켜 음양이라고 이름붙인 것이 어떤 의

미인가 생각해보면 음양이라는 문자는 그 뜻이 매우 막연하기 때문에 남녀의 성질을 이것으로 확실히 판단하기 어렵다. 또한 유학자들의 책을 보면 음양의 이치를 남녀의 성에 끼워 맞춰 강유(剛柔), 지우(智愚), 명암(明暗) 등으로 표시하고, 남자는 강하고 지혜가 있으며 밝다고 하고, 여자는 부드럽고 어리석으며 어둡다고 하여, 특히 남자를 존중하고 부인을 멸시하는 구실로 이용되는 경우가 많았는데 이는 원래 이유 없는 망상으로, 확실한 근거가 없으므로 사람을 설복시킬 수 없다. 내가 지금 서양류를 따라 물리학의 사상을 차용하여 예를 들어 설명해 본다면, 남녀의 성질은 전기의 음극과 양극과 같은 것으로, 같은 극(음극과 음극 또는 양극과 양극)은 서로 부딪히고 다른 극(음극과 양극)은 서로 당기는 작용이 있는 것과 비슷하다. 물리학의 초보를 배운 사람은 잘 알 것이다. 전기는 음극과 음극이 만나거나 양극과 양극이 만나면 서로 충돌하여 가까이 갈 수 없고 음극과 양극이 만나면 바로 서로를 끌어당겨 떨어지지 않는 성질이 있는데, 이는 남성과 남성이 만나고 여성과 여성이 만나면 서로에게 친절하나 지극한 정이 통하지 않아 서로 부딪히는 작용이 일어나지만, 남녀가 서로를 만날 때는 바로 서로를 가까이하고 친하여 그 사이에 무한한 정이 생기는 것과 같다. 즉 같은 성질인 남남 혹은 여여는 서로 부딪히고 다른 성질인 남녀는 서로 끌어당기기 마련이다(정(情)의 글자에 관해서는 뒤에 설명이 있으니 단순히 육욕(肉慾)이라는 의미로 해석하면 안 된다).

확실히 남녀 사이의 서로 끌어당기는 정은 인류에게서 보편적으로 나타날 뿐만 아니라 금수초목(禽獸草木), 즉 적어도 살아 있는 것은 모두 그러하다. 금수가 무리를 이룰 때는 반드시 자웅암수(雌雄牝牡)를 동반한다. 초목은 빽빽한 그 속에서 저절로 양성이 서로 만나는 것이다. 금수의 양성이 서로 같이 있을 때는 그 우는 소리가 조화롭고 그 노는 모습이 즐거운 듯이 보인다. 진화 발달이 불완전한 동물조차 그러한 것이다. 하물며 만물의 영장인 인류는 어떠하겠는가? 남녀가 서로 만나면 화목한 봄과 같이 심정이 느긋해져 살벌한 충돌을 녹이고 양쪽의 기운이 막힘없이 통하여 서로에게 다가가는 그 작용의 미묘함은 마치 전기의 음극과 양극이 서로 만나 작용의 평균을 추구하는 상태와 다르지 않다. 가까이에서 실제로 이를 살펴본다면, 상류 남자의 집회 또는 연회석 등에 부인이 참석하는 일이 있으면 저절로 그 모임 자리의 분위기가 화기애애해지고 살벌해지지 않으며 침묵에 빠지지 않고 장난으로 흐트러지지 않으며 이야기하다 싸우지 않고 말하지 않는 중에도 무한한 쾌락을 느끼는 것은 세상 사람들이 이미 널리 알고 있는 바로, 나도 항상 사람들에게 듣는 바이다. 다만 이는 남자가 주가 되고 그 자리에 부인이 있다면 이렇게 된다는 이야기인데, 남자가 부인으로 인해 조화되는 것처럼 부인이 남자로 인해 조화되는 상태도 실은 마찬가지라고 할 수 있다. 부인의 모임에도 그 자리에 남자가 있다면 저절로 쾌락 화창한 정을 불러일으켜, 적어도 남자가 부드럽게 담소를 나눠 여인의 금기를 언급하는 살풍경이 없다는 점에서 그 말 한마디, 그 웃음 하나가 눈과 귀를 기쁘게 할 수밖에 없다. 또한 담화담소에 이르지 않더라도 단지 그 모습을 보기만 해도 남쪽의 향기처럼 여인의 분노를 푸는 데 충분할 것이다. 남자가 부인을 친애한 나머지 여자의 육체에는 일종의 향기가 있다고 하여 이를 천향(天香)이라고 이름붙이는 일도 있다. 생리학적으로 논해도, 부인의 체질은 남자와 달라 스스로 일종의 증발이 있기 때문에 그러한 것도 있겠지만 그 증발하는 기운이 좋든 나쁘든, 단지 한

조각의 사랑하는 마음으로 여인 신변의 공기를 천향이라고 하는 것뿐이다. 여인에게 천향이 있다면 남자에게도 또한 이것이 있어야 하는 것은 이론의 여지없이 분명하다. 즉 부인이 남자를 만나 함께 이야기하거나 웃기 전에 우선 그 용모를 보고 남풍(南風)의 향기처럼 느끼는 것은 남자의 천향을 느끼는 것이라고 말할 수 있다.

인생에서 가장 크고 가장 중요한 관계는 바로 남녀 사이의 관계로, 남녀가 만나면 바로 조화롭고 떨어지면 바로 화가 난다. 그 이합의 자유나 부자유 때문에 생기는 이익과 손해는 일신과 일가뿐만 아니라 사회 일반과 관련되어 광대무변(広大無辺)한 것이 아닐 수 없다. 고래부터 지금에 이르기까지 화한동양(和漢東洋)의 학자가 이 중요한 문제를 논급하는 일 없이 이것을 등한시한 것은 학자의 책임으로, 그 죄를 면할 수 없다.

남녀가 서로 만나 그 정을 화목하게 하는 것에 대해서는 앞 절에서 그 큰 뜻을 서술했지만, 여기에서는 반대로 남녀를 서로 각각 격리해두면 어떠한 사태가 일어나는지를 곱씹어보면, 더욱 그 관계의 중요성을 발견할 수 있게 될 것이다. 인류는 잠시 제쳐두고 금수의 예를 본다면, 전에 언급한 바와 같이 그 우는 소리가 조화롭고 그 노는 모습이 즐거운 것은 자웅암수의 무리로, 지금 수십 내지 수백 마리의 개의 무리를 둘로 나누어 암컷은 암컷끼리 수컷은 수컷끼리 살게 하면 어떻겠는가? 설령 음식물을 충분히 얻어도 즐겁지 않은 것은 물론이거니와 때로는 포효하며 서로를 해치기에 이를 것이다. 개도 이러하며 닭 또한 그러하고 소나 말 또한 그러하다. 야생말 암컷과 수컷이 같이 무리를 이루는 것은 아름답지만 집에서 키우는 수말만 한 구역에 풀어놓으면 싸우지 않는 것이 없다. 이로써 그 성정의 정수를 충분히 시찰할 수 있을 것이다.

소, 말, 닭, 개와 마찬가지로, 인류의 남녀에 대해서도 그 성정이 다를 바 없다는 사실을 보일 수 있는데, 봉건시대에 하인이 기거하는 방, 근무소와 같은 곳은 남자만이 몰려 기거하는 곳으로 그 풍속이 거칠고 난폭하여 언어행동이 살풍경해 보기 언짢은 경우가 많다. 그리하여 그 무리의 출거를 묻는다면, 여러 번(藩)의 백성과 번사(藩士)로 고향의 집에 있을 때에는 결코 난폭한 사람이 아닌데 그곳을 떠나 도시에 와서 순전히 남자의 무리를 이루면 갑자기 그 성질이 바뀌어 도박으로 싸움하거나 술김에 격한 논쟁을 하는 등, 인간교제의 풍요로움을 내동댕이치는데, 그 원인은 다름 아니라 단지 남자 무리 중 부인이 없기 때문이라고도 할 수 있다. 혹은 오늘날 스모꾼 방의 인간교제가 살풍경인 것도 하나의 예이며 또 해군, 육군에 한해서는 특히 그 법률이 엄정한 것도 그 기운을 제어하기 위해 어쩔 수 없는 것이다.

또 한 개인에 대해 보면 일본 고래(古來)의 습관으로 남자 연장자 중에 품행이 청결하다고 일컬어지는 자는 부인과 담소 유희하는 교제가 극히 드물어, 이 고상청결한 교제에서 한발자국 물러나 화류계에서 품행이 방정하지 못한 일을 저지르는 것 외에 정을 위로받을 방법이 없고, 스스로 참을 수 없다고 나아가 추행을 범할 수도 없고, 한걸음 물러나 우울을 드러낼 여지가 없어 퇴로를 술에서 찾아, 결국에는 자신의 건강을 해할 것이 아니라면, 몸을 목석처럼 하여 세상과 등지고 괴짜의 이름을 얻는 자가 많다. 우리 일본의 남자가 처를 맞아들이는 것이 늦었거나 기혼인 사람도 자칫하면 화류의 추행으로 빠져드는 것은 그 원인이야 다양하겠지만 사회에서 남녀의 고상한 교제가 부족하기 때문으로 거기에서 크게 영향을 받았다는 것을 알아야 할 것이다. 적어도 지금의 살풍경인 사회에서는 평생 그 품행을 청결히 하여 우러러 부끄러울 것이 없으나, 그 정신이 쇄락하여 종종 세상에 떴다 가라앉았다 하는 자는 심신의 천성이 상당히 굳건한 인물이 아니라면 이룰 수 없는 일이다.

　남성을 여성에게서 떼어놓는 참상이 이와 같다면, 여성을 남성에게서 떼어놓는 해악 또한 마찬가지이다. 부인이 함께 많이 모여 살았던 것은 봉건시대 제후의 저택을 적절한 예로 들 수 있을 것이다. 무수한 부녀자를 상하 구별 없이 규방이라 칭하는 구역 내에 가두고 일체의 외출을 금할 뿐만 아니라 공적인 용무 이외에는 남자와 말을 섞는 것도 허락하지 않으며, 하물며 담소 유희에 있어서는 엄격한 가정의 법률로 엄금하여, 이를 범하는 자는 죄를 짓는 것이고 심한 경우에는 평생 남자의 모습을 먼발치에서 보는 일조차 없을 정도여서, 그 외면만 보면 매우 올바른 행실로 보이지만, 내실의 언행에 이르러서는 추하여 볼 수 없는 경우도 많다. 타인이 보는 곳에서야 좌작진퇴(坐作進退)[1]하는 것이 아름답지만, 이 아름다운 부인들이 집 안에서 무리를 이루어 서로 거리낌이 없는 곳에서는 그 일언일행(一言一行)이 생각 밖으로 음탕하고 추악한 짓을 마음껏 하니, 어쩌다가 남자가 몰래 이를 보고 듣는 경우에는 뒤에서 얼굴을 붉히고 생각지 못하게 식은땀을 흘리는 경우가 많은 것이 일상이다. 단지 일상의 언행이 음탕하고 추할뿐만 아니라 그 마음가짐이 음험하고 영악하

1　좌작진퇴(坐作進退) : 사람들이 무리를 이루어 앉거나 서고, 나아가고 물러서기를 함께함.

여 사람을 불쌍히 여기는 정이 부족하고, 흔히 이야기하는 인정을 모른다고 평할 수 있으니, 자신을 헤아려 타인의 기쁨과 근심을 살피는 일은 이 무리를 향해 요구할 수 없다. 이렇듯 평생 봉공이라며 처녀 때부터 저택에서 일하고 저택에서 성장하여 저택에서 늙어가는 사람을 보면 일종의 기풍이 특별한 변화의 양상을 나타내는데, 친절한 듯 잔인하고, 겁쟁이인 듯 결단력이 있어 주위에서 그 희로애락이 드러나는 것을 알아차리기가 대단히 어렵다. 이와 같이 처녀로 늙은 여인은 사정이 있어 저택을 떠나 평범한 인간세계로 나가는 일이 있어도 뼈에 박힌 습관은 평생 벗어날 수 없으니, 적어도 집에서의 교제를 스스로 즐길 수 있는 자가 적은 것은 세상 사람도 항상 주목하여 알고 있는 사실이다. 원래 도쿠가와의 정치 250여 년의 오랜 세월 동안 300제후의 대부분이 그러한 규방의 여인들로, 그중 몇몇 현명한 부인도 없지 않았으나, 몇몇의 뛰어난 예로 대다수의 사실을 덮기에는 부족하다. 내가 보는 바로, 봉건제후의 규방은 부인의 하인[折助]의 방이거나 또는 교대 근무방이나 마찬가지라고 이야기해도 충분하다. 필경 이 참상의 원인은 여성을 남성과 거리를 두게 하여, 부인의 무리가 남녀 교제의 남풍(南風)을 쐬도록 하지 못하게 하여 일어난 큰 과오라고 할 수 있다.

　남녀의 관계는 인생에서 지대지중한 것으로, 고금 동양의 여러 나라에서 일찍이 그 이익을 논하는 사람이 없었던 것은 학자가 등한시하였던 탓일 뿐 아니라 간혹 논하여 언급하는 일이 있어도 오히려 이 이익을 저해하려는 자가 많았던 탓이니, 분명 이는 학자의 죄라고 해도 무방할 것이다. 생각건대 수천 년 전 이래 남녀가 인연이 없는 살풍경한 관습을 이루었는데도 사람들이 이상하게 여기지 않는 오늘날, 갑자기 그 논의를 시작한다면 분명 세상 사람들이 놀라 불평하는 자가 많을 것이다. 또한 이 문제를 이야기하고 글로 쓰는 것은 매우 어려운 일이나 말하지 않으면 끝도 없을 것이다. 따라서 나는 굳이 지금의 여론을 꺼리지 않을 뿐만 아니라 옛 사람의 가르침이라고 칭하는 것에 대해서도 거리낌 없이 논파하고자 한다.

　원래 옛 사람은 고대의 미개한 세상에 나와서 그 미개인에 상응하는 가르침을 세웠기 때문에, 그 시대에는 그 가르침도 편리했고, 이 것을 세교(世敎)라고 이름 붙이는 경우도 있었지만, 세상이 개명하고 사람의 지혜가 진보함에 따라 후세의 학자가 다양하게 설을 붙여 이 세교를 윤색, 개량하여 그때그때 사람의 마음에 적당하게 만든 것인데, 그저 모두 옛 말씀을 사수하려고만 하고 조금도 그것을 활용하려는 움직임이 없는 것은 심히 유감스럽다. 조용히 생각해보면 미개인이란 지금의 시골 사람이나 어린아이와 같이 마음의 움직임이 간단하고 꾸밈이 없어 다종다양하게 뒤얽히는 일을 정리할 힘이 없었으니, 예를 들면 눈의 움직임과 혀의 움직임을 통해 각각 흑과 백, 달고 쓴 것을 구별하여, 흑이 아니면 백이고, 달지 않으면 쓴 것이라 받아들이는 것과 같고, 마음의 작용에 있어서도 선악사정(善惡邪正)을 구별하여 선하지 않은 것이 바로 악이고 바르지 않은 것이 바로 사(邪)라며, 그들 사이에 마치 일직선의 경계를 정하여 답답하게 이것을 지키려고만 할 뿐으로, 그 선과 악, 정과 사 사이에 무량무한의 작용이 있는 것을 알지 못한다. 이 때문인지 당시 성현들은 가르침을 세울 때, 종종 그 시대 사람들의 마음을 살펴 대단히 복잡한 것을 설명한들 납득하는 사람이 없을 것이라며, 더 없이 간단한 말로 이를 깨우치도록 하였다. 예를 들어 성현의 말씀에 길이 두 개가 있으니,

즉 인(仁)과 불인(不仁)뿐이라고 하거나, 또한 이(利)를 앞에 두고 의(義)를 뒤에 둔다거나, 군자가 말하길 소인은 이렇다 하는 등등의 말뜻을 살펴본다면, 인(仁)하지 않으면 반드시 불인(不仁)이고 이(利)를 말하는 사람은 반드시 의(義)를 모르며, 군자가 아니면 반드시 소인이라고 단정하는 것과 같다. 그 주의라는 것이 매우 간단 명백하여 어린아이와 같은 미개한 인민에게는 적당하겠지만, 성현이 죽은 뒤 수천 수백 년이 흘러 세상은 점차 개명하여 가는데도 불구하고 후세의 학자가 그 가르침을 개량하고자 하지 않고 철석같이 지킬 뿐만 아니라, 점점 그 말씀에 억지로 끌어다 붙여 논의가 항상 극단을 달리게 되니 이로써 개명한 인간사를 그르치는 경우도 많은데, 사람의 일언일행을 평론할 때에도 효(孝)하지 않으면 불효라 하고, 충(忠)하지 않으면 역적이라 하며, 그 사이에 추호의 여유가 허락되지 않는 것은 예로부터 오늘날에 이르기까지 내가 자주 보고 듣게 되는 것으로 흡족하지 않다.

예나 지금이나 학자의 도량이 좁은 것이 위와 같다. 남녀 관계에 대해서 설을 세우는 데 있어서도 늘 있었던 예의 필법을 이용하여 옛날 성현이 부부가 유별하고 남녀부동석이라고 말한 것을 문자 그대로 해석하여 천 년이고 만 년이고 이 가르침을 지키라고 사람들에게 권하니, 인간사의 진보가 활발한 세상에서도 그 권고와 같이 행하지 않으면 즉 이것을 세상의 말세라 하며 뒤에서 화내는 자도 많다. 이러한 무리들의 머릿속에는 그저 정실(貞実)과 음란(淫乱)이라는 두 종류의 사상이 있을 뿐으로 그 사이에 조금의 여유를 주지 않아 정(貞)하지 않으면 음(淫)하고 음(淫)하지 않으면 정(貞)한 것이라며 정(貞)과 음(淫)의 중간이 넓으며 무한의 끝에 그 묘함이 있다는 사실을 잊은 것이다. 이것이 바로 예나 지금이나 학자들의 큰 잘못된 생각으로, 한 번 이 미혹에 빠질 때 인간사회 여러 방면의 나쁜 일이 모두 이것으로부터 생겨나는 것이다.

청하건대 시험 삼아 이 비루한 견해의 대강의 뜻을 적어보겠다. 원래 남녀 교제에는 두 종류의 구별이 있다. 이것에 이름을 붙인다면 하나를 정감(情感)의 교제, 다른 하나를 육체의 교제라고 할 수 있다. 육체의 교제란 문자 그대로 두 성의 육체가 직접 교제하는 것으로, 인간의 쾌락 중에서도 대단히 중요한 것이다. 다만 여기서 한 발 나아가 그 교제 전체를 살펴보고 겉으로 안으로 그 미세한 사정을 음미하면 남녀의 사이는 육체적 교제로만 관계가 끝나는 것이 아니다. 특히 인문(人文)이 점차 개진하면서 사람의 마음을 이용하는 영역이 넓어지고 마음에 관한 일이 점점 다양해져 정감이 관여하는 부분 또한 넓고 많아지니 남녀의 교제는 단순히 육체적 교제 하나에 머물지는 않는다. 쌍방이 서로 이야기로 교제하고 문사기예(文事技芸)로 교제하며, 때로는 대화를 나누고 함께 식사하는 것은 동성 상호의 교제와 다르지 않지만, 단지 그러한 때에 미묘하게 불가사의한 것은 이성이 서로 끌어당기는 작용으로 쌍방의 언어 거동에 서로가 정을 느끼는 것인데, 동성 사이라면 어떠한 정서도 없을 것이나, 단지 이성이기 때문에 이를 듣고 보는 것이 기분이 좋으니, 한 번 웃고 찡그리는 세세한 일에 이르기까지도 서로가 접하게 되면 이를 천근의 무게로 느끼고, 말하지 않는 중에도 무한의 정을 자아내는 그 정취는 형용하자면, 마음을 정교하게 그려내는 화공이 산수의 뛰어난 경치를 보고 감동하여 그린 한 장의 낙엽, 한 덩이 바위에도 타인이 알 수 없는 미묘한 풍류와 운치가 존재하는 것과 마찬가지이다. 즉 남녀 두 성

사이에 따뜻한 봄바람의 향기가 나는 것으로, 이를 이름 붙여 정감의 교제라고 하는 것이다.

정감의 교제는 이처럼 깊은 것이지만, 다른 한편으로 육체적 교제는 어떠한가 하면 그것은 원래부터 중요한 것이지만 육체적 교제가 반드시 정감의 교제를 수반할 필요는 없으며, 두 가지 방식은 매우 거리가 멀어 각각 독립된 작용을 할 뿐만 아니라 그 성질을 음미해 보면, 육체의 교제의 작용은 좁으면서 격하고 정감의 교제의 작용은 넓으면서 원만하니, 인간 사회의 행복과 쾌락을 근본으로 하여 두 가지 방식의 경중 여하를 묻는 자가 있다면, 나는 어느 쪽이 무겁고 어느 쪽이 가볍다고 쉽게 대답할 수 없으며 다만 양쪽 모두 지극히 크고 지극히 무거워 하나를 빼놓을 수 없다고 대답할 뿐이다.

정감의 교제와 육체의 교제가 필요한 것은 남녀의 천성이고 그 구별이 분명함에도 불구하고, 고금의 학자는 이를 가볍게 간과하여 과거에 이를 논하여 한마디도 언급하는 일 없이, 그 소견상 그저 육체적 교제 안에 갇혀 다른 것을 돌아볼 여유를 갖지 못하여, 옛 성현이 남녀 사이를 바르게 하라 가르친 것을 듣고 전하고 또한 읽고 전하여, 남녀의 관계는 단지 육체의 교제이므로 이를 바르게 하기 위해서는 음란을 막아야 하므로 남녀가 서로 가까워지면 안 되고 부부가 겉으로 친해서는 안 된다고 운운하며 다종다양하게 말하거나 또 글로 써왔는데, 실제로는 소중한 정감의 교제가 발달하는 것을 막으면서 이를 세교로 이름 붙이며 국가의 정치에서 정하여 법률이 되고, 민간에 전해져서는 풍속 관습이 되고 게다가 남존여비의 폐풍 속에서 힘을 얻어 그 세교의 창끝은 오직 부인만을 향하니, 오로지 부인을 우울한 고통에 빠트릴 뿐만 아니라 남자도 함께 정감의 교제의 쾌락을 잃어 오늘날의 무정한 살풍경에 이르게 되었으니, 문명 개진의 발걸음을 늦추게 된 것은 필경 학자가 어리석어 정감의 교제와 육체의 교제의 구별을 알지 못한 이유로, 남녀의 관계를 논할 때 모든 육체적 교제를 근본으로 이야기하는 것은 죄이다. 학자의 일언일론(一言一論)은 천세를 그르친다. 나는 거듭하여 일본과 중국의 고학을 향해 불평할 수밖에 없다.

정감의 교제와 육체의 교제가 독립해 각기 잘 작동하면 전자는 반드시 후자를 필요로 하지 않는다는 사실은 개명한 사람들에게는 너무나도 명백한 일로, 동물의 성정을 자세히 살펴보면 어떤 미개한 야만의 인종에서도 육체의 교제 이외에 정감의 교제를 볼 수 있을 뿐만 아니라 금수 중에서도 또한 정감의 교제를 볼 수 있다. 사람들이 항상 보듯이 가축, 야생의 구별 없이 금수의 암수가 서로 다정한 것은 그들이 육욕을 마음껏 펼쳐서 그 쾌락으로 인해 자연스레 정이 생기기 때문이라고 말하는 자가 있다. 이 말은 본디 옳은 것 같지만 또 다른 한편에서 생각해보면 금수에게는 발정기라는 정해진 때가 있고 그 정해진 때 이외에는 육욕이 생기는 일이 전혀 없다. 또 마구간 안에 두세 마리의 수말을 동거시키면 반드시 싸우지만 암수가 마구간을 같이 쓸 때는 앞서 마구간 안에서 발정 나는 일이 없었음에도 항상 화목하여 대단히 즐거운 듯 보인다. 암수의 친화가 과연 단순히 육체의 교제에 의한 사랑 때문이라고 한다면 발정기 이외에는 그 친애도 약해지고 마구간에 동거하는 암수의 말이 살벌한 것이 수말이건 암말이건 같아야 하겠으나 그렇지 않은 것은, 금수의 화합이 반드시 육욕에만 원인이 있는 것이 아니라 단지 그 성이 달라 저절로 정감이 상통하기 때문이라는 사실을 알아야 할 것이다. 이것을 금수의 정감의 교제라고 할 수 있을 것이다.

또 금수나 야만인도 육체의 교제를 통해 양성이 상호 그 배우자를 선택한다. 인류는 용모의 추함과 아름다움에 의해 선택하는 것이 보통이지만, 또 반드시 용모만이 아니라 상호 기풍의 말할 수 없는 곳에 미묘한 끌어당기는 힘이 존재하여, 예를 들어 부부라 하더라도 추남이 미인을 얻거나 추녀가 미남과 결혼하는 일이 있으니 세간에서 이를 평하길 부부의 연이란 이상하고도 재미있는 것이라고 한다. 금수의 추함과 아름다운 기풍이야 우리 인류가 세세하게 알 수 없는 바이지만 반드시 일종의 좋고 나쁨이 있는 것은 명백한 사실이다. 세간에서는 이를 모홀모혐(毛惚毛嫌)²이라고 한다. 지금 인류의 남녀와 금수 암수의 친밀한 관계가 단지 육욕이라고만 한다면 그 배우자를 구하는 데 있어 어찌 추하고 아름다운 기풍의 여하를 묻고 모홀모혐의 호불호가 있겠는가. 실제로는 그 반대 양상이 나타나니, 사람과 짐승 모두 성이 다르다는 점에 예민한 것은 무엇이겠는가. 양성이 서로 당기는 친화력은 오로지 육욕 쪽에만 있지 않은 증거로 봐야 할 것이다.

이와 같은 사실은 인간과 짐승에게 모두 마찬가지이지만, 단순하게 인류에 한정하였을 때 더욱 두드러지는 면이 있다. 앞에서 언급했듯이 금수가 육욕이 생기는 때는 해마다 정해진 시기가 있지만 인류에게는 그러한 시기를 찾아볼 수 없다. 그러나 본래 사람의 신체를 살펴보면 욕구가 생기는 정해진 시기가 없는 것은 아니다. 다만 금수의 시기는 해마다 정해져 있는데 인류의 시기는 달마다 정해져 있는

---

2 모홀모혐(毛惚毛嫌) : 이유 없이 좋거나 이유 없이 싫은 것을 가리키는 말.

것이 다를 뿐이다. 부인의 월경은 난자가 난소를 떠날 때 나타나는 현상으로 매월 정해지며, 임신은 그 시기의 약속으로, 즉 욕구가 생기는 정해진 시기이지만 인류의 지각 발달이 특별하여 그 정(情) 또한 다종다양하게 복잡해졌는데, 금수가 오로지 자연에 지배당하여 단일한 것과는 달리, 인류는 때로는 자주 그 자연에 반하며 또 자연을 자유자재로 제압했기 때문에 오랫동안 그 습관을 거듭하여 성질이 되었고 육욕이 발생하는 정기적 시기를 깨트려 지금과 같이 흐트러졌다고 한다. 이상은 진화학의 설명으로 이 설이 과연 망상이 아니라면 인류의 힘은 이미 자연을 제압하였고 욕구가 생기는 정기적인 시기를 깨트렸다. 이를 잘 어길 수 있는 자는 또한 이를 잘 잊을 수 있는 힘도 있는 것이다. 취하는 데 자유로우면 버리는 것 또한 자유롭다. 거꾸로 말하면 육욕의 힘은 금수를 제압하지만 인류에게는 딱히 그렇지 않다고 할 것이다. 인류의 욕정이 금수에 비해 정말로 덜하다면 남녀의 관계도 오로지 육체의 교제만이 아니라 정감의 교제가 충분히 가능하다는 사실은 너무나도 알기 쉬운 도리가 아니겠는가. 즉 이는 인류가 금수와 특히 다른 점으로, 인류를 이름 붙여, 만물의 영장이라고 하는 것 또한 우연이 아니다.

이를 실제로 증명하는 것으로 옛날 중국의 황실에 3천 궁녀라는 말이 있고 일본에서도 봉건시대에는 다이묘(大名) 명문가에서 부인을 데려다 키우는 일이 대단히 많았다. 남자 한 몸의 주위에 몇십 몇백의 시첩(侍妾), 시녀(侍女)가 있어도 육욕을 달래는 단계에서는 그 부인들의 대다수가 거의 소용이 없다고 해야 할 것이다. 또한 지금 세상의 젊은 남자가 예기를 사서 유쾌함을 얻고 어린 여자가 배우나 연예인을 사랑하는 것도 특별한 경우를 제외하면 반드시 직접적인 육욕을 바라는 것은 아니다. 예로부터 왕공귀인(王公貴人)이 필요 없는 부인을 데려오거나 세상의 어린 남자나 여자가 육욕을 채우기 위해서가 아님에도 남자는 여자를 가까이하고 여자가 남자를 사랑함은, 즉 이것이 두 양성 고유의 천성으로, 다른 이름으로는 서로 당기는 성질이라 하는데 실제로 정감의 교제가 나타난 것이라고 단언할 수 있다. 인생 초목의 꽃을 보면 눈이 충분히 즐거운데 하물며 남녀가 서로 보는 정은 어떠하겠는가. 그 사랑스러움이야 꽃을 두고 담소를 나누는 것과 다르지 않다. 해어화(解語花)³란 남자가 아름다운 부인을 평하는 말인데, 부인의 눈으로 남자를 보면 마찬가지로 해어화, 또는 정이 있는 송백(松柏)이 된다. 두 성이 서로 끌리고 서로 기뻐하는 정은 자연의 붉은 꽃과 녹색 잎을 보고 기뻐하는 정에 몇 배를 더한 것으로, 그 경중후박(輕重厚薄)은 다르지만 그 정취는 서로 같다. 즉 정감의 교제의 묘함에 육체의 교제가 관계없다는 사실은 세상 사람들이 입으로는 말하지 않는 바이지만 조금만 고려해본다면 명확히 발견할 수 있는 것이다.

　남녀 정감의 교제가 육체의 교제를 떠나 독립해야 한다는 이야기는 앞 절에서 밝힌 바와 같아 도리로나 사실로 논쟁할 수 없는 것인데, 옛 사람이 한 번 정절을 이야기하는 가르침을 세운 이래로 후세의 학자는 단지 그 가르침을 문자 그대로 집착하여 이것을 군건히 지켜, 개방되어가는 세상에 적용하는 법을 몰라 옛 가르침을 세태에 맞추려고도 하지 않아, 정절에 음란이라는 두 글자를 대조하여 정절

3　해어화(解語花) : 당나라 현종이 궁녀들을 거느리고 연꽃을 구경하나 양귀비를 가리켜 연꽃이 아름다움도 '해어화(말을 이해하는 꽃)'에 미치지 못한다고 했다는 일화에서 나온 말로 아름다운 미인을 뜻하는 말.

을 지키지 않는 자는 반드시 음란하며 음란을 막는 법은 이러쿵저러쿵하며 그 사이에 조금의 여유도 허락하지 않으니, 점점 양쪽의 관계를 막아 쌍방이 그 구역을 한정하여 남녀가 서로 가까워지지 못해, 서로 이야기하거나 만나보지도 못하여 인간사의 대소를 논하지 못하고 모든 것을 그러한 주의주장에 의거하여 조직해 수천 수백 년 이래 이미 관습이 되어버렸으니, 특히 도쿠가와 정치가 250여 년간 태평성대를 이루는 사이에 인심은 점차 위축되어 모두 조심하게 되어 확실한 것만 중요하게 생각하니, 남녀의 교제에 대해서도 이를테면 겁쟁이가 자진하여 위험을 무릅쓰려 하지 않고 오히려 물러나 안위를 지키려는 듯한 기풍을 만들어내, 부인을 인간교제 밖으로 배척하여 존재하지만 없는 듯한 지위에 빠트린 것은 우리 일본의 큰 불행이라고 해야 할 것이다.

한 번 사람의 마음이 이 습속에 철저하게 길들여진 이상, 그 습속으로 천하를 지배하게 되고 또 천하를 압제하니 어떠한 유력자라 해도 이에 저항하기는 어렵다. 이를 사회의 압제(Social oppression)라 한다. 정부의 법률은 엄중하지만 이에 접하는 일은 대단히 드물기 때문에 가령 압제를 당해도 견디라고 할 수 있지만, 사회의 압제는 밤낮으로 인간의 심신의 자유를 침범해 잠시도 멈추지 않을 뿐만 아니라 그 세력의 강대함 또한 법률에 비할 바가 아니다. 남녀가 친해서는 안 되고, 남자는 밖에서 일하고 부인은 안에 있어야 한다는 것은 즉 옛 가르침의 큰 주의주장이면서도 습속이 생겨난 원천으로, 사회의 압제는 엄격히 이 주의주장을 수호함에 추호의 흔들림이 없다.

이를 실제 증명해보면 예로부터 일본에서 친구라 칭하며 교제라는 이름을 붙인 것은 단지 남자에게 한정한 바로, 부인 중에 친구가 있는 자는 찾아볼 수가 없다. 친구가 없으면 교제도 있을 수 없다. 고로 부인이 조금이라도 접촉하는 사람은 오로지 친척으로, 그 교제라는 것 또한 단지 친척 사이에 소식을 주고받을 뿐이다. 드물게 혹은 남편이나 아버지, 오라버니를 쫓아 다른 모임 자리에 나오는 일이 있어도 단지 그 자리에만 있는 것뿐으로, 담소를 하지 못하고 먹고 마시지도 못하고 자못 말석에서 남자를 수행할 뿐이니 누려야 할 즐거움을 포기하는 것과 다르지 않다. 생각건대 사회의 압제로 인해 원래 안에 있어야 할 사람이 밖에 나가는 것이므로 그 또한 대단히 괴상하다. 또 그 집에 있을 때의 모습이 어떠냐고 묻는다면 부인에게 친구가 없으니 방문하는 자가 있을 리 없다. 혹은 남편이나 아버지, 오라버니의 친구가 방문하는 일이 있어도 원래 그 집의 부인을 모르니 만날 일도 없다. 설령 안다고 하더라도 남자의 부재중에 손님과 얼굴을 마주하는 일은 좋지 않다고 하고, 손님 또한 좋지 않다고 생각해 굳이 만나기를 청하지 않는다. 고로 일본의 부인은 안을 다스린다고 하나 그 안이라는 것이 한집안의 안에서도 대단히 깊숙한 안으로 그 절반에 해당하는 겉 부분에는 힘을 미치지 못한다.

이러한 상태로 인해 부인이 유쾌하지 않은 것은 논할 필요도 없다. 자못 육체의 생은 있고 정신의 생이 없어 수천 년 동안 영구히 완전한 노예의 경계에 있었는데 한쪽의 쾌락을 잃었기 때문에 다른 한쪽의 쾌락이 늘었냐고 묻는다면 결코 그렇지 않다. 여성의 불유쾌가 남성의 유쾌를 돕는 데 족하지 않을 뿐만 아니라 남자 또한 함께 쾌락을 얻지 못하는 것이야말로 안타깝다. 앞에서 언급한 바와 같이 양성이 서로 끌어당겨 친해지는 정은 하늘이 부여한 것으로 인생에서 최고로 크고 중요한 쾌락이 그 속에 존재한다는 것은 논쟁할 필요가 없는 사실인데, 사회의 압제는 이 지극한 정의 움직임이 드러나는 것을 허락하지 않으니 남녀가 서로 만나 친하게 담소하는 것에 자유롭지 못한 것은 여성뿐만 아니라 남성에게도 고통일 수밖에 없다. 만일 이를 자유롭게 한다면, 쌍방의 마음을 쾌적하게 하고 봄바람이 불어 수많은 동물과 꽃이 지저귀는 극락의 세계가 될 것인데, 사회의 압제는 자못 거센 바람과 폭우로 이 꽃을 시들게 하고 이 지저귀는 짐승을 놀라게 하여 오히려 봄 하늘의 온화함을 역행하는 무더위와 추운 겨울의 잔혹함이며, 내재해 있는 우울한 고통은 시루에 찌는 것과 같고 밖으로 드러나는 불평은 광풍의 눈이 휘몰아치는 것과 같으니 사회의 전면을 무미무정한 살풍경으로 바뀌게 하는 것이 나라의 불이익이 아니고 불행이 아니고 그 무엇이겠는가?

　무릇 인간사의 대소경중에 관한 논의 없이 그 정무, 상업 또는 학문, 종교 등을 막론하고 종종 논쟁을 낳으니, 심한 경우에는 공공연하게 적대적인 참상을 드러내어 서로 침해하는 일조차 일어나는 것은 세상 사람들이 널리 아는 바이다. 그런데 그 적대적인 논쟁의 이면에서 내실을 살펴보면 다만 쌍방의 감정과 실제가 서로 소통하지 못한 소위 어긋남에서 생긴 것인데, 적당한 시점에 이를 조정할 때는 아무 일 없다는 듯 해결해야 할 일 또한 많다는 것도 사람들이 잘 아는 바이다. 이처럼 중요한 경우에도 남녀의 정감의 교제에 의뢰하여 그 정감의 교제를 활용했을 때 이득이 되는 것은 말할 나위도 없이 분명하다. 대저 서양 여러 문명국에서의 교제는 오로지 부인이 관장하는 바로, 설령 그 자신이 직접 사회 사무를 담당하지 않더라도 간접적으로 남자의 마음을 조화롭게 해 그 사무를 원활하게 함으로써 오해의 폐해를 적게 함은 의심할 여지없는 사실이다. 요컨대 한 나라의 사무는 한 나라의 인민 모두가 부담해야 하는 것으로 여러 문명국에서는 남녀가 함께 이를 분담하는데 우리 일본은 그저 인민의 절반인 남자만이 이를 부담하기 때문에 두 쪽 다 지덕이 동일하다 하더라도 그 나라를 유지하는 힘은 절반의 차이가 있다는 사실을 알아야 한다.

옛사람의 말은 세교가 되고 세교는 풍속이 되고 풍속은 사회의 압제가 됨으로써 우리 남녀의 교제를 방해하여 인간사회의 큰 이익을 헛되게 하는 상황은 앞에서 서술했는데, 지금 또 공적인 사회와 달리 각 개개인의 가정에 들어가 이 사회의 압제가 어떠한 영향을 미쳤냐고 물으면 그 해악은 적지 않다. 부부의 관계는 평생의 관계로 그 약속을 할 때에 쌍방이 서로 그 사람을 선택하여 본인의 뜻과 다르지 않은 것이 원래 당연한 것인데, 남녀가 가까이 해서는 안 된다는 것이 사회 압제의 엄명으로 이에 저항할 수 없다. 남녀 함께 점차로 성장하여 이윽고 결혼 적령기에 이르면 더욱더 멀어지니 서로 대화를 나누는 것도 왜 그런지 사방팔방으로 삼가 자유롭지 못할 뿐 아니라 그 모습을 보는 것조차 쉽게 허락되지 않는다. 마침내 서로 멀리 떨어져 마치 별천지의 세상을 이루기 때문에 혼담에 임하여도 그 본인이 서로 모르는 것 또한 어찌할 도리가 없다. 옛날 봉건 무가에서는 가계(家系)를 잇기 위한 결혼이 풍속이었는데 서로의 추하고 아름다움, 연령, 지혜롭고 어리석음을 불문하고 기묘한 부부를 만들어 낸 것은 차치해두더라도, 세간에 사리분별이 있는 부모가 자녀에게 혼인을 강요하는 일이 없고 설령 부모가 보는 바로 상대를 선택했다고 해도 본인의 의사를 조심스럽게 반복하여 물어 밝히고 그 후에 비로소 결정하는 것이 좋은 집안에서 행하는 관습인데, 유감스럽게도 그 당사자인 자녀는 평생 다른 사람을 모르니 이의 가부를 정할 방법이 없다. 설령 혹은 몰래 이를 안다 해도 그 가부를 발언하는 것에 대단히 주저한다. 생각건대 남녀가 서로 아는 것은 사회의 압제가 금하는 바로, 이른바 알아서는 안 되는 자를 알고 있기 때문일 것이다. 이러한 양상으로 세간에서 왕왕 생각대로 잘 되지 않는 결혼을 하는 자도 적지 않다. 인생의 불행이 이보다 큰 것은 없다.

그렇다면 즉 결혼이 뜻대로 된 자가 과연 행복하고 유쾌하냐면 또한 그렇다고 말할 수 없다. 옛 성인의 가르침에 부부유별이라고 했다. 우리 성인의 깊은 뜻은 헤아릴 수 없다고 해도 후세의 학자가 이 가르침을 해석하여 사회의 사람들 마음에 퍼져나가는 바를 보면 유별이란 타인처럼 대한다는 의미로 부부 사이는 자칫 잘못하면 지나치게 친해지기 때문에 가능한 서로에게 소원히 하는 것이 인륜의 길이라고 믿고 이에 더하여 동방의 남존여비의 악폐로 남편이 그 아내를 배척하여 소외시키고 또한 멸시하는 경우가 심하다.

중국에 한 기담이 있다. 옛날 주나라 기주(冀州)에 극결(郤缺)이라는 사람이 곤궁하여 농사를 짓는데 그 아내가 밭에서 도시락을 나를 때 항상 존경하고 경의를 표하며 귀한 손님을 대하는 것과 다르지 않았고 남편 또한 예의 바르게 이를 받아 스스럼없이 대하는 일이 없어 천하의 미담이 되었는데, 후세의 사람들이 이를 상상하여 그림으로 그린 것을 오늘날에 보면 한 남자가 거만하게 멍석 위에 앉아 홀로 밥을 먹고 그 옆에 부인이 땅에 무릎을 꿇고 공손하게 시중을 드는 모습이다. 나는 이 그림을 보고 놀라지 않을 수 없었다. 빈곤한 서생이 가난한 나머지 농사를 짓는 것이라면 그 도시락을 먹을 때에도 부부가 친밀하게 나누어 먹고 가난도 함께 하여 두 사람이 서로 즐기는 것이 더 인정에 가까운 법인데, 그렇지 않고 지금 그림의 취향은 이 가난한 사람이 빈곤에 빠져있음에도 부부유별의 체면을 지키고 괴로운 가운데에도 남존여비의 정신을 잃지 않는 우의(寓意)를 나타내는 것뿐이니 그저 이상하고 또한 안쓰럽기까지 한데, 후세의 부부는 이러한 허식이 덕을 쌓는 방법이라 이해하고 더욱더 그 허식을 확장하니 내실은 그렇지 않을 뿐 아니라 옆에서 살짝 그 가풍의 외면을 살펴보면 부부는 친애하는 친구가 아니라 소원한 주종 관계와 같아 아내가 아침저녁 두려워하며 섬기고 남편은 이에 대해 그 말조차 상냥하지 않아 서로의 사이에 일찍이 애정이 넘치는 것을 볼 수가 없다. 심한 경우에는 아내가 병에 걸렸다는 이야기를 듣고 그 상황이 어떤지를 묻는 자가 있어도 남편은 일부러 괜찮은 얼굴을 가장하고 자세하게 상태를 이야기하지 않으며, "근래 어디 아픈 곳이 있었나." 라며 "심히 곤란하군."이라는 말투의 냉담함과 무정함이란 진나라 사람이 월나라 사람의 비척을 보는 것[4]과 같은 자도 있다.

대저 한심한 한량이 아닌 이상, 인생사의 당연한 인정으로 누가 늘 자기 처를 친애하지 않는 자가 있겠는가. 하물며 병과 같은 것은 가장 걱정되는 바로, 이렇게 생각하고 저렇게 생각하니 마음이 어지러워 헝클어진 삼베 실처럼 되는 것이 틀림없다고 해도, 그 외면에서는 이를 멀리하며 무정을 가장하는 것은 어째서인가. 그저 사회의 압제에 떠밀려 부부의 본색을 드러낼 수 없을 뿐이다. 센류(川柳)[5]에

---

4 진나라 사람이 월나라 사람의 비척을 보는 것 : 월나라 사람이 멀리 떨어져 있는 진나라 사람의 살찌고 마른 모습을 보아도 아무런 관심이 없다는 뜻으로 자신과 관계없는 것에는 관심이 가지 않는다는 뜻.
5 센류(川柳) : 일본 에도 시대의 시가.

두세 거리를 지나고 나서야 부부 동반이라는 구절이 있다. 본래 하늘이 내려준 남녀, 부부의 정으로는 산책할 때에도 자신의 집부터 동반하여 문을 나서는 것이 본의인데, 지금은 그러지 못하고 문을 나서 두세 거리를 지나는 동안에는 일부러 길을 앞뒤로 떨어져 걷고 약속한 곳에 이르러서야 비로소 같이 걸을 수 있는 것이 왜냐고 묻는다면 다름이 아니라 집 근방, 안면 있는 사람이 많은 곳을 왕래할 때 부부 동반은 암만해도 조금 그렇다고 대답하는데 지나지 않는다. 즉 이 사정을 설명하면 두세 거리를 지나 같이 걷는 것이 부부의 본색으로 두세 거리에 이르기까지 같이 걸을 수 없는 것은 사회의 압제라고 해야 할 것이다.

　이상은 그저 한두 가지의 예를 기록한 것일 뿐, 그 외 가정 내의 모습을 살펴보면 상하귀천을 불문하고 집안 조직의 하나부터 열에 이르기까지 무릇 부부 사이를 멀리하는 기풍을 이루고 그 관계가 점차 소원해져야 이것이 집안의 아름다운 풍속이 되니, 남편은 엄격해지고 아내는 지조를 갖추고 지역 사람들, 친구, 친척에 이르기까지 왠지 모르게 이를 칭찬하는 기풍이 있을 뿐만 아니라 가깝게는 집안에 같이 사는 시부모나 장인, 장모가 특히 그 점에 주의하는데 한편으로는 아들, 사위나 며느리, 딸이 행복한 것을 기뻐하지만 또 한편으로는 그 사이가 소원하기를 기원하니 적어도 쌍방의 정에 다정함이 있으면 이를 크게 기뻐하지는 않는데, 예를 들어 아들이나 사위가 여행 갔을 때 며느리나 딸이 헤어짐을 아쉬워하고, 며느리나 딸이 아플 때 아들이나 사위가 친절하게 간병하는 것이 너무나도 보기 흉하다 해 부모님의 뜻을 거슬렀다는 기이한 이야기가 많다. 또한 그 극단에 이르러 그 부모님들이 대단히 완고하고 무정한 사람이라 그저 다양한 난제만을 끄집어내어 음으로 양으로 친애하는 사이를 멀어지게 하려는 말할 수 없는 방해를 하는 자가 있다. 내가 평을 내리건대 이를 부모들의 비인도(不人, inhumanity)라고 말할 수밖에 없다.

또한 예부터 지금에 이르기까지 우리 일본에는 정사(情死)하는 예가 대단히 많다. 원래 정사에도 다양한 종류가 있는데 남녀의 한쪽이 이른바 짝사랑을 해 죽는 경우가 있으며 혹은 가장 사랑하는 한쪽이 죽어 이에 따라죽는 경우가 있어 어느 나라에서건 종종 있는 변사인데 일본식의 정사, 즉 일반적으로 말하는 동반 자살이란 남녀가 서로 사랑하여 대단히 친애한다고 해도 부모 혹은 친척에게 허락받지 못하거나 혹은 세상 사람의 입에 오르내리는 등 천차만별의 고생으로 서로가 생각하는 정을 드러내지 못하여 이에 두 사람이 합의한 후 살아서 헛되고 괴롭기보다도 오히려 함께 죽는 것이 상책이라는 어리석은 마음에 일어나는 일로, 서양 여러 나라를 비롯하여 중국에서도 조선에서도 이러한 종류의 정사는 매우 드물다고 한다. 타국에서 드문데 오직 일본에만 많은 것은 어째서인가. 일본의 남녀가 다른데 비해 반드시 무분별하기 때문은 아니겠지만 남녀 관계에 대해 특히 사회의 압제가 심한 것은 일본에 한한다는 것이 그 하나의 증거로 볼 수 있다. 나는 원래부터 정사의 어리석음을 보고 동의하는 사람이 아니며 심히 이것을 혐오하지만 또한 생각을 고쳐 인생의 지극한 정으로 관찰하면 사회의 압제가 지금보다 조금 더 관대해진다면 해마다 많은 정사자 중 혹은 아무 일 없이 존명하여 양가의 부부가 될 기회도 드물지는 않을 테니 이것을 생각하면 혐오하면서도 또한 자연스레 연민을 느끼지 않을 수 없다. 이러한 점에서 보면 사회의 압제는 마침내 비인도적인 지점에까지 도달했다고 할 수 있다.

사회의 압제가 오늘날처럼 된 그 유래를 묻는다면 앞에서도 언급한 것처럼 옛 사람의 말이 세교가 되고 그 세교가 민심에 물들어 풍속이 되고 이로써 마침내 움직일 수 없는 기세에 이르니 그 근본이 되는 옛 사람의 말은 세상 사람의 품행을 정실, 청정, 결백하게 하려는 취지였는데 후세인 오늘날에 이르러 과연 옛 사람의 목적을 달성했는지 아닌지를 묻는다면 나는 안타깝게도 그 반대의 나쁜 결과를 얻었다라고 말할 수밖에 없다.

대저 남녀의 관계는 내가 매번 이야기하는 대로 항상 서로 끌고 서로 다가가려는 성질을 갖고 있는 것으로 어떠한 가르침을 베풀고 어떠한 법을 마련해 인위적인 힘으로 이 성질을 바꾸려는 것은 하늘이 허락하지 않는 바로, 다만 인문이 점차 진보함에 따라 그 관계가 점차 우아하고 아름답다는 것을 봐야만 할 것이다. 옛 야만인은 오로지 육욕에 제압당해 남녀 사이라고 하면 그저 육체적인 교제라고만 생각하지만 개화가 진행되는 세상에서는 사무가 점차 빈번히 많아지며 남녀의 교제 또한 빈번히 많아지기에 이르니 서로의 정을 통해 친하면서도 쉽게 휩쓸리지 않고 가깝지만 더럽지 않아 화목양양하며 말로 표현할 수 없을 때에도 무한한 묘미가 있는 것을 정교의 발달이라고 한다. 어느 나라의 사회에서건 점차 개화가 진행됨에 따라 실로 마땅히 그래야 할 약속이 되는데 불행하게 우리 일본의 세교 풍속은 이 약속과는 반대로 근대의 개화에 이르러서도 그 관계에 대해 아직도 육체적인 교제 이상의 점에 착안하지 못해 단지 무분별한 육교를 막는 데에만 바쁘고 서로의 교제를 거북해하는 그 모습은 어린아이를 위해서 정해놓은 음식 제한법을 가지고 이미 다 자란 어른을 속박하려는 것과 다르지 않다. 식욕 이외에 여념이 없는 어린아이를 양육하는 데는 과식을 금하는 것도 실로 해야 할 일이지만 심신이 이미 발달한 어른에게는 그 욕심이 오로지 음식에 있지 않고 오관(五官)의 작용이 다양하여 음식과 같은 것은 불과 여러 욕망 중 일부분에 지나지 않는데 옆에서 단순히 그 과식을 막으려고 답답한 법을 세워 모든 음식에 간섭하며 자유롭지 못하게 하는 것은 어른을 어린아이 보듯 하는 것으로 도저히 견딜 수 없는 바이다. 지금의 세교풍속의 작용 또한 이와 같다. 남녀의 무분별한 육제적인 교제를 막으려는 것은 결국 사회의 압제가 되어 모든 남녀 교제에 간섭하여 마침내 그 정교의 우아하고 아름다운 바를 파괴하고 이로써 사회 전체를 살풍경으로 만드는 것은 개화인을 야만시하는 행위로 압제는 대단히 무례한 것이며 개화한 남녀를 경멸하는 것이라고 할 수 있다.

관습이 오래되어 그 압제를 능히 견디는 자도 있겠지만, 원래 하늘이 내려준 인생을 등지는 상황이 되면 그 악과(惡果)는 언젠가 파열할 수밖에 없다. 이러한 한두 가지 예를 들자면, 지금 세상의 평범한 가정 내에서 부모, 사위, 며느리의 사이는 십중팔구 좋을 수 없다. 혹은 부모들을 잘 모셔서 효자라고 불리는 자가 없지는 않지만 대부분은 무리하게 참고 견디며 겉으로 잘 꾸미는 자에 지나지 않는다. 만약 사위, 며느리의 속마음을 들을 기회라도 있으면 과연 필자의 말이 거짓이 아님을 알 것이다. 한 집안에서 남녀노소 몇 쌍의 부부가 같이 살며 의식주를 함께 하면서 서로에게 행복을 방해받지 않고 쾌락하고 원만한 자는 백 명 중 한 명이 있을 뿐이다. 다른 99명은 이른바 외면적으로는 극락이고 내면적으로는 지옥이니 위군자, 위현부의 소굴이 된다는 것 또한 과언이 아니다. 필경 이 남녀가 선천적으로 완고하지 않고 혹은 상응하는 교육도 받아 심사가 아름다운 자가 있다고 해도 그저 그 정을 바로 잡고 진실을 숨겨 모르는 사이에 서로의 자유를 방해하고 타인을 괴롭히고 자신 또한 괴롭고 쓸데없이 불쾌한 세월을 소비할 뿐이다. 참으로 계산으로 할 수 없는 바이지만 사회의 압제에 제압당해 스스로 운신을 마음껏 할 수 없는 것이다.

집안은 이미 쾌락이 적으니, 즉 그 문밖의 교제는 어떠한지 살펴보면, 부인의 외출은 원래 사회 압제가 금하는 바이지만 남자가 외출해서 교제할 수 있는 상대도 반드시 남자에 한하니, 그 교제가 살풍경이 되는 것은 나무에 돌을 가지고 접하는 것과 같고 나무 조각, 돌덩어리가 무미건조하여 색도 광택도 있을 수 없다. 그 최상의 쾌락이란, 곰곰이 생각해 이치로 이야기하지 않는 경우면 많이 먹고 많이 마시고, 취해서 웃고 취해서 울고 취해서 욕을 시끄럽게 떠드는 것밖에 없다. 가끔 부인과 만나서 이들과 교제하는 경우라도 남자들은 자기만의 교제법으로 걸핏하면 여성들의 기분을 상하게 하는 것을 알지 못한다. 이를 남자의 호탕함이라 칭하는데 그렇지 않으면 마음을 쓴다고 삼가게 되어 말하지 않고 웃지 않아 고목이 우뚝 솟아 있는 것처럼 되기 때문에 부인 쪽에서도 애초에 이에 다가갈 방법이 없고 허무하게 입을 다물고 고개를 떨군 채 그저 다른 사람이 백안시하지 않기를 바랄 뿐이다. 이것을 예의바른 남녀의 교제라고 한다.

위와 같이 집에서도 재미없고 문밖으로 외출해도 또한 즐겁지 않고 남녀 정교의 길은 거의 단절되어 이처럼 통할 방편이 없다. 그렇다 하더라도 인생에서 진정한 목석이 아니라면 어느 곳에서나 우울한 정을 발산할 길을 찾을 수밖에 없다. 이 때문인지 부귀한 남자는 내외에 첩을 두고 혹은 기생을 납채하여 쾌락을 취하는 자도 있고,

아래쪽 부류에 이르러서는 유곽에 올라 꽃과 버드나무에 취해 인생에서 상상할 수 있는 한도 내의 모든 추행을 스스로 범하는 자가 있다. 대저 보통의 관찰로 이러한 좋지 않은 품행을 평가하자면 수치를 모르는 경박한 남자가 색을 탐욕하는 것과 비슷한데, 이러한 사정을 미루어 짐작하여 얼마간 용서할 수 있는 부분은 있다.

상황이 이럴진대, 무릇 인생에 있어서 절륜한 기력과 체력이 없다면, 이처럼 무정한 일본사회에 살면서 고상하고 우미한 품행을 스스로 즐길 수는 없을 것이다. 고상하고 우미한 인생을 즐길 수 없기 때문에 그 즐거운 길을 구하는데 있어 한 가닥의 혈로는 첩을 두고 기생을 사오는 추행이 있을 뿐이다. 그 추행이 참으로 추하다고 해도 단순히 육욕을 위로하는 것만이 목적이 아니라 그 실상은 별실의 첩집이며, 화류의 장이며 모두 세교 습속 밖의 별천지로 마치 사회의 압제를 벗어난 낙원이기 때문에 비열하지만 이를 이용하여 정교의 움직임을 만족시키는 자가 있는데 반드시 나쁘다고는 할 수 없고 오히려 가련하다고 해야 할 자이다. 이를 비유하면 평생 무리하게 금주를 명받은 자가 우연히 술집에 갈 기회를 얻어 갑가지 만취한 것과 다르지 않다. 이러한 만취는 꺼려야 할 일이지만 그 내실은 실로 또한 가련하다.

고로 요즘 남자의 추행을 보면 실로 놀랄만한 일이 많지만 이러한 평생의 남녀교제에 일찍이 정교의 우미함을 만나지 못하고 평생 무정하고 무미한 허식에 속박당했기 때문에 일단 그 오라를 풀면 엄중한 극단에서 제어할 수 없는 극단으로 이동하므로, 이러한 상황은 대례복을 벗고 바로 추하게 나체를 드러내는 것과 같다. 실은 예복 이하 나체 이상에는 몇 단계의 복식이 있겠지만 천차만별이고 아름다운 의복의 종류도 무한하다. 즉 남녀의 교제로 치자면 무한한 정교를 드러내야 할 곳인데도 사회의 압제는 즉 이를 허락하지 않고 1년 360일 집에 있으나 밖에 있으나 반드시 대례복으로 한정했기 때문에 인생에 이를 견디지 못하고 결국에 이를 벗어나 추한 나체에 빠진 것뿐이다.

또 일본의 부녀자가 연극을 즐기는 일이 대단히 많아 배우, 연예인을 사랑해도 바로 이에 가까이가지 못해 뒤에서 이를 품평하는데, 부인사회가 이를 화제 거리로 삼는 경우를 그냥 좌시할 수는 없는 일이라며 노여워하는 자도 있다. 과연 부인이 연극 등에 들떠 자기 자신을 잊는 것은 좋지 않다. 또한 남자가 스모에 열심히 빠져드는 것처럼 또한 그 부인이 배우, 연예인에 다가가는 것은 남자가 예기에게 다가가는 것처럼 모두 아름다운 이야기는 아닐지라도 어찌하겠는가. 부인의 몸 또한 목석이 아니고 육욕의 이야기는 멀리 떨어트려 번외로 한다고 해도 그 정을 위로하려면 요즘 사회에서 어떠한 방편이 있겠는가. 남자는 이미 그 방법이 없어 괴로워하다 어리석은 길을 화류의 추행에서 구했다. 부인 또한 이를 구하는 것은 당연한 이치인데 여기에 또 남존여비라는 다른 하나의 압력이 있어 부인의 추행은 또한 남자에 미치지 못하고 단지 겨우 연극을 구경하고 멀리서 남성의 공기를 쐬고 한 걸음 나아가 가까이 배우, 연예인과 함께 담소하는 데 지나지 않는다. 내가 이 모습을 보고 화를 내는 것도 아니고 책망하는 것도 아니니 우리나라의 부녀자가 사회의 압제에 제어당해 그 하늘이 내려준 정을 위로할 길이 없어 결국에 그 어리석을 길을 연극 배우 등에서 구한다고 생각하니 단지 가여워 견디지 못할 뿐이다.

앞에서 언급한 것처럼 남녀교제에 관해 옛 성현의 말을 함부로 비난하지 말며 그 시대에는 그 자체로 효능이 있기도 했는데 후세의 학자가 변통의 길을 알지 못해 다만 그 말을 묵묵히 지키고 점차 답답한 법을 정해 일체의 정교 활동을 허락하지 않고 모처럼의 가르침이 있음에도 이로써 사회의 품행을 바르게 하지 못할 뿐만 아니라 그 답답함이 오히려 심해서 마음의 파도와 정의 바다가 붕괴되는 것을 촉진하니 남녀의 품행이 표면에서는 극히 엄격하나 내실에서는 극히 단속할 수 없을 정도에 이른 것처럼 세교는 세상에 이익이 되지 않고 오히려 인간행복을 뺏어버린다고 말할 수 있다. 극히 유감스러운 상황이다.

지금 세상에 추행을 일삼는 남자는 많다. 혹은 부녀자라도 때로는 배우나 연예인을 희롱해서 비난을 초래하는 자도 있으나 적어도 보통의 인심이 있는 이상에는 스스로 품행의 추미를 모르는 자 없고 또 나아가 세상에서 비난받는 것을 기뻐하는 자도 없을 것이다. 만일 사회의 압제가 지금 조금 완화되어 양성의 교제를 자유롭게 해 서로 자연스레 끌리는 사람을 끌게 하고 다가가려는 자를 다가가게 하면 자못 적극과 소극이 함께 융합, 만족하여 사회 전반은 우미한아(優美閑雅)의 서운이 덮는 봄을 만나 양성의 정교를 고상하게 하며 또 다른 추행을 행하지 않을 것이고, 고상한 땅에서 유유하게 고상함을 즐길 텐데, 하며 내가 항상 이를 유감스럽게 생각하는 것이다. 즉 이러한 양상을 형용하기 위해 거듭 앞의 비유를 인용하면, 그 교제의 엄격함이란 것이 대례복을 입고 허식을 가장하거나 나체라 해서 사람이 싫어하는 것이 아니라, 그 사이에서 실로 하카마, 하오리를 입거나 때로는 편한 복장을 입는 것과 같이 에의 바르면서도 허물없이 마음을 터놓고 정을 통하는 것만으로도 충분하니, 문명남녀의 교제란 대개

이와 같은 것임을 알아야 한다. 덕의라는 관점에서, 내가 지금 일본 사회를 향해 희망하는 바도 오직 이 한 가지이다.

지금 우리나라의 남녀를 그 우울과 살풍경의 세상, 추태와 바르지 못한 품행의 악폐에서 구해내고, 하늘이 내려준 행복을 실현하여 문명개화의 봄바람을 즐기게 하기 위해서는, 천고의 화근인 사회의 압제를 근본부터 전복시켜 남녀 양성의 교제를 자유롭게 하고 반드시 문학, 기예를 할 수 있는 벗이어야 한다는 형식적인 이야기만이 아니라, 화조풍월의 다회, 창가, 관현입식의 연회 등 대소경중, 유용무용을 묻지 않고, 다만 격의 없이 왕래하며 모여서 담소하고 즐기며 서로 가까워지고 서로 만나는 구조를 만드는 것 외에 방법이 없다. 이렇게 상호 친근할 때는 서로가 저절로 정이 통하니 부지불식간에 여자는 남자에게 배우고 남자는 여자에게 배워 유형의 지견을 얻으며 무형의 덕의를 쌓으니 집에 있건 세상에 나오건 모든 일이 예상하지 못한 곳에서 큰 이익을 얻을 수 있다는 것 또한 틀림없는 바이다.

이상이 나의 지론으로 반드시 이를 온 세상의 남녀에게 장려코자 하는 바이지만 예의 고학자들 중에는 겁을 내며 이것은 너무 위험하다고 말하는 사람도 있을 것이다. 그 사람이 말하는 것처럼 모든 것을 내가 보증할 수는 없다. 불을 보면 화재라 생각하고 사람을 보면 도적이라 생각하라는 옛 속담이 때로는 맞는 경우도 있겠지만 그렇다고 해서 불을 이용하지 않을 수 없고 사람과 만나지 않을 수는 없다. 인간세계에서는 화재든 도적이든 겪을 수밖에 없다. 남녀교제에서도 마찬가지이다. 때로는 위험한 일도 있겠지만 이 때문에 주저한다면 끝이 없을 것이다. 한두 가지의 위험을 두려워하여 천 가지 폐해를 방치함으로써 무수한 행복을 헛되이 하는 일은, 여름에 한두 명 물에 빠져 죽는 사람이 있다고 해서 수영은 위험하다 떠들며 일체 이를 금지하는 것과 같다. 나는 동의할 수 없다. 지금 또 한 걸음을 물러서 남녀교제에 조심하지 못해 고통스러운 일이 생겼다고 해보자. 그렇다고 해서 곧바로 과거의 세교나 습속을 보존하여 지금 그것에 따라야만 하는가. 그렇게 하여 과연 어떠한 결과를 얻었는가. 내가 보건대 세교나 습속으로 쓸데없이 사람의 정을 해쳐 살아있는 남녀가 그 고통과 우울함을 견디지 못하니 소인은 드러내놓고 크게 파열하여 추행을 범하고, 군자는 암암리에 몰래 수단을 강구하여 스스로를 위로한다. 고학의 군자사회에서도 종종 그런 사람이 있다. 세교는 의지하기에 충분하지 않다.

내가 남녀교제를 장려하여 특히 그 정교의 발달을 촉구한다는 이 작은 뜻은 단지 남녀의 품행을 고상한 지위로 나아가게 하는 것으로, 억지로 고학론을 따르게 한다고 해서 따를 수 있는 것은 아니다. 지긋지긋한 사회의 압제. 나와 천하의 모든 남녀는 네가 강요하는 복종을 거부하는 바이다.

남녀교제여론
男女交際餘論

   남녀교제에 있어 필요한 수순은, 내가 예전부터 『시사신보』 연재에서 주장해 왔듯이, 실제 상황에서 교제를 어떻게 해야 할지 찾는 것이 먼저이니, 얼마간 우견을 말하여 사람들의 가르침을 구하고자 한다.

   남녀의 교제라 해서 별다른 것은 아니다. 글로 만나고, 예(芸)로 즐기며, 역사를 살피고, 학리를 토론하는 등, 그 교제의 방식은 셀 수 없이 많다. 이 모두가 교제의 매개이니 오늘날의 부녀자도 점점 교제의 귀함을 알고 이를 지향한다고 할 때, 우선 예학을 즐길 줄 아는 것이 중요하다는 주장은 세상 사람들이 항상 소리 높여 이야기하는 것인바, 나도 물론 이에 이의가 없다. 학문기예의 교제는 가장 고상한 것으로서 매우 바람직한 것이지만, 불행하게도 예로부터 남존여비의 습관이 든 국가로서, 자연히 여성의 교육에도 태만하였던바, 오늘날 갑자기 여성을 학문의 길로 인도하여, 거기서 얻은 학예로 남성과 교제케 하는 것은, 용이한 일이 아니니, 상당한 시간을 들이지 않으면 성과를 보지 못할 것이다. 그뿐만 아니라, 오늘날 세간에서 행해지는 여성교육의 풍속을 보면, 예의 고학류(古学流)가 말하는 숙덕(淑德)을 수양하라는 등의 노예주의가 아니면, 완전히 그 반대로, 무언가 고상한 학리적 담론을 가르쳐 뜬구름 잡는 이야기만 하게 하니, 부엌의 정치는 알지 못한 채 천하의 이해관계에 울고 웃으며, 소금과 된장을 절약하는 법은 말하지 않은 채 사회의 경제에 대해 떠드는 것과 같이, 속된 말로 소위 '건방진 부인'을 양성하여, 여성에게 고유한 우아한 아름다움이란 본질을 잃게 하고, 애초에 남녀교제의 매개라 하여 어렵게 교육한 그 교육조차 사람들이 싫어하도록 만드는 경우가 적지 않다. 필경 일본은 여자교육에 급작스럽게 착수하였기 때문에, 가르치는 사람도 배우는 사람도 모두 서툴러 이러한 폐해를 초래하게 된 것이다. 이는 어쩔 수 없는 것인바, 내가 특히 주의하는 것은 지금의 부인사회를 향해 무리한 주문을 하는 것이 아니니, 부인들로 하여금 갑자기 학자들의 무리에 들게 하려는 것이 아니고, 학문과 예술의 전문 분야에서 하나의 학파를 세우게 하려는 것이 아니며, 이는 후일의 일로 남겨둔 채, 우선은 타인과 교제할 때 담화나 응대에 지장이 없고, 더 나아가 남녀 간 편지왕래에 불편함이 없도록 하는 정도에 만족하고자 한다. 부인의 학문과 예술이란 원래 바라마지 않는 바이긴 하지만, 그 어려움을 알면서도 그것을 헛되이 소망하는 것은, 얻을 수 없는 것을 구하려고 본래의 목적인 교제의 영역을 좁히는 것이 된다. 어린 여자에게는 학문 또한 매우 중요하여 일본의 보통 문서는 물론, 외국의 어문학에도 응당 힘써야 하겠지만, 나이가 이미 들어 일가의 아내가 되고, 또 아이도 낳은 사람과 같은 경우에는, 학문을 하고자 하더라도 정해진 시간을 얻는 것이 쉽지 않아 도저히 정규 교육을 받을 수 없을 것이다. 그렇다고 해서 이러한 처지의 나이 든 부인을 교제의 범주 밖에 둔다면, 더 이상 보잘 것이 없게 될 터이니 이를 어찌하랴. 하물며 일본의 중등 이상의 부인은 몸에 익힌 이렇다 할 학식은 없지만, 문자에 기대지 않고서도[不立文字] 지덕이 발달한 자가 대단히 많음에 있어서

랴. 이에 의거하여 남녀의 교제를 연다면, 반드시 잘못됨이 없을 것을 믿어 의심치 않는다. 고로 나는 지금의 부인 사회를 향해 결코 과분한 소망을 갖는 것이 아니라, 그저 남녀 모두가 서로 잘하여 가까워지는 쉬운 방법을 마련해, 남녀의 교제가 점점 넓어지는 것을 바랄 뿐이다. 세간의 논객 중에는 처음부터 남존여비의 습속에 취해 함부로 부인의 언행을 평하여 무학무식하다고 말하는 자도 있을 것이지만, 조금도 두려워할 것이 없다. 학식은 반드시 어려운 글을 알고 난 후에야 얻어지는 것이 아니다. 인간의 거가처세(居家處世)의 요체는 가나문자를 읽어 습득할 수도 있다. 이른바 고학자(古學者)들이 육, 칠 십 세의 노옹이 되도록 수천만 권의 고서를 읽어도 일생 동안 한 가지도 이룬 것이 없이 타인에게 폐만 되는 사람이 많은 것을 보아도 그 증거는 충분하기 때문에, 어려운 학문 이야기는 잠시 접어두고, 나의 소견으로 부인을 위해 아주 쉬운 교제의 방편을 구한다면,

첫째, 이야깃거리를 만드는 것이 중요하다 하겠다. 예로부터 일본 부인은 침묵을 귀히 여겼으니, 말이 많은 것은 부인의 칠거지악 중 하나로, 말이 많은 사람은 늘 이혼당하는 처지가 되니, 되도록 과묵하게 자란 사람이 많았으나, 지금처럼 문명이 발달한 세상에서는 남녀를 막론하고, 내외 구분 없이 폭넓게 타인과 교제하고자 하니, 과묵해서는 도저히 그 뜻을 이룰 수 없다. 그렇다고 해서 다른 사람과 만나 서로 무언가 말할 거리가 없이는 입도 열리지 않을 것이고, 계절 인사에도 한계가 있어 결국 세간의 소문에 이르게 될 것이니, 그 자리에 없는 타인의 이름을 거론하며 그 얼굴의 미추를 평하는 것은, 은밀히 한다 해도 매우 실례되는 일이며, 또 그 차림새에 관해 험담하는 것도 비열한 일이다. 이러한 뒷말의 악습은 시골에서 자란 부인

에게서 가장 많이 나타나는데, 도시의 상류사람들은 이를 몰래 비웃는 것으로, 문명의 학자는 이를 사신공격(personal attack)이라 부르며 교제상 매우 꺼리는 바이다. 따라서 사적인 뒷말은 멈추고, 연극과 음곡 등의 품평을 한다면, 충분히 재미있는 이야기가 될 것이다. 배우나 예능인을 평하는 것은 그 사람을 평하는 것이 아니라, 그 기예를 평하는 것일 뿐이어서, 그 취지는 학자 문인이 타인의 시문서화를 평하고, 정치평론가가 당시 집권자의 안팎의 크고 작은 정략(政略)의 옳고 그름을 따지는 것과 다르지 않다고 하겠으나, 일본의 연극과 음곡은 그 품격이 아직 높지 않아, 설령 그 기예가 뛰어나다 하더라도 이에 수반되는 주위의 풍속과 분위기가 비천한 고로, 상류부인의 교제에 그저 연극에 대한 이야기만으로는 애초부터 충분할 수 없다. 따라서 이 외에 구하는 바가 있어야 할 것이다.

부인이 교제를 넓히기 위한 이야깃거리를 구함에 있어 다른 사람의 소문은 재미가 없고 연극과 음곡 등의 품평으로는 충분치 않으므로 눈을 돌려 다른 방면을 살펴보니, 이렇다 할 확실한 방법을 정할 수 있는 것은 아니지만 또 다른 한편에서 보면 만물 중 하나라도 이야깃거리가 되지 않는 것이 없다. 초목을 보면 본초학을 논하고, 금석을 만지면 광학을 말하는 것과 같은 것은 학자의 일이지만, 반드시 이것을 깊이 있게 배우지 않았다고 하더라도, 기회가 있을 때마다 조금씩 그 이야기를 들어도 재미있고, 다른 사람에게 말해도 역시 재미있다. 이러한 것들이 너무 학자스러워서 어렵다고 한다면, 그냥 단순히 꽃을 바라봐도 좋고, 산수의 경치를 찾아도 좋다. 혹은 지방의 부인이라면 도회에 놀러가서, 도회의 부인이라면 시골을 여행하여, 부귀의 안락, 빈천의 난삽(難澁), 그 매일의 살림살이, 관혼상제의 모양 등, 단지 그 있는 그대로 견문하여, 그때 자신의 마음에 떠오른 대로의 생각을 덧붙여 사람들에게 말하면, 정말 재미있는 한 가지의 담화가 될 것이다. 혹은 유적이나 명소를 방문하여 그 지역의 명물을 사고, 돌기와를 줍고, 가지를 꺾어가지고 돌아와, 그것을 사람들에게 선사하면, 또는 자기 집 응접실에 늘어놓으면, 좋은 이야깃거리가 되지 않을 수 없다. 명물 세공품은 그 지방 토산물에 대한 이야기를 꺼내게 하고, 옛 전쟁터의 기와조각은 역사의 문제를 제기하게 한다. 한 조각의 기와, 한 덩이의 돌로써 반나절의 이야기를 이어가며 주객이 정을 나누는 것, 이것이 문명의 교제법이라고 말할 수 있다. 서양 사람이 실내에 온갖 진기한 기물들을 진열하는 것은, 일본인의 눈으로 보면 삼월의 히나마쓰리 도구를 장식해 놓은 것 같고, 고물상의 재고정리를 보는 것과 같아, 어린아이의 장난처럼 생각하는 사람도 분명 있을 것이지만, 그 실상은 결코 장난이 아니다. 진기한 기물, 평소 주인의 호사심을 충족시킬 뿐 아니라, 손님이 와서 실내에 들어가게 되었을 때 먼저 그 눈을 사로잡게 되는 물건이 있을 것이다. 이렇듯 눈에 들게 되면 화제 역시 따라서 생겨나게 된다. 이에 묻고 답하며 그 유래한 곳의 내력을 말하고, 인조품은 그 솜씨를 평하고, 자연물은 좋고 나쁨을 판단하여, 학문적으로 설명할 수도 있고, 일상적으로 말할 수도 있다. 놓여있는 물건 하나하나 교제의 매개가 되지 않는 것이 없다. 고로 서양인이 즐겨 실내를 장식하여 물건을 진열하는 것은, 혹은 호사벽에서 나온 것이기도 하고, 혹은 부를 자랑하는 의미도 있겠지만, 내가 중시하는 문명 교제의 측면에서 보면, 단지 이야깃거리를 만드는 것에 불과하다고 할 수 있다. 그러니까 일본의 부인사회도 능히 이러한 측면에 주의하여,

소유하는 물건을 단지 의상과 머리 장식에 한정짓지 말고, 멀거나 가까운 곳의 산물이나 여행에서 얻은 토산물 등, 여하한 사소한 것이라도 이것은 진기하다 싶어 눈에 남는 물건이 있다면, 그것을 반드시 각 방 안에 장식해 놓거나 또는 손님방에 나란히 늘어놓아, 항상 손님이 올 때를 준비해야 할 것이다. 즉 주객의 이야깃거리를 풍부하게 하여, 손님응대를 무료하게 만들지 않는 좋은 수단이니, 등한히 해서는 안 될 일이다.

또 부인의 이야깃거리를 풍부하게 하여, 사람들에게 잘 이야기하고 다른 사람의 이야기를 듣고 잘 이해하고자 한다면, 사회 전체의 모습을 알고 대략적인 흐름을 분별하는 것이 가장 중요하다. 이는 매우 중요하며 학문적 수양이 필요한 것이 아니라, 단지 세상 모습을 두루 견문하여 마음에 두기만 하면 될 일로, 결코 어려운 일이 아니다. 예를 들어 최근 세상에서 불경기라 하여 물가는 매일같이 하락하고, 또 동시에 공채증서는 점차 상승한다고 하면, 이를 미루어 생각해서, 불경기란 세상에 물건을 팔려는 사람은 많고 그것을 사려는 사람은 적으며, 일을 구하는 사람은 많고 그들을 고용할 사람은 적은 상황을 가리키는 것으로, 막상 세상의 부자들이 검약하여 물건을 사지 않고, 사람을 고용하지 않으면, 융통성 자금은 그 부자의 손에 남아 돈의 처리가 곤란해지고, 불경기 중에 가난한 사람에게 빌려주면 반드시 도산하게 되는 고로, 우선은 확실함을 얻고자 공채증서를 사려고 하여, 여기저기서 경쟁적으로 손을 내밀고, 마침내 그 값을 경쟁적으로 올려서 금일의 시세에 달하게 된 것임을 이해하는 사람은 경제의 흐름을 분별할 줄 아는 사람이다. 이러한 흐름을 알면, 바로 자기가 입고 있는 옷값이 작년과 올해가 다르며, 또 명치 13,

14년경을 생각해보면 올해는 거의 반값이 되었다는 변화도 별로 불가사의하지 않게 된다. 혹은 교육에서 유교주의란 어떠한 것인지, 서양의 문명학과 비교하여 어떠한 차이가 있는지 등을 음미하거나, 혹은 정치적으로 입헌정체(立憲政体)란 도쿠가와의 방식과 비교하여 어떠한 차이가 있는지, 지금의 일본 정체는 어떠한 정체인지, 지금 정부의 관료는 어떻게 하여 관료가 되었는지, 그 인물로 인해서인지, 아니면 다른 인연이 있는지 등, 평소에 관심을 갖고 마음을 썼을 때, 현실에서 매번 문부성이 학제를 개혁해도 그 큰 방향을 이해하기 쉽고, 또 정부의 개혁이나 관료의 진퇴에 관한 이야기를 듣더라도, 이것은 당연하고, 저것은 의외라는 등 대체적인 사안의 의미를 이해할 수 있는 것은 마치 신희극의 줄거리를 읽고, 스모나 연극의 프로그램을 보는 것처럼, 꽤 재미가 있어서 좋은 이야깃거리가 될 것이다. 이러한 것들이 부인의 이야깃거리로 부적합하다고 한다면, 반드시 입 밖에 낼 필요 없이, 남자들이 이야기하는 것을 곁에서 듣고, 마음속으로 그 의견의 옳고 그름을 판단하고, 그들의 지혜와 어리석음을 혼자 마음속으로 평하여도 역시 하나의 재미가 된다. 즉 이 부인에게 있어 중요한 세상사에 대한 생각과 지견이 된다. 서양 말에 지견이 곧 권력[1]이라는 말이 있다. 지금까지 일본 부인들에게는 세상사에 대한 지견이 없었기 때문에 세상사에 대해 권력 또한 없었다. 이 점에서 보면 부인사회에 지식견문을 늘리는 것은 그 교제를 편리하게 하는 것뿐 아니라, 또한 그 권력을 진작시키는 매개가 될 수 있다.

---

1 지견이 곧 권력 : 아는 것이 힘이라는 의미.

부인으로서 세상사에 대한 생각과 지견을 풍부히 하는 법 또한 반드시 학교와 독서의 교육을 통해서만 얻어야 하는 것은 아니다. 오늘날 필요한 것은 집의 안팎을 구분하지 않고, 남자가 부녀자와 교제할 때에 항상 경애의 뜻을 표하며, 교제하는 말 한마디도 소홀히 하지 않는 것이다. 즉 상대가 부녀자라고 해서 이를 도외시해서는 안 된다. 어른이 어린아이를 보는 것과 같이 특별하게 취급하면 안 된다. 반드시 평등한 상대로서 정중히 교제하고 공손하게 말하는 것이 가장 긴요한 일이다. 과연 오늘날의 부인은 바깥 세상일에 서툴러서 남자가 무언가 사방팔방의 기이하고 진기한 이야기를 해도, 그 의미를 이해하지 못하고 도리어 성가셔하는 얼굴을 하는 사람이 없지 않지만, 그것은 부인이 천성적으로 세상일을 이해하지 못하기 때문이 아니라, 고래의 악풍으로 인해 알려주지 않기 때문에 그것을 이해하지 못하는 것일 뿐, 그 죄는 전적으로 남자 쪽에 있으니, 오늘날 남자 홀로 집밖의 지견을 독점하지 않고 그것을 부인과 함께 이야기하는 것은, 단지 남자의 의무일 뿐만 아니라, 그로 인한 이로움이 많을 것이다. 확실히 오늘날 부인의 재능에 발달이 없다고 말한다 하더라도, 발달이 없는 것은 특히 세상의 교제에 있어 그러할 뿐으로, 그 근본 성질의 예민하고 치밀한 부분에 있어서는 이따금 남자보다 더한 경우가 적지 않다. 무학문맹이라고 칭하는 부인이 능히 집을 다스리고, 집안일을 모르는 남편은 이에 의지하여 비로소 능히 집밖의 사무를 담당하는 것이다. 아버지는 방탕하여 집을 집처럼 여기지 않지만, 그 자식은 학문이 없는 어머니에게 가르침을 받아 뜻을 세우는 선례는 고금에 적지 않다. 그러므로 세상 사람들이 함부로 부인을 평하여 무지하다고 말하는 그 무지는, 오직 세상일에 대해 아는 것이

없는 무지로서, 어리석다고 말하는 의미는 아니기 때문에, 아는 것
이 없는 경우에는 이를 알게 하면 된다. 남자가 집밖의 세상일에 바
빠 기뻐할 때도 있고 슬퍼할 때도 있는데 그 희비를 모두 숨김없이
부인에게 말하고, 그 되어 가는 형편을 이야기하여 함께 궁리하면,
또한 자연히 좋은 방안이 생길 것이다. 즉 부인은 그로 인하여 세상
의 정세를 알게 되는 한편, 남자를 위해서도 역시 뜻밖에도 묘안을
얻는 방편이 되니, 이를 쌍방의 이익이라고 말하지 않을 수 없다.
예전 도쿠가와 정부의 초기에 이타쿠라 스오노카미(板倉周防守)[2]가 교
토의 행정관(京都町奉行)에 임명되었을 때, 귀가하여 그 아내에게 이
번 배명의 취지를 설명하고, 근무 중에는 어떠한 일에 대해서든 옆에
서 참견하지 말라고 단단히 약속하였는데, 막상 그 다음날 아침 남편
이 입성할 때 그 의관이 바르지 않자 아내가 그것을 보고 주의를 주
니, 스오노카미(周防守)가 크게 노하며 약속을 어긴 것을 꾸짖었는데,
이것이 후세에 전해지며 천하의 한 개 미담이 되었으니, 오늘날 세상
에서도 거짓 군자의 무리 중 때때로 스오노카미를 자처하는 자가 없
지 않다. 관원 등이 그 지위에 득의양양하며 나랏일이 중요하다하
여, 다른 사람에게 감추고 이익도 없는 자잘한 일에 이르기까지도
일부러 말하지 않으니, 아내는 남편이 정부에서 무슨 일을 하는지
알지 못하고, 밤이 되어 직장에서 돌아오고 매우 급한 용무로 다음날
아침 일찍 출발하느라 온 집안이 뒤집히는 혼잡이 일어나도, 아내는
조금도 그 용무를 알지 못한 채 하인과 함께 허둥지둥할 뿐이다. 상

---

2 이타쿠라 가쓰키요(板倉勝静) 스오노카미(周防守)는 에도말 막부의 인물로 현재 오카
   야마 현의 일부를 지배했었던 빗추마쓰야마한(備中松山藩)의 제7대 번주였다.

인의 부인이 장사를 모르고, 학자의 부인이 학문을 이해하지 못하며, 단지 남편의 거동을 옆에서 보며 침묵하는 것은, 세간 다수의 습속으로, 정말이지 무지한 것 같아 보이지만, 그것은 필경 알지 못하는 자의 죄가 아니라, 알게 하지 않은 자의 태만이라고 말할 수밖에 없다. 고로 오늘날의 부인으로서 세상일에 대한 지견을 넓히고 교제의 방편을 얻게 하려면, 남자 자신이 관직에 있거나 재야에 있거나 구분 없이, 또 그 직업이 무엇이든 상관없이, 집에 돌아와 부녀자와 접하게 되었을 때, 이타쿠라 스오노카미를 배우지 말고, 형편의 긴요함 혹은 긴요치 않음에 구애받지 말고, 이것저것 친절하고 자상하게 이야기할 것이며, 혹은 집밖에 나가 다른 부인사회와 교제할 때에도, 그 상황에 지장이 없는 한, 가령 형편이 조금 복잡한 경우에도, 상냥하게 잘 알아들을 수 있도록 진지하게 간담을 나누는 것이 내가 희망하는 바이다. 처음 만났을 때부터 부인이라 가치가 없다고 생각하여, 어떠한 이야기를 시작하더라도 건성으로 상대하는 것은, 남자가 아직 야만적인 풍습에서 벗어나지 못한 때문이라고 말할 수 있다.

　또 부인이 교제를 시작하려면 몸에 지닌 자산이 없어서는 안 된다. 내가 매번 개탄하는 바와 같이, 일본의 부인은 사회의 압제에 고통받으며 삼계에 집이 없다[3]고 일컬어질 정도로 타락한 자로, 분명 그 몸에 지닌 것이 하나도 없는 모습이니, 그러한 상태로는 결코 자유롭게 교제할 수 없으며, 앞으로는 부인이라 하더라도 무언가 직업을

3 　"여자는 삼계에 집이 없다"에서 삼계란 불교용어에서 유래한 것으로 욕계(欲界)·색계 (色界)·무색계(無色界)를 일컬으며 다시 말해서 전 세계를 가리킨다. 여자는 넓은 세계 어디에도 안주할 곳이 없다는 것을 의미한다.

구하거나, 어떠한 경우가 닥치더라도 일신의 생계에는 곤란이 없도록 하는 방법을 가져야 할 것이다. 부인의 권력도 남자와 같아, 조금도 뒤떨어져서는 안 된다고, 스스로 그 몸을 중하게 여기는 것은 대단히 훌륭한 것으로, 내가 늘 찬성하는 바이지만, 막상 인생이 표주박처럼 되지 않으면 먹고 살 수 없으니, 그 음식을 구하는 정당한 길은 오직 내 몸으로 노동하는 것뿐으로, 노동에 있어 남자에게 미치지 못하는 이는 곧 그에 뒤처지는 사람이다. 노동에서 뒤처지면서 권력에서 뒤처지지 않으려고 하는 것은 경우에 맞지 않는 계산으로, 무능하고 가난한 서생이 자존심만 세워 교만하고 불손하게 하는 것과 같다. 고로 내가 전에 『시사신보』에도 쓴 것과 같이, 부인이라 하더라도 종전의 구습을 털어버리고, 그 심신의 장점을 인사에 이용하는 데 태만하지 않으며, 어려서는 배우고, 성장해서는 자산을 만들어, 노쇠했을 때 스스로 즐길 수 있는 각오가 없어서는 안 된다. 원래 각각의 집에는 재산의 많고 적음도 있고, 살림살이의 크고 작음도 있으니, 부호의 집의 경우 가사가 분주하여, 그 아내(內君)가 집안의 가사를 담당하는 것이 흡사 직업과 같아, 남편은 밖의 일에 힘쓰고 아내는 집안을 다스려 내외협력, 즉 부부가 동등하게 일하므로, 가산의 절반이 부인에 속하는 것으로 볼 수 있다 하더라도, 아직 이처럼 가사 일을 담당하는 직분이 없는 다른 여자들은, 그 교육만 마치면 설령 부잣집에 태어났다 하더라도 함부로 부모의 재산에 의지하여 안락하게 지낼 도리가 없을 것이다. 혹은 부인여자가 다행히 부모 외의 친척으로부터 유산을 받는 경우도 있을 것이다. 또는 일본 정부로서도 민법을 만들 때는 반드시 부인에게도 재산소유의 권한을 주어야 할 것이다. 이러한 경우에 이르면 부인은 그 재산을 사유하여, 가령 타인의 집에 시집을 가더라도, 또는 자기 집에 데릴사위나 양자를 받아들이더라도, 또 혹은 연애로 만난 부부라도, 그 재산은 견고하게 지켜 타인의 손에 위임하면 안 된다. 부부 사이더라도, 사유재산이라는 점에 있어서는 특별한 약속이 있지 않는 한 그것을 합치면 안 된다. 즉 부인이 생계에 있어 독립을 얻는 것이다. 능히 생계의 독립을 얻으면 그 교제에 있어서도 역시 독립적이고 자유로울 수 있다. 근래 일본에도 부인의 교제가 점점 늘어나 양가의 부녀자가 서로 왕래하게도 되었지만, 소위 삼계에 집이 없는 여자의 삶이기에 일체의 비용은 남자에게 기대할 수밖에 없다. 심한 경우, 의복 한 벌을 만들더라도 남편의 허가를 얻고 그 은혜에 감사하며, 더 심한 경우, 부인은 정확히 남편이 지시하는 바에 따라 교제하며, 남편의 동료이기 때문에 동료의 부인과 서로 연락을 취하고, 또 남편이 어떤 부자에게 무언가 구하는 것이 있으면 아내도 역시 그 부자의 안채에 출입하며, 마음속으로는 괴롭더라도 함께 가무를 나누고 함께 풍월을 즐기는 시늉을 하는 자가 없지 않다. 이와 같음은 곧 부인의 교제가 자신의 교제가 아닌 것이며, 흡사 남편이 명하는 임무를 수행하는 것과 다름없다. 타인의 돈을 바라며 타인을 위해 그가 시키는 교제에 임하는 것은, 부인의 지위가 비천하기 때문이기도 하다. 고로 내가 지금의 부인사회에 권고하는 바는, 남녀동권론(男女同權論) 혹은 남녀이권론(男女異權論)에 대해 논쟁하는 것보다는, 먼저 스스로 재산을 만들고 또 이것을 지키는 법을 궁리하며, 자신의 재산을 이용하여 자신의 교제를 넓히고, 이로써 독립적인 별도의 사회를 여는 것에 있다. 인간 세계에서는 재산이 곧 권력이라고 한다. 즉 부인의 손에 금권이 있으면 다른 권력은 구하지 않아도 저절로 일신에 모이게 될 것이다.

　부인이 교제에 필요한 지견을 얻어 담화응대에 지장이 없고, 또 그 교제에 수반되는 비용에 있어서도 따로 의존하지 않고 자력으로 변통할 수 있을 때는, 이미 달리 아쉬워할 것이 없겠지만, 좀 더 나의 소망을 말한다면 그 교제를 가능한 한 검소하게 하고, 가능한 한 넓게 하라는 것이다. 앞으로 부인이 교제를 시작한다고 하면, 어떻게든 서양풍으로 교제하게 될 것이다. 갑자기 바꾸기는 어렵겠지만, 의상도 양복으로 하고, 음식도 서양풍으로 하고, 가옥, 정원, 유희에 이르기까지 모두 서양 부인을 배운다고 하더라도, 그것이 결코 쉽지 않다고 하는 이유는, 본래 서양제국은 일본보다 풍요롭고 화려하기 때문에, 그 나라의 상류 부인사회를 보고 그대로 베끼는 것은 우리 일본의 국력에 있어 허용되지 않는 바이기 때문이다. 하물며 사람이 구습을 벗어난다는 것은 매우 어려운 일이기 때문에, 오늘날 부인의 의식주를 서양식으로 한다고 해도, 그렇게 바꿈과 동시에 옛 일본의 구습을 벗어날 수 있는 것은 아니다. 구를 버리고 신으로 나아간다고 할 때는, 어쩔 수 없이 신구 두 가지의 필요를 모두 느껴, 이중의 비용이 드는 경우가 있으므로 심히 곤란하다 할 것이다. 예를 들어 일본에서 상류사회의 사군자(士君子)라 칭하는 사람을 대강 살펴보건대, 불과 몇만 원의 자산을 소유한 사람조차 적고, 그 연 수입 또한 수천 엔에 지나지 않는다. 서양으로 말하면 검소하게 독립적인 생계를 유지할 수 있고 없고의 경계에 있는 사람으로 평가할 수 있다. 이러한 아쉬운 생활을 영위하는 사람이 그 처자식에게 애써 서양식을 따르라고 하면서 그 상류 부인사회를 똑같이 모방하라고 하는 것은 심히 잘못된 것으로서, 산술적으로 이룰 수 없는 바람이다. 부인이 반지나 장신구를 장만하면 그 값이 수천 엔이라 하며, 삼백 엔짜리 의상을 세 번 착용하면 폐물(廢物)이 되고, 하루 저녁의 연회에 오백 엔을 써, 심히 살풍경한 것을 걱정하는 중, 집안 살림을 돌이켜보면 일 년에 겨우 수천 엔의 수입이 있을 뿐이다. 게다가 이에 더해 옛 일본식의 물건들도 전폐할 수 없다고 하면 더욱더 당혹스러운 상황이 되지 않을 수 없다. 사람들의 말을 들으면, 현재 세간에는 근래 이러한 사정으로 말미암아 조금씩 쇠락을 자초하는 경향까지 있다고 한다. 매우 유감스러운 일이다. 그런데도 용감한 무리는 억지로 부채를 무릅쓰고 용진한다고도 하지만, 결국 영구한 책략이 되지 못한 뿐 아니라, 교제를 넓히고자 하는 본 취지에 어긋나는 것이라고 말하지 않을 수 없다. 그러므로 나의 목적은 다만 부인사회의 교제를 용이하게 하고 넓히는 데 있을 뿐이며, 빈부에 상관없이, 적어도 집안 살림에 약간의 여유가 있어 조금이라도 한가한 사람들이라면 간이하게 왕래하고 회합하여 격의 없이 담화하고 또 유희하며, 남녀의 교제에 있어 서로 교의를 나누고, 부지불식간에 서로 지견을 교환하기를 바라 마지않는다. 지나치게 간섭하는 것일지 모르겠지만, 종전 일본의 풍습에서는 주연(酒宴) 등의 자리에 진미를 골고루 갖추고 객을 향응하지만, 부인은 대개 그 진미를 먹지 않으며, 자리가 파하면 그 요리를 챙겨가지고 돌아가는 것을 선사품이라고 한다. 고로 주인도 처음부터 그것을 먹지 않을 것을 알아, 회나 잔치 때 손님을 접대하기 위한 답례품으로 애초에 젓가락을 댈 수 없는 음식을 준비하거나, 심하게는 가쓰오부시를 통째로 상 앞에 놓아두는 것과 같은 예도 있다. 이는 향응의 의미를 잃은 깃이라고 할 수 있다. 필경 이러한 것은 향응의 식단이 점점 도를 넘고, 부인의 예의범절은 지나친 허식으로 흘러, 마침내는 이러한 기이한 풍경을 보이기에 이르렀을 것이다. 이러한 등의 사정을 보면, 부인이 객석에 초대받는 것은, 처음 자리에 앉는 것에서부터 마지막에 이르기까지, 몇 시간의 고통을 맛보는 것과 다르지 않다. 불합리함 또한 지극하다고 할 수 있다. 즉 교제의 정중함이 지나쳐 폐가 된다면 지금부터는 이러한 종류의 폐습을 척결하고, 향응의 정도는 그 자리의 사정에 맡겨 감히 논하지 말아야 한다고까지는 하지 않더라도, 이른바 선사품의 폐단은 폐지해야 할 것이다. 또한 사람들끼리 서로 만나는 것은 원래 음식을 먹기 위한 것이 아니라, 만나기 위해 음식을 하는 것이니, 음식이 없다고 해서 회합에 지장이 있는 것은 아니다. 서양의 남녀는 다과회라고 해서 휴일의 오후 또는 저녁 식사 후에 서로 만나 차를 마시고 과자를 먹으며, 여름이면 아이스크림 등을 대접하고, 담화로 시간을 보내며 주객이 모두 즐거움을 누리고 헤어지는 것이 통상적인 일이라고 한다. 일본의 남녀도 이러한 풍습을 본받아 교제의 법을 되도록 간편하게, 되도록 넓게, 그리고 되도록 오래하는 것이 나의 가장 바라는 바이다.

또한 옷을 차려입는 것은 부인이 가장 중히 여기는 것으로, 이 일에 대해 이러쿵저러쿵 논하는 것은 지나친 것이기도 하고, 또 이것을 논한다 해도 그대로 실행하는 것은 어렵다고 생각하지만, 내가 남녀의 교제를 용이하게 하고, 넓히고자 하는 염원을 포기하기 어려워 한마디 하자면, 집집마다 빈부의 차이가 있는 것은 피할 수 없는 것으로, 이것을 획일화하여, 의식주를 똑같이 하려 하는 것은 오늘날 인간세계에 무리한 주문이다. 그렇다고 해서 같은 친구들끼리 어울리면서, 한편에서는 비단옷을 빛내며 유행을 이끄는데, 다른 한편에서는 유행에 뒤떨어진 평범하고 소박한 차림을 하게 되면 매우 즐겁지 못한 자리가 된다. 부자에게는 꼭 그 부를 뽐내고자 하는 마음이 없더라도, 집안 살림이 여의치 않은 사람의 눈으로 보면 왠지 모르게 타인의 빛에 가리는 기분이 들어 유쾌하지 않은 것이다. 생각건대 이 인간 세계는 인정의 세계이지 철학의 세계가 아니다. 이러한 사정으로 인해 교제의도 또한 자연히 멀어지게 되는 사실은 내가 왕왕 목격하고 유감스럽게 생각하는 바이니, 애써 여의치 않은 사람을 향해 무리하게 겉을 꾸미라고 하는 것이 아니라, 오직 그 신분에 맞게 하는 것이 조금도 부끄러운 것이 아니라 하겠는 바, 단지 바라는 바는 집안 사정에 부자유가 없는 사람이 항상 조심하고 다른 사람을 부끄럽게 하는 일이 없어야 한다는 것, 그것 하나이다. 집에 재산이 있으면 화려한 비단옷도 자유로울 것이니, 곧 신분에 맞는 차림이라 하더라도, 그렇다고 해서 다른 사람을 부끄럽게 하여 그 마음을 아프게 해서는 안 된다. 이에 있어 잠시 일신의 사사로움을 떠나 교제 전체에 마음을 쓸지니, 자신의 차림새를 운운하면 일시 그 자리에서는 유쾌하겠지만 이는 그 교제를 지속할 수 있는 법은 되지 못하므로, 자신의 신분에 맞는 차림이라 하더라도, 주위를 둘러보아 그 자리의 평균을 취하고, 특별히 사람의 눈을 놀라게 하지 않는 것은, 상류 사회의 부인으로서 실로 우아한 마음가짐이라고 할 수 있다. 따라서 집안 살림이 부유한 사람은 차림새를 그 신분에 맞게 하는 것이 아니라, 교제 집회의 사정에 맞게 하는 것이 필요하다고 할 수 있을 것이다. 때로 흔치 않은 성대한 모임에 가게 되어 성장하는 것은 원래 당연한 일로, 나도 이익가 없는 바이지만, 이 글의 목적은 오직 보통의 친구 사이에 행해질 수 있는 교제법에 대한 것이므로,

그 교제에 방해가 될 만한 것이면 남김없이 제거할 것을 권하며, 결국 의상의 좋고 나쁨과 같은 사소한 것에 이르기까지 논급한 것이다. 독자가 만약 내 뜻이 어디에 있는가를 통찰하여, 단지 의상에 대한 이야기만이 아니라, 내가 이야기하는 모든 것의 요점은 남녀교제법을 용이하게 하고 넓게 하는 것에 있다는 한 가지 뜻을 오해하지 않는다면 기자의 행복이 더할 나위 없겠다.

번역자

권희주 건국대학교 아시아콘텐츠연구소 교수

송민호 홍익대학교 국어국문학과 교수

안용희 서울대학교 기초교육원 교수

윤상현 동국대학교 일본학연구소 연구원

이승진 동국대학교 일본학연구소 연구원

이형진 도쿄대학교 인문사회계연구과 교수

최범순 영남대학교 일어일문학과 교수

표세만 군산대학교 일어일문학과 교수

.

후쿠자와 유키치의 젠더론

후쿠자와 선생, 남녀의 풍속을 논하다

2014년 12월 31일 초판 1쇄 펴냄

지은이 후쿠자와 유키치
옮긴이 권희주·송민호·안용희·윤상현·이승진·이형진·최범순·표세만
펴낸이 김흥국
펴낸곳 도서출판 보고사

등록 1990년 12월 13일 제6-0429호
주소 서울특별시 성북구 보문동7가 11번지 2층
전화 922-5120~1(편집), 922-2246(영업)
팩스 922-6990
메일 kanapub3@naver.com
http://www.bogosabooks.co.kr

ISBN 979-11-5516-365-8 03300
ⓒ 권희주·송민호·안용희·윤상현·이승진·이형진·최범순·표세만, 2014

정가 23,000원